现代汉字问题研究

潘 钧 著

云南大学出版社

现代汉字问题研究

XIANDAI HANZI WENTI YANJIU

序

潘钧同志撰写的《现代汉字问题研究》，我看了其中“上编”之一、二、三、五各篇的初稿，提过一些意见。对“上编”之一“汉字的性质”中的有些问题，曾经多次在通信中讨论。“下编”只看了样稿。我认为此书有两点值得赞许。一是作者把6000多个现代汉字的几万个数据输进电脑，进行定量分析，得出对现代汉字的一些看法。这是踏踏实实研究学问的办法。这样做虽然费时费力，但是比完全使用别人的资料提出看法，更有意义。作者把他积累的一些资料整理出来作为本书的“下编”，对研究现代汉字的人也有参考价值。二是作者只把自己有心得体会的东西写出来，对没有深入研究或者研究后完全没有新意的东西不写。这也是学术著作应该遵循的一条重要原则。当然，在这样做的时候，不免要对以前学界的某些观点（包括一些名人的个别观点）提出不同的看法。我认为，只要是本着善意的、学术讨论的精神提出问题，即使所提看法还值得商榷，对一门学科的建设和发展就有益处。

我和潘钧同志是1993年在通信中讨论语言是不是生产力、语言和思维的关系问题时开始认识的，后来在反对我国语言文字学领域出现的伪科学的斗争中加深了友谊。他在这本著作中对汉字的分析，再一次说明汉字是有效地记录汉语的书面符号系统，而不是什么“魔方”。汉字有自己存在的理由和价值，也有缺点；主要缺点是繁难。对汉字进行改革是完全必要的。人为地抬高汉字，贬低我国一些少数民族和外国使用的拼音文字，在科学上是站不住脚的，在政治上是有害的。

潘钧同志原是部队的一位老同志，曾在二野、总参、昆明军区机关工作30年,转业后在中学任教务主任。他十六岁投身革命,青年时代没有机会在大学接受语言文字学的系统教育。离休以后,不甘心过无所事事的生活,用10年的时间自己学习和研究现代汉字问题,写出这本书贡献给社会,这种精神值得称道。他研究汉字问题的文章曾在高层次的、有声誉的学术刊物上发表:《汉字的本质特征》发表于《语文建设》1999年第5期,《新华文摘》2000年第1期摘转了该文的主要内容;《汉语拼音文字的关键问题》、《汉字毋宁说是“语素文字”》分别发表于香港《语文建设通讯》2000年7月号、2002年11月号。他与我合写的《评一本歪曲和胡批索绪尔〈普通语言学教程〉的小册子》首先在杨玉圣主持的学术批评网(网址:WWW.acriticism.com)上全文(约3万字)刊出,后因篇幅所限,仅抽出2万字在《社会科学论坛》2003年第6期上发表,文题被改为《评〈索绪尔语言理论新探〉》。他在这些论文中的内容和观点大都收入此书。这从一个侧面反映了此书的质量。

北京师范大学文学院教授 伍铁平

2003年8月10日

前　言

汉字问题是近现代使我们国家和民族烦恼的问题。汉字是我国古代和现代文化的最重要的载体，是我们须臾不可或缺的最重要的文化工具。它最大的问题是繁难。笔者在青年时代就深感学好用好汉字不容易，希望汉字改革工作能加快步伐，以减轻人们学习文字的负担。但是那时工作繁忙，没有时间专门学习研究汉字问题的著作。离休以后，有了充裕的时间，就集中精力学习有关汉字的著述，特别是有关现代汉字的著述，希望对汉字问题了解个究竟，这样我才知道有现代汉字学这门学科。这本书就是笔者十多年来学习、研究现代汉字学的一些心得。

现代汉字学是汉字学的一个分支学科，它研究的对象主要是现代汉语用字。文字是代表语言的书面符号系统。在古代，研究汉字主要是为阅读古书服务。"五四"运动以后，现代白话文取代了文言文，汉字研究还要为阅读和写作现代白话文服务。白话文与文言文用字范围不同，这就需要建立一门新的学科，即现代汉字学。汉字改革是我国近现代的一件大事，深入研究现代汉字才能在汉字改革中采取正确的方针和措施。科学技术的发展，特别是计算机的广泛使用，给汉字研究提出许多新的课题，使现代汉字学具有更加重要的意义。20 世纪 80 年代以后，在我国语言文字学领域出现了汉字神秘论和汉字最优论，我们有必要对现代汉字进行深入细致的分析研究，用事实来批评这种错误言论。这些都表明，对现代汉字进行研究是有意义的、必要的。

现代汉字学虽然是一门新兴的学科，但是已经有了一批重要的著述。特别值得提出的是周有光先生和苏培成先生的著作。周有光先生是我国著名的文字学家，他写了大量有关现代语文问题的书籍和文章，最先提出建立现代汉字学，对现代汉字学的创立做出了重大的贡献。2002年出版的《周有光语文论集》集中收录了他这方面的重要著作。北京大学中文系教授苏培成先生是现代汉字学的辛勤开拓者，他的两本力作《现代汉字学纲要》、《二十世纪现代汉字研究》，对现代汉字问题和现代汉字学的研究状况作了系统的阐述，它们是研究现代汉字问题时案头必备的参考书。

笔者认为，研究现代汉字问题必须抱着实事求是的态度。所谓实事求是，就是要把握现代汉字的总体情况，注意它的两面性。如果不全面地观察汉字，只举一些例子（即使例子数量很多）就得出某个结论，可能是不准确的、片面的。全面观察现代汉字，就能看到：汉字有有规律的一面，也有无规律的一面；汉字有许多缺点，但是这种文字体制能够有效地记录汉语；总的说来汉字难学，但是难中有易；汉字改革已经取得很大成绩，但是任务还没有完成。笔者以现代汉字的主要部分——6000多个通常用字为研究对象，逐字分析，把有关数据输进计算机中，利用计算机进行统计；先做出定量分析，然后得出看法，尽量避免或减少片面性。

本书分上下两编。"上编"是议论，"下编"是资料。现代汉字学的内容十分广泛，本书没有全面探讨现代汉字学的问题，只探讨了其中几个问题。笔者在学习和研究现代汉字问题著作时，觉得有些论点还可以进一步阐发和补充，对有些论点有不同的认识，就把它们写入"上编"的前五部分中。这些探讨说不上有什么重要的创见，只是在若干具体问题上提出了自己的见解。愚者千虑，或有一得。如果本书某些内容对现代汉字研究有一鳞半爪的贡献，就实现了笔者的愿望。在对过去的论点提出商榷意见时，不能不提到一些学者（包括著名学者）的名字，这完全是讨论问题的需要，既不是为了表示自己高明,也丝毫不影响笔者对他们的尊重和敬意。根据学术著作通例,在本书正文中提到这些学者的名字时,后面均略去"先生"的称谓。"上编"第六部分"评一种关于汉字的观点",与前五部分有所不同,它是伍铁平教授与笔者合写的对语言文字学领域一种错误观点的批评文章前三节的改写。本书"下编"包括了笔者为研究现代汉字而整理统计的几个重要资料。有的资料以前没有人整理统计过;有的资料虽然以前已经有人整理统计过,但本书整理统计的范围不同,角度和具体项目不同,也许仍有参考价值。

本书是笔者在计算机上写成的。书中有900多个字库中没有的罕用字、非字偏旁和部件,是笔者在造字程序上一个个造出来的;"下编·二"中有600多个古代汉字(甲骨文、金文、大小篆)也是笔者在造字程序上造出来的。为了避免重新造字的麻烦,减少可能出现的差错,出版社没有重新在计算机上输入稿件,而是利用笔者提供的软盘,加以调整,排成此书。这件事说明,计算机的使用给汉字的排版印刷带来多么大的变化。计算机的普及必将对汉字的学习和应用产生更多更大的影响,这是在汉字研究中应当密切注视的问题。

笔者在学习和研究现代汉字问题的过程中,得到语言学家、北京师范大学文学院教授伍铁平先生的悉心指导和帮助。例如,笔者在研究汉字问题之初,认识到汉字形体结构表示的某种意义或声音跟汉字记录的词的意义和声音不是一回事,不能混为一谈,这是汉字性质研究中的一个关键,但是未能形成鲜明的观点,无法用准确的语言表达出来,伍先生寄来他的论文《传统语文学某些著作的一个缺点》[①]、《论语言中所反映的价值形态的演变》[②],笔者读后豁然开朗,逐渐形成现在写在书中的认识。为了强调汉字是语素文字,与

①载《古汉语研究》1989年第3期。

②载英国《宏观语言学杂志》1994年第5期。

音节字母不同,笔者曾经认为,记录汉语多音节语素的汉字如"葡萄"、"蜘蛛",每个字不是记录一个音节,而是记录多音节语素的一部分,伍先生几次来信,指出这不符合语言学原理,纠正了笔者的认识。笔者原来认为,在确定汉字的性质时必须明确指出汉字是语素文字,在不谈汉字性质的情况下也可以称汉字为表意文字或意音文字,伍先生在通信中提出:确定汉字性质只能采取一元论的观点,不能采取二元论的观点;汉字就是语素文字,不是表意文字。笔者反复思考,抛弃了原来的观点,接受了他的观点,写进本书中。近十年来伍先生对语言文字学领域的伪科学进行了坚决有效的斗争,他在揭露和批驳伪科学时所阐述的正确理论对笔者有很大的启发,他为真理而斗争的无畏精神也深深感染了笔者。他对笔者的其他具体指教和帮助之处还很多,不一一列举。他审阅了本书"上编"的第一、二、三、五各篇的初稿和"下编"的样稿,提出了许多宝贵意见,帮助笔者改正了一些不妥当的提法,还为本书作序。如果本书对现代汉字问题的研究有可取之处,是跟伍先生的指导和帮助分不开的。但是本书定稿后未经伍先生审阅,错误和不妥之处当然由笔者自己负责。

苏培成先生曾多次寄来他的论著,并来信对笔者提出的问题给予解答,在此深表谢意。

我把这本书献给 1992 年先我而逝的爱妻杨福源女士,以表示对她的深切怀念。

目　录

下　编

上　　编

一、汉字的性质

汉字是现今世界上仍在使用的文字中历史最悠久的文字。裘锡圭指出:“汉字大概就是……在夏商之际(约在前17世纪前后)形成完整的文字体系的。”[①]它形成的时代比现在仍然使用的希腊文、阿拉伯文、印度文都早。汉字也是世界上作为母语文字使用人口最多的文字。令人难以置信的是,这种文字属于什么性质,学术界至今争论不休。从20世纪70年代末到80年代,汉字性质问题曾经成为我国语文界讨论的一个热点。1986年,当时的中国社会科学院语言文字应用研究所曾经召开过一次有语文界著名学者参加的汉字问题学术讨论会,汉字性质是会议讨论的第一个重点问题。与会学者对汉字性质提出了种种不同的看法,无法取得一致的认识。这次会议以后,讨论逐渐降温,但是问题仍悬而未决。这种情况不利于汉字研究,特别不利于现代汉字的研究。因为汉字性质是汉字问题研究的基础和出发点,对汉字各种特征的认识、对汉字的评价、对汉字改革和汉字前途的认识,都跟对汉字性质的认识密切相关。所以我们把汉字性质问题作为本书的第一个问题加以探讨。

(一)汉字性质问题争论的焦点

《现代汉语词典》对“性质”这个词的解释是:“一种事物区别于其他事物的根本属性。”据此,我们可以说,汉字的性质就是

①《文字学概要》,商务印书馆,1990年,第27页。

汉字区别于其他文字的根本属性。汉字是非字母文字，现今跟汉字对比的文字是字母文字。因此，汉字的性质就是它区别于字母文字的根本属性。这里要强调"根本属性"四个字，就是说它不是一般的、非根本的属性。否则的话，我们就可以把汉字定性为方块文字，把英文定性为线性文字。因此我们既要分别剖析汉字的各个重要属性，更要全力分辨哪是根本属性，哪是非根本属性。

汉字性质问题争论的焦点是按什么标准为汉字定性，或者说从什么角度考察汉字与字母文字的区别。主要有三种观点：第一种是从文字形体结构跟语言音、义的关系的角度考察，来为文字定性；第二种是从文字符号跟语言层级（也称作语言单位）的关系的角度考察，来为文字定性；第三种是同时从上述两个角度考察，来为文字定性。

主张根据文字形体结构跟语言音、义的关系为文字定性的学者，一般都认为字母文字是"表音文字"，对此没有分歧；但对汉字是什么文字，在提法上却不一致。有些人说汉字是"表意文字"，理由是象形字、指事字、会意字只有"表意"功能；形声字的形旁有"表意"功能，声旁虽然有"表音"功能，但是归根结底也来自有"表意"功能的字。另外一些人说，汉字很早就以形声字为主，把汉字称作"意音文字"才能反映汉字的全面情况。以上两种提法其实并没有根本的差别。裘锡圭把汉字的性质定为"意符音符记号文字"，理由是，构成汉字的"字符"可以归纳成三大类：一是跟意义有联系的意符，二是跟语音有联系的音符，三是跟意义和语音都没有联系的记号①。这种提法和"意音文字"的提法基本相同，裘锡圭自己也认为"意符音符记号文字"可以简称为"意音文字"。"意音文字"的提法着眼于汉字形体结构"表意""表音"的功能。"意符音符记号文字"着眼于"表意""表音"使用什么"字符"，只是在加上"记号"这种字符之后，对隶变以后的汉字

①见前引《文字学概要》："二、汉字的性质"。

来说更加全面，因此很多人同意并引用这种说法。

主张根据文字符号与语言层级的关系来为文字定性的学者认为：英文等多数字母文字每个字母代表一个音位，因而是"音位文字"（或称"音素文字"）；日文假名每个字母代表一个音节，因而是"音节文字"；对汉字的认识则不尽相同，多数人认为汉字是"语素文字"，有人认为是"表词文字"，有人认为是"语素·音节文字"或"词·语素·音节文字"。

有些学者同时从两个或三个角度为文字定性。如范可育说："汉字是表意文字之说和汉字是语素文字之说分别从文字记录语言的两个侧面分析问题，前者从记录语言的方式方法，后者从字形同哪一种语言单位相对应，这是两个既有联系又有区别的角度。因此，我认为这两种说法可以并行不悖，不必非要争出个是非曲直来。"[①]王伯熙曾发表过一篇有影响的文章《文字的分类和汉字的性质》[②]，主张文字的分类应从三个方面综合考察：文字符号与语言单位的关系；文字的符号形式；文字记录语言的方式。他的结论是："古代汉字（小篆以前的汉字）是一种象形拼符表词文字；现代汉字（汉隶以后的汉字）是一种方块拼符表词文字，或者也可以说现代汉字是一种方块拼符语素文字。"著名文字学家周有光说："观察文字的性质，可以从三个不同的角度着眼：语音角度、符形角度和表达法角度。三种角度观察到文字的三个侧面，叫做文字'三相'。""中文（汉语汉字）从音段来说是'语词·音节文字'，从符位来说是'字符文字'，从表达法来说是'意音文字'。由于表达法是'三相'的中心，一般用表达法来概括其他二相。"[③]他所说的"中文（汉语汉字）"，意思可能是指汉语使用的

①在 1986 年汉字问题学术讨论会上的发言，见《汉字问题学术讨论会论文集》，语文出版社，1988 年，第 328 页。

②《中国语文》1984 年第 2 期。

③《世界字母简史》，上海教育出版社，1990 年，第 14、15 页。他还在其他著作中多次重申这个观点。

汉字，而不是日语或韩语使用的汉字。

我们认为，汉字应该定性为“语素文字”。它不是“表意文字”或“意音文字”，也不能同时从两个或三个角度为它定性。主要理由是：(1) 汉字用单字记录语素是汉字与字母文字的根本区别。它是汉字的根本属性，决定和影响汉字的其他属性。(2) 汉字形体结构有一定的提示语义或兼提示语音的功能，这只是汉字造字的根据，它一般并不能正确表示语义，多数情况也不能准确表示语音（请注意我们这里说的“提示”和“表示”两个词的区别）。把这种功能称作“表意”或“表音”，从而把汉字称作“表意文字”或“意音文字”，是名不副实的。而且，汉字的造字理据不是汉字的根本属性，我们不能根据它为汉字定性。(3) 汉字的造字理据与字母文字表示语音的功能，不是同一个层次的东西，不能类比。

下面就来详细讨论这些问题。

（二）汉字是语素文字

1. 外国和中国的几位语言、文字学家对汉字性质的认识

早期西方学者把汉字称作“表意文字”。但是，随着人们对汉字知识的增多，有些语言学家就看出汉字的本质不是所谓“表意”，而是用单字记录词或语素。中国的一些著名语言学家接受了这种观点。

被称作现代语言学之父的瑞士人索绪尔 (1857~1913 年) 把文字分为“表意体系”和“‘表音’体系”两类。他说：“只有两种文字的体系：(1) 表意体系。一个词只用一个符号表示，而这个符号却与词赖以构成的声音无关。这个符号和整个词发生关系，因此也就间接地和它所表达的观念发生关系。这种体系的典范例子就是汉字。(2) 通常所说的‘表音’体系。它的目的是要把词中一

连串连续的声音模写出来。表音文字有时是音节的,有时是字母的,即以言语中不能再缩减的要素为基础的。”[①]根据伍铁平对照法文原文,上引译文有两处不妥:“[表意体系的]符号却与词赖以构成的声音无关”应该译为“[表意体系的]符号对词赖以构成的声音而言是外在的”;“所表达的观念”应该译为“所表达的概念”。[②]仔细研究索绪尔这段话,他说的“表意体系”和“‘表音’体系”并不是指文字的形体结构分别有所谓“表意”功能和“表音”功能,而是说:(1)“表意体系”用一个符号表示一个有意义的词,这个符号只跟整个词发生关系,通过表示词间接地表达概念;而不是像“表音文字”那样,用字母表示“声音”(音位或音节)。他不是在汉字形体结构能表达意义这个角度把汉字归入“表意体系”的。(2)表音文字要把“一连串连续的声音”写出来,有时写到音节,有时写到音位。可见,索绪尔虽然用了“表意体系”和“‘表音’体系”两个名称,但是他给文字分类的标准却是文字符号与语言层级的关系。

美国语言学家布龙菲尔德(1887~1949年)说:“用一个符号代表口语里的每个词,这样的文字体系就是所谓表意文字(ideograghic writing),这是一个很容易引起误会的名称。这种文字的重要特点恰恰就是,字(指汉字)并不是代表实际世界的特征(‘观念’),而是代表写字人的语言的特征;所以不如叫作表词文字(word-writing 或 logographic writing)。”[③]布龙菲尔德明确指出“表意文字”这个名称不妥,应该使用“表词文字”。

①《普通语言学教程》,高名凯译,岑麒祥、叶蜚声校注,商务印书馆,1996年第1版第4次印刷,第50页。

②详见本书“上编”“评一种关于汉字的观点”。

③《语言论》,袁家骅等译,商务印书馆,1980年4月,第360页。伍铁平根据原文对译文有所订正。

苏联文字学家B•A•伊斯特林在他写的《文字的产生和发展》[①]第二章“文字的类型、分类和术语的问题”里，按照文字符号和语言层级的关系给文字分类，他把古代的汉字称作表词文字，把现代汉字称作词素文字。

著名语言学家赵元任（1892~1982年）1959年在台湾大学做了一个系统的演讲《语言问题》[②]，在第十讲“语言跟文字”里对汉字的性质问题作了论述。他说：“用文字来写语言，可以取语言里头各等不同尺寸的单位来写。”“在世界上通行的能写全部语言的文字当中，所用的单位最大的文字，不是写句、写短语的，是拿文字一个单位写一个词素。”“用一个文字单位写一个词素，中国文字是一个典型的最重要的例子。”“世界上其他国家所用的多数的字——所谓叫拼音文字，它不是一字一言，是一字一音。每个音大致上多半是代表音位的，不过当然在历史上都渐渐地演变了，不是整整齐齐语音学里所谓音位，不过在大体上么，字母是代表音位的。”他这里说的“一字一言”，意思是汉字用一个字记录一个词素，所说的“一字一音”，意思是拼音文字用一个字母记录一个音位或音节。这里用“言”表示词素，不是特别清楚，用“字”表示字母，不够妥当，但是他的基本思想是非常清楚的 汉字是属于用一个文字单位记写一个词素的文字。

著名语言学家吕叔湘（1904~1998年）也明确地认为汉字是语素文字。他说：“世界上的文字，它的形式是多种多样的，但是按照一定的原则来分类，也就是按照文字代表语言的方式来分类，可以分成三类。一类是音素文字，一个字母代表一个音素（又叫做音位）。英语、法语等等所用的拉丁字母（罗马字母），俄语、保加利亚语所用的斯拉夫字母，都是音素文字。第二类是音节文字，一个字母代表一个音节，就是辅音和元音的结合体。日语的字母（假

①左少兴译，北京大学出版社，1987年。

②商务印书馆，1980年。

名）、阿拉伯语的字母，都属于这一类。音素文字和音节文字都是拼音文字，拼音文字的字母原则上都是没有意义的，有意义是偶然的例外。第三类文字是语素文字，它的单位是字，不是字母，字是有意义的。汉字是这种文字的代表，也是唯一的代表（引者按：在现今世界上仍然通行的重要文字中，汉字是这种文字的唯一代表）。汉字以外的文字都只是形和音的结合，只有汉字是形、音、义三结合。”[①]对“汉字是形、音、义三结合”的提法，我们有不同的看法，后面将要谈到。

尽管上述学者都指出汉字的性质应该根据它跟语言的层级关系来确定，赵元任、吕叔湘还明确指出汉字是语素文字，但是至今我国文字学界对此并没有取得共识。因此我们在下面对汉字为什么是语素文字作一些具体的阐释。

2. 必须根据文字与语言层级的关系来确定文字的性质

语言文字学著作一般都说，文字是记录语言的符号体系。这里说的“记录”，强调的是文字代表语言的有效性。各种成熟的文字，不管其符号体系是否规则和严密，都能有效地代表语言。人们还说，国际音标能准确地记录语音，这里说的“准确地记录”，强调的是标记语音的规则性和严密性。因为国际音标坚持“一个音标只标记一个音素，一个音素只用一个音标标记”，规则性很强，所以它能准确地标记语音。文字符号代表语言的有效性与文字符号标记语音的规则性和严密性是两个不同的问题。汉字不能标记语音（少数声旁读音与字的读音完全相同的形声字的结构能够准确地提示语音），一般音素字母文字也只能近似地标记语音，但是并不影响它们有效地代表语言。例如：汉字“写”的形体结构跟它的读音 xiě 毫不相干，英文 write（写）中的 w 和 e 不发音，但是

---

①《汉语文的特点和当前的语文问题》，《吕叔湘文集》第四卷，第 126 页，商务印书馆，1992 年。

在社会约定俗成以后，“写” 和 write 能有效地代表语言中相应的词。现在人们用“记录”这一个词表示上述两个不同的意思（有效地代表语言和有规则地严密地标记语音），有时可能引起混乱，例如有人根据多数文字不能有规则地严密地标记语音这一事实，否定文字是记录语言的符号。我们要在这里强调：本书沿用“文字是记录语言的符号体系”的说法，指的是它能有效地代表语言。

文字记录语言的方法跟语言的层级性有最直接的关系。根据现代语言学的原理，语言包括两层：下层是语音层，上层是音义结合层。语音层包括两级：音位和音节；音义结合层包括三级：语素、词和句子（有的语言学著作把词组也作为一级）。层级性是所有语言共有的性质。每种语言只有几十个音位，如汉语普通话有 29 个音位，英语有 33 个音位，俄语有 39 个音位。音位和音位结合，构成音节（有的音位自成音节）。各种语言的音节数目相差很大：汉语普通话有不带调音节 410 多个，带调音节 1300 多个；日语音节只有 44 个；英语音节有 8000 多个[①]；越南语有带调音节 6500 多个[②]。一个或几个音节跟意义相结合可以得到一个语素。从共时的角度看，每种语言的语素都不是很多。据尹斌庸考察，现代汉语语素（不是指现代汉字）有 4800 多个，英语语素有近 5000 个，阿拉伯语语素有 4000 多个[③]。单个语素可以成词，几个语素结合也可以成词。一种成熟的语言可以有几万、十几万个词。词可以构成多得无法计算的句子。层级性使语言可以分解，又可以组合。这样，语言符号就可以以少驭多，从少量的音位开始逐级组合，表达无限的意义。没有层级性的语言是不可思议的。有人用非科学的观点对比汉字和英文，说只要用几千个汉字就可以记录文本的 99%

①英语音节数见吴文超《从汉语拼音到拼音中文》，载《语文现代化论文集》，商务印书馆，2002 年，第 205 页。

②本书作者对商务印书馆版《越汉词典》的统计。

③见前引《汉字问题学术讨论会论文集》第 255 页。

以上，而英文要用几十万个词才行。他们不知道两种语言都是使用为数有限的语素来表示数万个词。

文字记录语言的基本方法是跟语言的层级性相适应的。英文用基本符号（字母）记录音位，再把字母逐级组合起来记录音节、语素、词、句子。日文假名用基本符号（字母）记录音节，再把假名字母逐级组合起来记录语素、词、句子。汉字用基本符号（单个汉字）记录语素，再把单个汉字逐级组合起来记录词、句子。可见，所有文字记录语言的方法都是用基本符号记录语言中某个较低的语言层级，再把基本符号组合起来记录其他较高的语言层级。只有这样，文字符号才可以以少驭多，用有限的基本符号逐级组合，记录无限的语言。任何成熟的文字，都是用这种方法记录语言的。用这种方法记录语言是各种文字的共性。各种类型的文字记录语言方法的区别在于从哪个较低的语言层级开始记录：英文从音位开始记录，日文假名从音节开始记录，汉字从语素开始记录。这是每种文字的个性。所以我们把英文叫做音位文字，把日文假名叫做音节文字，把汉字叫做语素文字。这就是根据文字和语言层级的关系为文字分类的理由。现代各种发达的文字开始记录的语言层级不能比语素更高，假若从词开始记录，文字就会有几万、十几万、几十万个形体不同的基本符号，一般人的大脑不堪这样沉重的记忆负担。

我们在上一段里说的“基本符号”有特定的含义，指的是每种文字中能够记录最低语言层级的符号。英文中的词是构成句子的基本符号，不是我们这里说的文字的基本符号，因为英文中的词是由字母构成的，字母记录的是音位。汉字中的笔画、部件、偏旁是构造字的符号，它们不跟哪个语言层级相对应，也不是我们这里说的文字的基本符号。文字的前身是文字画，它用图画表示意义或提示语句，不代表固定的词和句子，因此不存在这里所说的基本符号。

3. 根据汉字跟语言层级的关系，把汉字定性为语素文字最合适

有人认为，单个汉字有的记录词（如“人”），有的记录语素（如“民”），有的记录音节（如“蜻”、“蜓”），因此不应该把汉字定性为语素文字。如郑林曦在《汉字记写的是汉语的哪个层次？》[①]一文中说：“汉字根本不是什么‘语素文字’；在古代，它主要是记写单音节词的文字；在现代，它是记写单音节的词和词素以及音节的文字。”还有人据此否定根据文字与语言层级的关系为汉字定性的合理性。如陈淑梅在《论判定汉字性质的标准及汉字的构意性质》[②]一文中说：“从记录语言的单位看，原始汉字是语段文字，古汉字是表词文字，现代汉字则是语素文字了。因此，以汉字记录的语言单位为标准，无法准确地概括整个汉字体系的特点。”究竟能不能根据汉字记录的语言层级把汉字定性为语素文字呢？我们的看法是肯定的。

（1）单个汉字记录词和记录语素的关系

对这个问题要从历史的角度进行考查。对古代的语言我们无法直接考查，只能通过历史文献进行推断。我们想象，远古时代的汉语大概以单纯词为主，随着社会的发展，语言需要更多的词，于是合成词逐步增多。如果不发展合成词，语言中的单音节单纯词过多，势必出现更多的同音词，不利于信息交流。构建合成词的语素来源于已有的单纯词，这样可以利用语言中已有的成分构造新词，从而使合成词具有理据性，便于学习和记忆。甲骨文中已经有合成词。《简明甲骨文词典》[③]收词和词组 2050 条，其中单音节的 1201 条，多音节的 849 条。在多音节的条目中，一部分是多音节单纯词，一部分是词组，一部分是合成词。在能够确定为合成词的词

①《语文建设》1988 年第 2 期。

②《语文建设》1998 年第 8 期。

③崔恒升编著，安徽教育出版社，1992 年。

条中，多数是专有名词（人名、官职名、方国名、地名）和时间词（如“正月“）、数目词（如“二百”）等，其他一般的词（如“京师”[国都]、“众人”[一个等级]、“受年”[获得收成]）还为数不多。但是无论如何，我们在最早的汉字文献中已经见到了合成词。而且，由于在甲骨上刻写不容易，我们有理由推想，甲骨文用字比较简约，当时口语中的合成词可能比文字中的多。西周和东周时期合成词发展较快。据程湘清对两周时期一部分文献统计，不算国名、地名等专有名词，只算用语法手段构成的双音节合成词，就有 586 个①。合成词在两汉时期继续发展，在魏晋南北朝以后成为汉语造词的主要方式。程湘清对东汉前期的名著《论衡》进行统计，得到合成词 2225 个；对南朝的《世说新语》进行统计，得到合成词 2068 个②。根据《现代汉语频率词典》③统计，在现代汉语中，从静态看，合成词数目占压倒优势，从书面材料使用的动态看，单音节词的使用频率合计仍占 50%以上。以上情况表明：汉语从甲骨文到现在，单纯词与合成词是并存的，只是所占比重发生了变化。

汉字在造字的时候，一个字通常记录一个单音节词，如“人”、“大”、“月”、“年”（这里暂时撇开记录多音节单纯词的字如“蟋蟀”不谈，把这个问题放在后面专门讨论）。如果我们把单音节词看作由一个语素构成的词，那么我们既可以说每个字记录一个词，也可以说每个字记录一个语素。大多数单音节词能够降格为语素，用来构建合成词，如“大人”（长辈，官吏）、“年月”（时代，岁月）。在这些合成词中，每个字所记录的仅仅是语素，而不是词。有些古代的单音节词在现代汉语中只能作为语素，不能单独

①见《先秦双音词研究》，收入《先秦汉语研究》，山东教育出版社，1992 年，第 56 页。

②分别见：《〈论衡〉复音词研究》，收入《两汉汉语研究》，山东教育出版社，1992 年，第 263 页；《〈世说新语〉复音词研究》，收入《魏晋南北朝汉语研究》，山东教育出版社，1992 年，第 1 页。

③北京语言学院出版社，1986 年。

成词，如“哀”“釜”，现代这些字所记录的当然只是语素。把汉字称作“语素文字”，可以概括上述古今各种情况。如果把汉字称作“表词文字”，就不适用于记录合成词的字。如果把汉字称作“表词·语素文字”，一则没有必要，二则会引起误解，好像单纯词不是由语素构成似的。所以，把记录古代汉语的字称作“表词文字”，把记录现代汉语的字称作“语素文字”，是不符合实际的。有人把现代汉字的主体区分为词字和词素字。如曹先擢把现代汉字区分为词字（如天、好、来）、词素字（如基、巩、失）、半词字（如蜘蛛、蝴蝶）、组词字（如时、瓩）[①]。关于所谓“半词字”和“组词字”的问题放在后面再谈。我们认为，把“天”“好”“来”称作词字是不确切的。在“今天”、“好像”、“来宾”等合成词中，“天”“好”“来”也是记录词素的字。我们最好把现代汉字的主体分作能独立成词的语素字和不能独立成词的语素字两类，或分别称作自由语素字和粘着语素字。

(2)对记录音节的汉字的认识

古今汉字中都有一部分记录多音节语素的字，如“蜥蜴”、“吲哚”。这些汉字中每个字所记录的是没有意义的音节。既然这样，为什么我们不把汉字称作“语素·音节文字”呢？

通常人们说的音节文字是指音节字母文字，它的典型例子是日文假名。日文用47个假名记录44个音节，字母有定数，把字母组合起来记录语素和词。在汉语中，多音节语素只占少数，在汉字系统中没有形成一套专门记录音节的符号体系——音节字母。汉字在记录多音节语素中的音节的时候，或者使用专门造的字，如“蜥蜴”、“吲哚”，或者借用现成的语素字，如“引擎”、“的士”。专门造这种字，一个音节不限于造一个字。如“柠檬”、“艨艟”、“朦胧”、“曚昽”、“帡幪”中的méng音节，分别用“檬”、“艨”、

①见前引《汉字问题学术讨论会论文集》，第20页。

“朦”、“曚”、“幪”等不同的字记录。借用现成的语素字，在一个音节中不限于借用某一个字，如“迪斯科”、“的士”、“涤纶”中的 dí 音节分别借用“迪”、“的”、“涤”三个字。另一方面，对一个特定的多音节语素来说，用字又是固定或相对固定的。如“柠檬”不能写作“柠蒙”，“的士”不能写作“的仕”。“匍匐”、“葡萄”“菩萨”三个语素中的 pú 音节固定写作“匍”、“葡”、“菩”三个字，不能互换。葡萄传入汉族地区以后，曾借用现成的字“蒲桃”、“蒲陶”表示，最后固定由两个专用的形声字“葡萄”表示。如果某个多音节语素（特别是音译的多音节语素）在某个时期用字不统一不固定，如“色拉”和“沙拉”（西餐中的一种食品），社会有一种力量促使它在一定范围内统一和固定。虽然多音节语素中每个音节没有意义，但是传统的记录双音节语素的两个字（联绵字）往往使用相同的偏旁，如“鸳鸯”、“邂逅”、“崔巍”等等，以便在文字中更明确地与其他语素区分开。形成以上这些情况可能有三个原因：①约定俗成；②满足明确传递信息的需要；③在汉字大环境中受语素文字影响。作为语素文字，汉字用一个特定的字记录一个特定的单音节语素，影响所至，用几个特定的字记录一个特定的多音节语素。这是汉字记录音节的字的一个突出特点，也是它跟音节字母最大的不同之处。为了使它们跟音节字母有所区别，我们把它们当作语素文字中的特殊情况，仍称汉字为“语素文字”，不称汉字为“语素·音节文字”，这样好像更妥当一些。

有人把汉字称作“语素·音节文字”，是因为每个汉字读一个音节。如许长安说：“（汉字）从记录语言单位来看，它是词素文字；从记录语音成分来看，它是表音节的。”①史有为在把“叽哩咕噜”这样的记录音节的字视为“可以忽略”的例外之后，说：“说

①见前引《汉字问题学术讨论会论文集》第 367 页。

汉字是语素—音节文字也是可以的。”显然，他在这里说的“语素—音节文字”是指一个汉字既表示一个语素，同时表示一个音节[1]。又如周有光说：“古汉语基本上是单音节语，一个字代表一个词，连绵词极少。近代汉语的词汇向双音节化和多音节化发展。越来越多的汉字不能代表语词，只能代表语词中的音节，从‘词字’变为‘词素字’。这是汉字功能的重大变化，但是表面上看不出来。在7000个现代通用汉字中，有三分之二是‘词素字’，只有三分之一是‘词字’。汉字已经从‘语词符号’变为‘语词·音节符号’。”[2]他这里说的“音节符号”不是指“蜘蛛”这样的字，而是指现代不能单独成词的语素字。本书作者认为这些说法都值得商榷。所有汉字都读一个音节，不等于所有汉字都代表一个音节。音节是语音层的单位，是没有意义的。单音节语素是音节和意义的结合体，是有意义的。只有“蜘”“蛛”这样的字，代表的才是音节。记录单音节语素的字，如“人”“民”，不能说它既代表一个音节和意义结合的语素，又同时代表一个没有意义的音节。“音节文字”有特定的含义，即基本符号代表没有意义的音节。为了突出汉字每个字读一个音节，我们可以说汉字主要是记录单音节语素的文字，而不宜说汉字是“语素·音节文字”。

(3)汉字中的其他特殊情况

甲骨文和金文中有一种合文字，把两个字挤在一起或局部重叠，有时共用笔画，变成一个字，通常代表一个合成词。这种字数目不多，而且早已消失。东汉的《说文解字》中已经没有这种字。现代汉字中的“瓩”属于这种字，现在已经废止不用。

近代出现几个表示外来计量单位的字 “哩”（英里）、“呎”（英尺）、“吋”（英寸）、“唡”（英两）、“浬”（海里）等，每个字

---

①见前引《汉字问题学术讨论会论文集》第336页。

②《比较文字学初探》，语文出版社，1998年，第115页。

可以读一个音节,也可以读两个音节。在读一个音节的时候,它代表一个新出现的语素;在读两个音节的时候,它代表一个合成词。这些字现在也废止不用。

还有一种合音字，如古代的“诸”（之于）、“旃”（之焉）、“叵”（不可），现代的“甭”（不用）、“羟”（氢氧）、“巯”（氢硫）等,因为它们已经有了新的读音,我们可以把它们看作记录语言中新出现的语素的字。

以上三种特殊情况都为数不多,不是汉字的主流,不影响把汉字定性为语素文字。

4. 几种不赞成汉字是语素文字的说法

不赞成根据文字与语言层级的关系来为汉字定性的学者的一个主要观点是,因为各种类型的文字都能记录语素和词,所以把汉字定性为语素文字或表词文字不能使它跟字母文字区分开。王伯熙对此说得最直接:“光提汉字是语素文字并不足以表示出汉字的特点来,因为从严格意义上来讲,英文和其他的拼音文字都是表词文字。比如英语用 book 来表示一个词或说一个语素，汉语用‘书’来表示,这不都一样吗?因此世界上的文字都是语素文字或者表词文字,这样提是不能突出汉字特性的。”这是他在 1986 年汉字问题学术讨论会上的发言中说的①。其实这是一种误解。因为根据语言与文字层级的关系为文字定性，是说各种类型文字的基本符号从哪一个语言层级开始记录，而不是说某种文字能不能记录语素和词。王伯熙曾在前引《文字的分类和汉字的性质》一文中说:“各种文字的独立符号所记录的语言单位不同,其符号系统的性质也就有了区别。因此,可根据文字独立符号所记录的语言单位给文字分类定性。”他大概是因为既不完全否定汉字是语素文字,也不赞成“光提”汉字是语素文字,因而作出前后矛盾的论断。

①见前引《汉字问题学术讨论会论文集》,第 337 页。

裘锡圭在《汉字的性质》[①]一文中说："一种文字的性质就是由这种文字所使用的符号的性质决定的。"他所说的"文字所使用的符号"又称字符，指的是字母文字的字母、汉字独体字的结构、汉字合体字的偏旁。他根据汉字字符同语义、语音的联系情况，把汉字定性为"意符音符记号文字"。至于文字为什么只能根据这个标准定性而不能根据文字与语言层级的关系定性，他并没有具体解释，只是说："有的人是因为看到汉字里一个字通常代表一个语素，称汉字是语素文字的。像这样撇开字符的性质，仅仅根据文字书写的基本单位所代表的语言成分的性质，来给文字体系定名，也是不妥当的（这里所说的文字书写的基本单位，就是一般所说的字。汉字的笔画可以称为用笔的基本单位）。英文是以词为书写的基本单位的，大家不是并没有把它看作表词文字，而是把它看作音素文字的吗？"对于上述观点，我们认为：⑴把汉字的"意符""音符"所起的作用，解释为跟语义语音"有联系"，而不解释为"表示"语义语音，是完全正确的。按照这种解释，"意符音符记号文字"这个名称可以反映汉字的理据，但是不能用它为汉字定性（详后）。而且，"意符""音符"这两个术语不太理想，很容易使人认为意符能表示（实际上是只能提示）词的意义，音符能表示（实际上是只能提示）词的声音。⑵他关于不能根据汉字代表的语言成分把它定性为语素文字的理由，恐怕不能成立。我们确定不同类型文字的性质，并不是根据文字"书写的基本单位"所代表的语言成分，而是根据文字记录语言的基本单位所代表的语言成分。文字是记录语言的符号体系，在研究文字性质的时候，只能从文字记录语言的角度确定基本单位，而不能从书写的角度确定基本单位。而且，英文中的词不能叫做"字"。从文字

①原载《中国语文》1985 年第 1 期，后来成为《文字学概要》一书的一部分。在收入《裘锡圭自选集》（河南教育出版社，1994 年）时文字有修改，以下引文据《裘锡圭自选集》。

记录语言的角度看,英文中的词和汉字中的单字不是同一个层次上的东西,没有可比的条件。所谓"文字书写的基本单位"是个模糊的概念,无法给予明确的界定。为什么一定要把英文中的词作为"书写的基本单位",而不把字母作为"书写的基本单位",我们也想不出什么道理。所以,裘锡圭不赞成把汉字定性为语素文字的论述,是不能说服人的。

在汉字性质讨论中,存在着名同实异和名异实同的现象。裘锡圭在《40年来文字学研究的回顾》①一文中就指出了这种现象。有人把汉字称为"表意文字",实际上是根据文字与语言层级的关系得出的结论,如我们在前面引用过的索绪尔的话和后面将要引用的王力、曹先擢的话。有人把汉字称为"语素文字",实际上是根据文字形体结构跟意义和声音的关系得出的结论。因此我们不能只看对汉字的命名,主要看对命名的解释。

裘锡圭在把汉字定性为"意符音符记号文字"的同时,又称汉字为"语素—音节文字"。他对后者的解释是:汉字的意符"只跟文字所代表的语素的意义有联系",记号"只能起把代表不同语素的文字区别开来的作用",音符"是表音节的符号"。可见他说汉字是"语素—音节文字",并非指单个汉字记录语素和音节,而是指意符、记号是在语素这个层级上起"表意"和别义作用,音符是在音节这个层级上起"表音"作用。他说的汉字是"语素—音节文字"跟他说的汉字是"意符音符记号文字",是同一回事。由此还可以看出,他承认英文是音素文字,也不是因为英文字母代表音素,而是因为英文字母在音素这个层次上起"表音"作用。有些人(包括他的弟子)在引用裘锡圭关于汉字既可以称作"意符音符记号文字",又可以称作"语素—音节文字"的时候,认为他也赞成根据文字符号代表的语言成分为文字定性,错误地理解了裘

①《语文建设》1989年第3期。

的本意。

刘又辛、方有国的新作《汉字发展史纲要》[1]，把汉字性质作为一个重要问题来研究。书中说："一切古文字，如埃及圣书字，苏美尔楔形文字，赫梯文字，商周时的古汉字，都有大量假借字。这几种古文字，都是在表形字基础上发展而成的初级阶段表音文字体系。……在此以后，世界文字的发展却走向两条不同的发展道路：一条道路沿着表音文字的方向继续发展，于是表形字逐渐被淘汰，逐渐演变成纯粹表音的音节文字或字母文字。这是世界大多数文字所走的道路。另一条道路，保留了一部分表形字和借音字，但主流却向表形兼表音的形声字方向发展。这就是汉字所走的道路。"此书把古埃及文字、古汉字等总称为"初级阶段表音文字"；把"音节文字"和"字母文字"总称为"表音文字"；把现代汉字称作"形音文字"[2]。我们在这里暂时不谈这些论述中的其他问题，只提出一点：此书虽然承认世界上有"音节文字"，却不谈非音节文字的"字母文字"的字母代表哪个语言单位，不谈汉字代表哪个语言单位，事实上是在为文字定性的时候采取了双重标准。此书一再强调："只有文字构造方法的变化，文字构造类别的数量变化，才能说明汉字的本质变化。"[3]就是说汉字的性质只能根据"表形"和"表音"这个标准来确定，不能根据别的标准来确定，但是理由是什么，并没有阐明。此书在引用了布龙菲尔德关于汉字叫"表意文字"不如叫做"表词文字"的话以后，批评说："他对汉字的认识仍很浅陋"，"他关于表词文字的阐述，也不能令人信服"[4]。至于布氏关于汉字是表词文字的阐述为什么"很浅陋"，为什么"不能令人信服"，作者没有说出具体理由。

①中国大百科全书出版社，2000年。

②同上书，第24~25页。

③同上书，第322页。

④同上书，第18页。

（三）汉字不是“表意文字”或“意音文字”

汉字是“表意文字”或“意音文字”的提法，在我国是非常深入人心的。因为从《说文解字》以来，我国传统的文字学主要就是研究形义关系的“六书”之学。连那些持“语素文字”说的学者，一般也并不明确反对汉字也可以称作“表意文字”或“意音文字”，有些则明确赞成汉字可以同时称作“表意文字”或“意音文字”。本书作者也曾赞成这种观点，认为：从文字的性质来说，汉字只能是语素文字；不谈文字的性质，只从文字的某个特征来说，也可以称汉字为“表意文字”或“意音文字”[1]。我们现在的认识是，汉字不但不能定性为“表意文字”或“意音文字”，也不能称作“表意文字”或“意音文字”。这也许会使人觉得不合乎常识和情理。但这绝对不是故意标新立异，走极端，而是经过深入思考得出的看法。

1. 关于汉字是“表意文字”或“意音文字”的不同解释

“表意文字”和“意音文字”这两个术语，在汉字研究中被广泛使用，但是它们的确切含义是什么，为什么汉字是“表意文字”或“意音文字”，解释并不一样。主要有两种解释，这两种解释是截然不同的：

第一种解释是，“表意文字”用符号代表词或语素，词或语素是有意义的，这跟字母代表的音位或音节没有意义形成鲜明的对比，所以这种文字叫做“表意文字”。汉字符合这个标准，所以汉字是“表意文字”。但是，人们又考虑到，词或语素不但有意义，而且有声音，所以汉字又可以叫做“意音文字”。这种解释是从汉字所代表的语言层级出发考虑的。另外，有的学者是从汉字能区别

①参见拙作《汉字的本质特征》，《语文建设》1999 年第 5 期。

同音语素的角度称汉字为“表意文字”的。我国著名语言文字学家王力就说过:“汉字有字形、字音和字义。这三方面是互相联系的。但是汉字只是表意文字,不是表音文字,因为同音的字并不一定同形(如‘工’、‘公’、‘恭’、‘躬’)。”[①]曹先擢在肯定汉字是语素文字的同时,认为汉字能区分同音词和同音语素,如“人”“壬”“任”“仁”都读 rén,意义却不相同,可以从这个角度称汉字为“表意文字”[②]。王力、曹先擢的观点实际上还是从汉字代表词或语素出发考虑的,因为汉字能区分同音词和同音语素,不过是它代表词或语素的结果。

第二种解释是,“表意文字”的形体结构能表示意义,例如汉字,不论象形字、指事字、会意字、形声字,都能根据字的形体结构解释出某个意义,至少在造字时是这样,这跟字母文字的形体结构不能表示意义形成鲜明的对比,所以叫做“表意文字”。但是又考虑到汉字大多数是形声字,形声字的声旁还能表示声音,所以又可以把汉字叫做“意音文字”。这是从汉字的形体结构与语义语音的关系出发考虑的。

《现代汉语词典》对“表意文字”下的定义是:“用符号来表示词或语素的文字,如古埃及文字、楔形文字等。”这完全属于上述第一种解释。奇怪的是,它没有把汉字列为“表意文字”的例子。大概编写者认为汉字性质是一个有争论的问题,不宜写进去。其实,只要有了前面的解释,事实上等于承认汉字是“表意文字”。这本词典在“范畴”条中有一个例句:“汉字属于表意文字的范畴”,说明了编写者对汉字性质的认识。

《辞海》对“表意文字”下的定义是:“用一定体系的象征性符号表示词或词素的文字,不直接或不单纯表示语音。有人把古埃及文字、楔形文字和汉字看作表意文字。”这个定义也肯定“表

①《正字法浅谈》,《中学语文教学》1980 年第 2~4 期。

②《汉字的表意性和汉字简化》,见前引《汉字问题学术讨论会论文集》,第 17 页。

意文字”用符号表示词或词素，但是又加了一句“不直接或不单纯表示语音”，这一句不大好理解。如果说，汉字不直接表示语音，而是通过表示词或语素间接表示语音，这是对的；但是它还说了“不单纯”表示语音，显然不是这个意思。编写者的意思只能理解为：象形字、会意字、指事字不直接表示语音，只直接表示语意；形声字不单纯表示语音，而且同时表示语意。换句话说，“表意文字”的形体结构都能表示语意，有些字的形体结构还能表示语音。所以这个定义实际上包含了前述两种解释的内容。

胡裕树主编的《现代汉语（增订本）》说：“汉字是表意文字，是用表意体系的符号来表示汉语的词或词素的。”①黄伯荣、廖序东主编的《现代汉语（修订本）》说：“汉字是表意体系的文字。……汉字不是直接表示音位或音节的字母，而是用大量表意符号来记录汉语的词和语素，从而间接代表了词和语素的声音。”②这两本大学教材都认为，汉字之所以是表意文字，一方面因为它记录的是词和（或）语素，另一方面因为它使用的是“表意符号”，所以也包含了前述两种解释的内容。

除了前面介绍的两种主要解释外，还有一种解释，认为汉字可以不通过有声语言直接表达意义，因此汉字是“表意文字”。这本来是欧洲人受16~18世纪来华的天主教教士对汉字的肤浅描述的影响得出来的认识，那些人既没有深入地研究汉字，又不懂得文字和语言的关系。后来有的西方语言学家不了解汉字的实际，接受了这种错误观点。如帕默尔在1936年出版的《语言学概论》中说：“在中国，一如在埃及，文字不过是一种程式化了的、简化了的图画的系统。就是说，视觉符号直接表示概念。这就意味着，书面语言是独立于口头语言的各种变化之外的。”③这种观点在现代

①上海教育出版社，1982年，第171页。

②甘肃人民出版社，1983年，第161页。

③李荣等译，商务印书馆，1984年，第99页。

研究汉字的学术著作中已经很难见到了。伍铁平在《不要玷污历史唯物主义和唯物辩证法,维护语言文字科学的尊严——评〈汉字哲学初探〉》[①]一文中，介绍了美国汉学家德范克(John DeFrancis)对这种观点的批评:“德范克在该书(按:指他1984年出版的《关于汉语的事实和各种奇谈怪论》)第145~146页还批评了古老的术语 ideograph(字面意义是‘表示观念的书写符号’,我国通译‘表意符号’,不确),指出那是在科学的语言文字学产生以前的错误观念的基础上造出的一个词,当时曾以为文字是表示观念(idea)的。其实,德范克指出,‘汉字表达的是词(最好说“语素”),而不是观念(ideas)。汉字的绝大部分,同所有真正的文字系统一样,是用语音手段表示词’。”我们每个人都能通过简单的试验明白这个道理:我们在默读汉字读物时,试试看能不能强制自己不默读声音,只理解意义,结果一定是做不到。虽然在近二十多年我国汉字性质的学术讨论中,没有一个严肃的学者主张汉字可以不通过语言直接表达意义，但是在20世纪80年代,中国有一种关于汉字的观点,认为文字是有声语言之外的另一种语言,不用说,文字(首先是汉字)可以不通过有声语言直接表示意义了。我们不愿意在这个地方把它跟前面已经引用和后面将要引用的严肃的学者们的观点并列,本书“上编”“评一种关于汉字的观点”将专门评论它。还有一位李敏生,写了一本《汉字哲学初探》[②],也大谈“文字是直接地记录了人的思维、观念,而不是什么记录语言的符号”，上引伍铁平的论文对它进行了详尽的批评,有兴趣的读者可以参看。

2. 不能根据汉字代表词或语素把汉字定性为表意文字或意音文字

汉字代表(表示)词或语素,词或语素是有意义和有声音的,

---

①《北方论丛》2002年第2期。

②社会科学文献出版社,1997年11月。

但是并不能因此就把汉字定性为“表意文字”或“意音文字”。因为:(1)既然已经明确汉字代表的是词或语素,就应该直截了当地把它定性为“表词文字”或“语素文字”。词和语素有意义和有声音,是不言而喻的,没有必要再从“有意义”“有声音”的角度为汉字定性。(2)汉字首先代表词或语素,然后才有可能承受词或语素的意义和声音,前者是决定性的属性,后者是被决定性的属性。不从前者而从后者为汉字定性,是舍本逐末。(3)“表意文字”或“意音文字”都是不准确的、容易引起误解的术语,不宜使用(详后)。

我们也没有必要根据汉字能区分同音词和同音语素的事实,把它命名或定性为“表意文字”。汉字因为直接记录语素,即用不同的符号记录不同的语素,自然而然就能区分同音词和同音语素。这也是不言而喻的。英文能用不同的字母组合来区分同音词,如 write(写),right(右面的;权利),rite(仪式),wright(制作者),并没有人因此说它是“表意文字”。汉字不但能区分同音不同义的词和语素,也能区分同义不同音的词和语素(如“大”和“巨”,“小”和“微”,“狗”和“犬”),我们是不是还要称这些汉字为“表音文字”呢?

索绪尔把汉字称为表意体系的文字,现在看来不够妥当,但那是九十多年前的事;他当时指出汉字是表示词的文字,这在认识汉字的历史上是一个重要的贡献。今天,我们对汉字的认识更加深入了,如果仍然根据汉字记录的语言单位有义有音而把汉字称为或定性为“表意文字”或“意音文字”,就只会增加混乱,而没有什么积极意义了。

3. 汉字的形体结构只能提示语义或兼提示语音，不能表示语义语音

(1)汉字是有理据的符号

因为对汉字理据问题的认识是汉字性质问题讨论的一个关键，所以我们在这里对符号的理据问题要多谈几句。

文字是一种符号。用一种事物标记另一种事物，前者就是后者的符号。符号是人为规定的、约定俗成的。在世界的各种符号中，有些是有理据的，有些是没有理据的。符号的形式与它所代表的事物有联系，我们就说有理据；反之，形式和内容没有联系，完全是任意性的，我们就说没有理据。例如，公路标志牌上表示弯道的像英文字母“Z”的符号，符号的形式与弯道的形状有相似之处，就是有理据的符号。乐曲简谱中的阿拉伯数字，其大小跟音高呈正相关，也是有理据的符号。一所学校规定，三声短铃表示上课，一声长铃表示下课，铃声的次数和长短跟上下课没有联系，是没有理据的符号。十字路口的红绿灯，绿灯亮表示准许直行，红灯亮表示不准直行，绿色和红色跟是否准许直行没有联系，也是没有理据的符号。但是，如果把单个的无理据符号按一定规则组合起来代表某个事物，又可能成为有理据的符号。汉字的四种造字方法（象形、指事、会意、形声）使汉字的形体结构跟汉字代表的语言发生联系，所以汉字是有理据的符号；汉字的造字方法就是造字理据。

符号之所以要有理据，是为了醒目，便于理解，易于记忆。但是有时理据使符号的形式变得复杂，为了使符号简单明了，就不要理据。符号有没有理据，取决于它的总体需要，也跟它的历史演变有关。汉字是语素文字，数量很多，必须学会几千个汉字才能进行读写，如果完全没有理据，人们很难全部记住它们，所以直到现在多数汉字还有相当程度的理据。但是，为了书写方便，有时人们宁愿牺牲字的理据，把某些笔画太多的字简化。10个阿拉伯数字的写法,除了"1"以外,基本上没有理据。它们为数不多,很容易记住,不必有理据。但是10以上的数字有无限多,不可能为每个数字规定一个符号,把十个阿拉伯数字组合起来表示多位数,就是有理据的符号了。旧时店铺的掌柜记账,使用一种数字符号[①],比阿拉伯数字的理据性强,但是并不优越,现在已经没有人用了。26个拉丁字母,如果不管它们的起源,也是没有理据的符号。拉丁字母的形状跟它们在各种文字中所代表的音位没有联系,同一字母在不同的文字中可以代表不同的音位。赵元任说:"[b]是浊唇音,[d]是浊齿音,[p]是清唇音,如果有人想到这是因为圈儿在右边表示唇音,在左边表示齿音,竖道儿往上升表示浊音,往下伸表示清音,那么他就得把[t]音写成字母q。"[②]拉丁字母为数很少,没有理据并不影响人们记住它们。假如我们硬要使汉语拼音字母有理据,就得参考儿童学汉语拼音的挂图,把a写成像人张开大嘴的样子,把h写成像人喝水的样子,把j写成鸡的样子,等等。可见,有理据的符号不一定比没有理据的符号优越。对汉字系统本身来说,有理据是必要的,但是并不能根据这一点就说它比没有理据的字母优越。

符号代表某种事物是一回事,某些符号有理据是另一回事。符号代表某种事物是人为规定的、约定俗成的。不管符号有没有理据,不管理据程度高低,都能按规定或约定代表某种事物。过去我国民族音乐的工尺乐谱用汉字代表音的高低,没有理据,也可以使用。汉字在造字的时候一般都是有理据的,在历史的演变中有些失去了理据,但是并不影响它记录语言。

(2)汉字的造字理据与汉字因记录语言而承受语义、语音是两个不同的问题

①见《现代汉语词典》"苏州码子"一词。

②《谈谈汉语这个符号系统》,收入《赵元任语言学论文集》,中国社会科学出版社,1985年,第81页。

首先要说明一点:汉字在造字的时候每个字通常记录一个词,而在整个汉字系统中它记录的是一个语素(成词语素或不成词语素)。这个问题前面已经谈过。因为下面讨论的是汉字造字理据问题,所以我们说每个字通常记录一个词,这种说法跟说每个汉字通常记录一个语素并不矛盾。

当汉字记录一个词以后,它就承受了这个词的意义和声音,即字典上的释义和注音。人们有时使用"字义""字音"这两个词,严格地说,字本身并没有义和音,"字义""字音"是字所承受的词义词音。当我们见到"字义""字音"这两个词,或者为了行文方便而使用"字义""字音"或类似的说法的时候(如说"这个字有三个义项","这个字有两个音","形声字形旁的音与字音"等),务须明白它们指的是字所承受的词义词音。

汉字的造字理据跟汉字承受词的意义和声音,两者之间有联系,但不是一回事。总的说来,汉字形体结构不可能表示词义。不但现代是这样,在古代造字的时候就是这样。在甲骨文中,象形字"日"的形体是画一个圆圈或不规则的封闭曲线,中间加上一点或一横,圆圈表示日的直观形象,一点或一横用以跟其他圆形符号(甲骨文的"丁"字)相区别。这个字的形体只能大体表示日的外观,不能完整地表示词义。先民在造字的时候至少知道,日是天空中一个会发光发热的东西,早晨从地面的一边升起,晚上在另一边落下。象形字"牛""羊"在甲骨文中多少有点像牛头和羊头,而牛头不等于牛,羊头不等于羊。指事字"一"的写法从古到今都是一横,字的形体表示一条线段,或者说造字时表示一根算筹,这跟先民已经知道的词义(能用来表示各种东西数目的"一",即抽象的"一")是有区别的。会意字"休"的形体是人和树并列,而人和树在一起(或者说人在树旁、树下)不等于休息。会意字"采"的形体是手在树之上,这种情况不一定就是采集。以上这些都是形体结构提示意义能力比较强的字。有些字的形体结构提示意义的能力比较弱，要经过解释才能跟词义挂上钩。一个人如果根本不认识汉字，不研究《说文解字》和其他文献，不研究卜辞的上下文，单凭甲骨文中象形字的形体，很难确定某个字代表的是什么词。形声字的形旁多数是表示词义所指客观事物的类别，或者是词义的某个要素（义素），或者与词义有某种联系，绝大多数不能表示词义。如“鲤”的形旁“鱼”不等于鲤鱼，“犁”的形旁“牛”不等于犁。

为什么汉字造字理据不能表示词义呢？主要的原因是没有可能。客观世界包罗万象。语言中的词义非常复杂：有的具体，有的抽象；有的是实义，有的是虚义；有的是单义，有的是多义；多义中有的是词源意义，有的是引申义。汉字是实用的书写符号，其形体结构不能过于复杂。用一个比较简单的书写符号的形体结构去准确、完整地表示词义，除了少数例外（如后起的“歪”、“孬”），从总体上说是不可能的。不但古人做不到，让我们今天重新造字，也不可能做到。用几个音位符号准确地表示一个音节，可以无例外地做到；若把不同的义素符号组合起来准确地表示每个词义，普遍用这种方法造字，是不可能的。另一个原因是没有必要。人们只要约定某个汉字记录某个词，它就承受了词义。词义是语言中固有的，并不靠文字的形体结构去规定或体现。

裘锡圭在论述汉字字形和词义的关系的时候说：“字形往往不能确切地表示词义。”“在词典里，有时用了很多话还不能把一个词的意义表达得很确切、很全面。用简单的字形来表示词义，当然更难做到这一点。不但形声字形旁的意义跟形声字字义的联系往往很松懈，就是表意字的字形也往往只能对字义起某种提示作用。所以我们决不能无条件地在字形表示的意义跟字的本义之间划等号。”[1]这些话很富启发意义。不过他还没有从文字记录语言

①前引《文字学概要》第146~147页。

和造字理据的区别上来谈这个问题;而且,我们不但不能“无条件地在字形表示的意义跟字的本义之间划等号”,就绝大多数的汉字而言,它们之间本来就无法划等号。

伍铁平对这个问题有明确的论述。他指出:“传统语文学某些著作的一个缺点”是“往往不区分词义、造字的理据(字源)、造词的理据(词源)和词的客观所指”。1979年版《辞海》给“形训”下的定义是:“用分析文字形体的方法来解释字义。如‘小土为尘’、‘日月为明’。”伍铁平批评说:“‘小土为尘’,这只是解释构成‘尘’这个字的根据,而决不是‘尘’这个字的词义。”“‘日月’更不是‘明’的词义,而只是造字的根据。”“造字的根据(如‘本’用‘一’表示树木的根)有时接近词的意义(如‘本’的古义是草木等的茎或根,由此产生‘草本’‘木本’二词),但二者并非相等。”[①]他在另一个地方说:“‘意符’这个术语有很大的缺点,因为它所表示的其实不是汉字所表示的词的意义。”他认为意符有时是指词所表示的事物的类别,有时是指词的义素,有时只是跟词的意义有一定的联系[②]。这些论述对正确认识汉字形体结构表示意义的功能,有重要的意义。我们还要指出,1979年版《辞海》在上引对“形训”的解释中使用“字义”这个词,而不使用“词义”,虽然不甚妥当,还可以解释为它指的就是词义;而1999年版《辞海》对“形训”的解释是“用分析文字形体的方法来解释字义或词义”,在“字义”后面加上“或词义”三字,就完全不妥了。也许在编写者的心目中,字义和词义是不同的东西:汉字(或一部分汉字)既有“字义”,又有“词义”;或者有的字(如“蜘”)只有字义,没有词义。事实上,“小土”既不是“尘”的“字义”,也不是“尘”的词义,它只对“尘”这个字代表哪个词起提示

①《传统语文学某些著作的一个缺点》,《古汉语研究》1989年第3期。

②见《论语言中所反映的价值形态的演变》一文注释⑤,原载英国《宏观语言学杂志》1994年第5期。《文化语言学中国潮》(语文出版社,1995年)一书收了此文。

作用，即造字理据。至于记录多音节语素的字，每个字只代表一个本来就没有意义的音节，“蜘”字的“虫”旁是跟蜘蛛的词义相关，而不是跟它的第一个音节相关。

由于几千年来汉语汉字的演变，汉字形体结构提示词义的功能逐渐减弱。象形字是构成汉字的基础。在古汉字（甲骨文、金文、小篆）中，象形字的形体与词所指的物体还有不同程度的相似之处，在隶书和楷书中，绝大部分象形字变成了不象形的记号。如“日”的形体变得像一扇窗户，“木”的形体完全不像一棵树。一部分合体字由于偏旁形体的讹变，不能提示词义。如“赤”是个会意字，从大、从火，表示大火是赤色，现在已经看不出来了。又如“年”，本义是收成，引申为时间单位，在甲骨文中是个会意字，从禾、从人，小篆讹变为形声字，从禾、千声，楷书变作独体的记号，什么意义也提示不了。有些合体字的偏旁并没有变化，但是词义引申太远，形体结构与词义失去联系。有些字的形体结构与词义如何联系，众说纷纭，莫衷一是。假借字是借用已有的字形记录同音不同义的字，字形与词义当然没有联系了。上述种种情况只影响汉字形体结构提示语言的程度，并不影响它所记录的词的意义。词的意义有没有变化，跟字的形体有没有变化无关。

再看汉字形体结构和语音的关系。形声字用已有的其他汉字充当声旁，来提示字的读音。造字时声旁的音与字的读音有些是相等的，有些只是相近。造字时有些形声字的声旁音和字的读音之所以不相等，原因是多方面的：可能是找不到合适的同音字充当声旁；可能是受造字者方音的影响；多数情况可能是造字者认为声旁音对字的读音本来只起提示作用，不起规定作用，只要声旁音的声母或韵母跟字的读音有联系就行，没有必要非相等不可。汉语语音从古至今发生了巨大的变化，虽然音韵学家能找出变化的规律，但是相当复杂，不是一般使用汉字的人所能掌握。随着语音的历史变化，许多字的声旁音与字的读音的差别越来越大。如现代汉语中的唇齿音 f 来自古代的双唇音 b、p 等，造字时“排”以“非”为声旁，“颁”、“盼”以“分”为声旁，当时声旁音和字的读音是相同或相近的，现在相差比较远了。形声字声旁的音与字的读音如果不相等，证明它们不是一回事；如果相等，它们也不是一回事，因为声旁音来自声旁独立成字时记录的别的词的音，而形声字的读音是它本身所记录的词的音。

（3）从以上分析得出的三点看法

第一，汉字因记录词而承受词义和词音跟汉字形体结构能提示意义或兼提示声音是两个完全不同的命题，前者是文字记录语言的问题，后者是汉字的造字理据，绝对不能混为一谈。

第二，在有关汉字性质问题的著述中，“表意”“表音”这两个术语的含义没有严格的规定，它们有时表示汉字因记录词而承受词的意义和声音，有时表示汉字的造字理据，这种情况造成理解上的困难甚至逻辑上的混乱。汉字性质问题之所以长期争论不休，得不到一个统一的认识，这是一个重要原因。如郑林曦说：“（汉字）是表意文字的说法很不科学。任何文字都是兼有表意表音功能。”[①]这显然是把“表意”“表音”理解为汉字因记录语言而承受意义和声音。可是这样论证不能驳倒下面的说法：汉字的形体结构能提示意义，而字母文字却不能。还有一种情况，同一本著作两次使用“表意”“表音”术语，前后的含义却不同。如《现代汉字学》[②]在第 23 页上说：“如果着眼于语言的符号这个层次来考察文字，那么，无论是汉字还是英文都是既表音又表意的。”这里说的“表意”“表音”是指文字因记录语言而承受语义和语音。在第 27 页上说：“汉字是一种意符音符文字，用的是表意兼表音的方法。”这里说的“表意”“表音”是指汉字的造字理据。虽然两处各有解释，但是用相同的术语表示不同的含义，就可能造成混乱。按

①前引《汉字问题学术讨论会论文集》第 325 页。

②高家莺、范可育、费锦昌著，高等教育出版社，1993 年。

前一种说法，任何文字都是“表意表音文字”，按后一种说法，只有汉字才是“表意表音文字”。甚至语言学大师赵元任有时也忽略了这个问题。他说：“关于中国文字跟西洋文字比较，有一个很通行的一个通俗的说法，说中国文字是标义，西洋文字是标音的。其实中国文字也未始不标音，字母文字也未始不标义。比方说西洋文字标义，……他看那个字形的轮廓（按：指书写词的轮廓），就认出什么意思……反之，中国人倒是从从前读书的习惯，往往就是看报看信也必得把字都咬出来，才会得到文里的意味。”[①]他在这里解释的“字母文字也未始不标义”和“中国文字也未始不标音”，显然是指文字记录语言承受语义和语音；而他所批评的“通俗说法”即“中国文字是标义，西洋文字是标音”，显然是指文字形体结构提示意义和声音的功能，因为谁也不会认为中国文字读不出声音、西洋文字的书写词看不出意思的。

由于现在语言文字学界不可能给“表意”“表音”下一个统一的、大家都同意的定义，我们主张，在讨论汉字问题的时候，不要使用这两个术语。当谈论汉字因记录语言而承受意义和声音的时候，我们或者说语义语音，或者说词义词音；当谈论汉字形体结构的时候，我们说它是汉字的造字理据，或者说汉字的形体结构有提示意义或兼提示声音的功能。

第三，造字时汉字通常是词的代表，所谓“表意”“表音”当然应该指表示词义词音。既然汉字的形体结构一般不能表示词义，多数情况下不能表示词音，我们就不应该因为汉字有造字理据而把它定性或命名为“表意文字”或“意音文字”。否则就会造成名不副实的情况，使人对汉字的特征和性质产生错误的理解。事实上，由于错误地把汉字称作“表意文字”或“意音文字”，使很多中国人甚至语文工作者对自己天天使用的汉字产生了不正确的

①前引《语言问题》第145页。

认识，如说：汉字能见形知义，形声字还能见形知音；汉字是由形先得义，由义再知音；等等。

4. 汉字的造字理据不是汉字记录语言的方法

有人认为，汉字的造字理据就是汉字记录语言的方法，因此应该把汉字定性为“表意文字”或“意音文字”。我们不同意这种观点。

费锦昌把汉字“记录汉语的方法”区分为三种情况：(1)“从意入手，用意符记录语言”；(2)“从音入手，用音符记录语言”；(3)“同时从音、意入手，兼用意符和音符记录语言”[①]。我们认为，如果他讲的“从意入手”、“从音入手”、“同时从音、意入手”，只指汉字的造字理据，无疑是正确的；但是把它们称作“记录汉语的方法”，就值得商榷了。

刘又辛在前引《汉字发展史纲要》中说：“要重新构架文字发展的蓝图，必须重新考虑文字符号的基本类型。文字是一种特殊的符号体系，一切文字符号表示词语的基本方法可以归纳为三种：一种是表形法；一种是表音法；第三种是表形兼表音的方法。”他说：汉字的象形字、会意字和指事字都是“表形字”，假借字是“表音字”，形声字是“表形兼表音”的字[②]。他在另一处说：“汉字的造字法也只有这三类。”[③]刘说的“表形”，就是其他文字学著作中说的“表意”。他的基本观点是：表形、表音、表形兼表音，既是三种造字方法，又是三种“表示词语”即记录词语的方法，也是划分文字基本类型即给各种文字定性的标准。我们认为，所谓“表形”“表音”只是汉字的造字理据，或者说是造字方法，而不是记

①见费锦昌《现代汉字的性质和特点》，《语文建设》1990年第4期。此文后来经过修改，作为《现代汉字学》的一节。

②见该书第24页。

③见该书第354页。

录语言的方法,因而也不是划分文字基本类型的标准。此外,我们还认为,“表形”就是通常说的“象形”,刘把古今汉字中的象形字、指事字、会意字、形声字形旁提示意义的功能统统称作“表形”,恐怕也不合适。

我们不赞成上引费、刘的观点,不是抠字眼儿,而是涉及汉字性质的问题。因为如果赞成“表意”(或“表形”)和“表音”是记录文字的方法,那么顺理成章,汉字就应该定性为“意音文字”或“形音文字”。

文字记录语言是约定一个书面符号代表语言的一个成分。所谓“记录”和“代表”,就是产生等价关系;没有等价关系就谈不上“记录”和“代表”。我们在前面已经论证,汉字的造字理据和汉字记录的语言之间不存在等价关系,所以前者不是记录语言的方法。如“日”字代表语言中“日”这个词,是由社会约定而产生等价关系,而“日”字的造字理据(象形)只能起到提示语义的作用,不能与“日”这个词产生等价关系。如果造字理据就是记录语言的方法,那么当一个字造字理据的功能削弱或丧失时,它记录语言的功能也必然随之削弱或丧失。可是,汉字不论造字时其形体结构能不能提示语义或兼提示语音,提示程度有多大,后来是不是发生变化,变化有多大,都不影响这个字记录语言的功能。例如,简化字“卫”纯粹是个记号,其形体跟这个语素的意义和声音没有任何联系,照样能很好地记录语言。

汉字是用整个字来记录一个词(语素),然后承受词(语素)的意义和声音,并不是分别用“意符”记录意义,用“音符”记录声音。陆宗达、王宁指出:“汉字并不直接与词义结合,也不是分别与音、义结合,它所记录的是音、义结合的词。”①只有树立这个观点,才能正确认识汉字跟语言的意义和声音的关系。

①《训诂与训诂学》,山西教育出版社,1994年,第21页。

有一种常见的说法:“汉字直接表示语义,间接表示语音。”这是不对的。任何汉字,一旦被约定代表一个词,它就同时承受了词的意义和声音,既没有先后之分,也没有直接间接之别。所谓“直接表示语义”,无非是指象形字、指事字、会意字的造字理据,其实它们只提示语义,并不表示语义,所以不可能经过它们间接地表示语音。前引《辞海》对“表意文字”的解释“表意文字……不直接或不单纯表示语音”,隐含着“表意文字”中的一部分字直接表示语义、间接表示语音的意思,这是不对的。

还有两种流行的说法:“汉字是形音义的结合体”;“汉字有形音义三要素”。从现象上看,这两个说法没有错,从本质上看,是有问题的。汉字直接与词结合,不直接与词音或词义结合,因此不可能“是形音义的结合体”。汉字本身没有音和义,所谓字音字义不过是字所承受的词的声音和意义,因此不能把形音义并列为汉字的“三要素”。把汉字说成“是形音义的结合体”、“有形音义三要素”,是越过或抹杀了汉字记录词这一环节。如果把“三要素”里的“音”和“义”理解为汉字形体有提示语音语义的功能,更说不通:非形声字的形体结构本来就不能提示语音,这就差了一个要素;许多字的形体结构在隶变以后失去了原有的提示语义或兼提示语音的功能,这些字就只剩下一个要素了。

汉字“是形音义的结合体”和“有形音义三要素”的说法会被人误解或曲解为汉字本身有音和义,进而得出汉字不依赖语言、不是记录语言的符号的荒谬结论。《汉字文化》1997年第1期发表了曹念明的一篇文章《两个不能兼容的命题——析“文字是记录语言的符号”和“文字有形、音、义三要素”》,文章以汉字本身就有形音义三要素为前提,据此证明汉字不依赖语言,不是记录语言的符号。可是该文对一个关键问题,即汉字的音和义是从哪里来的、它们的确切含义是什么(是因为记录语言而承受音义,还是形体有提示音义的功能),却没有谈及。该文是为了支持文字不是记录语言的符号这种观点而写的，这种观点不能成立自不待言，但它反映了“汉字有形音义三要素”这种提法所产生的不良作用。

5. 汉字形体结构提示意义和声音跟字母文字表示声音不是同一个层次上的东西，不能类比

最使人迷惑的是：字母文字的字母能表示声音，汉字的形体结构能“表示”意义，或兼“表示”声音，根据这一对比，字母文字应该定性为“表音文字”，汉字应该定性为“表意文字”或“意音文字”。但是只要认真地加以分析，就能看出这样的对比是不能成立的。

前面已经论证，汉字用一个符号记录一个词，跟这个符号的形体结构能提示意义或兼提示声音，属于两个不同的范畴。字母文字则不然，它用一个符号记录音位或音节，跟它的结构能表示声音属于同一个范畴。字母文字记录语言的方法是，首先约定各个字母记录不同的音位或音节，这样，一串字母组成的书写词就自然而然能表示词音，这是同一件事情。字母文字的书写词不像汉字那样，在记录语言的范畴之外，用别的什么造字方法来表示或提示声音。有的字母文字（如英文）中一部分书写词跟现在的词音有差异，是因为它们当初记录的是古代的或外来的词音，后来词音变了，文字没有变，但总的说来还是属于记录语言的范畴。我们把字母文字称作“表音文字”，只能理解为它是“用字母表示（记录）音位的文字”和“用字母表示（记录）音节的文字”的合称。跟它对比，只能说汉字是用符号记录语素的文字，不能说汉字是“记录意义”或“表示意义”的文字。不过我们最好不使用“表音文字”这个术语，而只使用“字母文字”、“拼音文字”、“音位文字”、“音节文字”等术语，以免因此产生汉字是“表意文字”或“意音文字”的误解。

裘锡圭虽然认定每种文字的性质"只能由这种文字所使用的符号的性质"（即意符、音符或记号）所决定，但是他指出了字母跟汉字的"音符"（形声字的声旁和假借字）是有区别的。他说："汉字的音符跟拼音文字的音符有很大区别。即使撇开汉字还同时使用意符和记号这一点不谈，也不能把二者等量齐观。拼音文字的音符是专职的，汉字的音符则是借本来既有音又有义的现成文字充当的。……如果要强调汉字和拼音文字的音符的区别，可以把汉字的音符称为'借音符'。不过为了行文的方便，我们在下文中仍然称它们为音符。"[①]我们要补充说明的是：拼音文字的所谓"音符"之所以是"专职的"，是因为它是直接记录语言的声音（音位或音节）的符号；汉字形声字的"音符"之所以是"借音符"，是因为它不是记录该形声字所代表的词的声音的符号，而是记录其他词的符号，是造字理据的产物。裘锡圭指出两者有区别，这是很重要的，也是有启发意义的。但是他还是把记录语音和造字理据提示语音两个不同层次上的符号冠以相同的名称——"音符"，并且用以比较汉字和字母文字，作为给两种文字定性的标准。只要仔细推敲，就会发现这样做是不妥当的。同样的道理，汉字用形体结构提示词义也不能跟字母文字用字母表示声音进行类比。

许多文字学著作把汉字假借字当作有"表音"功能的文字，并拿它跟字母文字比较。我们认为，对这个问题要做具体的分析。许慎说："假借者，本无其字，以声托事。"就是说，借用已经有的字记录别的音同或音近的词。假借字有两种：一种假借字本义已经不使用，或者其本义另外造了别的字。例如："单"，甲骨文像一种武器，假借为单独的单，本义已经消失；"其"，甲骨文像簸箕，后来假借为第三人称代词，本义另外造了一个"箕"字。对"单"

①前引《文字学概要》，第13页。

“其”这样的假借字，后来使用字的人，除了文字学家，一般不会去研究汉字的历史变迁，并不知道它们原来代表语言中的哪个词，词的声音是什么，所以字形起不到提示声音的作用。另一种假借字是本义和假借义同时使用的字。例如“花”字，花朵的“花¹”假借为花钱的“花²”。如果我们把“花”看作两个字，那么“花¹”对“花²”有提示声音的功能。如果把“花”看作一个多义字，那么这个字是用“化”来提示声音的，并不是“花¹”提示了“花²”的声音。

就是假借字本义和假借义同时使用，它提示声音的功能跟字母代表音位或音节也是不能比较的。汉字中每个假借字代表一个或几个有音有义的词（语素），而字母代表有音无义的音位或音节，这是它们之间的根本区别。尽管人们推测汉字假借字曾有可能演变为字母，但是它毕竟没有变成字母。把代表词（语素）的假借字与代表音位或音节的字母相提并论，是不合适的。刘又辛说：“甲骨文中的假借字大约占70%以上。”“甲骨文字是以表形字为基础以假借字（表音字）为主流而又有一部分形声字为新生文字的表音文字体系。”①我们不能赞同这种观点。甲骨文中的假借字尽管占很大比例（究竟占多大比例，如何统计，各家意见不同），但是并没有演变为音节字母文字，因此不是所谓的“表音文字体系”。

6. 汉字的根本属性与非根本属性

从两个角度或三个角度同时为汉字定性的观点，被一些著名文字学家、大学现代汉语教材、权威的辞书所肯定，还被一些新一代研究汉字的学者所接受。究竟能不能同时从两个角度或三个角度为汉字定性，是必须讨论的问题。

①前引《汉字发展史纲要》第148、150页。

也许有人会问:即便我同意你在前面说的观点,即汉字的造字理据不是“表意”“表音”,不是记录语言的方法,汉字不能称作“表意文字”或“意音文字”,毕竟造字理据是汉字的一个重要的属性,为什么我们不能换一个名称(如“意符音符记号文字”)来为汉字定性,或者硬性规定“表意”“表音”这两个术语的内涵就是造字理据,然后从两个或三个角度为汉字定性呢?我们的回答是:我们承认,至今多数汉字的形体结构还能在不同程度上提示意义,多数形声字还能在不同程度上提示声音(详见本书“上编”“现代汉字的理据和提示度”),但是不能根据它为汉字定性。一种事物的性质只取决于它的根本属性。既不能把根本属性与非根本属性颠倒,也不能把它们并列。从某一个角度对某个事物进行描述不等于确定这个事物的性质。例如,我国大陆出版的各种字(词)典对“人”下的定义大致上都是“能制造工具并使用工具进行劳动的高等动物”,这是根据“人”的根本属性下的定义。在我们没有新的认识以前,只能从人的这一根本属性来下定义。我们不能把人的非根本属性(如穿衣服、吃熟食、住房屋、常乘坐车船飞机等等)也列进来,从多个角度给“人”下定义。

前面我们讨论了汉字的两个重要属性:一是汉字用基本符号(单字)记录语素;二是汉字的形体结构有提示意义或兼提示声音的功能。在这两个属性中,哪个是根本的属性即决定汉字性质的属性呢?是前者还是后者,或两者都是呢?我们认为是前者。文字的根本属性应该是普遍的属性、稳定的属性、具有决定性的属性、适应于记录语言的属性。下面就从这四个方面对汉字的两个重要属性进行比较:

(1)从普遍性比较:通常每个汉字记录一个语素,少数汉字在某些特定的多音节语素中记录音节,这种情况在汉字中具有普遍性。古今汉字中的例外(合文字、单字记录合成词的字)是少数,现在已经消失或废止不用。汉字形体结构提示语义的功能在隶变以后已失去普遍性。形体结构提示语音的功能本来只有形声字才有，现在有些形声字也失去这种功能。汉字提示语义语音的功能对整个汉字体系来说是必不可少的，对单个汉字来说是可有可无的。把所谓"表意""表音"看作汉字的根本属性，不符合汉字的事实，也捆住了简化汉字的手脚。现在实行的简化字，有些加强了提示意义和声音的功能，有些为了使形体简单，牺牲了这种功能，两种情况都受到群众的欢迎。

(2) 从稳定性比较：汉字用基本符号记录语素或在某些特定的多音节语素中记录音节，从甲骨文到现代没有发生根本变化，说明它是汉字的稳定属性。而汉字形体结构提示语义和语音的功能随着语言文字的发展变化不断削弱；由于语言的变化不会停止，这种削弱的趋势也不会停止，除非采取人为的干预手段，改变字形。

(3) 从决定性比较：汉字用单字记录语素和在多音节语素中记录音节，语素数目多，汉字数目当然也多，为了减轻学习和记忆的负担，必须从总体上使它成为有理据的符号，使形体结构能提示语义或兼提示语音。换句话说，汉字基本符号记录语素的属性决定了汉字的造字方法，而不是相反。

(4) 从适应性比较：汉字繁难，其他语言的拼音文字简易，这是不争的事实。可是汉字体制沿袭几千年不衰，至今我们看不到用拼音文字取代汉字的明朗前景。这里面原因很多，我们要从中找出关键的原因。古人缺乏拼音的知识是一个原因，但不是决定性的。东汉时期梵文佛经已经传入中国，梵文是音位字母文字，翻译佛经的和尚都是有学问的知识分子，不会没有人想到能否把汉字改造成拼音文字。如果说原因在于汉民族的思想特别保守，不愿意避难趋易，这个理由恐怕不能成立。为了使文字简易，汉字形体从甲骨文到楷书一变再变，已经变得面目全非。简体字在民间不断产生。如果字母文字能够很有效地记录汉语的话，即使没有人想到把汉字变成音位字母文字，汉字也会自发地变成音节字母文字。那么，是不是因为汉字的造字理据特别完美高超，我们的祖先舍不得割爱呢？事实并不是这样。汉字形体结构提示语义或兼提示语音的方法十分繁杂笨拙，既不准确，效率又低。在楷书中，许多字或偏旁发生讹变，既不能“表意”，也不能“表音”，而历代统治者和文人把它们定为“正字”，在科举考试中不准越雷池一步，说明他们并不把造字理据看作神圣不可侵犯的宝贝。不少人认为汉语是孤立语，词形没有屈折变化，适合用汉字记录。这是一个理由，但不充分。汉语词形没有屈折变化只说明它能用汉字记录，不说明它只能用汉字记录。同样是孤立语的缅甸语，用的是拼音文字。属于孤立语的越南语最早用汉字记录，后来改成汉字式的喃字，17 世纪出现了拉丁字母拼音文字，1945 年独立后拼音文字被正式采用。我们认为，汉字体制长期不变的主要原因，一是方言分歧，汉字有利于在全国范围内使用；二是汉语同音语素（反映在文字上大体上就是同音字）问题突出，汉字易于区分同音语素。汉语拼音文字不是绝对解决不了区分同音语素的问题，但是很难找到既简单又妥善的解决办法；只要同音语素问题得不到妥善解决，汉字就不可能被拼音文字取代（这个问题将在本书“上编”“对现代汉字的评价和对汉字改革问题的思考”中详细讨论）。假借方法曾在甲骨文中广泛应用，近代有人（如钱玄同）惋惜汉字当时没有沿着这条道路发展下去，逐渐演变成音节字母文字。后来的事实是，汉字通过形声方法大量繁衍，其原因就是要在文字中区分同音语素。语素文字适应于记录汉语，形体结构提示语义或兼提示语音适应于语素文字：二者有先后、主次、因果之别。

总之，汉字的根本属性只有一个，就是汉字用基本符号记录语素。至于汉字的造字理据，它是汉字的一个重要的或者说非常重要的属性，但不是它的根本属性。即便我们换个术语，或者硬把汉字的造字理据称作“表意”“表音”，也不能把它当作给汉字定性的依据。由此还可以看出，同时从两个角度为汉字定性，也是不对的。

至于文字的外形是“字符”还是“字母”，更不能成为给文字定性的一个依据。凡是总体上用基本符号记录音位或音节的文字，用的都是字母；凡是总体上用基本符号记录词或语素的文字用的都是字符。一种文字使用字母还是字符，是它的基本符号记录哪个语言层级所派生的属性，不是它的根本属性。

7. 汉字造字理据的重要作用

我们不赞成根据汉字的造字理据为汉字定性，丝毫不意味着我们忽视汉字造字理据的作用。

早期汉字只有独体的象形字和指事字，这些汉字的造字理据所起的作用只是便于人们识别和记忆。由于合体字（会意字和形声字）是由独体字构成的，汉字在合体字大量发展并占主导地位之后，造字理据又产生一个重要作用，就是使全部汉字成为一个体系，而不是一盘散沙。从《说文解字》以来，人们一直按提示意义的符号给汉字分部归类。如果汉字不是一个体系，而是一大堆毫无规律、彼此互不相关的符号，那么要记住几千个汉字也许跟记住几千个电话号码一样难。尽管几千年来汉字理据的功能已经削弱，汉字体系已经变得不那么有规律，有的字形完全失去理据功能，但是从总体上说，汉字形体结构的理据性还是必不可少的，过去、现在和将来都是这样。现代汉字理据也是本书所要探讨的一个重要问题。

汉字造字理据所起的另一个作用是，后人可以根据古代的字形，结合古代文献对字的使用，去推测、探求造字时所记录的词的意义，并研究古今语音的变化。还可以通过字形研究古人的造字思想，进而研究古代的经济、政治、思想、文化等情况。但是我们绝不能夸大这种作用，认为汉字本身就蕴涵了中国古代文化的一切。

二、现代汉字的范围、字量和分级

现代汉字学是汉字学的一个分支学科。汉字学研究的对象是古今全部汉字,现代汉字学只研究其中属于现代汉字的部分。什么是现代汉字,怎样划定它的范围,现代汉字有多少,在现代汉字内部怎样分级,这是研究现代汉字必须解决的重要问题。

我们的基本看法是:(1) 现代汉字基本上是现代汉语用字,它是国家颁布的字表上的规范字,不包括繁体字和已经废止的异体字;(2) 现代汉字有 7500~8000 个字;(3) 现代汉字可以分为通常用字和罕用字两大级,通常用字内又可分为一级常用字、二级常用字、三级常用字和间用字四个小级。

(一)什么是现代汉字

什么是现代汉字,有两种不同的说法。一种说法是,现代汉字是现代汉语用字;另一种说法是,现代汉字是现在通行的汉字,或现行汉字。下面介绍这两种说法,并提出我们的看法。

最早提出建立现代汉字学的文字学家周有光说:"根据'字性',不根据出现频度,从各种现代字典中选取书写规范化现代汉语所必需的汉字,跟文言古字划分开来,就可以得到一份现代汉字表。""现代用的和古今通用的归入现代。仅仅用于文言古语的归入古代,这包括古人地名、古器物名,以及白话文中夹用的文言引语、文言成语、文言词语等。”[①]另一位研究现代汉字学的专家苏培成说:“20世纪以来,用汉字写成或印成的书面语有两大类:一类是文言文,另一类是白话文。白话文又可以细分为两小类:古代白话文和现代白话文。文言文记录的是古代汉语……古代白话文记录的是近代汉语……现代白话文记录的是现代汉语……由于记录的语言不同,反映到用字上也有许多不同。”“现代汉字就是现代汉语用字,也就是现代白话文用字,它包括古今汉语通用字和现代汉语专用字。”[②]

另一种说法是高家莺等提出来的,他们认为:“可以把汉字划分为三个阶段:古代汉字:秦代小篆和小篆以前的汉字。近代汉字:秦汉隶楷直到‘五四’以前的汉字。现代汉字:‘五四’以后的汉字。”“我们以‘现代’作为切口,在‘现代汉字’这个阶段横切一刀,展现在读者面前的就是汉字发展史上的一个横断面。在这个横断面上的汉字都可以总称之为‘现代汉字’。有些研究者从‘现在通行’这一点着眼,把它们称之为‘现行汉字’。‘现行汉字’指称的范围非常宽泛。凡是现今通行在社会领域内的汉字都在它的界定范围之内。这个断面上的汉字,可以根据它们记录对象的不同和形体结构上的差异,分为三类:现代汉语用字(包括中国大陆用字和台、港、澳用字)、古代汉语用字和外族语言用字(日本、南朝鲜等国现今使用的汉字)。”“‘现代汉字’的主体是记录现代汉语的用字。”[③]

我们认为,在以上两种说法中,前一种说法是比较合理的。后一种说法实际上是以字体和繁简字为区分标准,即:甲骨文至小篆为古代汉字,隶楷但不包括“五四”以后新造的字为近代汉字,现今通行的楷书(包括繁体字和简化字)为现代汉字。从字面上理解,

①《现代汉字学发凡》,《语文现代化》第二辑,知识出版社,1980年,第95页。

②《现代汉字学纲要(增订本)》,北京大学出版社,2001年,第21、23页。

③《现代汉字学》,高等教育出版社,1993年,第21页。

所谓“现今通行在社会领域内的汉字”应该是“五四”以后人们撰写的、出版的现代和古代著作中的全部汉字，这样的“现代汉字”至少应当包括《汉语大词典》所收的两万多个汉字。不知道这是不是作者的本意，因为作者又说：“‘现代汉字’的主体是记录现代汉语的用字。”不过无论如何，把“现今通行”的文言文用字和白话文中夹用的文言词语用字全部无条件地归入现代汉字，是不妥当的。

现代汉字应该是现代一般人通常使用的汉字。把现代汉字规定为现代汉语用字，总的说来符合现代一般人使用汉字的情况。现代汉民族的共同语就是，以北京语音为标准音，以北方话为基础方言，以典范的现代白话文著作为语法规范的普通话。问题是，用现代汉语用字这个标准来划分现代汉字和非现代汉字，还有一定困难。因为，哪些是现代汉语词语，哪些是古汉语词语，哪些是方言词语，在它们的中心区域是明确的，在它们之间的邻接区域是模糊的，没有也不可能划出一条明确的分界线。有一批词语，介于现代汉语与非现代汉语之间，在具体确定它们是不是现代汉语词语的时候，不论是根据词频还是根据经验，都很难操作。《现代汉语词典》（以下简称《现汉》）标注〈书〉和《现代汉语规范字典》（以下简称《规范》）标注〈文〉的词，按它们的“凡例”规定，都是文言词，但是两部辞书对一些字的标注就不一样。如《现汉》对“葆”“筚”“裨”“彬”等字标注〈书〉，《规范》对这几个字没有标注〈文〉。《现汉》和《规范》认定的文言用字（即单字词和它参与构成的多字词都标注〈书〉或〈文〉，或者词的所指都是古代事物，它不参与构成属于现代汉语的成语，而且不是现代的姓氏、地名或专科用字）数量不少，其中一部分在现代白话文中是相对多见的，例如“廒擘侪粲纛髑彀桎梏颃邂逅遑亟觊觎刭狷疴溘羸嶙峋囹圄荦瘼皤癯缱绻茕饕餮揶揄”，如果认定这些字都不是现代汉字，恐怕不妥；如果否定《现汉》和《规范》的标注，认为它们都不是文言词语用字，恐怕也不妥。在现代白话文著作特别是文学作品中，经常出现一些古汉语、近代汉语和方言词语，例如“哉”“矣”“阅”“不啻”“麾下”“俺”“嗲”“侬”等，我们恐怕不能说这些词语已经进入现代汉语的标准语（普通话），但是又很难把这些词语用字排除在现代汉字之外。因此，规定现代汉字仅仅是现代汉语用字，会产生一个矛盾：如果严格按照标准的现代汉语用字来研制现代汉字字表，字表收字就会偏少，不能满足一般人实际应用的需要，降低了字表的实用价值；如果照顾现代白话文的实际情况和人们阅读的实际需要来研制现代汉字字表，就不能严格坚持“现代汉语用字”这个标准，无形中承认一部分没有进入现代汉语的词语是标准的现代汉语词语，给某些人找到滥用文言词语和方言词语的借口。这说明，把现代汉字严格地规定为现代汉语用字，有点死板，缺少弹性。

我们不妨对前一种说法略加变动和补充，这样表述：“现代汉字基本上是现代汉语用字，另外还包括少量在现代白话文中相对多见的古汉语用字、近代汉语用字、方言用字等。从字形上说，它是国家机关颁布的字表上的规范字，不包括繁体字和已经废止的异体字。”这种说法既保持了现代汉字是现代汉语用字的基本特征，又有一定的弹性。换句话说，现代白话文中夹用的古汉语用字和方言用字，既不是全部归入现代汉字，也不是全部排除在现代汉字之外。对现代汉字的内涵这样表述，无疑带有一定的模糊性。但是对客观上界限本来模糊的事物，只能用模糊的语言表述，一定要用精确的语言表述，反而不精确了。

我们认为，现代汉字的范围包括：（1）现代汉语一般词语用字；（2）公认的已经进入现代汉语的古汉语词语用字和方言词语用字；（3）少量在白话文中相对多见的古汉语词语用字和方言词语用字；（4）各门现代科学全部名词术语用字；（5）全部现代地名用字；（6）全部现代姓氏用字；（7）相对多见的人名用字。以上除第（3）（7）两项以外，其他各项只考虑性质，不考虑字频。

（二）试制现代汉字字表遇到的问题和处理问题的做法

要弄清现代汉字有多少字，就必须编制现代汉字字表。编制一个现代汉字字表，一方面可以为当前研究和使用汉字服务，也可以为进一步进行汉字改革服务。周有光在 1980 年发表的《现代汉字学发凡》中就提出了编制现代汉字字表的问题，20 多年过去了，这种字表还没有出现。其原因可能是，有关部门出于种种考虑，没有去做，个人受资料限制，不好去做。现在由国家机关发布的大型规范字表只有国家语言文字工作委员会和中华人民共和国新闻出版署在 1988 年 3 月联合发布的《现代汉语通用字表》（以下简称《通用字表》），收汉字 7000 个。《通用字表》没有包括现代汉语用字中的全部罕用字，又收入了过多的非现代汉语用字，所以它不能起到现代汉字字表的作用。

本书作者为了探讨现代汉字究竟有多少，也为了本书各种统计的需要，不自量力，试制了一个“现代汉字分级字表”（见本书“下编·一”，以下有时简称这个字表为“本书字表”）。试制这个字表遇到的主要问题是现代汉字的范围问题。现在把试制中遇到的问题和处理这些问题的想法、做法介绍如下，请关心这个问题的学者指正。

1. 制作现代汉字字表的主要依据

正如周有光所指出的，制作现代汉字字表的主要依据是现代汉语字典。《现代汉语词典》、《新华字典》（以下简称《新华》）和《现代汉语规范字典》是目前我国质量比较高的现代汉语辞书，《辞海》是质量比较高的综合性的百科词典，在这四本辞书中选取现代汉字，再用其他可靠资料补漏，基本上能够做到全面和准确。

具体做法是首先从《现汉》上选择，然后用另外三本辞书和其他可靠资料核对和补充。虽然《汉语大词典》和《汉语大字典》收的字更多，但是有些字根据这两部辞书的释义不能确定是不是现代汉语用字，所以只把它们作为备查的辞书。《通用字表》和字频资料当然也是不可缺少的重要参考资料。

2. 统计字量要区分"形字"和"音字"两个概念

我们知道，汉字中有一批多音字。一个多音字的几个读音，可能都是现代汉字，也可能不全是现代汉字。如"薄"的三个音，"薄 báo"（这张纸太薄）、"薄 bó"（浅薄）、"薄 bò"（薄荷）都是现代汉字。"於"的两个音，"於 yū"（姓氏用字）是现代汉字，"於 wū"（叹词；於兔）不是现代汉字。"坻"的两个音，"坻 dǐ"（天津市宝坻县）是现代汉字，"坻 chí"（水中的小块高地）不是现代汉字。对多音字来说，必须根据意义确定每个读音是不是现代汉字。

在对现代汉字分级的时候也必须对多音字的每个音具体考察。如："沌 dùn"（混沌）、"梢 shāo"（树梢） 是常用字，"沌 zhuàn"（湖北沌河）、"梢 sào"（数学名词）不是常用字。

在统计汉字数量的时候，多音字是按一个字统计还是按几个字统计，得出的结果不同。按声音统计出来的数量大约是按字形统计出来的数量的 110%。许多著述在谈及汉字字量的时候，只说字的数目，不说明在统计的时候多音字是按字形进行统计还是按读音进行统计，使人得不出明确的概念。在本书中，我们把多音字当作一个字统计出来的数量叫"形字"数量，把多音字当作几个字统计出来的数量叫"音字"数量。本书在统计现代汉字字量的时候，都要说明是形字数量还是音字数量，必要时分别统计；在引用别人的统计时，也尽可能地指明。

3. 现代汉字字表没有精确的范围和字量

前面已经说过，现代汉语用字跟古汉语用字、方言用字之间没有截然分明的界限。一个字是不是现代汉字,各个语文专家可能有不同的意见,随着时间的变化也会有所变化。有些非常生僻的现代汉语用字(如非常生僻的地名用字和姓氏用字)很难被收罗齐全。所以现代汉字总量究竟有多少,只能有一个大概的数目,难以精确。

一般认为,现代汉字应该“四定”:定量,定形,定音,定序。我们认为,定形、定音、定序应该准确地做到,也可能准确地做到;而定量只能相对准确,不可能做到绝对准确。多数汉字代表的是语素,因为现代汉语中的语素不可能准确定量,所以现代汉字也不可能准确定量。

4. 现代汉字字表收古汉语用字不宜太多

现代汉字字表应该收多少、收哪些古汉语用字,是一个值得研究的问题。在 20 世纪 20 年代和 30 年代现代白话文兴起的初期,白话文中夹用的古汉语词语较多。近几十年来由于提倡文字接近口语,白话文中夹用的古汉语词语逐渐减少。现在学生只学习少量的文言文,整个社会的古汉语水平降低,尽管滥用文言词语的现象时有发生,但是今后总的趋势将是在白话文中夹用文言词语的现象逐渐减少。我们应该更多地照顾现在和将来,而不应过多地照顾过去,所以在现代汉字字表中,古代汉语用字收得太多是没有必要和没有好处的。用这种观点来衡量《通用字表》,它所收的古汉语用字太多了。据苏培成考察,《通用字表》中有 400 多字是文言古语用字,应该删除①。本书作者对《通用字表》上的字也逐个进行了甄别,认为有 499 个古汉语用字不仅不属于现代汉字通常用字,也不属于现代汉字罕用字,因此应当排除在本书字表之外。当然这只是作者个人的看法,取舍必定会有不当之处。为了便于研究这个问

①见苏培成《方兴未艾的现代汉字学》,香港《语文建设通讯》第 51 期,1997 年 3 月。

题，把这些字附在本节之后，供参考。

5. 现代汉字字表收方言字不宜太多

中国地域宽广，人口众多，一种方言的使用人数少则几百万，多则上亿。由于人口的流动和语言的互相渗透，有些方言词语虽然没有被吸收进普通话，但是它们的应用已经越出原来的方言区。例如“俺”，说的人并不普遍，但是各个地方的人都能从广播电视中听到这个词，在书报和电视屏幕上见到这个字。又如，随着广东生产的“电饭煲”在各地销售，“煲”字也不罕见了。适当把一部分方言用字收入现代汉字字表，是必要的，但是也不宜太多。《通用字表》收的方言用字也多了些，我们把其中 20 个字排除在本书字表之外。这些字也附在本节之后，供参考。

6. 现代汉字字表如何处理繁体字和异体字

现代汉字指的是现代规范字。在本书字表中，凡是国家已经明令简化了的繁体字，原则上不收，按《简化字总表》及其注释办。异体字一般按《第一次异体字整理表》的规定，不收被废止的字。但是，白皙的“皙”不用“晰”取代，所费不赀的“赀”不用“资”取代。《一异表》没有规定的异体字，社会已经普遍不用的不收，社会仍在使用的酌量少收。有几个作现代姓氏用的繁体字，如“臺”“湧”，以及仍作地名用的异体字，如“沄”，在作为姓氏或地名用字的时候不应算作繁体字或异体字，所以收入本书字表。

7. 现代汉字字表要收入全部现代专门字

现代汉字应该包括生僻的姓氏用字、地名用字和专科用字（主要是动植物名称用字）。本书字表除把《现汉》、《新华》、《规范》、《辞海》上的现代专门字尽量收入外，还根据可靠资料收入了四本辞书以外的一些专门字。值得注意的是，有些字从一般意义上看是古代汉语用字或方言用字，不应该收入现代汉字字表，但是由于它们是现代姓氏、地名和其他专科用字，因而收入。例如：

姓氏用字：渤祃崟谯亶璠缯犨

地名用字：祇旸徂洎筇菋篑

又如，“簋”本来是古代器物用字，不属于现代汉字范围，但是北京有一条街名叫“簋街”，它就成为现代汉字了。

凡国务院批准更改的生僻地名用字，如果没有其他现代用法就不收，有其他现代用法的还要收。例如，陕西郿县、鄜县、鄠县已经分别改为眉县、富县、户县，“郿”字没有查到其他现代用法，就不收，“鄜”、“鄠”是现代姓氏用字，还要收。（《通用字表》不收其他废止的地名用字，单单收了“郿”字，自乱体例。）

8. 现代汉字字表和现代汉语语文辞书收字的关系

现代汉字字表的主要作用是弄清现代汉字的家底，它收多少字，收哪些字，主要根据字性确定。现代汉语字典和词典的主要作用是为现代汉语的词语注音释义，还有一个重要作用是要为它预定服务的某一人群备查。对中型的现代汉语辞书来说，应该把现代汉字全部收入（作者在《现汉》之外，还从其他三本辞书和一些资料上收集到一些现代汉字，说明《现汉》在收字上还有改进的余地）。对小型的现代汉语辞书来说，就没有必要把现代汉字全部收入。不论中型的还是小型的现代汉语辞书，为了满足所服务人群备查的需要，可以收入一些现代汉字以外的古汉语用字和方言用字，但是应该注明。现代汉语辞书收字不应该受现代汉字字表的约束。虽然现在还没有国家机关颁布的现代汉字字表，但是有一个《通用字表》。几部重要的现代汉语辞书《现汉》、《新华》、《规范》，收字都没有受《通用字表》的限制，这是合理的。明确了上述关系，就不会因为担心不敷现代汉语辞书收字需要而过多地把古汉语用字和方言用字收入现代汉字字表内。

9. 现代汉字字表不限制人们写作用字

如何减少社会一般用字的数量，是现代汉字学应该研究的一个重要课题。作者认为，减少社会用字数量，主要有两个方面。一是继续简化和整理汉字，再废除一批异体字，用同音代替的办法再合并、简化一批字，按法定程序更换一批生僻的地名用字。这项工作只能在将来适当的时候，在全国大批专家和群众（不是少数专家）充分研究讨论的基础上，由政府明令颁布实施。二是提倡作者写规范的白话文，在行文中尽量使用常用字，少用或不用生僻字、古汉语用字和方言用字。这是一个通过宣传教育逐渐进步的过程，也是一个随着人们古汉语水平普遍降低、普通话逐步推广的自然发展的过程。现代汉字字表可以起到引导人们少用古汉语用字和方言用字的作用，但是不可能硬性限制人们用字。如果颁布一个字表，规定人们写作时只能用表内的字，不准用表外的字，是绝对行不通的。日本 1946 年公布《当用汉字表》，收 1850 字，企图使出版物用字以此为限，其余都用假名代替，结果行不通。1981 年改为《常用汉字表》，收 1945 字，比以前增加 95 字，只作一般规范，不作硬性限制，但是政府的法律和公文必须以此为限①。在日本，日文可以用假名代替汉字，尚且不能用字表来限制汉字用量，何况中国。除了每个作者写作的习惯和意愿外，白话文有时不得不使用古代汉语用字和方言用字。如有些文章直接引用古书，任何罕见的字都可能用到，我们不能规定这种情况只准引用白话译文，不准引用原文。历史著作、考古学著作、古汉语研究著作、描写古代故事的文学著作，往往都要用到古汉语用字。郭沫若在剧作《高渐离》中写道："（高渐离）右手提酒一卣。"我们不能要求他把"卣"字改作"铜罐"。现代文学作品为了突出乡土气息，有意使用一些方言词语，也不能说都不对。事实上，只要我们研制的是现代汉字字表，而不是 2

①见周有光《新时代的新语文》，三联书店，1999 年，第 74 页。

万字以上的古今汉语字表，就不可能把现在人们写作需要的字全部囊括。1981 年我国公布了国家标准《信息交换用汉字编码字符集（基本集）》（以下简称《基本集》），收 6724 个汉字和 39 个非字部首，人们在电脑上输入汉字的时候，经常发现它的字不够用，要另外造字。如 1990 年山东大学抽样统计 1985~1988 年 600 万字社会科学综合语料，得 5092 字，《基本集》以内有 1702 个字没有用到，却用了《基本集》以外的 70 个字。新华社统计了 1986 年新闻语料 4063 万个书面字符（含标点符号和其他各种非汉字符号），得汉字 6001 个，《基本集》以内有 1118 个字没有用到，却用了《基本集》以外的 395 字。新华社在几年当中增加的《基本集》以外的字有 953 个①。造成这种情况的原因，除了《基本集》漏收了少数现代汉字外，主要是现代白话文可能用到的古汉语用字太多（虽然使用频率极低），不可能都收入现代汉字字表。这种情况表明，用一个现代汉字字表来限制人们写作用字，是不可能的。只要我们明确了这一点，就不必担心现代汉字字表不敷人们写作的特殊需要，而不顾字性，尽量增加字数。

附 1：没有收进本书《现代汉字分级字表》的《通用字表》中的古汉语、近代汉语、旧地名用字

（1）古汉语一般词语用字：嗌搒诐厍狴抃忭瀌浡踣晡偲瘥躔啴蒇惝怊疢龀禔酲瘳遄踔沘熜脞殂迨骀忉觌蹢踶阽蹀憝惇翪燔昉偾沨茀艴旰哿遘觏酤嘏涫姽淏嵩沍岵婳逭擐隳翙阇蹐塈跽惄浲僬搩喈湝赆祲殣倞鞫窭醵朘锩觖捃阒硁矻剀哙骙焜烺嫠轹踬裣悢洌躐瞵裬孪嫚芼眊瞀浼敉眄眇旻黾瞑侔曩陧狃秾恧狉庀圮仳澼蹁俜洴裒汔褰慊骎嵚勍黥煊赇阒逡麇毵唼诜矧酾湜飔澌庋睃蹜谇飧阘倓慝缇裼畋湉龆颋疃酡揾阢睎翕僖蓰跣躞婞庥勖曛谖儇噀弇谳峣窅

①以上《基本集》的字不敷应用的数据引自盛玉麒《汉字定量研究与“国际标准”字符集》，《语文现代化论丛》，山东教育出版社，1995 年。

馌祎乂浥埸廩瘗堙愔罯憖襻颙侑窬饫燠燏智澰沄慥赜昃哳瘵飐骣哲蓁絷忮痔踬瘃趑耔诹缵

（2）古代自然、土地、建筑等用字：杓坫墦郛陔堠溷嵴垍楗扃阓甍陴甓埼屺庼畎堌涘曒隁濈窅廨洫戾庡簃墉嵎埴沚窀棁阼

（3）古代器物、衣食佩带、交通工具等用字：翕璈靬鞁琫鬵笯袯锝铻镵玚皑瓴篪艟帱杻璁辏轪簦饳珥篚韨桴幞黻黼篚玕觚罟馉琯瓘鬶庋甂醢盉糇笄剞庮珈罦缣琎璟椐腒屧玦劂熁纩裈襕缡粝箓辌璘旒镠舻辂缦旄幪艨艋醾鋈蘖砮酯旆鞶帡锜檠锓檠銎璆袪氍棬辁衽瑢襦毹槊缌耜锬瑭锐绹巂珽酴辒圬铻鎏醯饩绤柙铏滫琇糈瑄珣軺匜稷卣玙瑗玥龠錾瓒璪舴帻袗钲卮觯辋酎舳麈纻镃鼐

（4）古代动植物及其器官用字：椑骖茝虿骢笪菂飕蹯蘩葑莩菔蚨鳆鹖翚芰檟蒹鹈獍秾杪猱猊貔芑蛩蕖鸤鼯兕狻荚螗膆荑蜩獬貅鹝篑驵鸷鸻鲰

（5）古代国家、民族、社会、政治、地名用字：僰剕祓夬祼醎黉萑锾畯峒髡酹钌嫱禳豙觋禊狝猃獯阏佾镒劓媵羑掾刖狁牂篴鄣郰

（6）古代姓名及近现代名人名字用字：毐炟刿闾嫘劢嫫懿

（7）近代汉语用字：嗄咆

（8）旧地名用字：鄌阗阌

附2：没有收进本书《现代汉字分级字表》的《通用字表》中的方言用字

柈坌甏簟笱塃团蹽刭嬷腩谝圕糗筦蒀粞筅堌揸

（三）对现代汉字总量的估算

1. 四个不同范围汉字的大概数量

汉字是个开放的系统。古今汉字总共有多少，不同范围的汉字各有多少，无法精确统计。下面介绍四个不同范围汉字的大概数

量。本节所说字量,凡没有注明的均为形字数量。

第一个范围是古今所有汉字。1990 年出齐的《汉语大字典》① 收字 54678 个,是此前收字最多的字书。1994 年出版的《中华字海》② 收字 85000 多个。这 5 万多个或 8 万多个字并不都是实际流通的汉字,其中有大量的异体字、只见于前代字书而没有书证的字、缺少音义或缺其一的字、讹字等。

第二个范围是古今实际流通的汉字。1993 年出齐的《汉语大词典》③的"前言"说:"(所收)单字则以有文献例证者为限,没有例证的僻字、死字一般不收列。"它实收字 20617 个,这个数字与古今实际流通的汉字数量相差不会很远④。

第三个范围是"五四"以来白话文实际用字。《现汉》收字数量可以作为一个参考。据本书作者对 1978 年版《现汉》"四角号码检字表"的统计,该词典共收 8687 个字(不包含繁体字和该词典认为的异体字)。在已知大印刷厂的印刷字表中,中国科学院印刷厂的《印刷字表》收字最多,有 9353 字⑤。根据这两个数字,估计"五四"以来白话文实际用字数量大约为 10000 个。

第四个范围是我们前面所界定的现代汉字。根据本书字表和估计可能漏收的字数,我们认为现代汉字总量大约 7500~8000 个字。本书字表收 7133 个字。除了少量古代汉语用字和方言用字可能因为选取不当,可以斟酌删去外,其他都是确定无疑的现代汉字。本

---

①四川辞书出版社、湖北辞书出版社。

②中华书局、中国友谊出版公司。

③汉语大词典出版社。

④本书作者统计了该词典的"单字笔画索引",经反复核对,共有 22734 字。减去繁简字重复的《简化字总表》上的 2235 字,加上《简化字总表》中本有其字的简化字(如"担别表"等)118 字,实得 20617 字。1998 年《汉语大词典》光盘发行广告称,该词典有 29920 个汉字,肯定不对。它大概把字头数(许多字有两个或多个字头)误为字数。

⑤据前引苏培成《现代汉字学纲要(增订本)》第 50 页。

书字表由于专门用字收罗不全,需要补充,要补充的字估计比可能删去的字多,所以现代汉字总量应该大于本书字表的字数。

2. 关于现代汉语一般词语用字

现代汉语一般词语用字包括书面常用字和口语用字。本书字表所依据的《现汉》等几部辞书,对书面常见字不会漏收,对现代口语用字的收罗也很重视。如果跟台湾出版、大陆中华书局影印的《中文形音义综合大字典》比较,就能看出这一特点。后者对许多现代汉语口语用字,如“碴呲扽蹾剟硌啐膈侉茶潽觑”等都不收。作者检阅《汉语大词典》人部和糸部所有的字,没有发现可以补入本书字表的一般词语用字。我们可以有把握地说,本书字表漏收的现代汉语一般词语用字不会有多少。

3. 关于可以收入现代汉字字表的古汉语用字和方言用字

《现汉》、《新华》、《规范》所收的古汉语用字和方言用字都超过了《通用字表》,而《通用字表》收的古汉语用字和方言用字已经太多,在《通用字表》以外有资格进入现代汉字字表的古汉语用字和方言用字,可以说寥寥无几。本书字表只收了《通用字表》以外5个古汉语用字,即:所费不赀的“赀”,逶译的“迻”,謦咳的“謦”,束脩的“脩”,鞶榼的“榼”[1]。有一本辞书名为《现代常用文言书面语》[2],它在当代书籍报刊上搜集文言词语2100多条,其中有本书字表以外的字92个(《通用字表》以内的45个,以外的47个)。对这些字逐个进行考察,都不宜收入现代汉字字表。据此,按照我们在前面说的现代汉字字表收现代白话文夹用的古汉语用字和方言用字不宜过多的意见,我们估计,能够补入本书字表的古汉

①《通用字表》只收了“鞶”,没有收“榼”。《通用字表》中这种现象还有。如:收“唝”不收“吥”(“罗唝曲”在古汉语中也是罕用词,“唝”作为“拱”的异体字早已不用),收“昽”不收“曚”,收“瑢”不收“玐”,收“礓”不收“礤”,收“镃”不收“镇 ”。

②王吉亭等编著,重庆出版社,1988年第2版。

语用字和方言用字不会有多少。

4. 关于现代姓氏用字

中国姓氏非常之多。《贵姓何来》[①]一书附有"古今姓氏表"，收单姓3370个，复姓1723个，共5093个。可是排除已经失传的姓氏，现代中国人到底有多少姓氏，没有见到一个准确的说法。《北京日报》2001年8月10日的一篇报道说，据中国科学院遗传研究所袁义达估算，现在中国的姓氏有3100~3500个，已经搜集到的姓氏与此数目相近。《辞海》和《汉语大字典》上注明的姓氏字，并未说明该姓氏现在是不是还存在，因此不能作为收入现代汉字字表的根据，所以本书字表在收了《现汉》、《新华》、《规范》上注明的姓氏用字之外，只能用可信的现代姓氏资料加以补充。作者找到两本可信的资料。第一本是一个很不起眼的小册子，书名叫《新编千家姓》[②]，它的"前言"说："为了户籍、档案、邮电、银行、统计等项工作的需要，我们根据长期工作积累并查阅北方几个地区的户籍资料，编写了这本《新编千家姓》，共搜集单、复姓3107个。"（按：该书编者统计有误，应为3090个。）这段话表明：该书所收的姓氏都是现在仍然存在的，而且编写时使用了公安部门的一部分户籍资料，因此有较高的价值。经过比较，这本小册子上有161个《现汉》、《新华》、《规范》没有收入的姓氏用字或者虽然收入但没有注明是姓氏的生僻字，补入了本书字表。第二本是中国社会科学院语言文字应用研究所编的《姓氏人名用字分析统计》[③]，对七个省市抽取的174900人进行统计，共得单姓729个，复姓8个。虽然统计的人数和得到的姓氏数都不够多，但是包括了四川、广东、福建三个南方省份，也有一定的价值。这本书中有8个姓氏字补入了本

①徐俊元等著，河北科学技术出版社，1985年。

②严扬帆编，群众出版社，1981年。

③语文出版社，1991年。

书字表。我们估计，在本书字表之外，还会有一批非常生僻的现代姓氏用字，但是按照上述袁义达的研究，所缺字并不至于特别多（有许多偏僻的单姓和复性用的是一般字）。

5. 关于现代地名用字

全部搜集我国的地名用字，是不容易的事。《现汉》、《新华》、《规范》已经收了不少罕用的现代地名用字，如“畬岜埲砵垞徂塅尌堽浭浛洳浖磡砬堎垙”等等。中国地名委员会编了一部《中华人民共和国地名录》①，收取全国乡、镇以上（含乡、镇）地名及山、河、湖、岛等地理名称9万多条，是目前收录我国地名最多的大型标准地名工具书。经过比较，在此书所收的地名用字中，有120个字是《现汉》、《新华》、《规范》没有收入或虽然收入但没有注明是现代地名用字的生僻字。在这些字中，有82个可以在《汉语大字典》上查到，本书字表把它们收入；有22个字在《汉语大字典》上查不到；有16个字在《汉语大字典》上可以查到但是注音不同。由于《地名录》对地名只注声韵，不标声调，所以后两种共38字无法收入本书字表。估计在本书字表之外，还有一批乡镇以下的地名、街道名用字。罕用的现代地名用字有时我们能在报纸或电视屏幕上见到。例如，2001年5月25日郑州《大河报》提到一所张家闲小学，经查《汉语大字典》，“闲”音 mǎ，意思是小山庄。

6. 关于现代专科用字

现代汉字中的现代专科用字主要是动植物名称用字和化学用字。汉字中有大量的动植物名称用字，但是并不都是现代汉字。我们认为，在它们中间，只有现代动物学、植物学和现代语言使用的动植物名称以及有其他现代用法的字，才是现代汉字。例如，“椑柿”是古书上记载的一种植物，“鸤鸠”在古书上指布谷鸟，“椑”

①中国社会出版社，1994年。

和“鸬”查不到现代用法，它们就不是现代汉字。“薰”也是古书上记载的植物，因为“薰莸不同器”和“薰莸异器”现在有时还用，这个字就是现代汉字。为了了解《现汉》等四部辞书之外还有多少现代动植物名称用字（或者这几部辞书上虽有其字，但释义中没有现代动植物名称），作者查阅了《中国大百科全书·生物》的目录和9种动物名录方面的书籍①，找到了23个《现汉》等辞书未收的动植物名称用字，其中18个可以在《汉语大字典》上查到，收入本书字表，另外5个在《汉语大字典》上查不到，无法准确注音，没有收入。据此估计，本书字表遗漏的动植物名称用字数量不会特别多。其他专科用字中的罕用字主要是化学字，由于化学字大部分是新造字，辞书已经注意吸收，基本上不会遗漏。作者查了《中国大百科全书·化学》的目录，查到《现汉》等辞书未收的化学字2个，其中1个在《汉语大字典》上查不到，另一个收入本书字表。

7. 对现代汉字总量的估算

根据本书字表所收7133字，加上前面所分析的遗漏的姓氏用字、地名用字、动植物名称用字等，我们估计，现代汉字大约7500字。即使把收古汉语用字和方言用字的标准再放宽（我们并不赞成这样做），把漏收的姓氏、地名和其他专业用字估计得再多一点，估计现代汉字总量也不会超过8000字。

苏培成认为现代汉字的总量有10000多个。他说：“现代汉字的总字数大约有多少呢？20世纪50年代，中国文字改革委员会秘书处公布过一份《现代用字统计报告》，用了七种资料（其中只有

①这9种动物名录方面的书籍是：《中国哺乳动物分布》，中国林业出版社，1997年；《中国鸟类种和亚种分类名录大全》，科学出版社，2000年；《中国经济软体动物》，中国农业出版社，1998年；《中国近海的放射虫》，科学出版社，1999年；《中国珍稀昆虫图鉴》，中国林业出版社，1999年；《世界鸟类》，黑龙江科学技术出版社，1991年；《鱼类分类学》，中国出版社，1995年；《拉汉英两栖爬行动物名称》，科学出版社，1998年；《新拉汉无脊椎动物名称》，科学出版社，1999年。

一种是动态统计)，结果得到字种9163个。报告的提出者也认为这份资料不够完整。”“我们根据现有的字频资料可以做一个粗略的估计。《汉字频度统计》有字种5991个，《现代汉语频率词典》中的《汉字频率表》有字种4574个，《现代汉语字频统计表》中的《社会科学、自然科学综合汉字频度表》有字种7754个，三项相加，去掉重复，大约有10000多个，这就是现代汉字的总字量。”①这个字数比我们前面估算的7500~8000字多出2000多字，数目相差太大，所以有必要加以讨论。对上引现代汉字总量大约有10000多个的说法，作者认为有两个问题：

第一，统计的依据有问题。文改会统计的是“现代用字”，三个字频资料也是“现代用字”，而“现代用字”不等于现代汉字。“现代用字”里包含了白话文中夹用的古汉语用字和方言用字，其中很多不属于现代汉字。每一篇白话文中夹用的非现代汉字字种不会很多，但是大量白话文夹用的非现代汉字字种就会很多。如《社会科学、自然科学综合汉字频度表》就收了大量的非现代汉字。我们检查了这个频度表中由汉语拼音b开头的字，发现下列40个字就不属于现代汉字：

(1)古汉语用字：朳豝靽糒彼狴诐庳髲皕愊奰扑犾杓瀌浡襮尡踣晡铈餔

(2)方言用字：刡澨坌

(3)已经不用的外国地名译音字：呇

(4)已经不用的异体字：藊盋

(5)已经废止不用的地名用字：邠

(6)古代地名、族名用字：琲僰

(7)古代动植物名用字：蝂椑

(8)古代器物名用字：琫琕梐鬻袯镈

①见前引《现代汉字学纲要(增订本)》，第46页。

对各种“现代用字”资料不加甄别，统统作为现代汉字统计，不符合给现代汉字下的定义。

第二，统计的数字肯定有误。（1）《社会科学、自然科学综合汉字频度表》中的 7754 个字，包括了 479 个同音字。按字形统计，只有 7275 个[①]。（2）我们检查了《现代汉语频率词典》中的《汉字频率表》中序号 3000 以后的 1574 个字，发现与《社会科学、自然科学综合汉字频度表》相异的字 51 个，加上序号 3000 以前的字，估计相异的字不会超过 100 个，数量不多。假若前面所说三个字频表相加，“去掉重复，大约有 10000 多个”，为 10100 个，就意味着，在《汉字频度统计》和《社会科学、自然科学综合汉字频度表》两个表上不重复的字有 10000 个。《汉字频度统计》有 5991 个字，《社会科学、自然科学综合汉字频度表》有 7275 个字，按两者不重复的字为 10000 个计算，那么重复的字就只有 3266 个，不重复的数目太大，重复的数目太小，不符合常理。这两个字表统计的语料都很多，分别为 2160 万字和 1108 万字（详后），根据现代汉字分布的实际情况，这两个表重复的字（即现代汉语比较常用的字）无论如何会有 4500 或 5000 个以上，即不重复的字大约 8500 个左右。虽然我手头没有《汉字频度统计》，无法具体检查，但是这三个字频表有 10000 多个不重复字的统计结果是不可能出现的。

（四）现代汉字的分级问题

1. 恰当地对现代汉字进行分级的必要性

现代汉字（全部汉字也一样）有两个突出的特点：一是不相同的字多，二是字频高度不平衡。不相同的字多有利于分辨单音节的

---

①这个数字是根据《现代汉字通用字表》（语文出版社，1989 年）所附的两个汉字数据统计表中的“1985 年字次”统计出来的。

同音语素，严重的缺点是增加学习负担。字频高度不平衡也是有利有弊。有利的一面是，只要学会了常用字，就基本上能够应付一般的读写。缺点是常用字以外的字并不是不用字，只是用的机会少，一般人对这些字或者是根本没学过，或者是学过了因为很少使用而记不住，因而影响读写的能力。恰当地给现代汉字分级，可以利用字频不平衡带来的有利因素，提高汉字习得的效率，有利于汉字教学。恰当的分级还对字典编纂、汉字信息应用有很重要的价值。

我国国家机关发布的字表，除前面说的 1988 年 3 月国家语委和新闻出版署发布的收 7000 个形字的《通用字表》之外，1988 年 1 月国家语委和国家教委还发布过一个《现代汉语常用字表》（以下简称《常用字表》）。《常用字表》收 3500 个形字，内分两级：常用字 2500 字，次常用字 1000 字。编制《常用字表》使用了此前的各种统计资料，制订了一套比较科学的选字原则和标准，因此这个字表有比较高的可靠性和实用价值（关于它的缺点我们将在后面谈及）。

《常用字表》和《通用字表》事实上把现代汉字分成了四级，即：

（1）常用字：2500 字；

（2）次常用字：1000 字；

（3）《通用字表》上的《常用字表》以外的通用字：3500 字；

（4）非通用字：即《通用字表》所收 7000 字以外的现代汉字。

有这样的分级要比没有分级好得多，多年来它在汉字教学和汉字的应用上已经发挥了很好的作用。但是，这样的分级存在一些缺点，不能完全满足社会的实际需要。主要缺点有四：（1）因为各级字的数量都要凑整数，就不能完全根据实际需要分级。因为常用字限定为 2500 这个整数，有些小学生应该掌握的字就没有包含在内，如人民币上的“壹贰佰”，财务票据要用到的大写数字“叁柒捌玖仟”，姓氏用字“蔡禹”，等等。因为常用字和次常用字合起来限定为3500这个整数，有些初中生应该掌握的字就没有包含在内，如一般词语用字“皑翱翔敝搽炽瞅帼阂瑚卉彗馄饨瞌浏嘛妞汐焉肇”，地理用字“滇赣皖鄂鄱圳”，化学用字“钡氟氦铵”，姓氏用字“龚韦尹”，人名用字“尧舜”，干支字“戊戌庚”，数目字“廿卅”，等等。因为通用字要凑7000这个整数，结果包含了过多的古汉语用字和方言用字。(2)《通用字表》上《常用字表》以外的3500个“通用字”跨度太大，从初中学生和成绩好的小学生应该掌握的常见字到大学文科教授未必认识的罕用字、到一些不属于现代汉语使用的比较生僻的字，都在这个范围以内。(3)在各级字的名称上，前2500字叫常用字，前3500字也叫常用字，容易把概念弄混。《通用字表》上的《常用字表》以外的3500个“通用字”没有专门的名称，不便称谓。(4)“通用字”这个名称值得商榷。《现汉》对“通用”这个词的解释是：“(在一定范围内)普遍使用。”举的两个例句是：“国际单位制世界通用；使用当地民族通用的语言文字。”《通用字表》以外的字，在现代汉语书面材料中并非不能通用，所以“通用字”这个名称不够恰当。我们认为，现在经常使用的术语“通用字”应该改为“通常用字”。

鉴于上述情况，我们有必要对现代汉字如何分级、各级的名称、各包含多少字，作进一步的研究和改进。作者清楚地知道，这项工作不是一个人所能做好的。但是，由于本书资料统计的迫切需要，还由于想通过实践来研究对现代汉字到底怎样分级才适宜，所以作者在收集现代汉字的同时，尝试对现代汉字进行分级，制成本书“下编”中的“现代汉字分级字表”。作者的想法是，本书字表分级的可取之处可供参考，不成功之处也可以作为反面的例证供别人研究。

2. 现代汉字怎样分级适宜

对现代汉字进行分级的主要目的，是直接或间接为不同文化层次的人学习和应用汉字服务。就中国人而言，可以分为三个层次：小学毕业生、初中毕业生和一般知识分子。小学毕业生和初中毕业生应该掌握多少字，已经引起人们的注意，而一般知识分子应该掌握多少字，这个问题还没有引起教育界和文字学界的重视。这里所说的“一般知识分子”，是指大学专科以上的毕业生，其专业不要求研读古汉语，不以写作、编辑、校对等文字工作为职业。这一层人相当多，在社会生活中起着非常重要的作用。他们中间的多数人一方面能基本上应付一般的读写，另一方面在读写中常感到识字不够，有些字掌握得不准不牢。在阅读中遇到“拦路虎”的时候，往往根据上下文猜想，马马虎虎地混过去。不少人想提高自己的汉字水平，而字海茫茫，不知道该从哪些字入手。编制这一人群所需要的字表，是非常必要的。根据以上认识，我们把现代汉字分作两个大级和 5 个小级。两个大级是：通常用字和罕用字。通常用字又分 4 个小级。它们的名称和适用范围如下：

（1） 通常用字：

A. 一级常用字：大致相当于小学毕业应该掌握的字。

B. 二级常用字：大致相当于初中毕业应该掌握的字。

C. 三级常用字：大致相当于一般知识分子应该掌握的字。

D. 间用字：这一级字中的不同部分是不同职业、不同地区的人常遇到的字，也是阅读面较广的人常遇到的字。它们是一般知识分子应该选择掌握的字。

（2） 罕用字：

包括生僻的一般词语用字和各学科专门用字、罕用的姓氏和地名用字等。对于这一级字，一般人除非专业或其他特殊需要，没有必要去专门学习，在用到的时候现学就可以了。间用字和罕用字的区别是，对间用字选择学习的人群和机会较多，对罕用字选择学习的人群和机会较少。

本书“现代汉字分级字表”五个级别字量分布

字级		本级字数		连前累计字数	
		形字	音字	形字	音字
通常用字	一级常用字	2561	2770	2561	2770
	二级常用字	1213	1359	3774	4129
	三级常用字	981	1056	4755	5185
	间用字	793	905	5548	6090
罕用字		1585	1751	7133	7841

3. 对四个字频统计资料的比较

现代汉字分级，每级应该包括多少字、包括哪些字，离不开字频统计，这个道理无须多说。可是我们现在还没有一个理想的现代汉语字频表。下面介绍四个字频表的情况：

1974 年 8 月启动、由四机部组织制作的《汉字频度表》（没有正式出版），统计了 1973~1975 年间出版物上的 2160 多万字的语料，得到 6347 个形字。这个字表在当时发挥了积极的作用，但是由于是两千多人的手工作业，又受所选年代的语料限制，其准确性和客观性受到影响。后经整理调整，编成《汉字频度统计》，1988 年由电子工业出版社正式出版，共有 5991 个形字。我们在后面称这个《汉字频度统计》为“字频表 A”①。

1986 年北京语言学院出版社出版了《现代汉语频率词典》。这部词典由北京语言学院语言教学研究所编制，共统计了 180 多万字的语料，既统计词频，又统计字频。字频编成《汉字频率表》，收字 4574 个。因为选择语料合理，用计算机进行统计，从常用字的角

①本段内容及后面表中“字频表 A”的数字转引自前引苏培成《现代汉字学纲要（增订本）》第 35 页。

度看价值较大。但是统计的语料少,因而所得字数过少,不能反映现代汉字的全面情况。另一个缺点是,收了个别繁体字(骜)和少数已经废止的异体字(榧尅蹚嘫)。我们在后面称这个字表为“字频表 B”。

1992 年语文出版社出版了由国家语言文字工作委员会、国家标准局编制的《现代汉语字频统计表》。编制者统计了 1108 万字的语料,得到 7754 字。除总表即《社会科学、自然科学综合汉字频度表》外,还有社会科学、自然科学、新闻报道、历史哲学、文学艺术等 12 个分表,全部用计算机统计。按说这个字频表应该有很高的价值,但是它有两个严重的缺点:(1)字表上所统计的单位既不是形字,也不是音字,而是字形和不带调音节相结合的字。如“薄”有三个音:“薄 báo”,“薄 bó”,“薄 bò”。该字表只论声韵,不管声调,按“薄 bao”、“薄 bo”两个字统计。字频统计要么按字形统计,要么按读音(带调的音节)统计,这样的统计单位不伦不类,很不科学。前面已经谈到,这个字表除去同音字,实收形字 7275 个。(2)在这个字表中,有一部分生僻字的频度相当高。举例如下(字后面的数字是字次,括号内的字是该表中字次相同的常用字,通过对比可以看出括号外的字的频度不合理):翮 263 (棍),裸 189(脖),莸 94(壳 qiao),馌 93(坠),等等。“苜”“蓿”两个字不能单用,“蓿” 的字频为 110,“苜” 竟然未统计。收了 “耋” 未收“耄”,收了“蕤”未收“葳”,收了“鹁”“鹧”未收“鸪”。该表还缺了几十个其他比较常见或不算太生僻的字,如“廒螯坂蒡傧枞猹嫱梾谠鸹臌掴椁夥孓笳虮跤鄄呤骝莨蒗蠓衲耪枇杷纰脬邳逄镪饯穑蛳茇鄯茼娲螅隰盱呦窨曜旖赝熠枳痄籀”等,其中有的字可能是语料中未出现,有的字恐怕是漏收。这些现象不能不使人对该表统计操作的可靠性产生怀疑。我们在后面称这个字表为“字频表 C”。

作者手头有一个《人民日报》1994~1995 年单字字频统计(未出版),在 3498 万总字次的语料中,统计出音字 6391 字。这个字表的优点是统计的语料多，按音字统计，它的缺点是语料的时间跨度小，没有包含《基本集》以外的字（两年的报纸不可能不出现《基本集》以外的字）。我们在后面称这个字表为“字频表 D”。

下面我们根据字频表 A、B、C、D，以 500 个形字为一段，列出各段的累计频率。因为几个表原来的统计单位不同，为了便于比较，要把字频表 C、D 的字数折合为形字数目。字频表 C 的字数按 7754:7275 折算为形字数目。字频表 D 的字数按 110:100 折算为形字数目。这样做当然不精确，只是为了比较而采取的不得已的做法。从这四个表的数字可以看出现代汉字字频的大致情况，即：按降频排列，大致上前 900 字的覆盖面可以达到 90%，前 2500 字的覆盖面可以达到 99%，前 3500~4000 字的覆盖面可以达到 99.9%。更具体的规律还看不出来。

四个字频表按降频排列累计字频统计

单位：%

形字序号	字频表 A	字频表 B	字频表 C	字频表 D
0~500	77.42	79.76	77.18	80.54
0~1000	90.82	91.37	90.09	93.07
0~1500	95.90	95.95	95.34	97.13
0~2000		98.07	97.64	98.74
0~2500		99.13	98.76	99.42
0~3000	99.60	99.64	99.31	99.73
0~3500		99.87	99.60	99.87
0~4000		99.96	99.76	99.94
0~4500			99.87	99.98

续 表

0~4574		100.00		
0~5000			99.92	99.99
0~5500			99.96	>99.99
0~5810				100.00
0~5991	100.00			
0~6000			99.98	
0~6500			99.99	
0~7000			>99.99	
0~7384			100.00	

我国现在还没有一个大型的、科学的、准确的字频统计资料，这给现代汉字的研究带来困难。

4. 确定本书字表一级常用字字量的根据

本书字表的一级常用字大致相当于小学毕业生应该掌握的字。可是小学毕业生应该掌握多少汉字，新中国建立以后小学语文教学大纲的要求和语文教材的生字量有起伏，教育界对此也有争论。下面提供一些有关小学识字量的数字。

小学语文教学大纲的规定：1956 年大纲要求认识 3000~3500 字；1963 年大纲要求认识 3500 字；1986 年大纲要求认识 3000 字左右，掌握 2500 字左右；1992 年大纲要求学会 2500 字（以上应该均指形字）[1]。这里要注意，“要求认识”和“要求掌握”、“要求学会”是两回事。所以现行教材出现的（即要求认识的）字数多，生字表

①见戴汝潜主编《汉字教与学》，山东教育出版社，1999 年，第 3、4 页。

上的（即要求掌握、学会的）字数少。

小学语文教材的字量：20世纪70年代末五年制小学全国统编语文教材10册出现的生字量为3063个音字①。20世纪80年代京、津、沪、浙四省市小学语文教材出现的生字量为3220个音字②。据李镗统计，20世纪90年代人民教育出版社出版的六年制小学语文教材出现的生字量为3215个形字，其中必须掌握的字（即生字表上的字）有2540个字。90年代北京出版社出版的六年制小学语文教材出现的生字量为3144个形字，其中必须掌握的字有2532个字③。《图文双解小学生字词典》④"收录人教社五年制、六年制小学语文课本中2713个生字"⑤。此外，香港教育署1990年颁布的《小学中国语文科课程纲要》列出了"小学常用字表"，收字2600个，作为各出版社编写小学（六年制）语文教材的根据。台湾90年代小学（六年制）国语教材收字量为2755字⑥。

根据以上资料，我们认为，现在把小学毕业生应该掌握的字量定为2500~2600个形字（约2750~2860个音字）比较合适。2500个形字在各种读物中的覆盖率约为99%，在浅显读物中的覆盖率应该高得多。本书一级常用字在《常用字表》中的常用字2500个形字的基础上作了补充，实有2561个形字（2770个音字）。

---

①见娄警予、王贵文编《现代汉语常用字表》，北京教育出版社，1987年。另据其他两种统计，这套教材出现的生字量为2998字、3083字。

②见唐俊逸主编《常用汉字笔顺结构部首》，首都师范大学出版社，1993年。

③见《中小学语文课文字词分布统计及应用价值》，《语言文字应用》2000年第3期。承作者来信说明出版社名称，并确认字数是按字形统计的，特此申谢。

④北方妇女儿童出版社，2000年。

⑤见2001年1月23日《中华读书报》第7版。

⑥以上港台地区小学语文教材生字量估计均为形字数量。据前引戴汝潜主编《汉字教与学》，第263、277页。

5. 确定本书字表二级常用字字量的根据

本书字表的一、二级常用字大致相当于初中毕业生应该掌握的字。这两级字合起来应该有多少字，我们通过下面的资料进行讨论。

1992 年初中语文教学大纲规定，初中学生识字量应为 3500 个形字。我们认为这数字偏小了一些。我们在前面已经谈到，有 3500 个形字的《常用字表》收字不能满足初中毕业生的需要。

关于初中语文教材的生字量，我们以 20 世纪 70 年代和 90 年代的教材为例。70 年代末十年制中小学统编教材中的 6 册初中语文教材出现的生字量为 1289 个音字，加上 10 册小学语文教材，累计有生字 4352 个音字（相当于 3900 个左右形字）①。90 年代人民教育出版社出版的初中语文教材出现的生字量为 4053 个形字。90 年代北京开明出版社出版的初中语文教材出现的生字量为 4259 个形字②。初中教材不列生字表，所以不区分要求认识的字和要求掌握的字。由于初中语文教材基本上使用名家原文，又包含一部分文言文和古诗词，所以课文中的生字并不都是初中学生必须掌握的现代汉字。而另外一些必须掌握的字出现在其他各科教材中，没有出现在语文教材中。初中学生课外阅读量增加，自学能力提高。所以初中毕业生应该掌握多少汉字，不能完全以语文教材为依据。

李行健主编的《小学生规范字典》③在“凡例”中说：该字典“可以满足小学阶段课内学习和课外阅读的需要”。它收了《常用字表》全部 3500 个形字，另外补充了 302 个形字，共 3802 个形字。把这个满足小学生课内外阅读需要的字量作为初中毕业生应该掌握的字量，大致上是合适的。

根据以上资料，根据字频和经验，我们对《常用字表》加以调整

①据前引娄警予、王贵文编《现代汉语常用字表》附录一。

②以上两个数字见前引李镗《中小学语文课文字词分布统计及应用价值》。

③语文出版社，1999 年。

补充，使本书字表中的二级常用字包含1213个形字（1359个音字），一、二级常用字共3774个形字（4129个音字）。这个字量可以覆盖一般白话文的99.5%以上。

6. 确定本书字表三级常用字和间用字字量的根据

本书字表的一、二、三级常用字大致相当于一般知识分子应该掌握的字。第三级常用字应该有多少，包括哪些字，是值得研究的问题。

前引娄警予、王贵文编的《现代汉语常用字表》的"说明"说："编选《字表》的指导思想是：字表里所选择的汉字及其总量，应该能满足中学（按：指高中）毕业生在升学或就业后读写现代语文的需要。换句通俗的话，就是：他们如果掌握了这个字表，那么，无论是在工作岗位或继续深造，在现代语文的阅读和写作中，一般就不会在汉字上遇到障碍了。"娄、王字表共选5623个音字，包括20世纪70年代末十年制中小学全国统编语文教材20册上的全部生字4958个音字，还有在教材外扩选的665个音字。他们认为，在这5623个音字中，有4987个音字（大约4500个形字）是"中学生必须准确而熟练地掌握住"的，其余636个音字"只是因为它们在中小学教材中出现了或考虑到学生在未来阅读中的需要才选入的。"这个字表总的说来选字比较精当，不过还是漏收了少量高中毕业生应该掌握的字，如"钡苯焙摒婊伥屙泔扈碛烩伽浃兮媛"等。本书字表中的三级常用字的选用思想与该书有相似之处，但设想的适用对象不是定位在高中毕业生，而是大专以上的一般知识分子，因此一、二、三级常用字的字量比他们规定必须掌握的4987个音字要多，但比该表全部5623个音字要少。

关于一般知识分子须要掌握多少字，还可以参考以下资料：（1）1975年中国文字改革委员会汉字组曾编过一个《4500字表》。这个数字应该是根据社会上某一个层次的人的需要而确定的。(2)前面谈到过的《现代汉语频率词典》,统计所用的180多万字语料都是最普通的现代白话文,共统计出4574个形字,其中生僻字比较少,但是漏掉一些非生僻字。(3)我国台湾当局1982年公布《常用国字标准字体表》,收4808个形字。

我们还可以根据统计数字来研究这个问题。《常用字表》的3500个形字,曾经用《人民日报》、《北京科技报》、《当代》三种报刊的200万字语料进行检测,覆盖率为99.48%①。这个百分比听起来不算低,实际上它意味着,如果一个人只认识《常用字表》上的字,在阅读上述三种报刊时,平均每200字就会遇到一个不认识的字;或者说,平均每分钟都要遇到"拦路虎"。可见《常用字表》的3500个形字远远不能满足一般知识分子读写的需要。

根据上述讨论,本书字表的第三级常用字收981个形字(1056个音字),连同一、二级常用字共4755个形字(5185个音字),这个字量作为一般知识分子应该掌握的字,是合适的。

不同职业、不同地区的一般知识分子,在一、二、三级常用字之外,还会遇到一些相对常见的字。如文科知识分子在读物中会不时遇到一些文言词语用字,理工科知识分子在读物中会较多遇到科技方面的字,不同方言区的人在读物中会不时遇到一些不太生僻的方言字,常读现代文学作品的人会遇到一些口语字。一部分县、市级地名用字,对较远省份的人来说很生僻,对本省人和附近外省人来说则比较常见。如果新疆、云南的知识分子不认识"亳"、"郴",不算什么,假若安徽的知识分子不认识"亳",湖南的知识分子不认识"郴",就成了笑话。如果一个知识分子阅读面较广,上述这些字都会不时遇到。基于这些考虑,本书字表专门分出一级,定名为间用字,作为一般知识分子选择掌握的字。间用字共收793个形字(905个音字)。前三级未收的全国县、市行政区名称用字都

①见《常用字表》的"说明"。

包括在内。化学及其他专科用字只收入一部分相对多见的字。

一般知识分子不必学会全部的间用字，大体上只要学会全部一、二、三级常用字和一部分间用字就够了，这样，一共应该学会5000个左右形字。也许有人认为这个数量太多了，应该控制识字量，以减轻学习负担。我们认为，问题不在于控制分级字表上的字量，而是要通过其他办法和长期的努力，在一般出版物上减少使用生僻字。在现在的情况下，一般知识分子只有学会5000个左右的形字，才能较好地应付读写的需要。这是汉字本身的缺点造成的，不是汉字分级所能解决的问题。

这里，我们想对某一本（或几本）书的用字数量谈点看法。有人对下列有影响的白话文著作所使用的不同字数进行统计，结果是都不超过3000字：

孙中山《三民主义》，2134字；

毛泽东《毛泽东选集》，2981字；

老舍《骆驼祥子》，2414字；

曹禺《雷雨》、《日出》、《北京人》，2808字；

赵树理《三里湾》2069字。

对这些数字要从两方面看：一方面，它说明常用汉字的数量并不是特别多；另一方面，也要防止一种错觉，认为一般知识分子只要认识3000字就够了。我们知道，不同的作者用字习惯不同，不同内容和不同题材需要用的字不同，每一本书用的不同字数不超过3000字，许多本书合起来用的不同字数就会大大超过3000字。一个有能力阅读上述著作的知识分子必然还要阅读其他多方面的读物，他需要掌握的汉字远远不止3000个。

7. 本书字表所收罕用字情况

一、二、三级常用字和间用字以外的现代汉字都归入罕用字。本书字表罕用字收1585个形字（1751个音字）。在罕用字中，有637

个形字（647 个音字）是《通用字表》以外的字。

罕用字中的文言用字、方言用字和现代一般词语用字只占 22.5%，其他主要是专门用字。为了说明所收入的字是现代汉字，本书“下编”“现代汉字分级字表”在每个罕用字后面都注明了现代的主要用法。例如：“闳$_{文}$”（文言用字）、“祊$_{地}$”（地名用字）、“躄$_{动}$”（动物名称用字）、“鉥$_{姓}$”（姓氏用字）、“吖$_{化}$”（化学字）。

本书字表罕用字用法分类统计

单位：音字

用　法　分　类	字数	占罕用字总数的百分比
地理名称用字	348	19.9%
姓氏用字	289	16.5%
动物名称及器官用字	260	14.8%
文言、古代和旧时事物用字	224	12.8%
植物名称用字	178	10.2%
现代一般词语、口语及拟声词、叹词、助词、日用品用字	126	7.2%
化学用字	99	5.7%
工业、矿业、建筑、交通、手工业、农业及农村用字	65	3.7%
方言用字	46	2.6%
其他用字	116	6.6%
合　计	1751	100.0%

通过对现代汉字中的罕用字进行具体考察，我们可以发现，其

中有许多字是可以通过同音代替或其他方法加以精简的。大量的地名用字和动植物名称用字完全可以用常用的同音字代替。有些学科专用字可以用非专用字代替。如“獒”,本来只用于古汉语,义为凶猛的犬,现在把一种西藏犬定名为“藏獒”,如果改称为“藏犬”,就可以精简一个现代汉字。又如“朊”,是蛋白质的旧称,现在有一种病毒叫“朊病毒”,如果改称为“蛋白质病毒”,既明白易懂,又可以精简现代汉字。

8. 在一般语文辞书字头上注明现代汉字级别的必要性

提高汉字水平是提高读写能力的一个前提条件。提高汉字水平有两条途径,一是在学校的课堂上学习,二是在读写实践中自学。字、词典是最好的自学汉字的工具,可是目前多数的字、词典上没有注明字的级别,影响其作用的发挥。试想,一个人如果想提高自己的汉字水平,抱着《新华字典》学,恐怕是很困难的。《新华字典》收字,除去繁体字、异体字,还有八九千个,而一般知识分子只须认识其中 5000 个左右就够了。汉字本来就难学,一般人完全没有必要花费时间专门去学更多的字。可是翻开《新华字典》,到处是陌生的或似曾相识而并不真正认识的字,简直不知道该学哪些字。如果我们在大众使用的一般字、词典上注明字的级别,从小学生到一般知识分子都可以根据自己的汉字程度和需要,知道当前应该重点学习哪些字。这样,字、词典就不仅仅是备查的工具,还成了学习汉字的教材。郑易里、曹成修主编的《英华大辞典》①就把约 1700 个基本单词和约 6300 个次要单词分别标注符号。外语教学与研究出版社 2003 年出版的《麦克米伦高阶英语词典》把常用的 7500 个核心词条用红色印刷,用星号表示词条的使用频率。英语词

①香港三联书店。
②汉语大词典出版社。

典可以这样做，一般汉语字、词典也有必要这样做。现在我们已经见到这样的汉语字典，如张书岩主编的《标准汉语字典》[②]，许嘉璐主编的《现代汉语模范字典》[①]，都在字头上按照国家语委等单位颁布的《常用字表》和《通用字表》区分了常用字、次常用字、通用字。如果我们对现代汉字的分级更准确、更符合实用，并标注在字、词典上，一定能提高字、词典的使用价值。

9. 参照汉字分级在一般读物中给难字注音

我们提倡作者在写文章的时候，根据阅读的对象，尽量少用或不用生僻字，但是有时内容决定了非用某个生僻字不可。一些名家在稿子里用了生僻字，编辑也不好修改。在直接引用古书时，或在重印古典白话作品和老一辈现代学者的著作时，更无法改动。就是通俗读物，遇到真实的人名地名中的难字，也回避不开。这些情况决定了在现代读物中不可能完全避免难字。多数人在阅读时遇到难字的办法是，只要根据上下文能猜出意思，就随便默读一个音（秀才识字读半边！）蒙混过去。随身携带字典读书读报的人恐怕太少了。解决读物中难字的办法，第一是要求作者尽量少用，第二是给难字注音（必要时加上释义）。1961 年 11 月 1 日《人民日报》开始给难字用汉语拼音注音。这件事在当时引起人们的关注。黎锦熙、吕叔湘、王力、张志公、陈望道、冰心、王芸生等纷纷发表文章，赞成和拥护这种做法[②]。作者当时作为一个年轻读者，也从中学会了一些字。后来不知道什么时候，也不知道什么原因，这个做法被取消了，实在令人遗憾。前几年《人民日报》上有一篇介绍古代龟兹国的文章，当时我心里想，不知道有百分之几的读者能把“龟兹”正确地读为 qiūcí，要是仍然有难字注音的做法，该多好啊。现在出版社竞相出版《三国演义》、《红楼梦》等古典小说赚钱，可是

①社会科学出版社。

②见费锦昌主编《中国语文现代化百年记事》，语文出版社，1997 年。

只有个别出版社给书上的难字注音，甚至专门供孩子们阅读出版的少年版上也没有。这本来是花功夫不多而功德无量的事情。我们应该恢复和大力提倡在一般报刊书籍上为难字注音，这是提高全民族阅读水平最有效的办法之一。恰当地为汉字分级，可以使作者和编者根据读物的阅读对象，知道哪些算难字，应该用汉语拼音注音。

三、现代汉字的理据与提示度

在本书“上编”“汉字的性质”中，我们已经讨论过汉字的理据问题。汉字的理据就是汉字采取某种形体结构的理由和根据。我们把汉字的形体结构简称为字形。造字时每个汉字通常记录一个词，为了有利于学习和记忆，字形通常与它所代表的词有联系。字形与词的联系就是它与词的意义的联系，形声字的字形还与词的声音有联系。传统文字学重点研究汉字造字时的理据，每一个字尽可能地上溯到它的源头——甲骨文、金文、大篆或小篆，找出造字时字形与当时词义或词音的联系。现代汉字每个字通常代表一个语素或某个特定语素中的一个音节，现代汉字学研究的汉字理据是现代汉字的字形与它所代表的现代语素的意义或声音的联系；这种研究不能脱离历史，实际上它所研究的是造字时的理据到今天还保留了多少。

研究现代汉字的理据有重要的意义：（1）直到今天，人们对汉字的评价还有很大的分歧，其中一个重要问题是汉字是否繁难。一般人都承认汉字是比拼音文字繁难的文字，但是也有人回避甚至否认这个问题。为了弄清汉字究竟是不是繁难，为什么繁难，繁难到什么程度，必须首先对现代汉字的理据情况进行客观的、实事求是的研究。只有这样，才有可能对现代汉字进行客观的、实事求是的评价。（2）弄清现代汉字的理据，可以研究在现代汉字教学中能够在多大程度上利用汉字的理据，改进教学方法，减轻学习的难度。（3）汉字的进一步改革，不论设想在汉字框架内改革还是突破汉字的框架改革，都离不开对现代汉字理据的研究。

研究现代汉字的理据,必须把定量研究和定性研究结合起来。定量研究就是在一定范围内对每个字的提示度加以测定,再进行统计分析。定量研究是定性研究的基础。没有定量研究,只举一些例子就作出结论,容易导致以偏概全,仁者见仁,智者见智。例如,只举"一"、"雨"、"劣"、"鲤"等字,就可以说汉字理据明显,好学极了;只举"是"、"能"、"襄"、"爵"等字,就可以说汉字理据丧失殆尽,难学极了。

对现代汉字理据的定量研究已经有了一批成果。重要的论文有:周有光《现代汉字中声旁的表音功能问题》①;费锦昌、孙曼均《形声字形旁表意度浅探》②;尹斌庸《关于汉字评价的几个基本问题》③;李燕、康加深、魏励、张书岩《现代汉语形声字研究》④;康加深《现代汉语形声字形符研究》⑤;李燕、康加深《现代汉语形声字声符研究》⑥;张卫国、傅由、冀小军《现代汉字的表意度研究》⑦。这些论文对现代汉字理据的研究具有重要意义。但是,它们研究的范围或仅限于形声字,或仅限于"表音功能",或仅限于"表意度",所以,至今还缺乏对现代汉字理据的全面的定量和定性相结合的研究。各家对汉字理据定量分析的方法和标准也不一样。

本书吸取上述学者研究中的一些好的方法,对现代汉字理据进行全面的定量研究,试图给现代汉字的理据情况勾出一个全面的轮廓。我们的做法是,按照造字理据结合现代情况对现代汉字进行理据分类,根据每个字现在的形体结构和现在所代表的语素的音义的联系,测定提示度。本书"下编·二"对1103个非形声字

①《中国语文》1978年第3期。

②《汉字问题学术讨论会论文集》,语文出版社,1988年。

③上引《汉字问题学术讨论会论文集》。

④《语言文字应用》1992年第1期。

⑤陈原主编《现代汉语用字信息分析》,上海教育出版社,1993年。

⑥上引《现代汉语用字信息分析》。

⑦《语文现代化论丛》第3辑,语文出版社,1997年。

（多音字分别计算）的理据逐个进行考察，对每个字的提示度给出量化的分值。“下编·三”对4987个形声字（多音字分别计算）的形旁和声旁的提示度逐个给出量化的分值。总的结果是，一方面，在现代汉字中，还有78.5%的字其形体结构对意义或声音（或兼对意义和声音）有不同程度的提示能力，这种功能在学习记忆汉字中继续发挥着重要作用。它说明汉字字形并没有完全变成仅仅起区别作用的记号。另一方面，汉字形体结构的提示能力不高，平均提示度只有44.6%。它意味着，现代汉字死记硬背的成分大，活学活记的成分不到一半。现代汉字并不像有人说的能“见形知义”，形声字还能“见形知音”。

（一）现代汉字理据的分类

研究现代汉字的理据，首先遇到的是理据分类问题。其中又有两个问题：一是现代汉字的理据分类要不要追溯到造字时的理据；二是如何具体划分各个理据的类别。

1. 现代汉字的理据如何分类

中国传统文字学把造字理据区分为象形、指事、会意、形声、转注、假借六类，称作“六书”。多数文字学家认为，象形、指事、会意、形声这“四书”是造字方法，转注、假借这“二书”是用字方法。什么是转注，历代文字学家聚讼纷纭，我们不打算加入这种讨论。假借是发生在字造出来以后的事情，明显不是造字理据。唐兰、陈梦家、裘锡圭、刘又辛等学者先后提出过“三书”说（唐兰划分为象形文字、象意文字、形声文字；陈梦家划分为象形字、假借字、形声字；裘锡圭划分为表意字、假借字、形声字；刘又辛划分为表形字、假借字、形声字），我们没有采用这些划分理论。我们认为，从汉字造字理据的角度看，按传统的象形、指事、会意、形声

“四书”分类，大体上是符合汉字的实际的。

那么，给现代汉字的理据分类，还要不要追溯到“四书”即造字理据呢？有两种不同的做法。一种做法是不管造字时的情况，只考虑现代的构字情况。苏培成根据现代字形跟现代意义与现代声音的联系，把现代汉字区分为七类，即：独体表意字（如“凸”）、会意字（如“从”）、形声字（如“铜”）、半意符半记号字（如“霜”）、半音符半记号字（如“诛”）、独体记号字（如“方”）和合体记号字（如“它”）①。这种做法的优点是能够根据类别直接知道现在一个字的形体结构跟语素的意义或声音还有没有联系，是在意义上有联系还是在声音上有联系，或者在两方面都有联系。但是在按这种方法对全部现代汉字进行分类的时候，因为确定意符、音符、记号的标准不同，有宽有严，有些字究竟应该归入哪一类不好确定。从“意符”看，如字源上的象形字“口、山、雨、龟”等字，它们现在的字形虽然与词所指物体的形状已经相差很远，但是还多少保留了一点特征，能够对词义起一点提示作用，可能有人把它们归入记号字，有人把它们归入表意字。又如“诛”字，现在用得最多的是“天诛（杀）地灭”、“罪不容诛（处死）”、“口诛（谴责）笔伐”几个成语，言旁按照“杀”“处死”这个义项来说是记号，按照“谴责”这个义项来说是意符。“音符”的标准同样不好确定。苏培成在前引书中认为，只有声旁音跟字的读音在声、韵、调三个方面全部相同或声、韵两个方面相同，这样的声旁才算音符，再加上有“表意”功能的意符，才是形声字。前引李燕等人的研究则认为，声旁音跟字的读音只要声母相同或只要韵母相同，再加上意符，就算形声字。如果按照苏培成的标准，在《通用字表》7000个汉字中，可以找出现代汉语形声字2853字，如果按李燕等人的标准，在同一范围内有现代汉语形声字3975字，相

①见苏培成《现代汉字学纲要（增订本）》第六章，北京大学出版社，2001年。

差1122字。文字改革出版社1975年曾经编辑、出版过一本《现代汉字形声字字汇》，它在“说明”中说，根据这本《字汇》可以“知道某个字是不是形声字”。它收字的标准更宽，只要造字时的形声字后来在结构上没有发生讹变，不论现在形旁和声旁跟词义词音还有没有联系，都算是现代汉字形声字。此外，只按照现在字形和现在音义的关系确定汉字的理据类别，一个多音字可能被分成不同的类别。例如，“蕃[1](fán，蕃衍)”“蕃[2](fān，蕃邦)”“蕃[3](bō，土蕃)”，第一个应归入形声字，第二个应归入半音符半记号字，第三个应归入合体记号字。本书要对全部现代汉字进行理据分类，为了避开这些不好处理的实际问题，没有采用这种方法给汉字理据进行分类。

另一种做法是根据造字时的情况，沿用“四书”进行分类，按照现在提示意义和声音的程度给出不同的分值。就是说，根据造字时的情况分类，按照现在的情况打分。本书采用这种做法。比如现代汉字“日”，根据它的造字理据把它归入象形字，但是由于字形演变，它的提示度等于0。又如“盼”字，根据它的造字理据把它归入形声字，从目，分声，现在形旁有一定的理据功能，提示度为4，声旁音和词音已经失去联系，提示度为0，总提示度为4。再如“这”字，繁体字“這”，本读yàn，从辵，言声，义为迎接；现在是指示代词，声旁“言”简作“文”，我们仍然把它归入形声字，形旁的示意度和声旁的示音度均为0，总提示度为0。

但是，仅仅按照“四书”给现代汉字的理据分类还会遇到困难，有必要以“四书”为基础加以补充和细分。因为：(1)“四书”是人们根据前人造字的事实总结出来的四种造字方法，并不是预先规定了四种方法再去造字。因此，有少数字的造字方法归不进这四类。我们建立了一个新类，起名为“派生字”。(2)由于前人对“四书”并没有精确的界说，虽然对多数字归入哪一类没有争议，但是对少数字究竟应该归入哪一类，各家说法不一。为了解决这个问题，我们把象形、指事各分为两个小类。(3)由于语言文字的变迁，现代汉字中有不少会意字和形声字已经无法分析，为了能够反映这种变化，我们把会意、形声两类又作了细分。

根据造字理据分类，并不是说每一个字都要按它的最早源头归类，而是研究它现在的形体是根据什么形成的，加以归类。例如“齿”，甲骨文像口中有牙齿，是象形字，小篆加了声旁“止”，成为形声字，现在归入形声字。又如“声”，繁体作“聲”，是个形声字，从耳，殸声；简化字“声”原来不是字，在古汉语用字“殸”中是一个象形符号，像带饰物的磬，所以归入象形字。又如“宝”，繁体作“寶”，中间的“尔”本作“缶”，是个形声字，从宀、王(玉)、贝，缶声；简化字“宝”，可以看作是第二次造字，从宀、玉，归入会意字。一部分历史上发生理据变化的字和一部分现代简化字都可以看作是第二次造字。

根据汉字的造字理据，结合现在的情况，我们把现代汉字的理据分成五大类、九小类：

(1)象形字。分成两小类：

①单纯象形字：从理据上不能切分的象形字。如“日”、“月”。

②加体象形字：一个非字的象形符号加上一个既有的汉字构成的字。如“眉”、“朵”。

(2)指事字。分成两小类：

①单纯指事字：从理据上不能切分的指事字。如“上”、“一”。

②加体指事字：一个非字的指事符号加上一个既有的汉字构成的字。如“本”、“刃”。

(3)会意字：由至少两个既有的汉字充当字符，从提示意义的角度构成的新字。分成三小类：

①会意字A：偏旁没有发生讹变的会意字。如“安”、“初”。

②会意字B：部分偏旁发生讹变的会意字。如“扁”(原来是从

户、册)、"盗"(原来是从次、皿)。

③会意字C:全部偏旁发生讹变的会意字。如"及"(原来是从人、又)、"兼"(原来是从又、两个禾)。

(4)形声字:由至少两个既有的汉字充当字符,一个(或几个)从提示意义角度、一个从提示声音角度构成的新字。分成两小类:

①形声字A:不论字的形体是否发生讹变,形旁和声旁现在可以划分的形声字。如"理"、"构"、"朕"、"敌"。

②形声字B:形旁声旁现在无法划分的形声字。如"更"(原来是从攴,丙声)、"着"(原来作"著",从艸,者声)。

(5)派生字:一个由既有的汉字经过加笔、减笔、改变笔形或者改变字的方向派生出来的新字。如"叵"("可"字改变左右方向)、"睾"("罩"字增加一撇)。

2. 怎样具体确定汉字造字理据的类别

许慎对"六书"的解释比较笼统。对于多数汉字应该归入哪一个理据类别,后人没有争议,但是对少数字的归类有不同的说法。例如:"旦",有人把它归入象形,有人把它归入会意;"出",有人把它归入会意,有人把它归入指事。本来,一个汉字只要弄清它的字源,知道它的造字理据是什么就行了,至于归入哪一类,并不是特别重要的问题。但是本书要对几千个汉字的理据全部分类,进行统计,不能没有一个统一的归类标准。为此,下面把有关理据分类的问题作一些说明。

(1)理据上的单纯字和合体字

按照从理据上能不能切分,汉字可以区分为单纯字和合体字两大类。从理据上不能切分的字叫单纯字,如"日"、"月"、"上"、"下"。从理据上能够切分的字叫合体字,如"明"、"阴"、"让"、"吓"。这里要强调说明,从理据上切分和从形体上切分不是一回事。例如"它"字,从现代的形体看可以切分,但是从理据上看不可以切分，因为“它”是“蛇”的初文，甲骨文的形体像蛇，如果切分成“宀”和“匕”，在理据上就无法解释。又如“回”字，从现代的形体看可以切分，但是金文像回转的水流，不可切分，如果切分成“口”和“口”，在理据上也无法解释。相反的例子，如“里”字，从形体上看，因为中间的一竖是一笔下来，不可切分；但是从理据上看是合体字，它由“田”和“土”构成，可以切分。理据上的单纯字包括两类：单纯象形字和单纯指事字。理据上的合体字包括四类：加体象形字，加体指事字，会意字和形声字。派生字有些是由单纯字变化而成，有些是由合体字变化而成。

（2）字符

构成汉字的理据单位叫字符。字符是分析汉字理据的基础。理据上的单纯字由一个字符构成，如“人、口、刀、一、二、上、下、竹、回”等字。对这些字来说，字和字符是一致的。理据上的合体字大多数由两个字符构成，少数由两个以上的字符构成。如“尘”由“小”和“土”构成，“相”由“木”和“目”构成，“想”由“心”和“相”构成，“果”由“木”和“田”构成，“刃”由“刀”和“、”构成，“碧”由“王”、“白”、“石”构成，等等。字符是就某一个具体的字而言有理据功能的构字成分。例如，“木”和“目”对“相”来说有理据功能，它们是“相”的字符；但是它们对“想”来说没有理据功能，它们不是“想”的字符。可见，字符既可以由理据上的单纯字充当，也可以由理据上的合体字充当。在现代汉字中，有些字从源头上看是合体字，由于字形演变，原来的两个字符糅合在一起，无法划分，如“并、承、艮、生、为、当、失、书、着”等，这些字现在也只能当作由一个字符构成的字。字符跟偏旁大致相当，但是不相等：一则理据上的独体字是由一个字符构成，我们不能说是由一个偏旁构成；二则加体指事字中的有些指事符号，如“刃”中的“、”，我们也不能说它是偏旁。

根据造字理据，字符可以分成“示意符”和“示音符”两种：跟词的意义有联系、能提示意义的字符是示意符，跟词的声音有联系、能提示声音的字符是示音符。在现代汉字中，有些示意符跟意义失去联系，有些示音符跟声音失去联系，我们在有些场合称它们为记号。意符、音符、记号的划分，是裘锡圭提出来的①。不过“意符”、“音符”这两个术语不够理想。意符、音符并不能表示词的意义、声音，而只能提示词的意义、声音，所以我们改称为示意符和示音符。

字符分作“成字字符”和“非字字符”两种。在大型字书上单列字头的字符，是成字字符；反之是非字字符。有些字符从造字到现在都是非字字符，例如“眉”字中的“尸”。有些字符在造字的时候是非字字符，现在演化为成字字符。例如“果”字，金文的形体是在“木”字上面加一个表示果实累累的非字象形符号，在楷书中非字字符演变为成字字符“田”。有些字符是由成字字符演化为非字字符。例如，“水”在小篆中，不论单独成字或作为偏旁，写法一样，都是成字字符，在楷书中少部分依然是成字字符“水”，大部分演化为非字字符“氵”。小篆“赤”由“大”和“火”构成，演变到楷书，上面的“大”变成另一个成字字符“土”，下面的“火”变成非字字符“灬”。

(3)象形字和指事字，加体象形字和加体指事字

象形字是根据某个有形物体的形状特征造出来的字。指事字是用象征性的符号表示某个比较抽象的意义造出来的字。多数象形字和指事字的界限是清楚的，但是有些字究竟应归入象形字还是应归入指事字，人们的看法不一致。究其原因，是因为有些字的字形是根据某个有形物体的形状特征造出来的，而所代表的词的客观所指是抽象的概念。例如“大”字的古文字形体像一个大人，而“大”这个词的客观所指是个抽象的概念，有人根据前者把它

①见《文字学概要》，商务印书馆，1990年，第11页。

归入象形，有人根据后者把它归入指事。我们采取的标准是，不考虑词的客观所指，只考虑字形的根据。如“白”、“长”、“大”、“方”、“九”、“入”、“向”等，现在词的客观所指并不是有形的物体，但是字形的根据是有形物体，我们统统把它们归入象形字。这样做的原因，主要是为了有一个统一的标准，便于掌握；同时，有的字所代表的词的客观所指，在历史上发生过较大的变化，这样规定就可以不考虑这种变化①。

根据以上标准，我们把非字字符也分成两类：以有形物体为根据造出的符号称作象形符号，如“朵”中的“几”是花朵的象形符号；不以有形物体为根据造出的符号称作指事符号，如“刃”的“丶”，它是指示刃的位置的指事符号。加体象形字和加体指事字的区分，就以所加非字符号是不是根据有形物体为准。例如，“闭”所代表的词的客观所指并不是有形物体，但是“闭”中的“才”来源于有形物体门闩的象形符号，所以把“闭”归入加体象形字。“本”代表的词的客观所指是有形物体（根），但是“本”中下面的“一”不是根据有形物体造出来的，而是指示位置，所以把“本”归入加体指事字。

（4）会意字

会意字一般是由两个字符的意义会合成一个新义造出来的字，或两个字符的意义都跟新造出来的字的意义相关。我们用下面的标准区分会意字和加体象形字、加体指事字：如果造字时一个合体字是根据两个或两个以上成字字符的意义构成，不论它是否还包含其他非字符号，都是会意字，如“安”、“掰”、“乳”；如果造字时一个字只包含一个成字字符，另外加上其他非字象形符号或非字指事符号，就是加体象形字或加体指事字，如“录”、“灭”②。

①这一段参考了石玉成《汉字学初探》（云南民族出版社，1996年）第119页的观点。

②这一段参考了石定果《说文会意字研究》（北京语言学院出版社，1996年）第16~17页的观点。

在现代汉字中,大部分会意字包含的字符没有发生讹变,一部分会意字中部分字符发生讹变,一部分会意字中全部字符发生讹变。我们把会意字这三种情况分作三个小类,以反映现代汉字的特点。

有一些字,如“婚”,有人把它归入“兼声”的会意字(从女、昏,昏亦声),有人把它归入声旁兼“表意”的形声字(从女,昏声,昏兼表意)。本书因为要给每个有示音功能的字符进行量化评估,所以把兼声的会意字大部分归入形声字。

(5)形声字

形声字的形旁(示意符)通常只有一个,少数形声字的形旁不止一个。如“柒”,从木、水,七声;“饰”,从人、巾,食声。所有形声字只一个声旁(示音符)。

现代汉字中的形声字,大多数还能够分析出形旁和声旁。虽然有些字的形体发生了变化,但是哪是形旁哪是声旁还能划分开。如“总”,繁体作“總”,从糸,悤声。现在的“总”来源于“悤”。“悤”,从心、囱,囱亦声。现在的“凶”来源于“囱”。这样分析以后,我们就把“总”的形旁定为“心”,声旁定为“凶”。又如“质”,繁体作“質”,从貝,所声。“斤”是“所”的简化写法。我们就把“质”的形旁定为“贝”,声旁定为“斤”。上述这种形声字称作形旁声旁能划分的形声字。少数形声字的形体变化太大,形旁和声旁粿合在一起,已经无法划分,我们把它们作为一小类,称作形旁声旁无法划分的形声字。前面已经举例,不再重复。

(6)派生字

有少数汉字是在其他已有汉字的基础上变化而成的。如“孑”“孓”是由“子”变化而成,“乏”是把“正”反过来。过去人们把它们当作会意字或指事字,我们认为不够合理,因此另辟一类,称之为派生字。

（二）测定现代汉字提示度的原则和规定

1. 测定现代汉字提示度的一般原则

（1）提示度、示意度和示音度

现代汉字的提示度就是现代汉字的字形对它所代表的语素的提示能力的程度，提示意义的程度叫示意度，提示声音的程度叫示音度。非形声字只有示意度，字的示意度就是它的提示度。形声字既有示意度，又有示音度，两者相加就是字的提示度。

（2）根据现代字形和现代义音的联系测定提示度

汉字字形从甲骨文到现在发生了巨大的变化。其中有些是规律性的变化，即相同的字符在每个阶段形体是相同的。例如"马"，从甲骨文到现在形体已经大变，但是作为字符参与构字（如"驮"、"骡"、"骂"），提示意义或声音的能力不变。有些字形是无规律的变化，即讹变。如"举"，下面的形旁"手"讹变为"丰"，上面的声旁"舆"简化为"兴"。讹变的字形一般就失去提示意义或声音的能力。有些字和字符的形体没有发生讹变，但是意义或读音发生了变化，字符也失去或减弱了提示能力。如"驳"，本义是马的毛色不纯，从马，爻声；现在的"驳"字，字符"马"、"爻"的形体并没有发生讹变，但是对"驳"的现代义音失去提示能力。有些字符是由古汉语用字所充当，现在只有少数文字学家了解它的读音和意义，大多数用字的人不了解，因此认定它们没有提示意义和声音的能力，如"琴"的形旁"玨"，"尴尬"的形旁"尢"，"籍"的声旁"耤"，"端"的声旁"耑"。总之，测定现代汉字字形对意义或声音的提示能力，要从现在的角度而不是古代的角度来考虑，要从一般使用汉字的人的角度而不是文字学家的角度来考虑。

（3）以"音字"为单位测定提示度

一个多音字不但有不同的读音，而且不同的读音往往有不同的意义。例如,“打[1]dǎ”的形旁“扌”有提示意义的能力,而“打[2]dá”是个量词,来源于英语 dozen,“扌”没有提示意义的能力。又如,声旁“亥”对“咳[2]”(叹词)有提示声音的能力,对“咳[1]”(咳嗽)没有提示声音的能力。所以多音字要根据读音分别考察其提示度。就是说,测定现代汉字的提示度要以“音字”(多音字有几个音,就有几个“音字”)为单位。

(4) 每个字提示度的分值

我们按十分制测定每个汉字的提示度。10 分相当于有 100%的提示能力,5 分相当于有 50%的提示能力,1 分相当于有 10%的提示能力,0 分相当于完全没有提示能力。

象形字、指事字、会意字、派生字的提示度就是示意度,从 0 分到 10 分。形声字形旁的示意度是 0 分到 5 分,声旁的示音度也是 0 分到 5 分,合起来是 0 分到 10 分。

(5)单字的提示度和该字作为合体字字符的提示度

测定一个单字的提示度跟测定该字作为合体字的字符的提示度的标准是不同的。例如“山”,作为一个单字,字形保留了山脉侧视图的痕迹,它的提示度为 2;在合体字“岗”中,“山”有较大的提示意义的能力,示意度为 4;在合体字“岁”中,“山”是“止”的讹变,没有提示意义的能力,它的示意度为 0;在合体字“汕”中,“山”是声旁,它的示音度为 4。又如“马”,作为一个单字,字形跟马的形状已经没有联系,它的提示度为 0;在合体字“骑”中,“马”有较大的提示意义的能力,它的示意度为 4;在合体字“骗”中,“马”对欺骗这个意义没有提示能力,它的示意度为 0;在合体字“码”中,“马”作为示音符,它的示音度为 5。

2. 测定非形声字提示度的具体规定

非形声字的提示度就是它的示意度。我们以 10 分为满分,2 分为一级,划分为 6 个等级,确定不同的分值:

0分:字形对语素意义没有提示能力,学习全靠死记。例如:独体象形字“贝”、“不”,加体象形字“石”、“共”,独体指事字“八”、“小”,加体指事字“丹”、“甘”,会意字“此”、“件”。

2分:字形对语素意义有较少的提示能力,对学习和记忆有较少的帮助。例如:独体象形字“川”、“册”,加体象形字“巢”、“昔”,独体指事字“十”,加体指事字“本”、“末”,会意字“休”、“须”。

4分:字形对语素意义有相当的提示能力,对学习和记忆有相当的帮助。例如:独体象形字“龟”、“臼”,加体象形字“果”、“泉”,独体指事字“上”、“下”,加体指事字“旦”、“言”,会意字“辟”、“多”。

6分:字形对语素意义有较多的提示能力,对学习和记忆的帮助较大。例如:独体象形字“伞”、“田”,独体指事字“串”,加体指事字“灭”、“刃”,会意字“尾”、“岳”。

8分:字形对意义有很大的提示能力,学习和记忆容易。例如:加体象形字“闩”,独体指事字“凸”、“凹”,会意字“尘”、“掰”。

10分:基本上可以见形知义。这种字在非形声字中只有6个,即:独体指事字“一”、“二”、“三”,会意字“甭”、“歪”、“孬”。

3. 测定形声字形旁示意度的具体规定

(1)一般规定

形旁的示意度分为5个等级,一般按下列情况测定分值:

0分:形旁的现代意义跟语素的现代意义没有联系或基本上没有联系,全靠死记。例如:“者”的形旁“日”,“胡”的形旁“月”,“强”的形旁“虫”,“辈”的形旁“车”。

1分:形旁的现代意义跟语素的现代意义有微弱的联系,经过思考,对意义略有提示能力。例如:“刚”的形旁“刂”,“认”的形旁“讠”，“险”的形旁“阝”，“哀”的形旁“口”。

2分：形旁的现代意义跟语素的现代意义有泛泛的联系，联系不直接、不密切，对意义有较少的提示能力。例如：“块”的形旁“土”，“宾”的形旁“宀”，“悭”的形旁“忄”，“淡”的形旁“氵”。

4分：形旁的现代意义跟语素的现代意义有比较密切的联系，很多是类属关系，对意义有相当的提示能力。例如：“汁”的形旁“氵”，“狮”的形旁“犭”，“纺”的形旁“纟”，“菠”的形旁“艹”。

5分：形旁的现代意义跟语素的现代意义相同或基本相同，对意义的提示能力很大。例如：“病”的形旁“疒”，“眼”的形旁“目”，“狗”的形旁“犭”。

（2）若干具体规定

①要分辨语素的现代意义与非现代意义。我们在确定现代汉字形旁示意度的时候，只考虑形旁意义跟语素的现代意义有没有联系，不管它跟语素的古代意义有没有联系。在这样做的时候，要防止把不是现代意义的语源意义当作现代意义。有些语素的现代意义是语源意义的远引申意义，有些是假借意义。如“翰”，语源意义是红色的羽毛，现在已经不用，现代意义“毛笔、书信、文字”（如“翰墨”、“书翰”）是远引申意义，这个字的形旁“羽”的示意度为0。又如“罂”，语源意义是一种瓦器，所以形旁为“缶”，这个意义在现代汉语中已经不用，现在只用于植物名“罂粟”，这个字的形旁“缶”的示意度是0。

②多义字形旁示意度的测定。有的汉字只有一个义项，有的汉字有多个义项。对于只有一个义项的汉字来说，只要按照形旁意义跟这个义项的关系就可以确定形旁的示意度了。对于有几个义项的汉字来说，除了区分现代意义与古代意义之外，还要区分主要意义与次要意义。对现代大多数人来说，在现代汉语中使用频

率大的义项是主要意义，使用频率小的义项是次要意义。有些语素只有一个主要意义。有些语素同时有几个主要意义（其重要程度难分伯仲）。在现代汉字中许多字的主要意义就是语源意义。如“翅”，语源意义“鸟的翅膀”，也是现在的主要意义，它的引申意义“鱼翅的翅”是次要意义。有些字的主要意义是引申意义或字的假借意义，次要意义是语源意义。如“翠”，语源意义“翠鸟”在现代汉语中是次要意义，引申意义“绿色”是主要意义。因此要防止把现代不是主要意义的语源意义当作主要意义。

对于有多个义项的字的形旁的示意度，我们作如下的具体规定：A. 如果形旁意义跟语素的主要意义有联系，那么次要意义就可以忽略不计。如“傅”，只考虑主要意义“师傅”，不考虑次要意义“附着”，形旁“亻”与“师傅”的联系比较密切，示意度为4。B. 如果形旁意义跟语素的主要意义没有联系，只跟语素的次要意义有联系，那么示意度就要降低。如“研”的形旁“石”，跟主要意义“研究”没有联系，只跟次要意义“研磨”有联系，示意度为2。C. 如果形旁意义跟语素的几个主要意义都有联系，就按前述一般规定确定示意度。如“呼”的形旁“口”，跟“呼”的几个主要意义“喊；唤；出气；叹词；拟声词”都有比较密切的联系，示意度为4。D. 如果形旁意义跟语素的几个主要意义，有的有比较密切的联系，有的没有联系，那么示意度也要降低。如“播”的形旁“扌”，跟一个主要意义“撒种”有比较密切的联系，跟派生的另一个主要意义“传播（信息）”没有联系，示意度为2。

③古代用字充当的形旁和变体形旁，在测定示意度时分作两类：A. 多见的或容易推测出意义的古代用字形旁和变体形旁（主要是现代的部首），跟现代汉字形旁一样看待。包括：厂（hǎn）、匚、刂、亻、冫、冖、讠、凵、阝（阜）、阝（邑）、廴、扌、艹、囗、饣、彳、犭、广（yǎn）、氵、忄、宀、辶、孑（子）、纟、王（玉）、歹（è）、牜、月（肉）、月（肉）、灬、礻、钅、疒、衤、罒、蚰、虍、⺮、糸、⻊、隹、髟。B.

不多见的或不容易推测出意义的古代用字形旁和变体形旁，一律当作没有提示意义能力的形旁，示意度都定为0。包括：匕、勹、儿(rén)、卩、巛、厶、巳、卂、廾、尢、彡、攴、⺌、冃、屵、罒、夂、殳、覀、㫃、釆、㐬、镸、𦰩。还有其他省形、变形的非字形旁，一般都当作没有提示能力的形旁看待。

④有些形旁表示的内容是构成某种东西的原材料，这些形旁的示意度一般为4，如“砚”的形旁“石”，“锅”的形旁“钅”。但是如果从现在的观点看来不确切，示意度就要降低。例如，碗的原料并不是石头，只是碗的硬度跟石头一样，“碗”字的形旁“石”的示意度为2。又如现代的桥和楼，主要原料已经不是木头，“桥”字和“楼”字的形旁“木”的示意度为2。

⑤有些字按照旧观念设置形旁，现代观念起了变化，要按现代观念确定示意度。如贬义字“妄”、“佞”、“妨”、“婪”以“女”为形旁，是古代对妇女的诬蔑，我们不应该承认，所以形旁示意度均为0。“奸”、“妒”、“妖”、“姘”不但跟女性有关，同样跟男性有关，形旁“女”的示意度为2。

⑥形旁位置特殊，不易识别，示意度为0，如“颖”（从禾，顷声）的形旁“禾”，“黎”（从黍，利省声）的形旁“黍”。

⑦对一些专用字的形旁示意度的规定：

形旁“人”、“女”、“阝(邑)”用于姓氏专用字（如“佟”、“姚”、“邢”），示意度为4。

形旁“土”、“水”、“山”、“石”、“阝(邑)”、“阝(阜)”用于地理名称专用字（如“埔”、“汕”、“岷”、“砀”、“邯”、“隰”），示意度为4。

形旁“口”用于助词、叹词、拟声词专用字（如“吧”、“呀”、“哞”），示意度为4。

形旁“口”用于译音专用字(如“呋”、“吡”)，示意度为2。

形旁“石”、“酉”、“火”等用于化学专用字（“硅”、“醚”、

“烃”),示意度为4。

形旁“糸(纟)”用于颜色用字(如“紫”、“红”、“绿”),示意度为2。

现在只用于古人名的字,如“鲧”、“轲”、“聃”,它们的形旁“鱼”、“车”、“耳”,示意度为0。

⑧有些字声旁有明显的提示意义的能力,那么形旁的示意度就适当提高。例如:“扩”的声旁“广”,“轶”的声旁“失”,都有明显的提示意义的能力,它们的形旁的示意度分别由2提高到4。

⑨形声字的总提示度不应超过9。因为一个形旁能提示的意义通常不止一个。例如,形旁“鱼”能提示的意义包括鱼的种类(如“鲤”)、鱼的器官(如“鳃”)、以鱼等为原料制成的食品(如“鲊”)。由于形旁提示的意义不是惟一的,所以如果形声字的总提示度为10,不符合实际情况。因此,当声旁的示音度为5时,形旁的示意度不能超过4。

4. 测定形声字声旁示音度的具体规定

(1)一般规定

测定形声字声旁的示音度,要从三个方面考察声旁音和字的读音之间的关系:①声母是否相同;②韵母或韵是否相同;③声调是否相同。

这里要谈一下韵相同的问题。所谓韵相同,就是通常说的押韵。韵母相同则韵一定相同,而韵相同韵母不一定相同。如“高”和“敲”韵母不同,一个是ao,另一个是iao,但是韵相同,都是ao。在汉字形声字中,声旁音跟字的读音,韵母相同或者韵相同,提示能力基本上是一样的。例如,“告”和“浩”的韵母相同,“告”和“窖”的韵相同,“告”对“浩”提示声音的能力跟“告”对“窖”提示声音的能力,是不相上下的。押韵基本上以十三辙为准,只是把“一七辙”中“衣”的韵母和“知蚩诗日资雌思”的韵

母分开,共十四个韵。用汉语拼音写出来,就是:

/a, ia, ua/e, o, uo/ie, üe/ai, uai/ei, uei/ao, iao/ou, iou /an, ian, uan, üan/en, in, un, ün/ang, iang, uang/eng, ing, ueng, ong, iong/i(“衣”的韵母),ü/i(“知蚩诗日资雌思”的韵母)/

声旁的示音度分为6个等级,按下列情况测定分值:

0分:声旁音跟字的读音,声母、韵母、韵都不相同,声调不论,如“借念珀”。

1分:声旁音跟字的读音:①声母相同(零声母相同只包括以汉语拼音y开头、w开头、yu开头的音节),韵母、韵、声调不同,如“陀吻杠”;②韵母相同,声母、声调不同,如“很剂坦”;③韵相同,韵母、声调不同,声母不论,如“疼浪闵”。

2分:声旁音跟字的读音:①声母相同(零声母相同只包括以汉语拼音y开头、w开头、yu开头的音节),声调相同,韵母、韵不同,如“缸英纳”;②韵母、声调相同,声母不同,如“厅精涕”;③韵相同,声调相同,韵母不同,声母不论,如“跳敲狼”。

4分:声旁音和字的读音,声母、韵母相同,声调不同,如“故较究”。

5分;声旁音和字的读音,声母、韵母、声调全部相同,如“递纹芳”。

(2)若干具体规定

①由多音字充当的声旁,选择跟字的读音相同或相近的音确定示音度。例如:“麂”、“虮”跟“几¹(jǐ)”的音相同,就以“几¹”为声旁,示音度都是5;“讥”、“饥”跟“几²(jī)”的音相同,就以“几²”为声旁,示音度也都是5。又如:“驱”、“躯”跟“区¹(qū)”的音相同,就以“区¹”为声旁,示音度都是5;“欧”跟“区²(ōu)”的音相同,示音度为5;“呕”跟“区²(ōu)”的音相近,示音度为4。

②由繁体字、异体字充当的声旁，如“濮”的声旁“僕”，“翼”的声旁“異”，“范”的声旁“氾”，“碰”的声旁“並”，示音度一律为0。

③有些声旁是由本书“现代汉字分级字表”中“通常用字”以外的字（包括现代汉字罕用字和非现代汉字）充当的，例如“叔”的声旁“尗”，“端”的声旁“耑”，“股”的声旁“殳”，“仰”的声旁“卬”，“鳄”的声旁“咢”。如果它们没有后面说的类推示音能力，示音度一律为0；如果有类推示音能力，按后面的规定确定示音度。

④有些形声字的声旁是由字的变体、省体充当的，例如：“丬”、“钅”、“饣”、“䒑”、“前”、“𠂇”等是字的变体，“弔”、“屰”、“⺌”等是字的省体，它们都不能独立成字。如果它们没有后面说的类推示音能力，示音度一律为0；如果有类推示音能力，按后面的规定确定示音度。

⑤声旁的类推示音能力：由“通常用字”充当的声旁的示音度，完全按照前述一般规定来测定，不存在类推示音的问题。由非通常用字、繁体字、异体字以及字符的简体、省体、变体充当的声旁，一部分可以按照类推示音能力，确定示音度。所谓类推示音能力，是指本来不知道声旁音跟字音的联系，通过类推联想，推测出声旁的示音能力。例如，“匊（jū）”不是“通常用字”，一般人不知道它的读音，但是当知道“鞠”、“菊”、“掬”中一个字的读音以后，通过类推，能够容易地记住其它两个字的读音。我们把其中声音跟“匊”相同或最接近的、比较常见的“鞠”规定为类推字，把“菊”、“掬”规定为被类推字，认定被类推字有一定的示音度。这种现象在现代汉字中很多，情况很复杂，为了使测定的示音度更接近于实际，我们不避繁琐，根据下列不同情况分别作出规定：

——除了少数例外，类推字跟被类推字应该在广义上同音（以下简称同音），即声母、韵母相同，不论声调。如果仅仅声母相同,或仅仅韵母相同,不能类推。例如,“纠”跟“赳”可以互相类推,但它们不能跟“叫”、“收”互相类推。

——如果同一个声旁所辖形声字少,而且形声字都是不太常用的字,如“炯”、“迥”之间,“婺”、“骛”、“鹜”之间,彼此就不能互相类推。

——少数非形声字的偏旁(或部件)对形声字的读音也有类推示音功能。如会意字“楞”中的“罗”对形声字“愣”,会意字“蔑”中的“戢”对形声字“篾”,都能提示读音。

——类推字是类推示音能力的出发点,它本身的声音要靠死记,所以它的声旁的示音度为0;被类推字的声旁才有示音能力。例如,“匊”对“鞠”的示音度为0,通过“鞠”的类推,“匊”对“菊”、“掬”的示音度分别为4和5。

——由非“通常用字”和非字充当的声旁,如果该声旁所辖形声字(在“通常用字”范围内,下同)全部同音,没有“干扰”,理据度定为4或5。例如,“匋”跟形声字“陶”、“啕”、“淘”、“萄”、“掏”全部同音,那么“匋”除了对类推字“陶”的示音度为0外,对其他几个被类推字的示音度分别为4或5。如果声旁跟该声旁所辖形声字中的一部分同音,一部分不同音,就是说有“干扰”,那么理据度本该定为4或5的,要分别减2。例如,声旁“戋(jiān)”跟所辖形声字“笺”、“贱”、“践”、“饯”同音,跟“残”、“线”、“钱”、“浅”、“盏”、“栈”不同音,后者对前者有“干扰”,我们规定,“戋”对类推字“笺”的示音度为0,对被类推字“贱”、“践”、“饯”的示音度为2(4减去2),对其他几个字“残”、“线”、“钱”、“浅”、“盏”、“栈”的示音度为0。如果一个声旁所辖形声字在10个以上,只能找出一个类推字和一个被类推字,其他8个以上的字都不能被类推,“干扰”太大,我们就规定统统不能类推。例如,以“隹(zhuī)”为声旁的形声字包括“椎[1](zhuī)”、“锥”、“椎[2](chuí)”、“维”、“唯”、“帷”、“惟”、

“谁”、“崔”、“推”、“堆”、“淮”、“准”、“碓”、“睢”、“稚”、“售”、“焦”等18个字，“隹”只跟“椎[1]”、“锥”同音，跟其他字都不同音，“干扰”太大，我们就规定“隹”对所有的字的示音度均为0。如果声旁音虽然跟所辖形声字不同音，但是所有形声字同音，也可以看做有类推示音能力。例如，“䍃”是“䍃（yóu）”的变体，所辖形声字“遥”、“摇”、“谣”、“徭”、“鹞”、“瑶”读yáo或yào，没有“干扰”（多音字“繇[yóu,yào,zhòu]”不是通常用字），示音度分别定为4或5。又如，声旁“肙”读yuàn，所辖形声字“捐”、“娟”、“绢”、“鹃”、“涓”、“狷”读juān或juàn，没有“干扰”，示音度也分别定为4或5。如果声旁音跟所辖形声字的读音都不同，形声字互相也不同，就全部没有示音的能力。如声旁“彖 tuàn” 跟形声字 “缘”、“椽”、“篆”、“喙”、“蠡[1]（lí）”、“蠡[2]（lǐ）都不同音，形声字也没有统一的读音，示音度统统为0。

（三）对现代汉字通常用字的理据分类和提示度的统计与分析

1. 测查现代汉字理据和提示度的范围

对现代汉字理据进行全面的定量研究必须有一个确定的范围。其他学者对现代汉字定量研究的范围，有的以《新华字典》收字为准，有的以《通用字表》上的7000字为准，有的以《常用字表》的3500字为准，有的以4000个常用字为准。我们认为，定量研究的范围不宜过大或过小。范围过大，如7000个或7000个以上汉字，就会包括大量的古汉语用字、方言用字和现代汉字中的罕用字，既不能准确地反映在严格意义上的现代汉字的实际，也不能反映现代人们通常用字的实际。如果范围过小，如3500~4000个常用汉字，也不能反映现代汉字的基本面貌。本书确定的测查对象是本书“下编”里“现代汉字分级字表”中的“通常用字”，即一、二、三级常用字和间用字，共6090个音字（5548个形字）。这些字可以覆盖现代汉语资料用字的99.99%以上。我们认为对这个范围的汉字的理据和提示度进行测查，能够较好地反映现代汉字理据的面貌。

我们把本书“现代汉字分级字表”中的通常用字作为一个字集，后面说到的对现代汉字的统计分析，指的就是对这个字集的统计分析。

2. 对现代汉字中各类造字理据的统计分析

(1)各类造字理据在现代汉字中的分布

按照前面谈的划分汉字造字理据的标准对通常用字（5548个形字，6090个音字）进行划分，得到的结果是：形声字最多，其次是会意字，后面依次是象形字、指事字、派生字。各个理据类别的字数及所占百分比如下表。

现代汉字中各类造字理据的分布

类别		形字数量				音字数量			
大类	小类	大类		小类		大类		小类	
		字数	%	字数	%	字数	%	字数	%
象形	单纯	298	5.4	233	4.2	336	5.5	262	4.3
	加体			65	1.2			74	1.2
指事	单纯	56	1.0	15	0.3	62	1.0	17	0.3
	加体			41	0.7			45	0.7

续 表

会意	A	590	10.6	346	6.2	661	10.9	385	6.3
	B			180	3.2			199	3.3
	C			64	1.2			77	1.3
形声	A	4564	82.3	4527	81.6	4987	81.9	4940	81.1
	B			37	0.7			47	0.8
派生		40	0.7	40	0.7	44	0.7	44	0.7
合计		5548	100	5548	100	6090	100	6090	100

说明：①会意 A：偏旁可以分析的会意字；会意 B：部分偏旁讹变的会意字；会意 C：全部偏旁讹变的会意字；形声 A：形旁声旁可以划分的形声字；形声 B：形旁声旁不可划分的形声字。

②每个多音字按一个字统计出来的字数是形字数量，每个多音字按几个字统计出来的字数是音字数量。

根据清朝文字学家朱骏声的统计，在《说文解字》所收 9353 个字中，象形字有 364 个，占总数的 4%弱，指事字 125 个，占 1%强，会意字 1167 个，占 12%强，形声字 7697 个，占 82%强①。本书统计的范围与上述统计不同，但是得出的百分比数是接近的。与朱骏声的统计相比，本书统计的象形字的比例稍高，会意字的比例稍低，除了因为统计范围不同之外，还可能是因为我们把一部分朱骏声认为的会意字列入了加体象形字。

（2）各类造字理据在各级字中的分布

现代汉字造字理据的分布有一个特点：非形声字在常用程度较高的字群中所占比例较大，在常用程度较低的字群中所占比例较小。形声字则相反。这是因为，造字方法出现最早的是指事和象

①见《说文通训定声》，中华书局影印，1984 年，第 18~22 页。

形,然后是会意,最后是形声。最早造的字有许多是语言中的基本词汇用字,它们大多是用象形、指事、会意方法造的。这些字稳定性强,有许多一直沿用到今天,仍然是常用字。从下面两个表(一个表以形字为统计单位,一个表以音字为统计单位)可以看出,在本书按常用程度划分的各级字中,形声字所占的比例随着常用程度的降低而提高,非形声字所占比例则随着常用程度的降低而降低。

造字理据类别在各级字中的分布(一)

字数单位:形字

类别		一级常用字	二级常用字	三级常用字	间用字	合计
总数		2561	1213	981	793	5548
象形	字数	240	41	9	8	298
	占本级%	9.4	3.4	0.9	1.0	5.4
指事	字数	47	4	3	2	56
	占本级%	1.8	0.3	0.3	0.3	1.0
会意	字数	410	89	57	34	590
	占本级%	16.0	7.3	5.8	4.3	10.6
派生	字数	22	4	8	6	40
	占本级%	0.9	0.3	0.8	0.7	0.7
非形声小计	字数	719	138	77	50	984
	占本级%	28.1	11.3	7.8	6.3	17.7
形声	字数	1842	1075	904	743	4564
	占本级%	71.9	88.7	92.2	93.7	82.3

造字理据类别在各级字中的分布（二）

字数单位：音字

类别		一级常用字	二级常用字	三级常用字	间用字	合计
总数		2770	1359	1056	905	6090
象形	字数	262	45	13	16	336
	占本级%	9.5	3.3	1.2	1.8	5.5
指事	字数	50	5	3	4	62
	占本级%	1.8	0.4	0.3	0.4	1.0
会意	字数	444	107	66	44	661
	占本级%	16.0	7.8	6.2	4.8	10.9
派生	字数	25	5	8	6	44
	占本级%	0.9	0.4	0.8	0.7	0.7
非形声小计	字数	781	162	90	70	1103
	占本级%	28.2	11.9	8.5	7.7	18.1
形声	字数	1989	1197	966	835	4987
	占本级%	71.8	88.1	91.5	92.3	81.9

形声字在比较常用的字群中所占比例相对较低，这一事实在现代汉字最常用的1000字中表现得更加明显。我们对《现代汉语频率词典》①中“汉字频率表”上的前1000字的造字理据进行统计，形声字占58.3%，非形声字占41.7%。在常用程度最高的前200字中，形声字只占37.5%，非形声字占62.5%，非形声字所占比例超过了形声字。

①北京语言学院出版社，1986年。

最常用 1000 字中形声字与非形声字的分布

字数单位：形字

分类		1~200 字段	201~600 字段	601~1000 字段	合计
形声字	字数	75	236	272	583
	占本段%	37.5	59.0	68.0	58.3
非形声字	字数	125	164	128	417
	占本段%	62.5	41.0	32.0	41.7

3. 对现代汉字提示度的统计分析

(1)现代汉字的平均提示度

对 6090 个现代汉字（音字）的提示度进行统计，其平均值为 4.46。各个分值包含的字数如下表。

现代汉字提示度的分布

字数单位：音字

提示度分值	A	0 分	1 分	2 分	3 分	4 分
字数	B	1308	228	454	133	1030
占总字数%	C	21.5	3.7	7.5	2.2	16.9

续表

A	5 分	6 分	7 分	8 分	9 分	10 分	合计
B	600	511	248	503	1069	6	6090
C	9.9	8.4	4.1	8.2	17.6	0.01	100

从上表可以看出，在现代汉字中，完全失去提示功能的字（0分）占21.5%，提示功能比较低的的字（1~3分）占13.4%，中等提示功能的字（4~6分）占35.2%，提示功能比较高的字（7~10分）占29.9%。

因为我们是按十分制对每个汉字的提示度进行量化测定的，所以全部现代汉字的平均提示度4.46分相当于44.6%，不到一半。这意味着，学习现代汉字一大半靠死记硬背，一小半可以在掌握字符的意义或声音的基础上活学活记。

（2）各个理据类别汉字的提示度

现代汉字各个理据类别提示度的分布和平均值如下表。

现代汉字各理据类别提示度的分布和平均值

理据类别	每个提示度分值包括的字数（音字）						
	0分	1分	2分	3分	4分	5分	6分
单纯象形	234		18		4		6
加体象形	52		3		18		
（象形小计）	286		21		22		6
单纯指事	8		1		2		1
加体指事	35		4		4		2
（指事小计）	43		5		6		3
会意A	162		63		105		30
会意B	142		16		40		1
会意C	72		3		2		
（会意小计）	376		82		147		31
形声A	518	228	344	133	852	600	470

形　声　B	47						
（形声小计）	565	228	344	133	852	600	470
派　生	38		2		3		1
合计字数	1308	228	454	133	1030	600	511

续表

理据类别	每个提示度分值包括的字数（音字）					每类理据平均分值
	7分	8分	9分	10分	合计字数	
单纯象形					262	0.34
加体象形		1			74	1.16
（象形小计）		1			336	0.52
单纯指事		2		3	17	3.65
加体指事					45	0.80
（指事小计）		2		3	62	1.58
会　意　A		22		3	·385	2.42
会　意　B					199	0.99
会　意　C					77	0.18
（会意小计）		22		3	661	1.73
形　声　A	248	478	1069		4940	5.20
形　声　B					47	0
（形声小计）	248	478	1069		4987	5.16

派　　生					44	0.51
合计字数	248	503	1069	6	6090	总平均分值 4.46

说明：会意 A、B、C 及形声 A、B 的含义见本节第一个表的说明。

从上表可以看出：

第一，各类字的提示度从大到小，按大类排列，依次是：形声字，会意字，指事字，象形字，派生字。按小类排列，依次是：形声字 A，单纯指事字，会意字 A，加体象形字，会意字 B，加体指事字，派生字，单纯象形字，会意字 C，形声字 B。

第二，在现代汉字中，形声字与其他类别的字相比，依然保持了较高的提示度（平均 5.16 分）。由于形声字的数量占现代汉字的 82%，所以现代汉字的提示功能主要来自形声字。形声字之所以能保持较高的提示度，是因为它的形体在意义和声音两个方面跟语素相关，而且比其他类别的字出现晚，变化较小。历史上汉字形体的有规律变化，不影响形声字的提示功能。例如，在楷书中，“氵”不像流水，“木”不像树木，而它们所组成的“沐”字仍然有相当高的提示度。

第三，会意字的平均提示度比较低，只有 1.73 分。在会意字中，57%已经完全失去提示功能，其他 43%有不同程度的提示功能，其中一小部分字的提示功能比较大（如“林尘双掰氽巢歪孬”）。历史上汉字形体的有规律变化也不影响会意字的提示功能。

第四，指事字的平均提示度与会意字基本相当，为 1.61 分。在指事字中，69%已经完全失去提示功能。有几个单纯指事字提示度比较高（“一二三凸凹串”）。

第五，象形字的平均提示度只有 0.52 分。在象形字中，85%已经完全失去提示功能。只有一个加体象形字“闩”还保持较高的提示度。

第六，派生字的平均提示度只有 0.51 分。在派生字中没有提示度较高的字。

(3) 各个级别汉字的提示度

现代汉字各个级别提示度的分布和平均值如下表。

现代汉字各个级别提示度的分布和平均值

级别		每个提示度分值包括的字数(音字)						
		0分	1分	2分	3分	4分	5分	6分
一级常用字		848	114	298	70	451	239	214
二级常用字		199	47	72	31	224	144	138
三级常用字		139	33	45	21	182	132	86
间用字		122	34	39	11	173	85	73
合计	字数	1308	228	454	133	1030	600	511
	占总字数%	21.5	3.7	7.5	2.2	16.9	9.9	8.4

续表

级别		每个提示度分值包括的字数(音字)					每级平均提示度分值
		7分	8分	9分	10分	合计	
一级常用字		99	183	249	5	2770	3.48
二级常用字		57	120	326	1	1359	5.17
三级常用字		48	111	259		1056	5.34
间用字		44	89	235		905	5.35
合计	字数	248	503	1069	6	6090	总平均分值 4.46
	占总字数%	4.1	8.2	17.6	0.01	100	

上表说明,每级字的常用程度越高,其平均提示度越低。一级常用字最明显,其平均提示度只有3.48分。如果我们对《现代汉

语频率词典》"汉字频率表"中的前1000字进行统计，这个特征更明显。该表前1000字的平均提示度只有2.54分。其原因是在这部分字中非形声字占的比例较高，这些字流传时间长，字形和词义词音变化大，所以现在的提示度比较低。

4. 对形声字形旁的统计分析

(1) *形旁种类数和使用次数分布*

在现代汉字通常用字中，能分析出形旁和声旁的形声字有4940字(音字)，共使用了273种不同的形旁。绝大多数形声字每字只使用一个形旁，有20个字每字使用两个形旁，有1个字使用了三个形旁：全部4940个形声字共使用了4962个形旁。每种形旁在形声字中平均使用18.2次。使用50次以上的形旁有26种，它们是：

口335次，氵314次，扌269次，艹222次，木217次，
亻187次，钅145次，讠130次，纟130次，虫111次，
忄109次，土109次，月108次，女103次，辶93次，
疒81次，𧾷76次，火76次，⺮73次，石73次，
王61次，阝(右)56次，心56次，山54次，
目54次，日52次。

只使用一次的形旁有100种。

每种形旁使用次数的分布

按每种形旁使用次数分段(由多到少每100次分段)			335~314次	222~217次	187~103次	93~1次	合计
		A					
该段有形旁	种类数	B	2	3	9	259	273
	占形旁种类%	C	0.7	1.1	3.3	94.9	100
形旁使用次数	次数	D	649	708	1132	2473	4962
	占总次数%	E	13.1	14.3	22.8	49.8	100

每种使用100次以下的形旁使用次数的分布

按每种形旁使用次数分段（由多到少每10次分段）		A	93次	81次	71~73次	61次
该段有形旁	种类数	B	1	1	4	1
	占形旁种类%	C	0.4	0.4	1.5	0.4
形旁使用次数	次数	D	93	81	298	61
	占总次数%	E	1.9	1.6	6.0	1.2

续表

A	56~51次	48~41次	40~31次	28~21次	20~11次	10~1次	合计
B	5	7	8	9	27	196	259
C	1.8	2.5	2.9	3.3	9.9	71.8	94.9
D	272	315	274	217	396	466	2473
E	5.5	6.3	5.5	4.4	8.0	9.4	49.8

每种使用10次以下的形旁使用次数的分布

按每种形旁使用次数分段（由多到少每1次分段）		A	10次	9次	8次	7次
该段有形旁	种类数	B	3	3	3	5
	占形旁种类%	C	1.1	1.1	1.1	1.8
形旁使用次数	次数	D	30	27	24	35
	占总次数%	E	0.6	0.5	0.5	0.7

续 表

A	6次	5次	4次	3次	2次	1次	合计
B	4	9	10	23	36	100	196
C	1.5	3.3	3.7	8.4	13.2	36.6	71.8
D	24	45	40	69	72	100	466
E	0.5	0.9	0.8	1.4	1.5	2.0	9.4

由上面三个表可以看出，不同形旁的使用次数很不平衡。在273种形旁中，每种使用100次以上的前14种形旁使用的次数占总次数的50.2%，每种使用10次以上的前77种形旁使用次数占总次数的90.6%。使用次数多的形旁，由于在形声字中反复出现，有利于学习和记忆。

（2） 形旁的类型

在形旁中，有些是现代汉字中的通常用字（如“松”中的“木”），有些是非通常用字，包括繁体字（如“戴”中的“異”）和古汉语用字（如“嘉”中的“壴”），有些因为变形不能成字（如“举”中的“丰”）。在非通常用字和非字形旁中，有些是现代字书上的部首（如“匣”中的“匚”，“追”中的“辶”）。部首因为使用的频率一般比较高，提示意义的能力比较大。通常用字充当的形旁和部首充当的形旁占形旁总数的84.2%，它们有利于学习和记忆；不是部首的非通常用字和非字充当的形旁占形旁总数的15.8%，它们不利于学习和记忆。

形旁的类型

形　旁　类　型	形旁种类数	占形旁种类总数的%
现代通常用字充当的形旁	174	63.7
通常用字以外的字充当的形旁 （其中的部首）	42 (27)	15.4 (9.9)
非　字　形　旁 （其中的部首）	57 (29)	20.9 (10.6)
合　　计	273	100.0

(3) *形旁示意度的分布*

形声字形旁的示意度最低为0分，最高为5分。在4940个能分析出形旁声旁的形声字（音字）中，形旁的示意度平均2.77分。各个分值包含的形声字数和所占百分比如下表。

形旁示意度的分布

形旁义与形声字代表的语素义的联系	示意度分值	包含的形声字数（音字）	占形声字总数的%
没有或基本上没有联系	0分	1066	21.6
有微弱联系	1分	145	2.9
有泛泛联系或与部分义项有较密切联系	2分	697	14.1
有较密切联系	4分	3011	61.0
意义相同或基本上相同	5分	21	0.4
平均或合计	平　均 2.77分	合计4940字	合计100.0

从上表可以看出，示意度较高的形旁（4~5分）占形旁总数的61.4%，示意度较低的形旁（1~2分）占17%，没有提示意义能力的

形旁(0分)占21.6%。

5. 对形声字声旁的统计分析

(1) 声旁种类数和使用次数分布

在现代汉字中,有4940个能分析出形旁声旁的形声字,它们共使用了1316种不同的声旁(声旁数按字形计算,如“躯”的声旁“区[1]qū”和“欧”的声旁“区[2]ōu”,按一个声旁统计)。声旁种类数是形旁种类数的4.8倍。因为每个形声字只使用一个声旁,所以每种声旁使用的次数就是使用这种声旁的形声字字数。每种声旁平均使用3.75次。使用10次以上的声旁有108种。其中使用20次以上的声旁有9种,它们是:

各25次,包23次,丁22次,非22次,肖22次,工21次,令20次,占20次,古20次。

使用次数最多的声旁“各”,用于下列形声字:

铬咯(gē)格(gē)胳袼阁格(gé)骼客恪洛络(luò)骆珞貉(hé)铬咯(lo)貉(háo)咯(kǎ)络(lào)烙酪赂路略(还有多音字胳[gé]铬[gē]烙[luò],因为不属于通常用字,没有列入)。

只使用一次的声旁有460种。

每种声旁使用次数的分布

声旁使用次数(由多到少排列)		A	25	23	22	21
该次数有声旁	种 类 数	B	1	1	3	1
	占声旁种类%	C	0.08	0.08	0.23	0.08
使用次数	数 量	D	25	23	66	21
	占总次数%	E	0.51	0.47	1.34	0.42

续 表

A	20	19	18	17	16	15	14
B	3	4	4	3	4	10	7
C	0.23	0.30	0.30	0.23	0.30	0.76	0.53
D	60	76	72	51	64	150	98
E	1.21	1.54	1.46	1.03	1.29	3.04	1.98

续 表

A	13	12	11	10	9	8	7
B	7	14	18	28	26	42	53
C	0.53	1.06	1.37	2.13	1.98	3.19	4.03
D	91	168	198	280	234	336	371
E	1.84	3.40	4.01	5.67	4.74	6.80	7.51

续 表

A	6	5	4	3	2	1	合计
B	67	62	114	160	224	460	1316
C	5.09	4.71	8.66	12.16	17.02	34.95	100
D	402	310	456	480	448	460	4940
E	8.14	6.27	9.23	9.72	9.07	9.31	100

（2）声旁的类型

在1316种声旁中，有些是现代汉字中的通常用字，有些是通常用字以外的繁体字、异体字、罕用字和古汉语用字，有些是不能成字的偏旁。在非通常用字和非字偏旁中，有些是现代字书上的部首。因为部首通常用于形旁，所以有的部首用作声旁时往往被人误作形旁（如“竺”、“筑”、“笃”的声旁“竹”），失去提示声音的功能。

声 旁 的 类 型

声旁类型	声旁种类数	占声旁种类总数的%
现代通常用字充当的声旁	954	72.5
通常用字以外的字充当的声旁 （其中的部首）	222 （19）	16.9 （1.4）
非 字 声 旁 （其中的部首）	140 （16）	10.6 （1.2）
合　　计	1316	100.0

（3）声旁示音度的分布

由通常用字充当声旁的形声字，声旁音与字的读音有9种不同的关系，示音度的分值从5分到0分不等。此外，由非通常用字和非字充当的声旁中，凡是没有类推示音功能的，一律作0分，有类推示音功能的2~5分不等。

声旁示音度的分布

声旁类别	声旁音与形声字读音的关系	示音度分值	包含形声字数(音字)	占形声字总数的%
通常用字	声母、韵母、声调相同	5分	1374	27.8
	声母、韵母相同,声调不同	4分	707	14.3
	声母、声调相同,韵母、韵不同	2分	132	2.7
	韵母、声调相同,声母不同	2分	216	4.4
	韵、声调相同,韵母不同,声母不论	2分	119	2.4
	声母相同,韵母、韵、声调不同	1分	148	3.0
	韵母相同,声母、声调不同	1分	424	8.6
	韵相同,韵母、声调不同,声母不论	1分	155	3.1
	声母、韵母、韵不同,声调不论	0分	581	11.8
非通常用字	无类推示音功能	0分	891	18.0
	有类推示音功能	5分	58	1.2
		4分	22	0.4
		3分	73	1.5
		2分	40	0.8
平均或合计		平均 2.4分	合计 4940	合计 100

在全部形声字使用的声旁中，示音度较高的（3~5分）占45.2%,示音度较低的（1~2分）占25%,没有提示声音能力的(0分)占29.8%。

总的来说，在全部形声字的提示度中，形旁示意度平均2.77分，声旁示音度平均2.4分。形旁的提示作用要高于声旁。

(4)形声字中每个音节使用的声旁

通常用字中能分析出形旁声旁的4940个形声字，分布在402个不带调音节和1187个带调音节中。每个音节中的形声字数目多少不一，使用的声旁种类数也多少不一。

在不带调音节的形声字中，每个音节平均使用6.4种声旁。使用20种以上声旁的有15个音节，其中yi音节最多。yi音节共84个汉字，使用了39种声旁，即（括号外的是声旁，括号内的是形声字举例）：

乙（亿）乂（刈）厶（矣）廾（羿）乞（屹）义（仪）巳（异）斤（沂）
艺（呓）殳（疫）矢（疑）失（佚）㐌（迤）亦（奕）立（翌）它（蛇）
𢍰（译）台（贻）夷（姨）伊（咿）旨（诣）多（黟）衣（依）𦣞（颐）
邑（悒）冏（裔）矣（肄）奇（倚）易（蜴）宜（谊）咠（揖）贵（遗）
恣（懿）益（溢）猗（漪）異（翼）習（熠）豙（毅）意（噫）

在带调音节中，每个音节平均使用2.8个声旁。使用10种以上声旁的音节有23个，其中yì音节最多。yì音节共43个汉字，使用了24种声旁。其次是jì音节，共31个汉字，使用了19种声旁。jì音节使用的声旁是：

己（记）支（技）示（际）亦（迹）吉（髻）岂（觊）齐（剂）㡭（继）
即（鲫）叔（寂）奇（寄）季（悸）责（绩）剆（蓟）既（暨）曷（偈）
畟（稷）異（冀）冀（骥）

形声字中每个不带调音节使用的声旁

每个不带调音节使用的声旁种类数	A	39	36	33	28	25	24	23
这样的不带调音节数	B	1	1	1	1	3	1	1

续 表

A	22	20	19	18	17	16	15	14	13	12	11	10	9	8
B	4	2	1	2	3	4	5	5	6	8	18	15	12	26

续 表

A	7	6	5	4	3	2	1	每音节平均使用 6.4 种声旁
B	24	35	43	55	35	43	47	形声字共有 402 个不带调音节

形声字中每个带调音节使用的声旁

每个带调音节使用的声旁种类数	A	24	19	18	16	15
这样的带调音节数	B	1	1	1	4	1

续 表

A	13	12	11	10	9	8	7	6
B	3	1	3	8	7	10	32	47

续 表

A	5	4	3	2	1	每音节平均使用 2.8 个声旁
B	69	120	180	269	430	形声字共有 1187 个带调音节

(5) 每个声旁在音节中的分布

形声字最大的问题是，声旁提示声音的功能不准确。一个声旁通常只有一个音，却要在不同的音节中提示不同的声音。以不带调音节论，声旁“隹 zhuī”分布最广，分布在 13 个不带调音节中，这些音节是（括号内是例字）：

chui （椎）cui（崔）dui（堆）huai（淮）jiao（焦）
shei（谁）shou（售）sui（睢）tui（推）wei（唯）
zhi（稚）zhui（锥）zhun（准）

以带调音节论，声旁“合”分布最广，分布在 15 个带调音节中，这些音节是：

dā（答）dá（答）gē（鸽）gé（蛤）gěi（给）hā（哈）
há（蛤）hǎ（哈）hé（盒）huō（耠）jǐ（给）kǎn（龛）
qià（恰）shè（拾）shí（拾）

声旁在形声字不带调音节中的分布

每个声旁分布在多少个不带调音节中	A	13	11	10	9	8	7
这样的声旁数	B	1	2	2	2	7	8

续 表

A	6	5	4	3	2	1	每个声旁平均分布在 1.96 个不带调音节中
B	20	47	80	144	290	713	形声字共有 1316 个声旁

声旁在形声字带调音节中的分布

每个声旁分布在多少个带调音节中	A	15	14	13	12	11	10	9	8
这样的声旁数	B	1	3	2	3	6	5	7	17

续 表

A	7	6	5	4	3	2	1	每个声旁平均分布在 2.5 个带调音节中
B	23	55	73	84	181	263	593	形声字共有 1316 个声旁

四、现代汉字的结构

我们从日常使用汉字的经验中知道，多数汉字的结构是有层次性的。就是说，多数汉字在笔画和整字之间还存在中间的构字单位。这个中间构字单位，有人称之为偏旁，有人称之为字符，有人称之为部件，有人称之为字元。研究和学习汉字，都要分析中间构字单位。由于计算机输入汉字的需要，怎样从汉字中拆分中间构字单位成为一个重要问题。从什么角度划分现代汉字的层次，怎样划分现代汉字的层次，是本书这一部分要讨论的主要问题。我们对汉字结构研究的结果是：(1) 根据造字理据，整字可以拆分为字符；(2)不管理据，只根据字的形体，整字可以拆分为部件；(3)现代汉字的构造情况是，整字可以拆分出字符，绝大多数字符可以拆分出部件，部件可以拆分出笔画；(4)从现代汉字 5548 个通常用字中，可以分析出 1623 种不同的字符，526 种不同的部件，31 种不同的笔画。这些情况足以说明，汉字的中间构字单位是非常复杂的。这是汉字繁难的重要原因，也是汉字计算机输入根据字形编码的困难所在。

1623 种字符见本书“下编”“现代汉字的字符”，528 种部件见本书“下编”“现代汉字的部件”。

（一）从两个角度分别划分现代汉字的层次

从汉字演变的角度看，汉字是根据造字理据滚动发展起来的。最早出现的汉字是单纯象形字和单纯指事字，它们都是理据上的独体字。由于单纯用象形、指事方法造字有很大的局限性，随着文字数量的增加，出现了理据上的合体字，即加体象形字、加体指事字、会意字和形声字。独体字与非字象形符号、非字指事符号可以拼合起来构成合体字，两个或几个独体字可以拼合起来构成合体字，已有的合体字与独体字、已有的合体字与合体字也可以拼合起来构成新的合体字。有了合体字以后，汉字就形成两个层次，一个层次是整字，另一个层次是字符。独体字由一个字符构成，合体字由两个或几个字符构成。汉字在隶变以后产生了现代的笔画。加上笔画，汉字有三个层次，即：笔画—字符—整字。从起源来说，字符一般有提示意义或提示声音的功能。这是从造字理据的角度来划分汉字结构的层次。

但是，在现代汉字研究中，根据造字理据划分汉字结构的层次不能完全适应客观的需要。这是因为，汉字的计算机输入需要根据字形对汉字进行拆分，有些汉字在教学中也需要根据字形进行拆分。根据造字理据拆分和根据字形拆分，其结果有时是相同的，有时是不同的。例如："件"，根据造字理拆分和根据字形拆分，都得到"亻"和"牛"；"砣"，根据造字理据拆分，得到"石"和"它"，根据字形拆分，得到"ア"、"口"、"宀"、"匕"。根据字形拆分出来的中间构字单位，我们称之为部件。这样划分出来的汉字结构的三个层次是：笔画—部件—整字。从汉字中拆分出部件，不考虑它有没有提示意义或提示声音的功能。

我们认为，划分汉字结构的层次，必须从上述两个角度分别进行，只从其中一个角度划分不行，把两者混起来也不行。

如果只根据造字理据划分层次，下列情况就不好处理：

"贝"、"它"、"庚"都是单纯象形字，根据理据不应该拆分，但是根据现在的字形应该拆分。

"立"，《说文》："从大立一之上"，意思是人立在地面上。现在的"立"字根据理据无法拆分，但是根据字形可以拆分。

如果只根据字形划分层次，下列情况就不好处理：

“果”是在“木”字上面加上果实的象形符号；“秉”是从“又”（即手）持禾会意。这两个字根据理据应该拆分，但是根据字形不应该拆分，因为中间的竖笔是连通的。

“夷”是从大从弓会意，根据理据应该拆分，但是“大”与“弓”互相交叉，根据字形不应该拆分。

如果既根据理据拆分，又根据字形拆分，下列情况就不好处理：

“典”是“从册在丌上”的会意字，根据理据应该拆分为“曲”、“丌”，但是根据字形应该拆分为“曲”、“八”。

“威”是从女从戌的会意字，根据理据应该拆分为“戌”、“女”，但是根据字形应该拆分为“戊”、“女”。又如“佞”，从女，仁声，根据理据应拆分为“仁”、“女”，根据字形应该拆分为“亻”、“一”、“女”。

“衍”是从氵从行的会意字，根据理据应该拆分为“氵”、“行”（“行”是单纯象形字，甲骨文像十字路口，不能再拆分），根据字形应该拆分为“丿”、“亻”、“氵”、“一”、“丁”。

“旗”从㫃，其声。“㫃”，音 yān，旌旗的飘带，甲骨文像旌旗上的带子随风飘舞的样子。根据理据，“旗”只能分为“㫃”、“其”。但是根据字形，应该拆分为“方”、“𠂉”、“甘”、“八”。

对一个合体字来说，从理据上拆分，只要拆分到有提示意义或提示声音能力的构字单位就可以了，没有必要继续向下拆分，但是根据字形，必须一直拆分到底。例如：

“礴”是“从石，薄声”的形声字，根据理据只要拆分为“石”、“薄”两个单位就行了，但是根据字形要拆分为“𠂇”、“口”、“艹”、“氵”、“甫”、“寸”六个单位。

现在大多数使用汉字的人并没有专门学习过汉字的造字理据，完全根据理据拆分现代汉字不可能被大众掌握。如果退一步，能按理据拆分的字就按理据拆分，不能按理据拆分的字就按字形拆分，这样会造成拆分标准的不一致，使一般人对一部分字究竟如何拆分无所适从。

根据以上讨论，我们认为，划分现代汉字结构的层次，要从理据和字形两个方面分别进行，从理据拆分出来的中间构字单位是字符，从字形拆分出来的中间构字单位是部件。

现代汉字结构的实际情况是：(1) 每个字包含一个至几个字符。(2) 字符和部件的关系，在绝大多数（99% 弱）汉字中，字符大于或等于部件，即每个字符包含一个至几个部件；在少数（1% 强）汉字中，字符小于部件，或字符与部件的笔画构成不一致。(3) 每个部件包含一个至几个笔画。根据上述情况，分析汉字的结构，要么只管理据，一次拆分到字符；要么不管理据，只管字形，一次拆分到部件。如果同时按照两个标准进行拆分，对绝大多数汉字来说，可以连续切分，第一步先按理据拆分为字符，第二步再按字形拆分为部件；但是对上述 1%多一点的汉字来说，这样拆分行不通。下表是一些能否连续拆分的例字。

汉字结构能否连续拆分举例

能否连续拆分	汉字举例	按理据拆分为字符	按形体拆分为部件
绝大多数汉字（占 99% 弱）可以按字符、部件顺序连续拆分	乙	乙	乙
	亿	亻乙	亻乙
	讫	讠乞	讠𠂉乙
	驱	马区	马一匚乂
	湘	氵相	氵木目
	颖	禾顷	禾匕𠂉冂人
	赣	章夂贝	亠丷日十夂工冂人
	街	行圭	丿亻一丁土土

续 表

少数汉字（占1%强）不能按字符、部件顺序连续拆分	内	冂人	内
	币	丿巾	币
	正	一止	正
	兵	斤六	丘八
	丢	丿去	壬厶

（二）现代汉字的字符

字符就是对某一个字来说从造字理据上有提示意义或提示声音功能的构字单位。我们在本书“上编”“现代汉字的理据与提示度”中对什么是字符已经讨论过，这里不再重复。下面只提供我们对现代汉字字符的统计数字。

1. 字符的种类和数量

现代汉字字符可以分为两大类六小类：（1）非形声字字符。其中又包括三小类：①独体象形字和独体指事字本身；②组成加体象形字、加体指事字、会意字的示意符；③由于字形演变无法分割的加体象形字、加体指事字、会意字。（2）形声字字符。也包括三小类：①形声字形旁；②形声字声旁；③由于字形演变无法分割的形声字。同一个字符可能属于上述几小类中的两类、三类甚至四类。例如：“风”，繁体作“風”，从虫，凡声，简化作“风”。“风”本身是一个形旁声旁糅合无法划分的形声字，是一个字符，同时它又是会意字“岚”的示意符，形声字“飘”的形旁，形声字“疯”的声旁。如果兼类的字符分别计算（如上举“风”作4种字符），现代汉字有字符2279种。如果兼类的字符去掉重复的数字（如上举“风”作1

种字符），现代汉字有 1623 种字符。现代汉字 5548 个通常用字（形字），使用字符的总次数为 10848 次，平均每字使用 1.96 个字符。多数汉字每个字有两个字符，少数理据上的独体字和由于字形演变不可分割的合体字每个字有一个字符，少数会意字和形声字每个字有三个或三个以上字符。

现代汉字字符种类统计（兼类分别统计）

字符种类	数量
非形声字字符（A 类）	653
形声字形旁（B 类）	273
形声字声旁（C 类）	1316
因字形演变无法拆分的形声字（D 类）	37
合计	2279

现代汉字字符种类统计（兼类合起来统计）

种类	A	AB	ABC	ABCD	AC	ACD
数量	188	69	145	2	245	4

续表

AD	B	BC	BCD	C	CD	D	合计
1	38	18	1	883	18	11	1623

说明：A、B、C、D 见上表。A 类表示该字符只作非形声字字符用，AB 类表示该字符兼作非形声字字符和形声字形旁用，余类推。

2. 字符使用次数在现代汉字中的分布

不同字符使用的次数极不平衡。在 1623 种字符中，使用 100 次以上的字符有 14 种，它们是：

口 307 次，氵 304 次，扌 250 次，木 236 次，艹 203 次，亻 188 次，钅 141 次，讠 129 次，土 122 次，纟 118 次，女 117 次，虫 112 次，忄 111 次，月 109 次。

使用 10 次以下的字符有 1428 种；其中仅仅使用一次的字符达 586 种。

每种字符使用次数的分布

每种字符使用次数分段（由多到少每 100 次分段）	307~304 次	250~203 次	188~109 次	91~1 次	合计
该段字符种类数	2	3	9	1609	1623
该段使用字符次数	611	689	1147	8401	10848
占字符使用总次数的%	5.6	6.4	10.6	77.4	100.0

每种使用 100 次以下的字符使用次数的分布

每种字符使用次数分段（由多到少每 10 次分段）	A	91 次	90~82 次	79~72 次	68~61 次
该段字符种类数	B	1	3	4	4
该段使用字符次数	C	91	261	305	256
占字符使用总次数的%	D	0.8	2.4	2.8	2.4

续 表

A	53~51次	50~41次	40~32次	29~21次	20~11次	10~1次	合计
B	3	7	14	23	122	1428	1609
C	157	322	504	558	1744	4203	8401
D	1.5	3.0	4.6	5.1	16.1	38.7	77.4

每种使用10次以下的字符使用次数的分布

每种字符使用次数（由多到少每1次分段）	A	10次	9次	8次	7次
该段字符种类数	B	33	28	41	50
该段使用字符次数	C	330	252	328	350
占字符使用总次数的%	D	3.0	2.3	3.0	3.2

续 表

A	6次	5次	4次	3次	2次	1次	合 计
B	77	93	113	164	243	586	1428
C	462	465	452	492	486	586	4203
D	4.3	4.3	4.2	4.5	4.5	5.4	38.7

3. 字符的类型

从成字非字的角度分析，字符包括：(1) 由现代通常用字充当的字符；(2) 由非通常用字充当的字符；(3) 由非字充当的字符。后两种字符中有些是现代字书上的部首。

在字符中，现代通常用字和部首充当的字符占总数的71.1%，这种字符有利于汉字的学习。既不是通常用字又不是部首的字符占28.9%，这种字符增加了汉字学习的难度。

字符的类型

字 符 类 型	字符种类数	占字符种类总数的%
现代通常用字充当的字符	1075	66.2
通常用字以外的字充当的字符 （其中的部首）	280 (37)	17.3 (2.3)
非 字 字 符 （其中的部首）	268 (43)	16.5 (2.6)
合 计	1623	100.0

（三）现代汉字的部件

部件是现代汉字学研究的问题。传统汉字学在研究汉字形义关系的时候，把汉字分为独体字和由偏旁构成的合体字，即“独体为文，合体为字”。偏旁有提示词义或词音的功能。部件跟偏旁不同，它是分析现代汉字字形结构的产物。人们发现，汉字的形体结构往往是先用笔画结合为部件，再用部件结合为整字；许多部件就是偏旁，但并非所有部件都是偏旁。随着汉字计算机输入问题研究的兴起，汉字部件问题的研究更加重要、更加迫切了。但是，学者们对什么是部件、部件拆分的原则和规则、应该拆分出多少部件和哪些部件，在认识上颇有分歧。例如，20世纪80年代中国文字改革委员会与武汉大学合作对《辞海》收字进行分析，在11834个不包含繁体字的字集中，分析出648个部件①。1997年国家语言文字工

①这些部件见傅永和执笔的《汉字结构及其构成成分的分析和统计》，载《中国语文》1985年第4期。这个方案以下简称“文改会部件方案”。

作委员会发布了《信息处理用 GB13000.1 字符集汉字部件规范》[①]，对 20902 个繁简字进行分析，得出 560 个部件。两者不但数目相差很大，而且彼此不同的部件很多。后者虽然是国家机关颁布的规范，但是好像并没有得到这个领域学者的一致认同。所以，现代汉字部件拆分仍然是一个值得探讨的问题。

作为学术上的探讨，本书作者汲取前人的研究成果，根据自己对 7000 多个现代汉字逐个拆分的实践，对部件问题提出看法，并提出拆分方案，作出相关统计。

1. 什么是部件

(1)我们对什么是部件的看法

苏培成在《二十世纪的现代汉字研究》[②]第六章第二节“部件”中，介绍了学者们给部件下的十种不同的定义。对这些不同的定义进行比较，分歧主要涉及以下几个问题：(1)部件拆分的根据是现代汉字的字形还是汉字的造字理据，或二者兼顾；(2)部件的上限和下限是什么，单个笔画和整字能不能成为部件；(3) 部件有没有层次性；(4)部件是不是必须具有通用性。苏培成在《现代汉字学纲要(增订本)》[③]中给部件下的定义是：“部件也叫字根、字元、字素，它是由笔画组成的具有组配汉字功能的构字单位。从构成汉字的三个结构层次说，部件介于笔划和整字之间，它大于或等于笔画，小于或等于整字。”[④]

我们认为，给部件下一个内涵和外延完全确切的定义是很难的，现在最好只给部件作一个描述。我们的描述是：根据汉字的字形来分析汉字结构，可以得到三个层次：笔画、部件和整字。就多数

①语文出版社，1998 年，以下简称《汉字部件规范》。

②书海出版社，2001 年。

③北京大学出版社，2001 年。

④见该书第 74 页。

情况而言，几个笔画组成一个部件，几个部件组成一个汉字；但是，单个笔画也可以成为部件，单个部件也可以成字。多笔画部件是笔画与笔画集合在一起、联系密切的笔画块，不能再作拆分。对多部件汉字中的多笔画部件来说，部件是笔画和整字之间最小的中间构字单位。汉字的结构有一定的规律性，所以大多数部件是通用的（即每种部件使用次数多于一次）。

（2）对部件问题的讨论

第一个问题是为什么要根据汉字的字形，而不是根据汉字的理据拆分部件。这个问题在前面已经谈过，不再重复。

第二个问题是对笔画、部件、整字之间关系的理解。我们认为，在多数情况下，部件是笔画和整字之间的中间层次。但是，因为一个笔画也能成为部件，一个部件也能成字，所以有时部件不是笔画和整字之间的中间层次。仅仅对多部件字中的多笔画部件来说，部件才是笔画和整字之间的中间构字单位。有的学者可能过于看重部件是“笔画和整字之间的中间层次”这一特征，把部件大于笔画、小于整字说成是“常例”，把部件等于笔画、部件等于整字说成是“变例”或“特例”，我们认为是没有必要的。多数类型的笔画可以单独成为部件，一半以上的部件可以单独成字，因此应该认为它们都是“常例”，不是“变例”或“特例”。重要的是，要让独立的单笔成为“名正言顺”的部件。这样认识，在制定部件切分规则的时候才不会受到约束。“文改会部件方案”拘泥于部件必须介于笔画和整字之间，规定除了“一”、“乙”以外的其他独立单笔一律不是部件，于是出现“孔扎札轧乱虬钆礼乳乩”等部件。在这个方案中，“舌”、“孚”分别包含两个部件，而“乱”、“乳”只分别包含一个部件。这样做显然不符合汉字字形的结构实际。

第三个问题是有没有必要给部件分出层次。有些学者主张，汉字的部件应该按层次划分，例如：“据”的一级部件是“扌”、“居”，“居”再分成二级部件“尸”、“古”，“古”再分成三级部件

“十”、“口”；不能再拆分的部件“扌”、“尸”、“十”、“口”叫末级部件或基础部件。我们不赞成这种主张。我们认为，汉字结构的层次性主要是由造字理据产生的。汉字的发展是先有理据上的独体字，然后由理据上的独体字作为偏旁构成合体字，再用合体字作为偏旁构成新的合体字。如“釆”和“田”构成“番”，“番”和“氵”构成“潘”，“潘”和“艹”构成“藩”。部件拆分的依据是字形，如果给部件分层次的话，主要依据只能是隔离沟，即隔离沟的多少和长短，而这样分出来的层次有时既不符合理据的层次性，又没有其他实际用途。如“颖”从禾顷声，“赣”从贝竷省声，如果根据字形区分层次，把“颖”的左半边和“赣”的右半边作为一级部件分出来，没有实际意义和用途。又如，“章”从音从十，而根据字形只能先分出两个一级部件“立”和“早”，也没有什么实际意义和用途。再如，按隔离沟长短划分，“想”首先分出两个一级部件“相”、“心”，再分成三个末级部件“木”、“目”、“心”；声旁相同的“湘”却要分出三个一级部件（也是末级部件）“氵”、“木”、“目”。“想”和“湘”这种拆分上的区别没有什么道理可言。主张给汉字分出一级部件、二级部件……直至末级部件，恐怕还是想让部件担负理据分析的任务，可是实际上不能完全做到。所以我们不赞成给部件分出层次，主张一次拆分到底，强调每个部件都不能再作拆分。

第四个问题是讨论部件问题时是否使用独体字、合体字、复合偏旁等概念。我们认为，理据上的独体字与字形上的独体字，理据上的合体字与字形上的合体字，分别属于不同的范畴。“它”是理据上的独体字，字形上的合体字。“本”是理据上的合体字，字形上的独体字。所以，在讨论部件问题的时候，不宜笼统使用“独体字”、“合体字”的说法，应该说清楚是理据上的独体字、合体字还是字形上的独体字、合体字。例如，笼统地说部件是合体字的组字单位，那么合体字又是什么呢？从字形的角度我们只能说，合体字是两个或两个以上部件构成的字。这就成了循环定义。而理据上的合体字，如“果”、“及”，又不是由两个部件构成的字。此外，在讨论部件问题的时候也不宜使用“复合偏旁”的说法。如“级”中的“及”，从理据的角度说是复合偏旁，从字形的角度说不是复合偏旁。偏旁是根据理据分析出来的，不要跟部件拆分拉扯到一起。

第五个问题是汉字部件拆分不能脱离汉字结构无规律性一面的实际。汉字结构既有有规律的一面，又有无规律的一面。有规律的一面主要表现在：大多数部件是通用的；那些使用频率高的笔画结构，如“口”、“艹”、“木”、“亻”、“氵”等等，是一目了然的部件，各种拆分方案都没有分歧。汉字结构的无规律的一面主要表现在：少数部件不具有通用性，仅仅在某一个字或某一种笔画结构中出现，但是又不能不承认它们是部件；少数字或结构究竟是否应该拆分，怎样拆分，没有规律性可循，往往使人犹豫不决。苏培成说：“因为现代汉字带有一定程度的无序性，任何（拆分）规则都难于贯彻到底，都要有或多或少的例外。”[①]这话揭示了对一部分汉字进行部件拆分产生困难的根本原因；只是话说得可能绝对了一点，事实上有的拆分规则可以没有例外。我们认为，总的说来，部件拆分要按照规则办事，但是：第一，在规则贯彻不通的地方允许例外；第二，对于少数无法按一定规则拆分的字，不勉强制定规则，可以逐类、逐字地作出具体规定。

第六个问题是承认部件拆分规则带有一定的主观性。古人造字，并不是先制定部件，然后把部件组成汉字。部件是在汉字发展变化中逐步形成的。我们是对既有的汉字进行部件拆分。因此拆分规则必然带有人的主观性。各种拆分规则往往都有一定的优点，同时有一定的缺点，我们只能从中选择利大弊小的规则。利大弊小的规则应该体现在：符合人们对部件的基本认知，即多数部件是笔画

①见前引《现代汉字学纲要（增订本）》第81页。

与整字之间的最小的中间构字单位；不出现奇特拆分；规则易于掌握，尽量减少不符合规则的例外；尽量减少部件的种类；尽量避免用已有的部件组成复合部件。但是由于汉字的无序性，这几点很难同时做到，往往顾此失彼。因此制定部件拆分规则还要从主观上权衡得失，加以选择和调整，使它逐步趋于完善。

第七个问题是现代汉字学研究的部件能不能直接应用于汉字计算机输入编码。现代汉字学研究部件拆分，是研究现代汉字字形构造的实际情况，探求它在多大程度上有规律性，并不打算直接应用于汉字计算机输入编码。每种需要拆分部件的汉字输入法，还应该根据自己的需要对部件进行调整、归类、组合，对拆分规则作出特殊的规定。例如："卄"和"卌"是两个不同的部件，需要时可以归并为一个部件；"马"和"一"是两个部件，可以组成一个复合部件"马"，等等。

2. 部件拆分的规则

(1)有关的名词

相离和隔离沟：笔画与笔画之间、笔画组合与笔画组合之间、笔画与笔画组合之间有空隙的状态叫做相离，如"八"中的"丿"与"㇏"，"相"中的"木"与"目"，"旦"中的"一"与"日"。这种空隙叫做隔离沟。

相接：一个笔画的端点与另一个笔画的端点或它中间的某一点互相连接的状态。如"厂"、"丁"。

相交：两个或两个以上笔画互相交叉的状态。如"十"、"丰"、"井"。

独立单笔：与复笔相邻而不相接的单笔。如"旦"、"蒙"中的"一"。

相邻单笔：几个相邻的单笔。如"叁"中的"三"。

复笔：有三种情况：一是相接的几个笔画，如"口"；二是相交的几个笔画,如“丰”;三是既有相接又有相交的几个笔画,如“申”。

可独立的复笔：包括两种情况：一是能独立成字的复笔,如“口”；二是在某一个或几个字中处于与其他笔画相离状态的复笔,如“雄”中的“𠂇”,“旅”中的“𠂉”。可独立的复笔不一定在所有的字中都与其他笔画相离。例如,“口”在“古”字中,“𠂇”在“有”字中,“𠂉”在“饰”字中,与其他笔画相接。

不可独立的复笔:既不能独立成字,也不在任何字中处于与其他笔画相离状态的复笔。如“占”中的“⺊”,“革”中的“串”。

被隔开的对称笔画:被一个单笔或复笔隔开、互相对称或大致对称的笔画。如“水”中的“ㄱ”、“㇛”,“半”中的“丶”、“丿”,“ 氺”中的四个点,“求”中的“冫”、“㇛”,“雨”中的两个“冫”。

(2)单笔成为部件或不能成为部件的规则

①规则:独立的横、竖、撇、折都是部件。没有例外。

讨论:包含独立横、竖、撇、折的字或结构有:

横：一亍⺈亏与马纟亓元云乌闩亠示旦丛鸟丝亘同会合丞丽豆辰佥武或画命鱼亟畐咸俞离隆畺睿睘微錾龠鼍

竖:个引旧攸候修肃畲凩

撇:彳么气乒肃畲凩胤

折:乙艺乞忆钇扎孔札礼乩钆虬乱乳辄胤幻饣丟买虱曷陋断

统观以上包含独立单笔的字或结构,我们对独立的横、竖、撇、折能否成为部件,有三种可供选择的方案:

第一种方案:除了“一”、“乙”因为可以单独成字,能够成为部件外,其他独立的竖、撇、折一律不能成为部件,要跟与它们相邻的复笔合起来才能成为一个部件。“文改会部件方案”就是这样规定的。结果,“引”、“旧”、“气”、“幻”、“孔”、“乱”、“礼”等明显由两个部件构成的字,都合起来成了一个部件,还出现“ 肙 ”这样的奇特部件。我们认为这样做是不可取的。

第二种方案:独立的横、竖、撇、折,一部分是部件,一部分不是部件。苏培成提出,附着性的单笔不是部件,相对独立性的单笔是部件。“如何区分附着性和相对独立性?就是要看它在整字中占据的位置。汉字从结构类型说,主要有上下、左右、包围三大类。只要在这三大类中占有一个位置的,就是有独立性。”[①]按照这个标准,前面所列的独立的横、竖、撇、折都有相对独立性,都应该成为部件。可是他在《现代汉字学纲要(增订本)》中又说:“‘云’‘元’中的‘一’不是部件,‘二’是部件。”[②]为什么这样,没说明理由。

第三种方案:所有独立的横、竖、撇、折都是部件。这个方案的优点是:容易掌握,没有例外,不违背汉字字形的结构规律,可以减少部件的种类。缺点是像“纟”、“马”、“鸟”、“饣”、“亻”这样多用的偏旁被分成两个部件,人们开始使用的时候可能不大习惯。总的说来,这是利大弊小的方案,所以我们采用它。

说明:“睿”的第五笔“一”与下面的“人”相接,是笔画挤压造成的。这个“一”与“壑”的第五笔的“一”相同,所以应当作为独立的单笔。

②规则:独立的点只能与它所附属的复笔合为一个部件,不能单独成为一个部件。没有例外。

讨论:这种有独立的点的字或结构包括:

寸𠂉冂尸弋勺凡义丷刃辶叉卩产 玉不太犬尤戈丹5鸟为书玉

戋术龙戊氏必永戍成兕乒求甫

独立的点在一个字或笔画结构中占的位置比较小,有些还处于一个角落中,两面、三面、四面被包围,如果单独作为一个部件,与其他部件并列,把剩余部分又作为一个部件,不符合人们对部件的基本认知。规定所有的点不单独成为一个部件,容易掌握;缺点是要增加20几种部件。如果规定一部分独立的点是部件,一部分

---

①《汉字的部件拆分》,《语文建设》1997年第3期。

②见该书第74页。

不是,很难找出一个合理的界限,也不好记忆。苏培成主张"义"、"勺"、"叉"中的点是部件,没有说明理由,其他字中的点哪些是部件哪些不是部件没有详说[①]。

③规则:不能从一个复笔中拆出一笔单独作为一个部件。没有例外。

讨论:如果允许从一个复笔中拆出一笔单独作为一个部件,很难规定什么情况下可以拆,什么情况下不可以拆,有可能把一个完整结构拆得七零八落,违背人们对部件的基本认知。例如,把"王"拆分为"一"、"土",把"干"拆分为"一"、"十",把"口"拆分为"丨"、"コ",把"自"拆分为"丿"、"目",把"亡"拆分为"亠"、"乚",把"同"拆分为"丨"、"𠃌"、"一"、"丨"、"コ",等等。上述例子并不是我们的臆想。费锦昌从3500个常用汉字中拆分出290个基础部件[②],这几个字就是这样拆分到基础部件的。虽然这样可以大大减少基础部件的种类,而且他还规定了可以把基础部件合并成"口"、"王"等复合部件,但是没有规定复合部件一共有多少,都是哪些。也没有规定在拆分一个字的时候,哪些结构拆分到基础部件,哪些结构拆分到复合部件。这样拆分出来的一些基础部件不像中间构字单位,恐怕很难被人接受。

④规则:相邻的几个单笔,结合为一个部件。

讨论:这种相邻单笔组成的字或结构包括:

二二⺄刂刂刂儿八儿冫丿⺀讠⺈彐⺈⺊巛三小川儿彡冫习巛少⺌⺍灬心州⺍

上述相邻单笔作为部件,大部分没有什么问题,其中"彐"、"⺄"、"⺈"需要讨论一下。"司"、"气"、"今"是三个不容易处理的字。有三个方案可供选择:一是不拆分,把"司"、"气"、"今"

①见前引《汉字的部件拆分》。

②见《现代汉字部件探究》,《语言文字应用》1996年第2期。

分别作为一个部件;二是“司”拆分为“𠃌”、“一”、“口”,“气”拆分为“𠂉”、“一”、“⺄”,“令”拆分为“亽”、“㇇”;三是分别拆分成“𠃌”、“口”,“𠂉”、“⺄”,“人”“㇇”。比较起来,前两个方案需要另立规则,利小弊大。第三个方案,虽然“𠃌”、“⺄”、“㇇”不太像中间构字单位,但不需要要另立规则,利大弊小。所以把“𠃌”、“⺄”、“㇇”分别作为一个部件。

例外:A.“氕”的第三、四、五笔不结合为一个部件,这个字拆分为“𠂉”、“⺄”、“丿”。B.“买”的前三笔不结合为一个部件,因为在“乛”与“头”之间有一个隔离沟,所以拆分为“乛”、“⺀”、“大”。C.“豸”是一个部件,前三笔不单独作为一个部件。

⑤规则:除另有规定者外,不能从复笔中拆出一笔或两笔,与其他笔画合为一个部件。

讨论:有人主张,把“示”、“云”、“元”分别拆分为“二”、“小”,“二”、“厶”,“二”、“儿”。如果这样拆分,就得把“佞”拆分为“亻”、“二”、“女”,把“威”拆分为“戌”、“女”,甚至把“是”拆分为“旦”、“龰”。这样做只会增加拆分规则的复杂性,没有好处。

说明:“当”、“尚” 等字中的 “⺌”,“羊”、“羌” 等字中的“丷”,“学”、“党”等字中的“⺍”,要单独作为部件。这一类情况后面另有规定。

(3)复笔单独成为一个部件和能否继续拆分的规定

①规则:相交的笔画不能拆分。换句话说,相交的笔画只能是一个部件,或者处在一个部件内。

讨论:这个规则被称为“相交不拆”。多数拆分方案都有这个规则,说明大家都不得不承认部件拆分的根据是字形,而不是理据。否则“夷”就要拆成“大”、“弓”,“秉”就要切成“禾”、“⺕”。

例外:“孝”应该分为两个部件“耂”、“子”。“孝”的第四笔和第五笔相交,是为了保持字形的平衡稳定。楷体的“孝”,第四笔和第五笔相接，而不是相交。

②规则：一个复笔至少是一个部件，或者可以继续拆分成两个或多个复笔部件。换句话说，两个相离的复笔不能合为一个部件。没有例外。

讨论：A. 这条规则的作用，一是为了强调隔离沟在部件拆分中的重要性，使规则统一，便于掌握；二是为了避免把两个已经有的部件组合起来成为一个新的部件，以减少部件种类。例如，“甚”根据隔离沟拆分为“甚”和“八”，比不拆分要好。“金”根据隔离沟拆分为“人”、“王”，“钅”根据隔离沟拆分为“𠂉”、“王”，比不拆分为好。又如，“亠”、“丷”已经分别是一个部件，就不应该再把“立”作为一个部件。“人”、“良”已经分别是一个部件，就不应该再把“食”作为一个部件。

B.“文改会部件方案”规定，“钅”、“贝”、“见”、“页”、“亥”、“甚”分别是一个部件，忽视了隔离沟的存在。而类似的结构如“饣”、“冃”、“其”却要分别拆分为两个部件，操作规则不统一。

C.“癶”、“兆”、“非”、“⺮”、“竹”五个结构，如果从中间的隔离沟把它们分开，每一部分并不能与其他结构结合（“监”中的“𠂉”与“⺮”中的“𠂉”不一样，前者的点是分离的）。如果不分开，前四个结构还可以跟其他结构结合。所以有人主张它们分别作为一个部件，以减少部件的种类。这个主张有一定的道理。但是这会削弱隔离沟在部件拆分中的重要作用。如果这样，“丽”和“鼎”下边的两个结构，“卵”的两个结构，也要合为一个部件。为了统一拆分规则，突出复笔部件是一个不能再拆分的最小笔画块，权衡利弊，上述五个结构还是分别拆分成两个部件为好。

③规则：如果一个复笔能够拆分为两个可独立的复笔，一般应拆分为两个部件。

讨论：这条规则使大部分继续拆分的复笔有了明确的根据。例如：“衣”，因为“亠”、“𧘇”在“褒”中相离，是两个可独立的复笔，已经是两个部件，所以“衣”要拆分为两个部件；“巨”，因为“匚”（在“叵”中）和“コ”（在“假”中）是两个可独立的复笔，已经是两个部件，所以“巨”要拆分为两个部件；“出”，因为“屮”（在“艸”中）和“凵”（在“凶”中）是两个可独立的复笔，已经是两个部件，所以“出”要拆分为两个部件。

例外：A.“主”、“圭”、“文”不拆分出“亠”，因为它们更像是一点和其余部分相接。B.“午”、“矢”、“攵”不拆分出“𠂉”，因为它们更像是一撇和其余部分相接。C.与四面封闭的结构相接的另一个可独立的复笔，不拆分出来。例如，“田”不拆分为“口”、“十”，“曰”不拆分为“口”、“コ”。

注意：“用”、“甬”中的“丰”与“奉”、“泽”中的“丰”不同。前者两个横笔长短相等，是不可独立的复笔，后者两个横笔长短不等，是可独立的复笔。“用”、“用”各是一个部件，不再拆分。

④具体规定：如果一个复笔能够拆分为一个可独立的复笔与一个不可独立的复笔（如“占”），或者能够拆分为两个不可独立的复笔（如“而”），或者能够拆出一个复笔，剩下的笔画与其他相离笔画可组成一组相邻单笔（如“羊”、“当”、“疒”），这三种复笔是否拆分，无法制定出统一的规则，主要取决于拆分后每个部分是否还可以被认为是“中间构字单位”。因此要逐类逐字作出规定：

A.复笔中包含“𠂌”，一律拆分。包括：丙百而百直面。

B.复笔中包含“⺊”，一律拆分。包括：𠃊⺊卢支步占卢占。

C.复笔中包含“⺈”，一律拆分。包括：产⺈刍争奂免兔象角。

D.复笔与“丷”中的撇相接（“丶”与其他笔画相离），“丷”一律拆分。包括：丫产门⺌凸羊⺶并关羌畄並㓙单豕酋兼。

E.复笔与“⺍”中的撇相接（两个“丶”与其他笔画相离），“⺍”一律拆分。包括：⺍。

F.复笔与“⺌”中的竖相接（“丶”与其他笔画相离，“丿”与其他笔画相接或相离），“⺌”一律拆分。包括：肖⺌光当肖。

G.复笔与“小”中的竖相接（“丿”、“、”与其他笔画相离），“小”一律拆分。包括：尕糸系県。

H.复笔中包含“亠”，有的拆分，有的不拆分。拆分的是：卞厶巿玄衣亦亦亥；不拆分的是：文方乡主主。

I.复笔中包含“𠂉”，有的拆分，有的不拆分。拆分的是：缶；不拆分的是：午矢乍年𠂒無。

J. 其他要拆分为两个部件的复笔是（括号内是拆分出的部件）：疒（广冫）石（丆口）犮（尤又）发（发又）革（廿𠂆）堇（廿里）录（彐氺）皮（广又）叟（臼又）隹（亻主）予（マ丁）矛（マ丆）甬（マ用）丢（壬厶）镸（𠂑厶）赤（土小）步（止少）走（土龰）声（广𠀎）叀（𠀎冖）丧（亠𧘇）丧（廾𧘇）农（𠂋𧘇）雀（𡭔主）象（𠂊豕）叕（戋乃）。

K.其他不拆分的复笔是（括号内虽然是可独立的复笔，但不能拆分出来）：冃（コ）㠯（コ）𠂤（コ）自（コ）⺕（冖）斤（厂）斥（厂或𠂆）用（冂）甩（冂）用（冂）匆（勹）冊（冂）声（主）臣（匚）臣（匚）戊（戈）戌（戈）成（戈）戕（戈）戚（戈）肙（彐）严（厂）㠯（冖）。

注意：A.“⺍”、“⺌”是“丷”、“⺌”与下面的单笔“一”相接，不能拆分。B.“屰”拆分为“⺍”、“屮”，“缶”拆分“午”、“凵”。

⑤当复笔有不同的拆分方法时的选择：

对少数复笔进行拆分时，可能出现不同的拆分方法，这时要优先选用以下方法：A.不增加部件种类。例如：“光”拆分为“⺌”、“兀”，不拆分为“业”、“儿”；“先”拆分为“生”、“儿”，不拆分为“⺧”、“兀”。B.减少使用非字部件和非部首部件。例如：“卡”拆分为“上”、“卜”，不拆分为“⺊”、“下”；“赤”拆分为“上”、“小”，不拆分为“⺊”、“⺗”；“缶”拆分为“午”、“凵”，不拆分为“𠂉”、“山”；“屰”拆分为“⺍”、“屮”，不拆分为“丷”、“屰”；“豙”拆分为“丷”、“豕”，不拆分为“⺍”、“豕”。C.拆分部件数目取少不取多。例如,“首”拆分为“䒑”、“自”,不拆分为“丷”、“一”、“目”。

(4)被其他笔画隔开的对称或大致上对称的笔画与隔开笔画合为一个部件的规则

规则:被其他笔画隔开的对称或大致上对称的笔画,不论它们与隔开它们的笔画相离或是相接,与隔开它们的笔画结合为一个部件。

讨论:这样的结构包括:

丌半火办氷亦並平东东灭业乎半䒑母亚亚夹 囪 舟亦亦关米肀赤严来采尚丧里柬重水冰求尒汆关承氶氶巛雨雨

这条规则保证多笔画部件是一个笔画块,防止被隔开的笔画越过隔开笔画结合为一个部件。例如,不把“平”拆分为“丷”、“干”。

例外:A.“肃”、“齑”、“粥”、“胤”、“亓”中的“丿”、“丨”、“乚”,应该单独成为部件。B.“巫”、“乘”、“乖”、“盥”、“兜”、“噩”的对称部分要分别单独成为部件。

(5)笔画或结构由于在字中所处位置原因而发生变形,是否另立部件的规定

①规则:在横、竖、撇、点、折每类笔形范围内变形,不另立部件。

例如:“一”和“㇀”,“小”和“⺌”,“八”和“丷”,“七”和“⼕”,“牛”和“牜”,“舟”和“⾈”,“母”和“毋(在‘毒’中)”不另立部件。

②规则:超出横、竖、撇、点、折每类笔形的范围变形,另立部件。

例如:“手”和“龵”,“户”和“戶”,“爪”和“爫”,“半”和“䒑”,分别立为部件。

③规则:不是由于位置原因而产生变形,而是本来就属于不相同的笔形,不合并为一个部件。

例如:“贝”、“见”中的“冂”不是“门”的变形,“冂”和“门”

不合并为一个部件。

注意:作偏旁的“孑”与“子”合为一个部件,而单独成字的“孑(jié)”独立作为一个部件。

④规则:字形相同而理据不同的结构归为一个部件。

例如,在字左边的“阝(阜)”和在字右边的“阝(邑)”形状一样,合为一个部件。又如,“日”在许多字中被挤扁(如“晕”),“曰”在一些字中第三笔跟第二笔相接(如“曷”的上半,“昌”、“曹”的下半),无法区分,所以部件“曰”只存在于“曰”和“汩”两个字中,其他字中在理据上是“曰”的偏旁一律归入部件“日”。

3. 对《汉字部件规范》的看法

1997 年国家语言文字工作委员会颁布了《信息处理用 GB 13000.1 字符集汉字部件规范》,它说:“本规范对中文信息处理,特别是对汉字键盘输入方法,具有规范作用。”它能不能起到这种规范作用呢?我们认为要经过实践和时间的检验才能知道。

《汉字部件规范》拆分汉字的原则是:“字形符合理据的,进行有理据拆分;无法分析理据或形与源矛盾的,依形进行无理据拆分。对多部件的汉字进行拆分时,应先依汉字组合层次做有理据拆分,直至不能进行有理据拆分而仍需拆分时,再做无理据拆分。”就是说,根据理据拆分和根据字形拆分两种方法并用。这样做的结果,导致拆分标准的不一致。我们知道,汉字理据是一种专门学问,多数汉字使用者并没有学过,因此要掌握上述拆分原则是有困难的。下面就对《汉字部件规范》拆分标准不一致的地方作一些分析。

“一”在下列复笔中要拆分出来作为部件:𠂆于天无互开ᅜ女丠正疋丕丙平戊手示虫再面;在下列复笔中不可以拆分出来:干兀王歹市亚。

独立的单笔“一”在“元”、“云”等字中要拆分出来作为部件,在“示”中不可以拆分出来。

"丿"在下列复笔中要拆分出来作为部件：毛门口矢升壬天币乏正玄生朱角血卹邪严壬；在下列复笔中不可以拆分出来：千攵牛生攵氏反白自采矛。

"丶"在下列结构中要拆分出来来作为部件：尤主义凡太刃良办；在下列结构中不可以拆分出来：广户犬叉玉龙。

"丷"在下列结构中要拆分出来作为部件：产门丷呂并关卤並卤单豖酋；在下列结构中不可以拆分出来：丫羊羊羊。"羌"要拆分为"羊"、"乚"。

"丆"在下列复笔中要拆分出来作为部件：丙百直面；在下列复笔中不可以拆分出来：而亙。

"⺊"在下列复笔中要拆分出来作为部件：卢⺊支占卢；在下列复笔中不可以拆分出来：卢步。

"⺈"在下列复笔中要拆分出来作为部件：产仓刍争奂免兔角；在"象"中不可以拆分出来。

"灬"在下列字中要拆分出来作为部件：燕焉隰；在下列字中不可以拆分出来：黑熏。

"久"是一个部件，不再拆分，而它的异体字"乆"却要把"乀"拆分出来。

"卯"分成两个部件，"卬"是一个部件。

有一批复合部件，例如：有了"一"、"幺"，又有"纟"；有了"亠"、"丷"，又有"立"；有了"冫"、"广"，又有"疒"；有了"丷"、"王"，又有"⺷"；有了"内"、"人"，又有"肉"；有了"丷"、"丅"，又有"丫"；有了"幺"、"小"，又有"糸"；有了"亠"、"𧘇"，又有"衣"；有了"匚"、"コ"，又有"巨"；有了"午"、"凵"，又有"缶"；有了"八"、"乂"，又有"父"；有了"乌"、"丶"，又有"鸟"；有了"冂"、"一"，又有"冃"；有了"甶"、"乚"、"厶"，又有"鬼"。

以上这些问题，也许都能用它本身制定的原则作出某种解释，但是对使用者来说,却造成很大的不便。

4. 对现代汉字部件的统计和分析

汉字部件的一个重要功能是减轻汉字习得的难度。人们在学习汉字的过程中,逐步地、自然而然地、越来越多地掌握了部件知识,这样,当学习新字的时候,只要记住它是由什么部件构成的就可以了,不必再一笔一画地记忆。部件的另一重要功能是,根据汉字的部件构成,把汉字转换成字母,实现计算机输入。要充分发挥部件的这两种功能,最好是:部件种类不要太多,每个部件的笔画不要太多,每个字包含的部件不要太多,部件最好是现代常用字,部件尽量能够通用,尽量减少形体相近的部件。越符合这些条件,越能减轻汉字习得的难度,越有利于汉字编码。从以上认识出发,我们可以从以下统计中,分析出现代汉字部件的优点和缺点。

(1)现代汉字部件的数量

我们按照前面说的部件拆分的规则,对本书字表中 5548 个“通常用字”进行拆分(因为部件不考虑能否提示意义或声音,所以有关统计一律以形字为准),得到 526 种部件。但是,如果拆分的范围扩大,部件数并不会按比例增长。在本书字表中 1585 个罕用字中,只能再补充 4 种部件,即:“芈”中的“⊣”,“或”中的“戋”,“王”中的“王”,“角”中的“用”。也就是说,在 7133 个现代汉字中,能拆分出 530 种部件。用 500 多种部件构成 5000 多个或 7000 多个汉字,可以说大大减轻了汉字习得和汉字编码的难度,不过部件种类总的来说还是太多。

(2)成字部件与非字部件

在 526 种部件中,成字部件 303 种,非字部件 223 种。在成字部件中,由本书字表上“通常用字”充当的 243 种,由罕用字、古汉语用字充当的 60 种。在罕用字、古汉语用字部件和非字部件中,由字典上的部首充当的 62 种。既不是通常用字又不是部首的部件有

221种，它们增加了掌握部件的难度。

成字部件与非字部件数量

部件种类		部件数	占部件总数%
成字部件	现代通常用字	243	46.20
	罕用字、古汉语用字（其中部首）	60（28）	11.41（5.32）
非字部件（其中部首）		223（34）	42.39（6.46）
合计		526	100.00

（3）部件的笔画数

在526种部件中，笔画最少的是1画，有10种部件，即“一丨丿乛𠃍乁乙𠃊乚𠄌”。笔画最多的是10画，只有一种，即“重”。每种部件平均4.2画。笔画在6画以内的部件占将近90%。部件的平均笔画数比较少，这种情况还是比较理想的。

不同笔画部件的分布

每个部件的笔画数	部件数	占总部件数%
1　画	10	1.90
2　画	80	15.21
3　画	111	21.10
4　画	126	23.96
5　画	91	17.30
6　画	51	9.70
7　画	30	5.70

续 表

8 画	19	3.61
9 画	7	1.33
10 画	1	0.19
合 计	526	100.00

(4)每个字的部件数

5548 个“通常用字”共使用了 18281 个部件，平均每字有 3.3 个部件。每个字最少有 1 个部件，最多有 9 个部件。理想的情况是每个字的部件不超过 3 个。现在有 39% 的字每个字有 4 个或 4 个以上部件，增加了学习的难度。

每个字拥有的部件数分布

每个字的部件数	字数	占总字数%
1	243	4.38
2	1223	22.04
3	1914	34.50
4	1338	24.12
5	569	10.26
6	192	3.46
7	54	0.97
8	12	0.22
9	3	0.05
合 计	5548	100.00

(5)各部件的静态使用次数

526 种不同部件在 5548 个“通常用字”中的静态使用次数悬殊很大。使用次数 100 次以上的部件 46 种,它们是:

1252(次,下同)口 612 一 394 日 384 亻 383 人
368 木⺊ 331 氵 307 艹 282 土 279 八 267 扌
257 十 252 又 217 𠂉 209 宀 191 䒑 190 冂 189 丷
176 女 170 广 168 𠂊 163 人 159 田 154 月 150 厶
145 冖 143 乇 134 大 133 讠 132 虫 129 匕 纟
127 王 月 ⺈ 阝 123 冫 止 121 辶 120 火 116 乂
112 忄 102 目 101 山 100 心

只使用一次的部件(完全没有通用性的部件)47 种,它们是:一 ㇆ 也 巛 ⺕ 丫 已 孑 卫 丆 飞 ⼟ 丏 卅 互 匹 ⺫ 壬 升 ⺕ 币 戶 半 ⺝ 毋 书 灭 旡 凸 朩 凹 甩 再 戌 年 乒 甬 皿 ⺼ 車 垂 事 無 秉 臼 承 臼。

526 种部件在 5548 个“通常用字”中的静态使用次数的统计如下。

各部件的静态使用次数(一)

部件的使用次数	部件数	占部件总数的%
1252	1	0.19
612	1	0.19
351~400	5	0.95
301~350	2	0.38
251~200	5	0.95
201~250	2	0.38
151~200	9	1.71
101~150	20	3.80
51~100	40	7.61

续 表

1~50	441	83.84
合　计	526	100.00

各部件的静态使用次数(二)

部件的使用次数	部件数	占部件总数的%
50~41	19	3.61
40~31	16	3.04
30~21	37	7.04
20~11	111	21.10
10~1	258	49.05
合　计	441	83.84

各部件的静态使用次数(三)

部件的使用次数	部件数	占部件总数的%
10	14	2.66
9	18	3.42
8	15	2.85
7	13	2.47
6	25	4.75
5	29	5.51
4	32	6.09
3	28	5.32
2	37	7.04

续 表

1	47	8.94
合 计	258	49.05

部件的构字能力越强，对编码来说越有价值。部件使用的机会越多，越容易掌握。以上统计的使用次数都是静态统计，只能说明构字能力强弱，并不能完全说明部件使用机会的多少。部件使用机会的多少要根据字频才能统计出来。构字能力低、使用机会少的部件，是学习汉字的难点。

（6）形似的部件

形似的部件是准确掌握汉字的难点。举例如下（有些部件后面括号内的字是包含该部件的例字）：水氺（泰）氺（犀）⺢（聚）⺌（鳏），己已巳㔾，丏丐，缶缶（卸），电甩（龟），氶（丞）氶（函），重重（熏），弋戈戋（尧），⺋（印）⺋（盥），正疋（延），卅卌（带），户戶（所），币巿，市市，母毋毌（贯），臣臣，朩朿，戊戌戍戉，四罒，西襾，东东，无旡，小⺌，斤斥，凡卂，東朿，丨（临）刂（师），来耒，⺈（祭）⺆（登），⺕（象）彐（录），内内（禽），亦（亦）⺌（栾），良艮，等。

（四）现代汉字的笔画

笔画是构成汉字形体的最小单位。对笔画的研究包括笔形的种类、使用笔画的数量、笔顺等，学界对此多有研究。我们在下面主要提供本书“通常用字”笔画数的统计，以便跟其他资料对比。

现代汉字的笔形种类不多。据张静贤研究，现代汉字共有 31 种笔形，除横、竖、撇、点、捺、提 6 种外，另有不同的折笔 25 种[1]。如果把横笔和提笔归为一类，点笔和捺笔归为一类，所有折笔归为一

①转引自高家莺等《现代汉字学》，高等教育出版社，1993 年，第 41、42 页。

类，那么只有5类。六七千个不同结构的汉字使用5类31种不同笔形，笔形数不算多。

现代汉字的平均笔画数，由于统计的字集不同，数字略有差异。下表统计了几个不同字集的平均笔画数，从中可以看出，现代汉字的平均笔画数约为10.7画。其中《辞海》的11834字虽然不含繁体字，但是包含了大量的非现代汉字，所以它的统计数字只供对比参考，不能作为现代汉字笔画数的依据。

几个不同字集笔画统计比较

字　集	字　数（形字）	平均笔画	字数最多的三种笔画数（从多到少）
本书“分级字表”全部	7133	10.75	9画、10画、11画
本书字表“通常用字”	5548	10.39	9画、10画、8画
信息交换用《基本集》	6724	10.67	9画、10画、11画
《通用字表》	7000	10.75	9画、10画、11画
《辞海》	11834	11.55	12画、11画、10画

说明：本书以外其他字集的统计数字转引自前引苏培成《现代汉字学纲要（增订本）》，第67~68页。

现代汉字笔画数的分布曲线呈马蹄形，即两头低，中间高。笔画少的字和笔画多的字都比较少，8~12画的字最多。在本书“现代汉字分级字表”的通常用字中，1~7画的字占21.34%，8~12画的字占52.72%，13~36画的字占25.94%。

在不同级别的汉字中，常用程度越高，平均笔画越少，常用程度越低，平均笔画越多。这是汉字“常用趋简”规律造成的结果[①]。在本书字表中，5548个“通常用字”的平均笔画为10.39画，其中

①见王凤阳《汉字学》，吉林文史出版社，1989年，第602页。

2561 个一级常用字的平均笔画为 9.21 画。对《现代汉语频率词典》[1]中“汉字频率表”前 1000 字笔画数进行统计，平均笔画 8.02 画；其中前 500 字的平均笔画 7.3 画。

现代汉字通常用字各级字不同笔画数的分布

字数单位：形字

级别		A	1 画	2 画	3 画	4 画	5 画	6 画
一级常用字		B	2	17	50	106	140	218
二级常用字		C		2	2	17	19	46
三级常用字		D			5	6	16	33
间用字		E		1	2	4	11	19
合计	字数	F	2	20	59	133	186	316
	占总字数%	G	0.04	0.36	1.06	2.40	3.35	5.70

续表

A	7 画	8 画	9 画	10 画	11 画	12 画	13 画	14 画
B	268	316	323	292	216	221	150	87
C	95	111	124	114	164	126	108	79
D	56	96	106	103	105	100	88	70
E	48	67	81	101	88	72	80	59
F	467	590	634	610	573	519	426	295
G	8.42	10.63	11.42	10.99	10.33	9.36	7.68	5.32

①北京语言学院出版社，1986 年。

续 表

A	15画	16画	17画	18画	19画	20画	21画	22画
B	67	37	23	6	9	8	3	1
C	76	47	35	15	15	6	7	3
D	58	44	39	16	13	11	4	2
E	35	47	25	11	21	8	3	3
F	236	175	122	48	58	33	17	9
G	4.25	3.15	2.20	0.87	1.05	0.59	0.31	0.16

续 表

A	23画	24画	25画	30画	36画	合计字数	平均笔画数
B	1					2561	9.21
C	1	1				1213	11.13
D	5	3	2			981	11.52
E	1	1	3	1	1	793	11.69
F	8	5	5	1	1	5548	10.39
G	0.14	0.09	0.09	0.02	0.02	100.00	

五、对现代汉字的评价和对汉字改革问题的思考

对汉字的评价问题和关于汉字改革问题，是中国近百年来争论不休的问题。主要涉及三个问题：一是关于汉字适合于记录汉语的问题，二是汉字难易的问题，三是汉字改革与继承古代文化关系的问题。在新中国成立以后相当长的一段时间里，因为强调汉字要走拼音化道路，对汉字难学的方面强调得多，对其他两个方面谈得少。“文化大革命”结束以后，纠正了这种偏颇。但是，有些研究汉字的著述又闭口不谈汉字难学，生怕说汉字难学就会被人指责为要走拼音化道路。还有少数人提出汉字易学的观点，认为说汉字难学是错误的。有的人不恰当地突出汉字和文化的关系，或明或暗地全盘否定文字改革。以上两种情况都是一种倾向掩盖另一种倾向，难以对事物进行客观的、实事求是的认识和分析，对汉字研究是不利的。

张志公在 1984 年的一次讲话中提出，“要全面考察汉字的得失”，应该“对汉字有一个科学的态度和正确的评价”。他从五个方面谈了汉字的“得、利、功”，又从五个方面谈了汉字的“失、弊、过”，极有启发意义[①]。本书这一部分试图按照张志公所主张的科学态度，对现代汉字提出看法。我们的基本观点是：(1)汉字是语素文字，汉语同音语素太多，汉字能够区别同音语素，因而能够较好地记录汉语。(2)汉字是繁难的文字，又是“难中有易”的文字，繁

①见张志公《加紧对汉字进行多方面深入的研究》，收入北京市语言学会编《语言研究与应用》，商务印书馆，1992 年。

难是主要的方面。(3)信息时代和全球化可能对汉字的应用产生深远的影响,汉字改革的任务没有结束。

(一)汉字能够较好地记录现代汉语

文字是记录语言并把它传递于异时异地的工具。对文字的两个基本要求是正确和简便。正确记录语言才能把意义很好地传递出去,简便才能成为大众日常应用的工具。正确是基本的、第一位的,简便服从正确。汉字最大的优点是能够正确地记录汉语。

多数学者认为,汉字适合于记录汉语。对这个问题,历来谈论较多的是以下几个方面:(1) 汉语是以单音节词和单音节语素为基础的语言,汉字能够很好地跟单音节词和单音节语素一个个对应。(2)汉语是孤立语,词形没有屈折变化,不需要使用表示音素的字母作构形后缀(如英语名词复数要加 s)。(3)汉语方言分歧,各种方言虽然语音差别很大,但是因为有共同的渊源,存在着相当严整的语音对应规律,书面语词基本相同,许多口语词也相同,语法差别不大,汉字可以成为各方言区交流信息的工具。汉字不使用音位字母或音节字母,而是用一个个字直接记录单音节语素,或用几个特定的字记录多音节语素的音节, 如果汉字记录的是各方言区共用的词,尽管各地读音不同,汉字能够成为各方言区的人进行交际的工具。当然,如果用汉字记录方言特有的词,各方言区的人彼此并不能利用汉字进行交流,如清末民初上海人写的方言小说,不了解上海方言的人就很难看懂。但是,汉族很早就使用统一的书面语言——文言文,各方言区的人学习共同的汉字典籍。宋元以后用汉字写的以北方方言为基础的古代白话文在全国流行。虽然我们不赞成汉字有“超时空”功能的说法,但是承认汉字的上述特征有利于保持全民族文化在总体上一致。(4)汉语同音词和同音语素很多，汉字由于是以记录语素为主的文字，能够很好地区分同音语素，从而区分同音词。（5）古今汉语语音发生了很大变化，词义也发生了很大变化，所以现代的人如果不专门学习古汉语知识，就读不懂文言文。但是，“汉语的基本词汇是富于稳定性的”①，记录这些基本词汇的汉字基本上没有变化。有些词的意义变化较小，古今词义有明显的联系。这为现代人学习、阅读用汉字写的古代文献提供了便利。此外，现代白话文中经常夹用古汉语词语，许多白话文必须直接引用古代文献，使用汉字在这两个方面不会发生困难。

我们认为，在以上五个方面中，前两个方面是起初使用汉字而不使用拼音文字记录汉语的原因，但是并不是必须使用汉字记录汉语的原因。拼音文字跟汉字一样，能很好地记录单音节词和没有形态变化的词。泰语、越南语的基本词汇都是单音节词，两种语言的词都没有形态变化，但是泰语一开始就使用拼音文字，越南语开始使用汉字类型的喃字，后来改为拉丁字母文字。从历史来说，汉语方言分歧是必须使用汉字的原因，但是从今后看，普通话日益普及，它在汉字存在的必要性上起的作用逐渐降低。对当前和今后来说，最起作用的是后两个方面，即能够区分同音语素和有利于继承古代文献。能够区分同音语素，就有利于继承古代文献。所以，汉字适合于记录汉语，最关键、最根本的问题是它能够很好地区分同音语素。下面我们专门讨论这个问题。

1. 现代汉语普通话中同音词和同音语素的状况

现代汉语普通话的一个突出特征是有大量的同音语素和同音词。现代汉语同音语素多，主要有三个原因：一是单音节语素多，双音节、多音节语素少，语素同音的机会多；二是音节种类少（汉语普通话有不带调音节 410 多个，带调音节 1300 多个；英语音节有

①王力《汉语史稿》，中华书局，1996 年，第 505 页。

8000多个;越南语有带调音节6500多个),语素数目多,多数音节包含不止一个语素;三是每个音节包含的语素数目不平衡,致使有些音节包含的语素很多。现代汉语普通话音节种类少,是因为每个音节的声母只有一个辅音(有些语言学家考证,上古时代汉语声母有复辅音,有些语言学家不同意这个观点),韵母尾部的辅音只限于n和ng(有些方言还保存着m、p、t、k等),不像英语元音前有bl、pl、br、st、skr等多种复辅音,元音后有b、d、f、g、k、l、m等多种单辅音和st、kt、ft、sm、kpt等多种复辅音。现代汉语的词主要是单音节词和双音节词,同音语素多自然会导致同音词多。

同音词分为两种:一种是声母、韵母、声调都相同,我们称之为狭义同音词;一种是声母、韵母相同,声调不同,我们称之为广义同音词。中国标准出版社1984年10月出版了一本《现代汉语词表》,收词10万条(内含单音节词2116条),其中狭义同音词12000余条,占12%强。日本有人对旧版《汉语拼音词汇》[①]所收词进行统计,该书收词45200条,其中狭义同音词5249条,占11.6%,广义同音词17433条,占38.6%[②]。《汉语拼音词汇(1989年重编本)》[③]收词约60400条,除去少数汉字同形词(如"本色"[běnsè,本来面目]和"本色"[běnshǎi,原色]),约60000条。本书作者用手工方法统计了其中用字不同的同音词,结果是:狭义同音词6514条,占10.85%,广义同音词21472条,占35.79%。以上三种统计,百分比相差不大。可以概括地说,在现代汉语中,狭义同音词占10%以上,广义同音词占35%以上。

①文字改革出版社,1964年。

②见《语文现代化》第一辑,1980年2月,第216页,知识出版社。

③语文出版社,1991年。

《汉语拼音词汇》(1991年版)中狭义同音词统计

每组词数	组数分类统计				词数统计	
	单音节	双音节	多音节	合计	同音词	占总词数%
2	313	2113	2	2428	4856	8.09
3	137	210		347	1041	1.74
4	62	30		92	368	0.61
5	24	7		31	155	0.26
6	10	2		12	72	0.12
7	2			2	14	0.02
8	1			1	8	0.01
合计	549	2362	2	2913	6514	10.85

《汉语拼音词汇》(1991年版)中广义同音词统计

每组词数	组数分类统计				词数统计	
	单音节	双音节	多音节	合计	同音词	占总词数%
2	18	4921	2	4941	9882	16.47
3	50	1522	1	1573	4719	7.87
4	50	548		598	2392	3.99
5	29	254		283	1415	2.36
6	39	115		154	924	1.54
7	35	57		92	644	1.07
8	22	21		43	344	0.57

续 表

9	23	18		41	369	0.62
10	13	7		20	200	0.33
11	8	10		18	198	0.33
12	2	2		4	48	0.08
13	6	3		9	117	0.19
14	1	1		2	28	0.05
15		1		1	15	0.03
16	2			2	32	0.05
17	3	2		5	85	0.14
18		1		1	18	0.03
19		1		1	19	0.03
23		1		1	23	0.04
合计	301	7485	3	7789	21472	35.79

以上是对现代汉语中同音词的统计。现代汉语中的同音语素则不好统计。在现代汉语中，哪些是有意义的单音节语素，哪些是无意义的音节，多数是清楚的。如“人”、“民”是有意义的语素，“蜘”、“蛛”是无意义的音节，没有什么疑问。少数则界限不清。在语文辞书上标明哪个字记录的是语素，哪个字记录的是无意义的音节，我们只见到一本《现代汉语学习词典》[①]，这是一本为满足外国学生学习汉语的需要而编的词典。在这部词典中，每个能成词的字后面都标明了词性，每个现代不能成词的字都标明了它是语素、

①上海教育出版社，1995年。

词缀或单纯代表音节的“字”。吕叔湘在序中赞扬了编写者在这方面的开创精神，但同时指出，在汉字中区分词、语素、词缀和单纯的音节，有些情况“难以处理”，他在主编《现代汉语词典》时“曾经试着做而没有做成”。我们单就该词典对非音节字和音节字的区分进行检查，就觉得处理的标准不够统一。例如，苋菜的“苋”是词，莼菜的“莼”是语素，菠菜的“菠”是音节字。虽然“菠菜”来源于古代的外来词“波稜菜”，但是早已“汉化”，在人们心目中，“菠”、“苋”、“莼”没有区别。在该词典中，汾河的“汾”、黄埔的“埔”是语素，渤海的“渤”、汕头的“汕”是音节字。耄耋的“耋”是词，浏览的“浏”是音节字。既然单音节语素和非语素音节不好区分，我们只好用同音字的统计代替同音语素的统计。因为代表无意义的音节的字毕竟是少数，把同音字的统计数目略减一点，就是同音的单音节语素的数目。

本书“现代汉字分级字表”共收 7841 个音字，分布在 1307 个带调音节和 409 个不带调音节中。平均每个带调音节有狭义同音字 6 个，平均每个不带调音节有广义同音字 19 个。但是同音字的分布很不均衡。在带调音节中，yì 音节包含 57 个狭义同音字。在不带调音节中，ji 音节包含 117 个广义同音字。

现代汉字狭义同音字统计

单位：音字

每个带调音节中字数	1	2	3	4	5	6	7	8
这样的音节数	284	153	140	128	96	74	65	62

续 表

9	10	11	12	13	14	15	16	17	18	19	20	21	22
46	46	34	29	27	19	22	9	7	13	9	7	4	9

续 表

23	24	25	26	28	29	36	37	38	40	43	45	51	57
2	3	2	2	2	1	4	1	1	1	1	2	1	1

现代汉字广义同音字统计

单位:音字

每个不带调音节中字数	1	2	3	4	5	6	7	8	9
这样的音节数	19	15	15	13	9	14	18	11	15

续 表

10	11	12	13	14	15	16	17	18	19	20	21	22	23
15	15	12	7	18	11	11	10	11	9	11	14	10	10

续 表

24	25	26	27	28	29	30	31	32	33	34	35	36	37
5	9	3	10	10	4	6	9	2	4	5	3	2	3

续 表

38	39	40	41	42	43	44	45	46	47	48	50	51	52
2	2	2	2	2	2	3	2	1	2	1	2	1	1

续 表

55	58	61	66	67	69	72	74	79	80	82	84	106	114	117
1	1	1	1	1	1	1	1	1	2	1	1	1	1	1

2. 汉字能够区分同音词和同音语素

如前所述,汉语有大量的同音词。记录汉语的文字一定要能够区分绝大部分的同音词，否则不能胜任记录汉语的任务。下面是我们从前引《汉语拼音词汇》中抄录的一组最突出的例子：

shīshí 失实 失时
shīshǐ 诗史
shīshì 师事 失事 失势 施事
shīshī 实施
shíshí 时时
shíshì 时式 时世 时事 时势
shǐshī 史诗
shǐshí 史实 矢石
shìshī 誓师
shìshí 事实 适时
shìshì 事势 视事 世事 逝世

我们用惯了汉字，没有意识到区分同音词的重要性，如果把汉语中的同音词集中起来，就知道在文字中（特别是在书面体语言的文字中）区分同音词的问题是多么重要了。

有人不同意记录汉语的文字必须能够区分同音词的观点。他们的理由之一是，人们在说话时并不区分同音词，彼此都能沟通，既然拼音文字记录了语言的声音，为什么文字本身一定要区分同音词呢？他们忽视了有声语言和文字的区别、口语和书面语的区别。人们说话，是在一定的环境中进行的，彼此知道对方的身份，知道谈论的话题，可以用手势和表情辅助，说不明白可以解释，听不明白可以询问。但文字有时需要孤立地存在，例如书籍报刊中一个标题、词典中一个例词、语文著作中谈论的一个词等等。文字不仅仅用来记录日常用语和书写通俗读物，还要用来书写有复杂过程和细腻感情的文学作品、严密的科学论文、精密的法律文书和各种公文等等。如果在这些书面语读物中，大量的同音词仅仅依靠上下文（语言环境）来确定词义，这种文字是不能精确地表达意义的。如果在用普通话书写的文学作品中“笼子”和“聋子”不分，在刑事案件文书中“毒物”和“读物”不分，“扼死”和“饿死”不分，在医学著作中“阵痛”和“镇痛”不分，在政治著作中“中间分子”和“中坚分子”不分，在军事文件中“战士”和“战事”不分，这样的文字用起来恐怕是有问题的。有人说:汉字和现行的拼音文字中也有同形异义的同音词，如汉字中的“杜鹃”(既是鸟名，又是花名)，英文中的right(权力;右边)，为什么不发生歧义的问题呢?我们认为，在汉字和现行的拼音文字中，容易发生歧义的同音词大都在词形上有了区别，同形异义的同音词所占比重很小，不影响文字的正常使用。数量的差别会引起质的差别。我们不能根据汉字和现行的拼音文字中有少量同形异义的同音词这一现象，来否定汉字区分大量同音词的重要作用和意义。

语素是语言中音义结合的不能独立运用的最小单位，词是由语素构成的。文字能确切地表现语素，就能确切地表现词，进而准确地传递语言。汉字通常用一个字代表一个单音节语素(少数情况下代表一个特定的多音节语素的音节)，几个汉字能合起来记录一个合成词。在文字中用特定的字记录特定的语素(即区分同音语素)，不但能在文字中区分同音词，而且能显示合成词的构词理据，提示合成词的词义，或者使人准确地理解词义。《汉语大词典》收字2万多一点，收词37万多条。《现代汉语频率词典》收词31159条，其中单音节词3751条。把各种辞书综合起来，估计现代汉语中词的总数在100000条以上，其中单音节词只有4000条左右。这些数字说明，不论是中古以后的文言文还是现代白话文，从静态的观点看，合成词都占大多数(从动态的观点看，单音节词的累计使用频率高于合成词)。汉字能区分同音语素，对学习、理解和阅读大量合成词有很大的便利。这个问题在后面谈论汉语拼音文字时还要涉及。

（二）汉字是繁难的、难中有易的文字

汉字难易问题也是近代中国争论的问题。赞成汉字改革的人强调汉字难学，反对汉字改革的人强调汉字易学。我们认为，对这个问题的研究应该持完全客观的态度。所谓客观，一是要全面分析，避免片面性。汉字哪些方面难，哪些方面易，对难和易来说哪是主要方面，哪是次要方面，尽可能地一一研究。二是要比较汉字和拼音文字，从比较中看难易。三是把认识汉字难易问题作为认识汉字改革问题的出发点，而不是根据自已对汉字改革的态度来确定对汉字难易问题的认识。作者的基本观点是：汉字是繁难的文字，这是主要的方面；汉字是难中有易的文字，这是次要的方面。下面是我们的具体分析。

1. 汉字繁难的主要原因

（1）汉字数量太多

不同的汉字通常代表不同的语素。语素数目多，不同的汉字就多，这是汉字繁难的总根源。汉字繁难是它的性质决定的，是先天带来的“胎里疾”，在汉字框架内是无药可以根治的。我们在本书“上编”“现代汉字的范围、字量和分级”中已经讨论过现代汉字数量和不同层次的人应该掌握的现代汉字数量的问题。我们研究的结果是：现代汉字的总量为7500~8000字，小学毕业生应该掌握2500多个汉字，初中毕业生应该掌握3700多个汉字，一般知识分子应该掌握5000个左右的汉字（以上均为“形字”，如果一个多音字按几个字计算，数目还要增加大约10%）。这个数量是比较庞大的。尽管大多数汉字的构造是分层次的，而且现代汉字的构造跟它所代表的语素的意义和声音还有一定的联系，但是要一个一个地记住几千个由不同笔画、不同“零件”构成的字，不是一件容易的

事。识字的成年人多数已经忘记自己小时候识字的困难，如果我们仔细观察一个普通孩子从小学一年级到初中毕业识字的过程，就知道学习汉字是一件多么艰难的事情。

(2)汉字结构复杂

根据本书“上编”“现代汉字的结构”的研究，现代汉字的塔式结构大体上是：

31 种笔划

526 种部件

1623 种字符

5548 种通常用字

在这个结构中，笔画的种类数比较少，学习和记忆不困难。但是，笔画与笔画的组合方式没有什么规律性，基本上要靠死记。新中国成立以后推行简化字，减少了一批字的笔画数，在相当程度上减轻了学习的难度，但是仍然有一批字笔画偏多。这是汉字难学的一个原因。

部件和字符这两种中间层次的存在，大大减轻了汉字学习的难度，但是部件和字符的种类太多，要想掌握不是容易的事。有许多部件和字符不是由现代汉字通常用字充当，它们或者是古代汉语用字，或者不能单独成字，记忆这些部件和字符更加费劲。在现代汉字通常用字中，每个字平均使用 1.96 个字符、3.3 个部件。一部分字使用的部件较多（有 39% 的字使用 4 个或 4 个以上部件），也增加了学习的难度。

部件与部件的结合方式也非常复杂，有左右结构、左中右结构、上下结构、上中下结构、全包围结构、半包围结构、特殊结构，等等。在一个字中，大结构套小结构。据傅永和研究，如果把汉字分析到部件，不同数量部件构成的合体字，其结构方式的种类数也各不相同，见下表①。

①见《汉字结构和构造成分的基础研究》，收入《现代汉语用字信息分析》一书，上海教育出版社，1993 年。该文拆分部件的规则与本书不同，所以表中有些字的部件数与本书不同。

部件结构方式的种类数

每字部件数	结构方式种类数	例字（每个例字代表一种结构方式）
2	9	吕认压达勾问匹凶团
3	21	荣抛树型花陪部庶湘缠逞逊闾润挺捆抠圄幽乖巫
4	20	阔匿欧营辔蕊蓝椁额摄燃游韶遮腐寤鍪筐榧剩
5	20	渤澡搞敲蒿缀樊嚣鄙骼戳篮寝漉軥羸魔膏蘧噩
6	10	歌豁麓豌翳瀛衢臀骥灌
7	3	戆麟饕
8	1	齉
9	1	懿

(3)现代汉字形体结构对所记录的语素的提示度不高

根据本书“上编”“现代汉字的理据与提示度”的研究，现代汉字通常用字的形体结构对所记录的语素的提示度平均为44.6%，不到一半。要掌握这不到一半的提示能力，首先要掌握1600多种字符的意义或声音，而掌握这些字符的意义或声音，基本上靠死记硬背。

(4)现代汉字中有一批使用频率不高而又不得不学的字

学习汉字，使用频率高的字记得比较牢，使用频率低的字容易忘记。在现代汉字中，比较常用的3500~4000字（形字，下同）对现代汉语读物的覆盖率大约为99.9%。一般知识分子需要认识大约5000个汉字。这就意味着，在他所需要认识的汉字中，有1000多个字的合计使用频率不到0.1%，其中每个字的使用频率平均不到0.0001%，即不到百万分之一。由于使用频率低，往往学会了又忘记。这是读错字、写错字、用错字的一个重要原因。例如，“囊”和

“嚏”的笔画都很多,但是后者的使用频率低,写错的人就多。

(5)多音字数量大

多音字是汉字学习中的一个难点。在本书“现代汉字分级字表”中,通常用字按字形计算有5548个,按读音计算有6090个。多音字有473个,占通常用字的8.5%。在多音字中,一字两音412个,一字三音50个,一字四音6个,一字五音2个。如果多音字的几个音都是口语中或书面语中常出现的,还比较容易掌握,如“更”(gēng, gèng),“率”(lǜ, shuài)。如果有的音只在书面语或专用词语中出现,读错的机会就比较多,如“乘”(作为古代兵车的单位读shèng),“种”(作姓氏用字读chóng),“铅”(在地名铅山中读yán),“可汗”(古代北方少数民族的君主,读kèhán)。有的字只在某个地区有异读,其他地区的人就容易读错,如“瘪”,在普通话“干瘪”中读biě,在上海方言“瘪三”中读biē。

2. 学习汉字的“两难”——初学难和学好难

著名语文学家张志公在前引《加紧对汉字进行多方面深入的研究》一文中提出了一个重要观点:汉字初学难。他说:“经过调查研究,我们感到儿童初学汉字是很困难的。虽然任何文字在初学时都有相当的难度,但汉字的难度就更大些。前面谈到的汉字的许多优越性(引者按:最好说是“优点”),只有在一定的条件下才能体现出来。这不仅仅是识字量,而且有相当的阅读量、书写量以及熟练程度。……儿童在初学时,认识、理解、使用、书写都有一定的困难。”为什么汉字初学难呢?主要原因是,汉字的有规律的一面要在学会1000字以后才会逐渐发挥作用。在现代汉字中,大多数独体字的形体与所代表的语素的意义的联系已经丧失。儿童初学汉字时,独体字学得多,会意字和形声字学得少,而且许多会意字和形声字的偏旁没有学过,因而在学习中很难引起联想,死记硬背占的成分很大。我们在本书“上编”“现代汉字的理据与提示度”中已经指出，最常用的1000字形体构造的平均提示度只有25%，从统计上证实了张志公的论断。虽然许多使用拼音文字的国家或民族的儿童在初学文字时也有一个死记硬背的阶段，但是远不像汉族儿童死记硬背汉字那么难。

在度过初学难的阶段以后，学习汉字可以逐渐较多地利用字与字之间的联系，利用部件和偏旁，来减轻学习的难度。我们看到，在初、高中阶段，虽然学习汉字仍然是学生的重要任务，但是与小学比较，学习的难度越来越小了。知识分子再经过高等院校的学习，多数人感到自己的汉字水平能够满足一般阅读和写作的需要，没有进一步学好汉字的迫切要求。

我们在这里要提出另一个观点：汉字除了初学难以外，还有一难，就是学好汉字难。这里说的“学好”，并不是要求人人当文字学家，而是指一般知识分子能正确地掌握约5000个通常使用的字。许多研究汉字教学的专家，似乎都把目光和精力放在解决汉字初学难的问题上，对一般知识分子学好汉字难的问题没有给予必要的重视。下面谈谈我们对这个问题的看法。

一般知识分子阅读面广，要阅读内容比较高深的读物，要写作一般的和专业的文章，必须掌握更多的汉字。虽然他们在读写中不会因汉字问题而出现大的障碍，但是读错、写错、用错的问题还是常常发生。潘忆影编了一本书《错别字自测手册》①，收了2600余例常见的易错字，其中容易读错的字1100余例，容易用错的字1500余例，可见容易读错、用错的字的数量是相当大的。因为容易写错的字不好排印，该书没有收这方面的资料。不过我们知道，对读书人来说，提笔忘字和写错字是常有的事。

发生读错、用错、写错，主要原因有三个：一是一部分汉字使用频率低，或者是没有学过，或者是学了记不牢；二是一部分汉字规

①商务印书馆，2000年。

律性差，难于按照规律去掌握，必须死记硬背；三是方音差异大。不但一般知识分子容易出错，就是天天跟文字打交道的人，也不免出错。书籍、报纸、杂志、电视屏幕上常出现错字，电台和电视台播音员常常读错字，就是明证。1995 年上海创办了一家杂志《咬文嚼字》，除了纠正社会上用字的错误外，还经常指出有影响的报刊和著名作家用字的错误。我们固然可以指责人们学习汉字下功夫不够，但是另一方面也说明汉字的确是难学的。

除了容易读错、写错、用错以外，把汉字写得比较好看也是一件难事。汉字书法是一门艺术，这是国人常常引以自豪的。虽然拼音文字也有书法，但是把书法作为与绘画并列的艺术门类，不少人以从事书法艺术为职业，有更多的人以书法为业余爱好，在这一点上，拼音文字与汉字是无法相比的。这是因为每种拼音文字只有几十个字母，而汉字有几千上万个不同的、结构复杂的书写符号。本书作者是书法的门外汉，但是也喜欢欣赏好字，看书法展览常常流连忘返，见到别人写一手好字就羡慕不已。不过冷静地想一下，我们在自豪之余，不能不看到事情的另一个方面，即汉字要写得比较好看（只是使人看着顺眼，还远远谈不上书法艺术），就要下相当的功夫去练习才能做到。旧时读书人字写得好，是花大量时间下功夫练的结果。现在中小学生要学的课程很多，不把写字作为专门的课程，多数人字写得比较差或者很差。有不少知识分子（包括许多教师）字写得不像样子。这是汉字本身带来的问题。作为一种记录语言的工具，这不是优点。因为练字需要大量时间，许多人在工作的时候需要写字，但没有时间练字，写成什么样子算什么样子；离退休以后写字的需要少了，但是这时候有时间练字了，就参加书法班学习写字，作为修身养性的手段。大概只有使用汉字的中国会出现这种现象。有人大谈“汉字是优美的文字”。其实，如果从内容来说，每种文字都能写出高尚优美的作品，也都能写出低级污秽的作品。如果从书法的角度来说，每种文字都可能写得好看，也可能写得难看。在现今社会里,汉字写得好或比较好的人越来越少,写得差或比较差的人越来越多,我们虽然不愿意看到这种情况,但这是大势所趋,难以扭转。

3. 汉字与拼音文字难易比较

一种文字的难易,是在跟其他文字的比较中确定的。只有跟拼音文字比较,才能确定汉字的难易。

有人把汉字同英语字母相比。英语只有 26 个字母,加上大小写有差别的 10 个字母,只有 36 个不同形体的基本符号。每个字母书写起来很简单。这样比较,汉字实在太难了。

有人把汉字跟英语的书写词比较。英美人需要认识多少单词呢?中国国际广播出版社 1990 年出版的《英语常用词词典·前言》转引 W. 艾普斯《成人学习方法》中的一段话:“据估计,一般人认识和使用的词汇(引者按:“词汇”在这里应该说是“词”,下同)在 5000~10000 之间。一个所谓受过教育的人,即受过大学教育或同等学力的人,所掌握的词汇在 20000~50000 之间。”如果把汉字跟英语词作为同一个级别的事物相比,英美知识分子应该掌握的文字单位数量是中国知识分子的 4 倍到 10 倍,这样看来汉字又显得比较容易了。

我们认为,以上两种比较方法都不妥当。汉字每个字通常代表一个语素,英文每个字母一般代表一个音位,英文一个书写词代表一个语言中的词:它们之间从数量上是无法比较的。要勉强从数量上相比,只能把汉字跟从英文书写词中拆分出来的词素相比;把汉字书写的词(单音节词和多音节词)跟英文书写的词相比。但是,词素不是英美人学习文字的单位,这样比也不妥当。

汉字比拼音文字难,关键在于两点:一是汉字的无规律构件(部件、字符)多,字母文字的无规律构件(字母)少;二是汉字的无规律组合方式多,拼音文字的无规律组合方式少。这里说的规律，指文字形体结构跟语言的联系。对现代汉字来说，把31种笔画组合为500多种部件，把500多种部件组合为1600多种字符，这两个过程基本上是没有规律的，就是说，大多数是跟语言没有联系的（只有少数成字部件和成字字符跟语言有一些联系）；等到把1600多种字符组合为五六千个汉字，才跟语言有较多的联系。拼音文字把几十个字母组合为几千个书写的词素，都是跟语音有联系的；由词根和词缀组合为几万个书写词，也是跟语言有联系的。当然，各种拼音文字拼读的规律性程度不同。英文的拼读规则复杂一些，例外较多，词典上每个词都要注音，但是它同语言联系的程度要比汉字大得多。

有人认为，汉字的形体结构在音和义两方面跟语言有联系，拼音文字只在音的方面跟语言有联系，因此汉字比拼音文字易学。刘又辛说："从清末开始，……在语言学界形成了一系列对汉字的错误观点，如认为汉字难学难记……"[①]"表音文字的功能即使是满分实际上也只有50分，汉字的表形功能和表音功能即使都不完备，但两者相加至少也有七八十分。"[②]我们不赞成这种观点。按照这种观点，汉字"一二三歪孬"因为只有所谓"表形功能"，即使是满分也只有50分，而汉字"江河波浪"因为兼有所谓"表形功能和表音功能"，即使功能不完备，至少也有七八十分。这显然是不符合实际的。"一二三歪孬"都属于最好学的汉字。"江河波浪"的形旁"氵"跟词的意义只有泛泛的联系，距离比较远；这四个字声旁的现代读音与字的现代读音都不相同。一种文字的难易，主要不在于其形体结构从一个方面还是从两个方面提示它所代表的语言，而在于它的结构的复杂程度和提示语言程度的大小。英文river（河，江）和wave（波浪）与语言的联系显然比汉字"江河波浪"与

---

①《关于汉字发展史的几个问题》，《语文建设》1998年第11、12期。

②《汉字发展史纲要》，中国大百科全书出版社，2000年，第329页。

语言的联系要紧密。简单地说,死记硬背的成分越多,学习难度越大,死记硬背的成分越少,学习难度越小。汉字是死记硬背成分多的文字。

比较汉字与拼音文字难易的理想方法是，跟踪调查两批人，一批人学习本民族使用的汉字，一批人学习本民族使用的英文或俄文，当他们具有同等的读写能力时，在学习文字上各用了多少时间;或者他们用了同样的学习时间后,读写能力的大小如何。当然这种调查是很不容易做到的。另一种比较方法是,具有同等文化程度的一批中国人和一批英美人用同样的时间学习对方的文字,比较学习的效果。这也是很难做到的。现在我们只能举出一些现象说明。一些了解前苏联、俄国的人观察到,他们七八岁儿童的阅读能力比中国同龄儿童强。人们还可以观察到,长期在中国工作的外国知识分子的汉字读写能力比长期在美国工作的中国知识分子的英文读写能力要差。尽管这里面有其他方面的原因，但是不能不承认,汉字难学是其中的主要原因。

不顾汉字和拼音文字的实际,硬说汉字比拼音文字易学,不是科学的态度。

4. 汉字是难中有易的文字

汉字在今天和可以预见的将来依然有生命力,除了因为它能较好地记录汉语外,还因为它有易学的一面。两者结合起来,就有了汉字长期存在的合理性。不过这里说的“易学”,不是跟拼音文字相比较,而是与它自身繁难的一面相比较而言的。

前面我们谈到汉字初学难，但是初学的最常用字一般笔画较少,结构相对地比较简单,降低了学习的难度,有利于初学。本书“现代汉字分级字表” 中的5548个 “通常用字” 每字平均10.4画。《现代汉语频率词典》[①]中“汉字频率表”最常用的前1000字

①北京语言学院出版社,1986年。

每字平均 8 画，前 500 字每字平均 7.3 画，前 200 字每字平均 6.5 画，可以说明这个问题。

汉字使用频率的不平衡有两方面的影响。一方面，有一批不能不学但又很少使用的字，增加了学习的难度；另一方面，学会一批使用频率高的常用字，就能应付一般的阅读。按降频排列的前 900 字可以覆盖现代汉语读物的 90%，前 2500 字可以覆盖 99%。我们可以看到，有些小学高年级学生津津有味地读着《西游记》和其他近代现代小说，不认识的字就跳过去，根据上下文推测，大概的意思读得懂。

汉字的部件和字符种类多，是学习的难点。但是常见的部件、字符（如“口亻氵木艹土辶女虫”等等）使用频率高，又有利于学习。

现代汉字形体结构对所记录的语素的平均提示度为 44.6%。有 78.5% 的字有不同程度的提示能力，其中将近 30% 的字提示能力较高。有些声旁带领若干个形声字，提示读音比较准确，如“方芳放房访防妨仿坊纺舫肪”，是比较好学的字。“秀才识字读半边”虽然常常闹出笑话，但是有了这种提示功能，大大增加了易学的成分。

（三）汉语拼音文字的关键问题

由于汉字繁难，百多年来许多仁人志士提倡、研究、试验汉语拼音文字，希望用来取代汉字；有些人毕生为之奋斗，死而后已；至今海内外还有人致力于这种研究。本书作者对这些人士充满敬意，作者自己在年轻时也做过这种事情。但是，尽管汉语拼音字母已经在我国大陆普遍使用，而能够像汉字一样在社会上通用的汉语拼音文字至今没有实现。我们有必要回顾汉语拼音文字研究的历史经验，找出其关键所在。作者认为，汉语拼音文字的关键在于：如果这种文字不区分同音语素，就不能很好地利用它传递信息，也不便于学习、理解和阅读，因而不能成为在社会上通行的文字；如果区分同音语素,词形就比较复杂,在现阶段不容易被大众接受。

这里要说明,我们这里说的汉语拼音文字,是指能够较好地记录汉语的、脱离汉字单独作为传递语言工具的文字。《汉语拼音方案》不是汉语拼音文字,利用汉语拼音在计算机上输入汉字也不是汉语拼音文字。

在研究汉语拼音文字的人士中,多数人认为应该使用拉丁字母,不另起炉灶。现在世界各国文化的交流越来越频繁,全球化的步伐越来越快,在这种情况下,撇开拉丁字母另外设计一套字母,是不可能被接受的。但是,对于汉语拼音文字是否应该区分同音词和同音语素(即语素定型化,基本上就是跟汉字一一对应)在认识上不一致。占主导地位的认识是:汉语拼音文字以词为单位,多音节词实行词儿连写;对同音词一般不管,只对少数在语境中可能发生歧义的同音词在词形上加以区分,因此拼音文字尽量不标调或少标调;完全不管同音语素问题①。持这种认识的人的出发点可能是,这样可以使词形简单,容易学习和掌握。少数人对此持不同看法,主张汉语拼音文字不但应该全部区分同音词,而且应该全部区分同音语素,使拼音文字与汉字一一对应。办法是:(1)全部或多数音节标调;(2)广泛采用同音异拼法;(3)在拼式前后加上不发音的提示意义的字母(相当于形声字的形旁)。他们的目的是,使汉语拼音文字能够准确地区别同音语素和同音词,能显示合成词的理据性,能用这种文字转写古代文献。下面对这些有分歧的问题加以分析。

标示声调问题。声调是汉语语音中不可缺少的、有区别意义功能的组成部分。拼音文字的优势本来在于见形知音,如果不标调,就等于见形只知近似音,不知准确音。汉字学起来困难,但是当学会 5000 个左右汉字以后,阅读的时候就能知道准确的读音,只有

①参看张育泉编著《语文现代化概论》第九章,首都师范大学出版社,1995 年。

少数多音字需要结合前后的字(语境)来确定读音。不标调的汉语拼音文字因为不能从文字上显示音节的声调，阅读时必须首先确定每个拼式代表哪个词,然后才能确定每个音节的声调。快速阅读要求在瞬间明白每个拼式代表哪个词,读什么声调,而不能在阅读时遇到拼式先根据上下文琢磨一番。汉语读物中几千个常用的熟悉的词也许问题不大，如见到 renmin 就知道是“人民”，见到 guojia 就知道是“国家”,见到 xuexi 就知道是“学习”,同时就能读出正确的声调。但是一个知识分子要掌握 50000 个以上的词(根据《现代汉语词典》和《汉语拼音词汇》估计),其中大量是在阅读中不常见的、口语中不常说的书面语词;要熟悉不常见、不常说的、不标声调的拼式代表哪个词，就有一个记忆的过程。例如，见到 gongchu 马上就得知道是“公畜”,读 gōngchù;见到 gongding 马上就得知道是“拱顶”,读 gǒngdǐng;见到 gongzhuo 马上就得知道是“供桌”,读 gòngzhuō。熟悉和记忆几万个不标声调的拼式分别代表哪些词,要花费大量的力气。如果省去这个记忆过程,到阅读的时候才根据拼式或上下文确定代表哪个词,读什么声调,阅读速度就太慢了。所以,全部或大部分不标调的汉语拼音文字,书面形式倒是简单,从习得和辨认的过程看,并不简单。

前面已经谈了区别同音词的必要性。汉语中的广义同音词占 35% 以上,狭义同音词占 10%以上。如果仅仅对在语境中可能产生歧义的少数同音词(如“期中考”和“期终考”)进行区分,我们估计，在不标调的汉语拼音文字中不加区分的同音词可能占到文字的 30%以上,在标调的汉语拼音文字中可能占到文字的 8%以上。如此众多的同形异义词全靠语境区分意义，这样的文字恐怕是难以被接受的。

许多汉语拼音文字的研究者主张区别同音词,但是不主张把每个合成词中的语素都加以显示(区别)。作者则认为,区别同音语素(基本上就是区别同音汉字)才是汉语拼音文字成败的关键问题。区别同音语素的目的不单单是区别同音词,因为区别同音词还有其他方法,不一定非要区别同音语素。区别同音语素的主要目的是为了在文字中显示合成词的构词理据。汉语合成词有比较强的理据性。我们知道，多数合成词的词义不等于语素义的简单相加(如“火车”的词义不等于“火+车”),有些合成词的词义与语素义之间的关系比较隐晦曲折(如“陆续”的词义与“陆”的语素义),但是在大多数情况下语素义对词义有较强的提示作用或规定作用。从语素入手学习合成词可以事半功倍,有时可以无师自通。脱离语素学习合成词等于不管它的理据性,必然事倍功半。也许有人说,语素是语言中的成分,人们学习词本来是先在语言中掌握,然后才学习文字的,所以文字能不能区别同音语素无关紧要。事实不是这样。中等以上文化水平的人所掌握的词,少部分是在识字以前通过语言学会的,大部分是在识字以后通过文字学会的。我们在生活中可以观察到,一般地说,成年文盲掌握的书面语词的数量大大少于同龄有文化的人，而且文盲对有些他知道的书面语合成词的理解往往不准确。人们现在通过汉字学习合成词,因为一般能了解它的理据,没有多大的困难。如果让一个学龄儿童一开始就通过不区别语素的拼音文字学习合成词,只有两种方法:一种方法是囫囵吞枣,不分析语素,把合成词当作连绵词学习,死记硬背它的意义;另一种方法是大多数合成词都要分析、讲解理据,某个词是由某些语素构成的,如diàndēng(电灯)的diàn是电流的电,dēng是照明用的灯,diànrǔ(玷辱)的diàn是白玉上有污点的玷,rǔ是耻辱的辱,diànjī(奠基)的diàn是奠定的奠,jī是基础的基,等等,词典和教材上要一一说明,学生要一一记住,还要考试。不论用这两种办法中的哪一种来学习几万个合成词，都是不可思议的。可见,虽然不区分语素的汉语拼音文字的词形本身简单,但是在词形以外有沉重的学习和记忆负担。

不区分语素的汉语拼音文字还有一个大问题,就是它会给阅读带来很大的困难。汉语拼音文字研究的先驱者黎锦熙身体力行,坚持用拼音文字写日记。他说:“我用注音字母写日记,……后来改用国语罗马字写日记,……前后近三十年,……结果是:写是写得很纯熟了,看起来可就慢得多。”“逐字认读,时间至少(比汉字)加两倍,……试写不标调的注音字母和拼法上不分声调的拉丁化新文字,写是更快,读则更慢,……许多词儿更要从句子的上下文猜出意思来,所以读的时间比读汉字有时多到十倍。”[①]我们在阅读汉语拼音读物的时候也会有同样的感受。为什么会出现这种现象呢?这是因为,阅读不区分同音语素的汉语拼音文字时,看到文字形体以后,在很多情况下不能马上确定它所代表的语素,因而不能马上确定它所代表的词。如果不管语素,直接熟练掌握书写词,对常用词容易做到,对不常用词则比较困难。

不区分同音语素的汉语拼音文字的另一个问题是不能转写文言文和文言诗词。在文言文和文言诗词中,单音节的单纯词占的比重更大,如果不区分同音语素,同音词占的比重更大,可以说几乎无法阅读。在现代白话文中夹用文言词汇,在一定时期内还难以杜绝。在白话文中直接引用古代文献,对许多文章来说是无法避免的。中小学生就要学习一定数量的古诗文。对一个中等文化水平的人来说,虽然不要求学很多古诗文,总应该略知一二。就是阅读《三国演义》、《西游记》、《水浒传》、《红楼梦》,也会遇到现代汉语中没有的文言词语和近代汉语词语。我们可以把专门研究古代文献的任务交给少数专家去做,但是让大多数知识分子跟古代诗文完全隔绝,只能读由别人翻译成白话的东西,现阶段这样做是难以被人们接受的。

有些研究拼音文字的学者早就看出,汉语拼音文字必须区分同

---

①《国语新文字论》,转引自中国人民大学《复印报刊资料·语言文字学》1980 年第 5 期第 31 页。

音语素。尹斌庸指出:“汉语拼音文字的症结问题不是同音词,而是同音语素的问题。”[①]近年来他认为,“双文制”中的拼音文字必须具备的两个条件之一是,“能够和汉字实行充分的相互转换(最好是100% 的转换)”[②]。上海的一位翻译工作者俞步凡利用业余时间研究汉语拼音文字,他用30多年的时间设计出与汉字一一对应的拼音文字,把《辞海》上的15000字转写成功。他的方案是:“以汉语拼音方案为基础拟定与汉字对应的拉丁字母拼音字。有三种同音区分法:首先,标三个调号定型1300个最常用字(引者按:就是使用通常的拼式把三种声调标示出来,另一种声调省略不标,对应1300个最常用的汉字);再用同音异拼分出2000余常用字;最后,按照汉字部首归纳48个字取声母作意符缀于音节前或后,构成字母形声字。意符字母可以复合使用,并按部首订有双字母式,用以拼写古字。”[③]下面是他用上述方案写出的 jiù 音节字的一部分:jò(就),joù(救),jeò(旧),jeù(臼),jòw (舅),joùk(厩),joùf(鹫),joùb(疚),kjoù(咎)[④]。其他人也设计过类似的区别同音语素的汉语拼音文字方案。这种试验说明,汉语拼音文字是能够区分同音语素的。用这样的拼音文字来记录现代汉语或古代汉语,从理论上说是没有问题的。但是,由于词形比较复杂,学习这种文字虽然比汉字容易,但是不像人们想像的那么简单,现在还难以被群众接受。所以汉语拼音文字至今没有实现。

因为既严密又简单的汉语拼音文字很难设计出来,所以作者认为,在现阶段,在日常社会应用中用汉语拼音文字取代汉字,或者使汉语拼音文字成为跟汉字一样的正式文字,是很难实现的。在将来,如果社会生活发生重大的变化,如果汉字与社会应用发生严重

①《汉语语素的定量分析》,《中国语文》1984年第5期。

②《关于“双文制”的几个基本问题》,《语文现代化论丛》第三辑,语文出版社,1997年。

③《与汉字对应的拉丁字母拼音字》,香港《语文建设通讯》第64期,2000年7月。

④上引例字是俞步凡先生给作者的信所提供的,特此申谢。

的矛盾,社会对拼音文字有迫切的需要,那时汉语拼音文字就有可能被社会所接受。长期研究汉字改革的周有光最近说:“有人希望,把拼音提升为法定文字之一,跟汉字并用。这个希望恐怕难于实现。”“拼音不是拼音文字。”“拼音帮助汉字,将是21世纪大家乐于接受的形式。”①

我们在这里要强调,我们认为汉语拼音文字在现阶段难于实现,跟《汉字文化》上徐德江等人鼓吹的汉字比拼音文字优越,有原则上的区别。我们的观点是,拼音文字在妥善解决汉语同音词和同音语素上存在困难,而在其他使用拼音文字的语言中,同音词和同音语素不像汉语那么多,他们使用拼音文字不存在这么严重的问题。我们认为在现在的条件下实现汉语拼音文字有困难,而不认为将来永远没有可能。徐德江等人不承认汉字繁难,脱离实际地夸大汉字的所谓“表意性”的功能,把汉字神秘化、神圣化,刻意贬低外国和我国一些少数民族使用的拼音文字,说我国搞汉语拼音文字研究是“西化”的产物,公然反对我国的文字改革,等等,这些论调跟我们的观点毫无共同之处。

(四)对汉字改革问题的一些思考

1. 对近现代文字改革运动的回顾

从清朝末年开始的文字改革运动,从1892年卢戆章出版《一目了然初阶(中国切音新字厦腔)》算起,已经110多年了。从严格意义的文字改革运动来说(即除去推广普通话和推行注音字母、汉语拼音方案),100多年主要是做两件事情:一是汉字拼音化,设想用拼音文字取代汉字;二是汉字的整理和简化。第一件事情到现在

①《21世纪的华语和华文》,载《群言》2001年第11期,《新华文摘》2002年第2期摘转。

还没有实现，第二件事情则取得很大的成功。为什么会这样，值得深思。

对拼音文字的研究不能说做得不多，提倡不能说不力。从《一目了然初阶》的出版到辛亥革命的20年当中，个人提出的汉语拼音文字方案有28种①。民国期间，许多著名学者大力宣传倡导拼音文字。1926年产生了由钱玄同、黎锦熙、赵元任等制定的“国语罗马字”。1931年产生了由瞿秋白、吴玉章等制定的“拉丁化新文字”。抗战期间，除了大后方和上海租界的学界人士继续宣传拼音化运动外，陕甘宁边区曾经成立由边区政府支持的新文字运动组织，开办新文字干部学校，出版新文字报纸，在群众中用新文字进行扫盲教育②。在新中国成立后，拼音文字的宣传、研究和试验有了最好的环境和条件。毛泽东同志于1951年指出：文字必须改革，要走世界文字共同的拼音道路；汉字的拼音化需要做很多准备工作；在实现拼音化以前，必须简化汉字，以利目前的应用；同时积极进行拼音化的各项准备工作③。走世界文字共同的拼音道路的提法，不能被看作是毛泽东同志的个人意见，它实际上是1986年1月全国语言文字工作会议以前我国文字工作的长远指导思想。这样的表达还见于国家机关的正式文件，例如国务院1985年3月批准的中国文字改革委员会《关于文字改革工作座谈会情况的报告》。可是，就在这样有利的条件下，虽然出现了许多拼音文字方案，却始终不能在社会上实行。1986年全国语言文字工作会议放弃了走世界文字共同的拼音道路的提法，结束了把拼音化作为国家规定的文字改革的方向的时代。

另一方面，汉字的简化和整理工作取得了重大的成绩。民国时

---

①参看周有光《汉字改革概论》第二章之四，《周有光语文论集》第一卷，上海文化出版社，2002年。

②以上见费锦昌主编《中国语文现代化百年记事》，语文出版社，1997年。

③见吴玉章《文字改革文集》，中国人民大学出版社，1978年，第113页。

期就有许多学者主张简化汉字，并做了大量的具体研究工作。新中国成立后，这一工作从1950年开始酝酿，经过提出方案，广泛征求意见，反复研究修改，1956年国务院第一次公布《汉字简化方案》。后来对这个方案做了几次小的调整，于1986年重新发布《简化字总表》，共收不作简化偏旁用的简化字350个，可作简化偏旁用的简化字132个，简化偏旁14个，由偏旁简化得到的简化字1753个。与此同时，国家有关部门公布了《第一批异体字整理表》，在现代汉字规范化方面做了许多工作。新中国成立后的汉字简化和整理工作，是汉字在隶变以后两千年来最大的一次变革。现在简化字已经在中国大陆和马来西亚、新加坡普遍应用，受到广大群众和学界的拥护，不可逆转。简化和整理汉字，大方向是完全正确的，在具体工作中存在一些缺点，已经有许多学者指出；这些缺点需要等适当的时机解决。

汉语拼音文字虽然没有实现，但是，1958年经全国人民代表大会批准，公布了《汉语拼音方案》，取代已经用了40年的注音字母。它对中国语文适应现代化需要具有重要的意义。2002年全国人大常委会通过的《中华人民共和国通用语言文字法》第十八条规定："国家通用语言文字以《汉语拼音方案》作为拼写和注音工具。《汉语拼音方案》是中国人名、地名和中文文献罗马字母拼写法的统一规范，并用于汉字不便或不能使用的领域。初等教育应当进行汉语拼音教学。"

对比新中国成立前后的文字改革工作，对比汉字拼音化和汉字简化工作，我们可以得到这样的认识，文字改革要取得成功，必须具备三个主要条件：一是文字本身确有弊病，社会对改革文字有迫切的要求；二是要有政府强有力的领导；三是改革要符合文字作为记录语言的符号自身的要求。我国的文字改革运动是在国运极度衰落、广大人民群众极端贫困、民族生存危机极其严重的背景下发生的。人们在寻找各种救国救民的方法时，把文字改革也作为一种方法，认为汉字繁难使广大的贫苦人民群众失去掌握文字的可能，只有改革文字，才能使群众摆脱愚昧落后的状况，提高全民族的文化水平和思想觉悟，使国家富强。新中国成立后，工人农民翻身做了主人，迫切要求学习文化。共产党和人民政府把文字改革作为一项重要的政策和工作任务。上述文字改革第一、二个条件是具备的；这时能否成功的关键就在于第三个条件。简化汉字不改变汉字语素文字的性质，不削弱其记录语言的功能，不影响对古代文化的继承，又在相当程度上减轻了学习的难度，所以取得成功。研究中的汉语拼音文字没有做到既能区分同音语素又简便易学，因而至今没有取代汉字。

汉字要不要改革，既是学术问题，又是带有强烈政治色彩的社会问题。汉字怎样改革，能不能改成拼音文字，是一个纯粹的学术问题。虽然在1986年全国语言文字工作会议以前，共产党和政府把实现拼音化作为文字改革的最终目标，但是在实际工作中，对拼音化问题是非常谨慎的。因为党和国家的领导人清楚地知道：汉字虽然繁难，还是能够使用的；拼音文字虽然是一种很好的主张，可是并没有一个完善的方案；文字改革对社会的影响极大，不可鲁莽行事。毛泽东同志1949年12月至1950年2月访问前苏联期间，在跟斯大林谈话时，曾阐述了这样一个观点：汉字和汉语尽管不易掌握，但实际上是所有人都能学的，任何一个人都能学的，只要愿意学和不断提高。在此之前，1949年8月，吴玉章给毛泽东写信，请示文字改革问题，主张立即在全国各地选择重点试行拼音文字，这反映了当时一些主张拼音化的学者的要求，这个意见没有被接受①。直到1986年全国语言文字工作会议为止，党和政府除了制定《汉语拼音方案》以外，并没有采取其他具体步骤和措施推行汉语拼音文字。1958年1月周恩来总理在政协全国委员会上作了《当前文

①以上两事见前引《中国语文现代化百年记事》第125、115页。

字改革的任务》的报告，报告中说："汉字在历史上有过不可磨灭的功绩，在这一点上我们大家的意见都是一致的。至于汉字的前途，它是不是千秋万岁永远不变呢？还是要变呢？它是向着汉字自己的形体变化呢？还是被拼音文字代替呢？它是为拉丁字母式的拼音文字所代替，还是为另一种形式的拼音文字所代替呢？这个问题我们现在还不忙作出结论。但是文字总是要变的。""关于汉字的前途问题，大家有不同的意见，可以争鸣，我们在这里不打算多谈，因为这不属于当前文字改革任务的范围。"这段话应该看作是党和政府的正式态度，而不是个人意见。近年来有的人违背事实地说什么共产党和人民政府要"消灭汉字"，甚至因为毛泽东主张汉字走拼音道路而不指名地咒骂他是"皇帝"，说"皇帝作孽，给汉字判刑，这当然是天大的冤狱"①。这种人身攻击跟学术研究已经相差十万八千里了。

早年主张拼音化的学者（包括钱玄同、瞿秋白、鲁迅等）曾经对汉字说了过激的话，这些话在新中国成立以后并没有被重复，现在的人知道这些话不妥当就是了，没有必要搬出来进行"批判"；而他们为了国家民族前途倡导改革的精神是伟大的，他们指出汉字的弊病，破除汉字神圣论，认为汉字必须进行改革，有许多见解是精辟的、光辉的，不能忘记。新中国成立后曾经有人给不同意拼音化的人带上"保守观点"等帽子，这种做法当然不对，我们现在应该总结经验，进行反思。但是，这些年来，有的汉字研究者（不包含徐德江等鼓吹"汉字最优论"的人）不实事求是地研究汉语拼音文字没有取得预期成果的原因，离开当时的历史背景，以严厉指责文字改革的先驱者为快，说拼音化是"西方文明中心论"、"全盘西化"、"自轻自践"的产物，等等，实际上是否定汉字改革的必要性，全盘抹杀汉字改革的成绩。我们不赞成这种态度。

①见《汉字文化》1998年第2期武占坤、马国凡《汉字改革史话》。

今后拼音化应作为一个学术问题继续研究。以中国之大，有一批人专门或兼职研究汉语拼音文字，是一件好事，政府应该像对待其他基础学术研究一样，在各方面给予支持。

2. 信息化和全球化将扩大汉语拼音的应用范围

信息化和全球化正在冲击社会生活的各个方面，其中包括文字的应用。在这个过程中，汉语拼音的应用范围将会扩大。

计算机的使用给汉字应用带来重大的影响。我国开始使用计算机的时候，汉字输入是个大问题，经过20多年的努力，出现了1000种以上的编码方法，有几种比较普及，但是，比起拉丁字母文字，汉字输入还是不够方便，汉字的计算机处理仍然不够理想。因为汉字形体复杂，任何形码或形音码都要求使用者记忆许多繁琐的规则，只有音码最符合大众的需要。随着计算机的普及应用，学龄儿童将从识字起就学习计算机，他们一边学习汉语拼音，一边学习汉字，一边学习利用汉语拼音将汉字输入计算机。这种三位一体的学习将使未来社会大多数成员应用汉语拼音在计算机上输入汉字。在这种情况下，进一步改善汉语拼音编码输入技术将成为全社会的要求。改进的方向主要是连续输入字母，转换为预期的汉字，提高智能化程度，减少对同音字和同音词的人工选择。汉字是繁难的文字，学习和应用都不方便。当社会大多数成员都能熟练地应用汉语拼音、希望摆脱汉字的繁难、信息技术又需要拼音文字的时候，汉语拼音文字就可能应运而生。总之，汉语拼音文字将来能否实现，取决于社会的需要和科学技术的进步，而不取决于文字工作者的主观愿望。

全球化的浪潮已经到来，步伐将继续加快。英语有成为各国除了母语以外的第二语言的趋势。现在拉丁字母在汉字中夹用（如“X光”、“卡拉OK”）已经成为事实，并堂而皇之地进入了《现代汉语词典》。英语的普及和拉丁字母的普遍使用将对汉语拼音文字的出现起到推动作用。

3. 汉字还需要一次大规模的简化

1986年全国语言文字工作会议认为，今后一个时期，汉字形体应保持相对的稳定。这是完全必要的。除了其他理由以外，有一个重要的因素不能不考虑，就是祖国的统一大业还没有完成，我们不应该继续扩大海峡两岸使用文字的差别。但是从长远的历史的观点看，从学术研究的角度看，简化汉字的任务并没有结束。

计算机普及应用对汉字使用会产生什么影响，还需要继续观察和研究。现在能看到的一个苗头是，在使用计算机办公的人群中，信息都在网上传递，用手写字的机会越来越少。人们长期少写字、不写字，对字的结构笔画会逐渐生疏。由于多音节词是整词输入，写白字的顾虑也减少了。预计再过几十年，计算机将在全民普遍应用，汉字将由手写为主转变为计算机输入为主，会不会因此出现人们只重视汉字的总体轮廓、不重视汉字的具体笔画辨认、更不重视写字的现象？将来一定会出现功能非常完善、使用和携带极为方便的电脑字典，汉字软件的各种性能会更加完备，这会不会减轻学习汉字的难度？这些问题值得密切注意和研究。

但是无论如何，汉字要一个一个地学，一个一个地记，一笔一笔地把字组织起来。再先进的计算机也代替不了人脑的学习。一个知识分子要学会四五千个汉字的负担无论如何回避不掉。而现代化的社会节奏更快，学习各科知识需要占用的时间更多，休闲的时间更多，会不会因此出现人们难以容忍现行汉字繁难的情况？如果出现这种情况，而拼音文字还不能实现，社会就会提出进一步大规模简化汉字的要求。周有光预言："21世纪后期可能对汉字还要进行一次简化。"[1]本书作者相信这位睿智老人的预言。

汉字继续简化还有很大的空间，主要是减少笔画数、减少部件数、提高提示读音的能力、用同音代替的方法精简字数。

---

①见前引《21世纪的华语和华文》。

现在还有一批笔画偏多的字，应该简化。在本书字表“通常用字”中，15 画以上的字有 718 个，其中 20 画以上的字 79 个。笔画太多不但记忆和书写困难，而且影响在计算机屏幕上的清晰度。在避免出现形近字的情况下，笔划越少越容易识别。有人认为笔画多的字写起来困难，认起来容易，是没有科学根据的。在“分居异爨”中，“爨”字笔画特别多，因而突出，被误认为容易识别。如果我们看下面两组字，“一乙人上下大”和“鬻囊纛罐戆爨”，哪一组字容易识别，节省阅读时间，无需进行专门的试验，一看就能知道。草书楷化、记号化是行之有效的减少笔画的方法。我们不妨设想，把“事”简化为“㇇”，把“高”简化为“𠇁”，把最常用的“的”简化为“マ”。

笔画多的字往往也是部件多的字。汉字在学会 1000 多个以后，学习新字主要是记忆偏旁和部件。在本书字表“通常用字”中，每字包含 5 个以上部件的字有 830 个。应该尽量减少多部件字的部件数。减少部件种类也是今后简化汉字的一个重要方面。例如，“所”中的“戶”，“临”中的“𠂉”，“鳏”中的“氺”，只使用一次，徒然增加记忆负担，应该考虑在进一步简化汉字中取消这一类的部件。“师”、“帅”、“归”中的“刂”，“临”、“坚”、“监”中的“〢”，都是不能提示意义的记号，不同的写法只能表示不同的字源，对于一开始就学习简化字的人来说没有什么意义，只是增加学习的负担。

汉字的一个突出问题是提示声音的能力差。在 6090 个“通常用字”中，字形能准确提示读音（声旁音与字的读音在声母、韵母、声调三个方面相同）的字有 1432 个，字形能基本上提示读音（声旁音与字的读音在声母、韵母两个方面相同，声调不同）的字有 729 个，两者合计占 35.5%。还有 64.5%的字，字形不能提示读音或只能提示声母或韵母。如果人们不知道一个字的读音，就无法利用拼音将汉字输入计算机。在现有简化字中，那些既减少了笔画又提高了提示读音能力的字，如“胆／膽、肤／膚、赶／趕、护／護、胜／勝、态／態、虾／蝦、宪／憲、邮／郵、运／運、酝／醖、毡／氈、战／

戰、证/證、桩/樁”，是很受欢迎的。这应该作为今后简化汉字的一个重要方法。特别是有些形声字用偏僻的古汉语用字或字的变体、省体作声旁，如“辩”中的“辡”，“橘”中的“矞”，“潸”中的“散”，一般人不知道声旁的读音，已经完全起不到提示形声字读音的作用，最好能改换声旁。

同音代替不但是简化汉字的重要方法，也是减少现代汉字数目的重要方法。要认真总结以前使用这种简化方法的经验教训，既要用同音代替的方法再简化一批汉字，同时注意避免在应用过程中发生歧义。只要在应用中不发生歧义，还有许多字可以用同音代替的方法进行合并。例如：“俘”可简作“孚”，“佝偻”可简作“勾娄”。甚至“汗流浃背”的“浃”可简作“夹”，只要在字书中给“夹”增加义项，并注明“汗流夹背的‘夹’原作‘浃’”，就可以了。有许多生僻的地名用字可以用同音字代替。在本书字表的1742个罕用字中，地理名称用字339个，占19.4%，大部分可以改为常用的同音字。

清理和调整多音字的读音，不属于简化汉字的范畴，但也是整理汉字、减轻记忆难度的一个重要工作，所以在这里顺便谈一下。作者认为，许多仅仅在书面语中才使用的多音字的读音可以合并为现在常用的读音。《现汉》已经把“说客”的“说”的读音由 shuì 改为 shuō，但是“游说”的“说”仍读 shuì，为什么不可以统一读 shuō 呢？如果把“可汗(kèhán)”改读作 kěhàn，在词典上注明“旧读 kèhán”，也不会造成不好的后果。多音字带给大众（包括许多知识分子，甚至以“说话”为职业技能的教师、演员、播音员）的困难应当引起文字工作者的充分注意。周有光1979年写过一篇《现代汉字中的多音字问题》[1]，对解决这个问题提出了精辟的见解，可是似乎没有引起人们足够的重视。大概这个问题的解决条件还不具备，要等到将来某个时间才有可能解决。

---

①《周有光语文论集》第四卷，上海文化出版社，2002年，第246页。

六、评一种关于汉字的观点

20 世纪 80 年代以来，我国出现了一种关于汉字的观点，其主要内容是：否认文字是记录语言的符号系统，认为文字能够不通过语言直接表示意义，或者说文字是独立于口说语言之外的另一种语言；与世界各种语言文字相比，汉语汉字是最优越的语言文字，汉字能够成为取代世界其他文字、适用于各种语言的国际性文字。系统宣扬这种观点并把它提到"理论高度"的是《汉字文化》杂志的副主编徐德江。他的代表作品是两本论文集，一本是科学出版社 1992 年出版的《当代语言文字理论的新构想》（以下简称《新构想》），另一本是海潮出版社 1999 年出版的《索绪尔语言理论新探》（以下简称《新探》）。这两本书对自己观点的价值估计得很高，认为：《新构想》所提出的两个"词结构公式""必将引起语文理论体系和语文教学体系一场带有根本性的革新"①；"语言学中的一些最基本的概念、原理、常识，都将通过[这些著作]对汉字的科学研究，加以更新"②。《新构想》认为，以该书为主"对汉字科学性的发现，标志着人类语言文字理论步入第二阶段"③。这意味着，全世界的语文理论在这些著作发表以前的几千年是第一阶段，这些著作一发表，就石破天惊，划时代地进入第二阶段。《新探》又把原来说的"人类语文理论的第二阶段"改为"人类第二阶段的语言文字理论"④，这话只能被理解为，这些著作一发表，整个人类的历史

①《新构想》第 22 页。

②《新探》第 154 页。

③《新构想》第 51 页。

④《汉字文化》1993 年第 3 期第 11 页，收入《新探》（第 12~13 页）时未改，说明不是笔误或印误。

就由第一阶段跃升到第二阶段，同时有了这个阶段的语文理论。就本书作者所见，一本书对自己作如此高的评价，不论古今中外，没有第二例。

我们知道，科学理论的真谛在于正确地反映客观事物及其规律。科学的创新必须建立在正确反映客观事物的基础上，并非任何“创新”都是科学。我们在后面的分析将表明，上述两本书关于语言文字的观点，违背语言学文字学最基本的原理和常识，不符合语言文字的客观事实，不符合亿万人的语言文字实践，因此这样的“研究”不是所谓的“科学研究”。它在国内语言文字学界的影响极小，多数语言文字学家对它不屑一顾，认为是笑话；有些学者对它提出了批评。但是一些没有研究和接触过语言学文字学的人，看到这两本书用了许多新名词、新提法，又说得“头头是道”，可能分辨不清是非，误认为它多少会有些道理。两书宣扬汉字是最优越的文字，要“弘扬汉字和汉字文化”，迎合了某些人的心理。有的人对汉字改革，特别是对简化汉字和推行《汉语拼音方案》不够理解，有的人不赞成过去曾经被大力宣传过的“要走世界文字共同的拼音方向”的主张，他们认为在这两本书中似乎可以找到“共同语言”或“理论根据”。在市场经济条件下，在言论日益开放的条件下，有些错误的东西可能由于种种原因而在某个时期、在一定范围被散布，甚至受到吹捧。所以，不能因为这两本书的观点没有价值而对它置之不理。这些观点涉及汉字的性质与特征、对汉字的评价、汉字的前途和汉字教学等一系列重要问题，本书以研究现代汉字为主题，不能不对它们加以评论。

本书这一部分是伍铁平教授和作者合写的一篇文章《评〈索绪尔语言理论新探〉》[1]中前三节的改写。这三节由本书作者起草，伍铁平作了修改和重要补充。伍铁平对文中引用的索绪尔《普通语

①载《社会科学论坛》2003年第6期。

言学教程》中译本某些译文，根据法文原文并参照其他外文译本作了订正和说明，使我们能更准确地理解索绪尔的原意。为了跟全书的体例和风格一致，改写时本书作者对内容和文字作了修改、删节和补充。改写后的的稿子伍铁平没有看过，所以不妥之处完全由本书作者负责。我们忠实地引用两本书的原文。各种引文中[ ]号内的文字是本书作者插入的说明、连接语、评语或订正的译文。

（一）关于文字与语言的关系

《新探》否认文字是记录语言的书面符号系统；说文字是人类口说语言之外的另一种独立的语言，是以口说语言和字形为原料、经过人的大脑加工、发生质变的产品；还说文字是比口说语言更高级的一种语言。它批评索绪尔关于语言和文字关系的正确论述，又错误地解释索绪尔的某些话，为它的上述观点找根据。本书作者认为，这些观点都是不能成立的。

文字是记录语言的书面符号系统，这是对语言文字客观事实的科学概括，是语言学、文字学最基本的原理和常识。翻阅《辞海》、《现代汉语词典》等有声望的辞书，《中国大百科全书·语言文字》卷，各种语言学词典，各种大学现代汉语教材（包括《新探》的《序》的作者之一武占坤主编的1985年河北人民出版社出版的《现代汉语》），文字的定义都是这样下的，只是表述有所不同。语言学和文字学的研究可以充实和深化关于语言和文字关系的认识，但是不能否定这个基本原理。这跟不论数学这门科学怎样向前发展，不能否定加减乘除运算的基本原理，是同样的道理。

《新构想》和《新探》否定文字是记录语言的符号这个基本原理的说法是，文字是与语言不同的另一种独立的符号系统，是另一种语言。《新构想》说："那种认为'文字只是语言的书面表现形式'的观点，实质上是把'文字'与'字形'（文字的物质外壳）混为一谈了。”[①]《新探》说：“‘语言’这个概念包括两大部分：口语和书写语（文字）。”[②]“语言包括两种，第一种是口语，第二种是文字。”[③]这里说的“口语”和“书写语”并不是一般语文著作里说的口语和书面语，所说的“口语”是一般语文著作里说的语言，所说的“书写语”是一般语文著作里说的文字。《新探》有时也用“书面语言”这个术语，指的还是文字。如：“凡是用文字写出来的一切语言，也包括文言和白话等等，都是书面语言。所以，书面语言就是文字。”[④]《新探》批评索绪尔关于语言与文字关系的理论，并提出了两个“王国”的说法。它说：“口语是个王国，书写语——文字也是个王国。语音是口语的物质外壳，是口语王国的元首；字形是书写语——文字的物质外壳，是书写语——文字王国的元首。索绪尔没能如实地认识文字是有字形、字音、字义、字法等内容的独立王国，字形是这个王国中的元首；而是把字形误认为是整个文字，误认为文字只是口语声音的符号，附属于语音，是‘照片’，‘是一种假装’。这与他提出的‘语言和文字是两种不同的符号系统’的正确结论，自相矛盾了。这就是索绪尔局限性的主要表现之一。”[⑤]下面我们就对上述两个“王国”、两个“元首”的说法，加以评论。

《新探》说它关于“元首”的说法，来源于索绪尔。根据伍铁平对照法文原文，所谓“元首”，本来是《普通语言学教程》中译本的一个误译[⑥]。索绪尔在原文（法文）中用的词是 chef，意思是“首脑”，在此用比喻义，指“起主导作用的东西”。原译文“文字就从

①《新构想》第 4 页。

②《新探》第 52 页。

③《新探》第 63 页。

④《新探》第 111 页。

⑤《新探》第 31 页。

⑥中译本由高名凯译，商务印书馆出版，1980 年第 1 版，1996 年第 4 次印刷。本文以下简称《教程》，页码指中译本页码。

这位元首那里僭夺了它无权取得的重要地位”,应改译为“文字就从起首脑作用[最好译为起“主导作用”]的语言那儿夺取了文字无权获得的重要地位”。《普通语言学教程》英、俄、意译本都是译成这个意思。法语的“元首”是chef d' État,而不是chef。索绪尔坚持语言第一性、文字第二性,语言决定文字。他在《教程》里说:“语言和文字是两种不同的符号系统,后者惟一的存在理由是在于表现前者。”[①]他在批评一些人不懂得这个道理的时候说:“当语言和正字法发生龃龉[“龃龉”最好译作“矛盾”]的时候,……结果差不多总是书写形式占了上风,……于是文字就从起首脑作用的语言那儿夺取了文字无权获得的重要地位。”[②]从语言和文字的关系看,索绪尔说语言起着首脑作用(主导作用),是完全正确的。《新探》根据错误的译文,又改变索绪尔的原意。它把索绪尔认为语言起首脑作用改为索绪尔认为“语音是元首”[③]。即使按照错误的译文,索绪尔也只是在说明语言和文字的关系时把语言比喻为“元首”,而《新探》是在说明语音和语义的关系时把语音说成为“元首”。两者是完全不同的命题。接着,《新探》把“元首”这个比喻词变成语言学中根本不存在的正式术语,然后又生造了一个语言学中同样不存在的术语“王国”,把语言和文字这两个符号系统分别说成两个“各自独立的王国”[④],把语音和字形分别说成两个“王国”的“元首”。所谓“元首”,就是第一性的、起决定作用的要素。学术著作可以打比喻,但是比喻不能代替正式的术语。《新探》只讲文字是另一个“独立王国”、字形是“元首”,而没有用科学术语给文字下定义。按照《新探》的表述和逻辑,它只能这样给文字下定义:“文字是有字形、字音、字义、字法等内容的独立的语

---

①《教程》第47页。

②《教程》第50页。

③《新探》第30页。

④《新探》第34页。

言，其中字形是第一性的、起决定作用的要素。”我们这样分析，只是为了使读者容易了解《新探》的原意。虽然这个定义文理不通、内容错误，可是我们丝毫没有歪曲《新探》的原意。

《新探》根据文字与语言是两种不同的符号系统，不承认文字是代表语言的符号。我们知道，语言是作为人们交际工具的音义结合的符号系统，文字是记录语言的书面符号系统，所以人们把文字称作符号的符号。符号是用一种事物代表、代替、表示另一种事物，符号必须是跟它所代表的事物不相同的另一种事物。也就是说，有自然联系的同一类事物一般不能互为符号。文字要代表语言，它必须是跟语言不相同的东西。我们没有理由说，一种有系统的事物就不能成为其他有系统的事物的符号。例如，十字路口指挥交通的灯光是交通规则的符号。这里的灯光是一种符号系统，难道因此它就不是代表交通规则的符号，而成为另一种交通规则了吗？《新探》根据文字是不同于语言的另一种事物，而且自成系统，就说它不是记录语言的符号，而是另一种语言，是完全不能成立的。语言就是语言，文字就是文字，这是古今中外多少亿人约定的名称，我们不能硬把文字称作语言。

任何符号都有内容和形式两个方面。符号的内容是第一性的，符号的形式是第二性的。符号的形式是由人们规定或约定的，形式要适合于它所表示的内容。符号的内容不是由符号的形式派生或决定的。在语言符号系统中，语音是形式，语义是内容。在文字符号系统中，字形是形式，音义结合的语言是内容。《新探》把语音当作语言“王国”的“元首”，把字形当作文字“王国”的“元首”，就是把符号的形式当作第一性的、决定的要素，把符号的内容当作第二性的、被决定的要素，这是完全错误的。人们说语音是语言的物质外壳，这跟说语音是语言符号的形式是一致的：符号的形式必须能够被人的听觉、视觉、触觉等知觉器官所感知，因此一定是某种物质的东西。唯物主义哲学认为物质第一性，意识第二性，但是我们不能机械地照套，根据语音和字形分别是两种符号系统的物质外壳而把它们推上“元首”的即第一性的位置，因为语音和语义、字形和语言之间的关系是形式和内容的关系，不是物质和意识的关系。《新探》批评索绪尔“把字形误认为整个文字”，可是没有引用索绪尔的原话。查遍索绪尔的《教程》，他从来没有说过这样的话。文字是字形（形式）和语言（内容）相结合的统一体，对文字来说，字形和语言像一张薄纸的两面，不可分割。既然是字形，它就一定代表语言，没有不代表语言的所谓“字形”。关于“字音”、“字义”、“字法”的提法不妥或不对，我们放在后面再谈。

《新探》批评索绪尔“误认为文字只是口语声音的符号”，这里没有引用索绪尔的原话。它在另一个地方批评说：“[索绪尔]将口语和文字视为一个王国，将文字视为只是‘声音符号的代表’”①，这里引用了索绪尔的半句原话。两处批评的内容相同。索绪尔的原话是这样说的：“书写的词常跟它所表现的口说的词紧密地混在一起，结果篡夺了主要的作用；人们终于把声音符号的代表看得和这符号本身一样重要或比它更加重要。”②索绪尔说的“声音符号”是指语言，“声音符号的代表”是指语言的代表，即文字。这里根本没有“文字只是口语声音的符号”的意思。我们认为，对索绪尔是可以批评的，但是必须首先读懂索绪尔的话，不能把索绪尔没有说过的意思加在他身上，乱加批评。

《新探》批评索绪尔把文字“误认为”是“照片”和“假装”（应译为“伪装”，详后文）。索绪尔坚持文字是语言的符号的正确原理，而拼音文字书写词的字母组合一般能反映词的发音，所以他把文字比喻为语言的照片，并没有错。当一部分书写词的字母组合由于种种原因与词的发音不一致的时候（后面我们还要详细谈论这个问题），他把这一部分文字（不是整个文字）比喻为语言的

①《新探》第54页。

②《教程》第48页。

"假装"（伪装），也没有错。所以，对索绪尔这两个比喻的批评是没有道理的。

《新探》为了论证文字是独立于口说语言的另一种语言，说："当口语作为一部分原料，与另一部分原料——书写符号结合，经过人的大脑加工，生成文字时，事物已发生了质变。"[①]我们认为，用文字记录语言，当然要经过大脑，但这并不是原料经过加工变成产品的过程，语言也没有发生质变。一个人先用口说"Wǒ yào chīfàn"，再用文字记录下来，写出"我要吃饭"，这句话还是这句话，音和义都没有变化，更不是发生了质变。《新探》认为口说语言变成文字就发生了"质变"的理由是："口语词的语音与书写语词（字和字串）的字音，似乎是相同的，但实际上已有本质的差别。首先是地位转变了：口语中的语音是元首；书写语（文字）中的字音不是元首了，元首是字形了；其次，口语词的语音所表示的词义与书写语词（字和字串）的字音所表示的字义并不是完全相同的了。如：汉语口语词的语音'ba'[原文未标声调]，它所表示的词义是很多书写语词所表示的字义：八、巴、扒、粑……而汉语书写语词（字和字串），如'行'的字音所表示的字义，却包括了两个口语词'háng'与'xíng'词音所表示的一部分词义。"[②]我们不妨解释一下上面这段话。它的第一层意思是，由于语言和文字是两个"王国"，各有"元首"（其他要素当然都是臣民），因此语音从语言进入文字以后，地位下降了。第二层意思是，语音和语义在语言和文字中是不等价的。事实上，在语言环境中，语音表示的词是特定的，而不是任意的。当老师问小学生"三加五等于几"，学生答"bā"，这个"bā"决不会同时是"八、巴、扒、粑……"，而只能是"八"。这时小学生嘴里说的"bā"和纸上写的"八"，意义是相同的。文字也是这

①《新探》第61页。

②《新探》第34页。

样。我国货币上有“中国人民银行”几个字,这里的“行”字只能是“行 háng”,不能是“行 xíng”,因而不可能有“行 xíng”的词义。同音字和多音字本来是汉字中的普通现象,丝毫不影响汉字是记录汉语的符号的论断,也不能证明从语言到文字是一个质变的过程。《新探》批评索绪尔“正是没有发现从口语到书写语(文字)这个质变的过程,也就不了解口语和书写语(文字)都是各自独立的王国”[①],“将两个王国混为一个王国”[②],“他[指索绪尔]在语言和文字的关系上,……处于自相矛盾的混乱之中”[③]。这些批评完全不能成立。

《新探》在说明文字不代表语言的时候说:“文字(书写语言)的‘字音’不同于口说语言的‘语音’,就在于‘字音’有最大的包容性,而口说语言的‘语音’的包容性却很小。……如上海、广东、福建等地,使用方言区的口语就难于交际,但用汉字就能交际。”[④](按:上引第二句话没法读懂,他大概想说外地人到上海等地听不懂当地的方言,难于交际。)前引《新探》的观点认为口说语言的语音(如 ba)包容性大,这里又说文字的“字音”的包容性大,自相矛盾。其实,汉字之所以能够成为操汉语不同方言者的交际工具,是因为汉字不使用字母记录音位或音节,而是用一个或几个字记录词。汉语不同方言的基本词汇很多是相同的,一般情况下同样的汉字可以记录不同方言中同样的词,虽然操不同方言的人读出来的声音有时不同,却可以借汉字进行交际。然而在不少情况下,同样的汉字在不同方言中记录不同的词(或在有的方言中不成为词),就失去了交际功能。如广州、梅县、潮州人写出“车大炮”三个字,外地人不可能知道这是“吹牛”的意思。汉字能记录汉语不同方言

①《新探》第 34 页。

②《新探》第 35 页。

③《新探》第 61 页。

④《新探》第 147 页。

的事实，并不否定它是记录语言的符号，也不说明它是超语言的神秘之物，更不能证明由语音到“字音”发生了质变。

《新探》把文字当作“独立的王国”，不符合起码的语言文字学常识。文字依赖于语言。文字的历史比语言要短得多得多，没有语言，就不可能有文字，文字怎么可能独立于语言呢？一种语言如果在历史上消失，其文字也必然不再作为书面交际的工具，而是仅仅保留在历史文献或（和）古代的遗迹与遗物之中。文字一旦形成，确有相对的独立性，可以反作用于语言，但二者绝不是各自独立的王国。汉语语音从古至今发生了巨大变化，汉字的读音也随之变化。“江”、“河”在上古汉语中的发音与现代不同，其意义原来专指长江、黄河，后来变为泛指一般河流。我们现在见到“江”、“河”二字，读音和得到的意义与上古的人不同。为什么会这样呢？因为汉字通过记录词而承受词音和词义。语言中词音、词义发生变化，文字承受的词音、词义也随之变化。汉字本身并没有音和义，汉字不直接记录音和直接记录义。汉字所谓的字音、字义（即字典上的注音、释义）就是它所承受的词音、词义。“字音”、“字义”这两个术语是不科学或者说不理想的，它们常使一些人产生误解，以为汉字本身就有音和义（由象形、指事、会意、形声等造字理据带来的汉字形体结构表示的音和义，不是词音、词义。本书“上编”、“汉字的性质”已经详细讨论过这个问题）。《新探》把这种误解发展到顶点，用来否认文字是记录语言的符号。字母文字的情况也是这样，一个书写词记录语言中的一个词，通过记录语言中的词承受词音和词义；只有这样解释，才能说清楚为什么当一个书写词的字母组合跟词音不一致——即索绪尔说的写法和发音发生矛盾的时候，并不影响它记录语言。可见，文字并没有词音、词义之外的所谓“字音”、“字义”。《新探》所说的“文字是有……字音、字义、字法等内容的独立王国”，根本是错误的。另一方面，我们说文字有相对的独立性，这是指文字有自己的形体结构，有自己的构形规律，而且能在相当程度上反过来影响语言。王立军等著《汉字应用通则》[①]第一章第二节之三专门谈汉字对汉语的积极影响和消极影响，可参阅。

《新探》还把索绪尔说的“在他们[汉人]看来，文字就是第二语言”，当作他所说的文字是人类口说语言之外的另一种语言的根据。我们在批评《新探》的这个错误说法的时候，首先要指出《教程》中译本的几处误译，以便准确地理解索绪尔关于汉字问题论述的原意。索绪尔在《教程》中译本第50、51页说（我们在误译处下面加了着重号）：“表意体系[的文字]。一个词只用一个符号表示，而这个符号却与词赖以构成的声音无关。这个符号和整个词发生关系，因此也就间接地和它所表达的观念发生关系。这种体系的典范例子就是汉字。”“书写的词在我们的心目中有代替口说的词的倾向，对这两种文字的体系[指表意体系和‘表音’体系]来说，情况都是这样，但是在头一种体系里，这倾向更为强烈。对汉人来说，表意字和口说的词都是观念的符号；在他们看来，文字就是第二语言。在谈话中，如果有两个口说的词发音相同，他们有时就求助于书写的词来说明他们的思想。但是这种代替因为可能是绝对的，所以不致像在我们的文字里那样引起令人烦恼的后果。汉语各种方言表示同一观念的词都可以用相同的符号。”这两段话中有三处误译。（1）三次使用的“观念”一词，均应译为“概念”。法语原文中的 idée 有“观念”（属感性认识）和“概念”（属理性认识）二义，在此处是指“概念”，因为作为语言单位，一切词都是抽象的。如汉语中的“树”不是指具体的哪一棵树（在特定的上下文中例外），而是概括所有的树，即“树”的概念。索绪尔在《教程》法文原本第99页（中译本第101页）谈到音义两个方面时，明确指出词是表示概念（concept）的。（2）关于“表意体系”文字表示一个词的符号

①春风文艺出版社，1999年。

与词赖以构成的声音“无关”，有人以此为根据，认为索绪尔主张“表意文字”（如汉字）是直接与观念或事物发生关系，无须与词的声音发生联系。这是对索绪尔观点的误解。误解的原因，一部分来源于汉译文“无关”二字。法语原文这里用的是 étranger（外来的、外在的、异己的、非固有的），因此这句话应译为“[表意文字的]符号对词赖以构成的声音而言是外在的[非固有的、异己的]”。索绪尔的这句话在俄译本中就是译成“[表意文字的]符号不取决于（не зависит）构成词的声音”。以汉字为例，“日”、“月”这样的符号的形状同构成“日”、“月”的词的声音“rì”、“yuè”无必然联系。形声字的声符同词的声音有一定联系，但是声符的形体（如“伍”中的“五”）同声音仍无必然联系。索绪尔在《教程》中紧接着这句话说：“这个符号和整个词发生关系，因此也就间接地和它所表达的概念发生关系。这种体系的典范例子就是汉字。”众所周知，词是（能够独立运用的最小的）音义统一体，因此索绪尔的意思恰好是要强调汉字这种符号是直接代表一个音义结合的词，而绝非说汉字无需通过词的声音直接与概念（更不是与观念）发生联系。(3)关于汉人用书写的词代替口说的词可能是“绝对的”，法文原文用的是 absolu。此词虽有“绝对的”意思，但还有“完美的”、“完善的”、“十全十美的”等意义。此处显然应译为“完善的”。没有文献表明索绪尔精通汉语汉字，因此他误以为汉字记录汉语是完美无缺的，不似法语等拼音文字的写法与它们所记录的词的发音有时有很大出入（详见后文）。索绪尔不知道他那个时代汉字的声符已经多半不能表示汉字所代表的语素的当时发音，所以用汉字代替口说的词并不一定是完善的。我们在这里要强调指出，《教程》中译本是高名凯翻译、岑麒祥和叶蜚声校注的，三位都是已经故去的我国著名的语言学家。他们研究语言学理论，翻译、介绍外国语言学经典著作，对我国语言学的发展作出了重要供献。我们对他们深表敬意。他们在翻译《教程》时出现的和校阅时没有发现的不妥译文，是在严肃工作中发生的差错。这跟不懂索绪尔却偏要批评索绪尔，是完全不同的。

《新探》把上引索绪尔“文字就是第二语言”这几个字当作它“文字是……独立王国”的重要论据，说：“本来，这是极其光辉的思想。……遗憾的是，索绪尔仅把‘文字就是第二语言’局限于汉字，没能如实地揭示这是一切文字的共性。”①索绪尔认为汉字就是第二语言吗？绝对不是。索绪尔在这段话里首先强调了书写的词代替口说的词的倾向在两种文字体系里都一样，而且在表意体系里更强烈。索绪尔是批评而不是赞许这种倾向。为了说明这种倾向在表意体系里更强烈，索绪尔说“对汉人来说，表意字和口说的词都是概念的符号”，“在他们[汉人]看来，文字就是第二语言”，原因之一是，汉人有时能用汉字代替口说语言来区分同音词，还能用相同的汉字记录不同的方言里的相同的词。很清楚，索绪尔这里说的是“对汉人来说”、“在他们看来”，而不是“对我（或我们）来说”、“在我（或我们）看来”。索绪尔决不是表示他自己赞成这个看法。索绪尔只是说汉人“有时就求助于书写的词”，作为用方言无法通话时的临时的相互沟通的手段，绝非将文字等同于语言。《新探》在第25页引用这段话时，不引“书写的词……这倾向更为强烈”这句最关键的话，在第63页又孤立地引用“文字就是第二语言”这几个字，并作出与索绪尔原意完全相反的解释。可见，《新探》对《教程》的所谓“新探”不过是断章取义，它批评了索绪尔所坚持的正确的东西，赞扬了索绪尔所反对的错误的东西。关于上引索绪尔论述中所说“引起令人烦恼的后果”的问题，我们将在后面讨论。

《新探》不但认为文字独立于语言，而且认为“文字高于口说语言”②。它的一个理由是：“在口语词中，起码包括三个部分：词

①《新探》第63页。
②《新探》第39页。

音、词义、词法。……在书写语词——字和字串中，起码包括四个部分：字形、字音、字义、字法。……两者相比，当然是口语简单些，文字复杂些。”[①]另一个理由是：“通过文字能认识口语；但是只通过口语却不能认识文字。这就是因为文字的结构中，大致包括了口语的结构，而口语的结构中却不能大致包括文字的结构而产生的结果。这就是文字高于口语的最根本之点。”[②]《新探》在这些议论中有四点错误：(1)语言和文字是两个不同的体系，后者是代表前者的符号，各有各的效用，没法比较哪个高级。如果口说语言指的是语体，那么文字既可记录书面语体的语言，也可记录口语（如演讲词、话剧中的对白等）。因此说“文字高于口语”，是将不能比较的两种事物放在一个层面上比较其高低，违背了逻辑的起码要求。(2)文字和语言是记录和被记录、代表和被代表的关系，不是包括和被包括的关系。《新探》说的“口语的结构”和“文字的结构”的涵义不明。如果口语的结构（相对于书面语的结构）是指重音、语调等超音段成分，那么通常文字并不能反映口语的这些特征。如果文字的结构是指汉字中的偏旁、部件、笔画或拼音文字中的字母的笔画，说它们“大致包括了口语的结构”，就更加不能成立。(3)判断两个事物哪个高级，不能以简单和复杂、能不能包括对方为标准。《新构想》有时以事物简单为高级，如它说，汉语没有复杂的形态，所以汉语高级[③]；有时以事物复杂为高级，如它认为，汉语词序要求严格（当然其规则比词序要求不严格的语言复杂一些），所以汉语高级[④]。《新探》和《新构想》的基本观点是：文字高于语言，汉语高于其他语言，汉字高于汉语，汉字高于拼音文字。两书按照“论证”上述观点的需要，随时变更高级和低级的标准，这不是论证问

①《新探》第39~40页。

②《新探》第40页。

③见《新构想》第32页。

④见《新构想》第31页。

题的正常方法。《新探》大谈所谓“文字高于语言”，却闭口不提语言学著作所指出的文字最重要的作用，如人类借助文字能使语言传之久远，能更加深入地理解语言和逻辑，能促进人类自身的思维日益缜密，能使语言更加规范化等等。也许因为谈论这些，必须以承认文字是记录语言的符号为前提，这就跟它的基本观点互相冲突。(4)词在进入句子以前不存在词法问题。《新探》将词等同于字和字串（语言文字学中根本不存在的术语），也是不对的。一串字还可能记录词组、句子、超句子统一体。“字法”也是语言文字学中不存在的概念。《新探》迟到第93页才说它是指“字与字的结合性”。汉字与汉字的结合不过是代表了语言中语素与语素、词与词之间的结合，并不存在语言之外的字与字结合的所谓“字法”。

《新探》在谈了“文字高于口语”之后，联系实际说：“实践证明，进行语言教学，先口语后文字不如口语和文字并举。对成人是这样，对婴幼儿也如此（对婴幼儿起初要求只认不写）。”[①]我们没有研究过学龄前儿童识字教学问题，但是凭常识就能看出这段话有问题。它在这里对“婴幼儿”一词未加任何限制词，对“口语和文字并举”也未加任何限制词，这就意味着：(1)一岁左右的婴儿在学说第一个词“妈”或“奶”的时候，就得同时认字。(2)六岁儿童入学前已经会说几千个词，就应该认识与这几千个词对应的汉字。可见这是一个错误的、不可思议的提法。用这种观点指导幼儿识字教学，只会导致混乱。《新探》还说：“不了解文字高于口语的特点，也就不可能了解汉字为什么优于拼音文字。”[②]这话仅仅从逻辑上看就是成问题的，因为拼音文字也是文字。

①《新探》第42页。

②《新探》第43页。

（二）所谓索绪尔的“片面性”

《新探》为了表明它所说“文字高于口说语言”是正确的、高明的，对索绪尔大加批评，指责索绪尔的语言理论有重视语言、轻视文字的“片面性”，指责索绪尔只重视语言，不重视文字，甚至憎恶文字，否定文字的作用。我们前面已经批评过《新探》的“文字高于口说语言” 的说法不对，这里再看索绪尔是不是有轻视文字的“片面性”。

《新探》说：“他[指索绪尔]认为‘语言学的对象不是书写的词和口说的词的结合，而是由后者单独构成的’。……他甚至用否定和憎恶的字眼，来描述西方文字和文字的作用：‘书写的词常跟它所表现的口说的词紧密地混在一起，结果篡夺了[口说的词的][1]主要的作用’[。]‘文字掩盖[原译文为“遮掩”]住了语言的面貌，文字不是一件衣服，而是一种假装。[应译为“伪装”，因为“假装”是动词，不能作名词]’‘法语有些词的开头元音[前]不带送气[音 h][2]，但是为了纪念[应译为“由于想起”]它们的拉丁语形式，却添上了一个 h……，h 只不过是一种来自文字的虚构的东西。’‘但是字母的暴虐还不仅止于此：它会欺骗大众，影响语言，使它发生变化。这只发生在文学语言里[应译为“这只发生在书卷味十足的某些固定词语中”]，书面文献在这里起着很大的作用。视觉形象有时会造成很恶劣的发音。这真是一种病理学事实[应译为“这真是一种病态（或畸形）现象”]。’‘人们还是宁愿依靠文字，尽管那是会使人上

---

①法语原文此处有定冠词 le，中译本漏译，造成理解上的困难，故按 le 的所指加上“口说的词的”几个字。

②发元音时气流较弱，元音不似辅音有送气音与不送气音的区别。索绪尔原文两处（见法文本第 52 页）的 aspiration 都是指送气音 h。英语的 aspiration 就有“送气”和“送气音”（特指 h）二义。

当的。早期的[应译为“最早的”]语言学家对于发音生理学毫无所知,所以常会堕入这些陷阱;对他们来说,放开了[应译为“丢掉了”]字母就无所立足。’‘在这里只探讨语言学要避免文字的迷惑[应译为“文字引起的错觉”]。’[索绪尔]由此,[这儿用了一个不应有的逗号] 产生的一系列的语言学上的片面性,这里不能详细叙述了。”[①]这里需要重申,我们在这里指出《教程》的译文有错误,是为了更加正确地理解索绪尔的原意,绝没有对原译者不尊重的意思。按国际学术通例,一本严肃的著作在引用外文原著的译本遇到问题时,特别是在对一本原文是外文的著作进行批评(更不要说写专著进行批评)时,必须核对原文,而不能只根据别人的译文。否则,是很不严肃的。

从《新探》引用的以上索绪尔言论来看,似乎索绪尔对文字,特别是字母文字,真是没有好印象,用了好多否定和憎恶的字眼,有很大的“片面性”。不过,等我们弄清情况,就知道是怎么一回事了。

狭义的语言学只研究语言,不研究文字。哈特曼等著《语言与语言学词典》[②]“语言学”条的第一句是:“把语言 (Language) 作为研究对象的一个领域。”戚雨村等编著的《语言学百科词典》[③]“语言学”条的第一句是:“研究语言的科学。”因此索绪尔在《教程》里只以语言为研究对象,并不表明他轻视文字。索绪尔指出,在研究语言的时候,一方面必须要“通过文字”,“利用文献”,“求助于书写的证据”[④],同时要防止文字对研究语言可能产生的错觉和干扰。索绪尔研究的是拼音文字,就是他所说的“把词中一连串连续的声音模写出来”[⑤]的文字。这种文字用字母表示音位,用字母组合

①《新探》第10~11页。

②黄长著等译,上海辞书出版社,1981年。

③上海辞书出版社,1993年。

④《教程》第47页。

⑤《教程》第51页。

表示语言中的词。起初,书写词的字母组合表示的音通常跟语言中词的发音是一致的,但是后来由于在历史上语音发生了变化等原因,有些书写词的字母组合不再表达按照现实的语言读的音了。索绪尔在《教程》中举了法文中许多这样的例子。我们知道,英文中这种现象也存在,而且更多[①]。索绪尔把这种文字中字母组合表示的音与实际读音不符合的现象称作“写法和发音发生‘龃龉[矛盾]’”[②]。他分析了产生这种矛盾的原因:一是“语言是不断发展的,而文字却有停滞不前的倾向,后来写法终于变成了不符合于它所应该表现的东西。在某一时期合理的记音,过了一个世纪就成了不合理的了”;二是“当一个民族向另一个民族借用它的字母的时候,这一书写体系的资源往往不能适应它的新任务,于是不得已而求助于一些随机应变的办法”;三是“词源上的偏见……甚至把一个错误的词源强加到写法身上”。此外,“有些地方找不出原因”[③]。与索绪尔同时代和在他以前的许多人(包括一些语言学家)由于弄不清文字与语言的关系,不知道文字存在的惟一理由是在于表现语言,因而在研究语言的时候,特别在遇到写法和发音不一致的时候,有时不是以语言本身为根据,而是错误地认为文字比语言更重要、更可靠,无条件地把文字作为根据,从而得出错误的看法。甚至人们口语中有些词的发音也受到书写词的错误影响。索绪尔以语言为研究对象,为了提醒人们防止上述错误,强调:“我们必须认识它[指文字]的效用、缺点和危险[应译为‘弊病’]。”[①]就是在这

①《英语简史》(费尔南德·莫塞著,水天同等译,外语教学与研究出版社,1990 年)第 153 页有一段话:“英语的拼写法是由 15、16 世纪的印刷工人固定下来、后来又经 18 世纪的词典学者系统化了的那个拼写法,这与 19 或 20 世纪的发音再也不相吻合了。这两者之间常有极大的分歧。”原书在这里加了个注释:“像下面这句话里的 ough 竟有六种不同的发音……:Though he brought a bough large enough to put through the trough。(可是他拿来了一根足够制成饲料槽的粗大的树枝。)此外,英语里的八个长元音竟有 66 种拼法。”

②《教程》第 52 页。

③《教程》第 52~54 页。

种情况和背景下，索绪尔讲了许多关于文字的“缺点和弊病”的话。这些话是针对研究语言要注意的问题而言的，决不是泛指文字本身及其作用。因此，《新探》批评索绪尔关于这个问题的论述有片面性，是完全不对的。

文字对人类文明的伟大作用是难以估量的，这是最普通的常识。索绪尔根本没有谈论这个问题。如果认为索绪尔连这个普通道理也不明白，而且《教程》出版后80多年间读这本书的语言学家和其他人都没有发现索绪尔的这个“问题”，要等80多年以后有人出来纠正这个“片面性”，岂不是笑话。伍铁平在其《不要胡批索绪尔》[②]一文中已经谈了这个问题，可参看。

（三）评“汉字最优论”

“汉字最优论”是《新构想》和《新探》谈论文字问题最终要证明的观点。《新探》为了证明这个观点，硬说索绪尔认为“汉字优于拉丁化拼音文字”。下面我们先看看索绪尔是怎么说的，再讨论“汉字最优论”能不能成立。

《新探》有一篇文章，题为《汉字没有拼音文字令人烦恼的后果》[③]。它再次引用我们在前面已经引用过的索绪尔的一段话：“对汉人来说，表意字和口说的词都是概念的符号；在他们看来，文字就是第二语言。在谈话中，如果有两个口说的词发音相同，他们有时就求助于书写的词来说明他们的思想。但是这种代替因为可能是完善的，所以不致像在我们的文字里那样引起令人烦恼的后果。”[④]《新探》在引用这段话以后，非常得意地说：“索绪尔对汉字

①《教程》第47页。

②《语言和文化评论集》，北京语言文化大学出版社，1997年，第315页。

③《新探》第24页。

④《教程》第51页。

与拉丁拼音文字的对比评述，就是如此鲜明的：拉丁字母的拼音文字是‘引起令人烦恼的后果’的文字；而汉字是‘不致像在我们的文字里那样引起令人烦恼的后果’的文字。”①“索绪尔……进而又专写了很长的一节‘写法和发音发生龃龉的后果’，批评了拉丁拼音文字的弊病，用的词语都是非常严厉的：‘其中最不幸的一种’，‘胡乱处理’，‘简直是毫无意义’，‘举棋不定的拼写法’，‘这一切的明显的结果是：文字遮掩住了语言的面貌’，‘把文字和语言间真正的和合理的关系给弄颠倒了’，‘虚构的东西’，‘文字上的暧昧不明’，‘字母的暴虐还不仅止于此：它会欺骗大众……’”②《新探》的结论是：“总之，科学技术的新发展越来越有力地证明：索绪尔关于汉字没有拉丁文字烦恼后果的论断，是完全正确的。在科学技术尚未发达起来的 80 多年前，索绪尔已经实事求是地明确指出汉字优于拉丁化拼音文字，这是何等的伟大！”③下面我们就来看看索绪尔究竟是怎么说的，他是否真的认为汉字优于拼音文字。

现在我国语言学和文字学界的人士都认为，在可以预见的将来，汉字不可能被拼音文字取代。李岚清同志 1995 年 12 月 25 日在纪念文字改革和现代汉语规范化 40 周年大会上的讲话中，肯定了文字改革的三大任务（简化汉字、推广普通话、制定和推行《汉语拼音方案》，指出当前要抓好的重点工作之一是“坚持汉字简化方向，促进全社会用字规范化”。《中华人民共和国国家通用语言文字法》明确规定了普通话和规范汉字是“国家通用语言文字”；《汉语拼音方案》是“拼写和注音工具”，“初等教育应当进行汉语拼音教学”。我们在这里讨论汉字是否优于拉丁拼音文字，并不意

①《新探》第 25 页。

②《新探》第 25~26 页。

③《新探》第 27 页。此处的“拉丁化拼音文字”应当称作“拉丁拼音文字”。“拉丁化拼音文字”是指将某种非拉丁字母的文字（如土耳其原来用的阿拉伯字母文字和越南原来用的喃字）改为拉丁拼音文字。

味主张现在或不久的将来在我国实行拼音文字。在我国能不能实行拼音文字,能实行的话什么时候能实行,是相当远的将来的事。这是一个可以讨论的学术问题。但是我们认为应该大力推行《汉语拼音方案》,它是语文适应现代化要求不可缺少的工具。

《新探》为了证明“文字高于口语”,“汉字优于拉丁化拼音文字”,用实用主义的态度引用索绪尔的话。索绪尔为了提醒人们注意文字对语言研究可能产生的弊病，详细分析了拼音文字中一部分书写词写法与发音不一致的矛盾,用了一些批评词语。《新探》按照自己的需要,对这些话采取两种截然不同的态度:为了指责索绪尔轻视文字、憎恶文字、否定文字的作用,在引用其中一部分话以后,说索绪尔有“片面性”(见上节);为了证明索绪尔认为拼音文字不好,“汉字优于拉丁化拼音文字”，又引用其中另一部分话(见本节第一段),说索绪尔“伟大”。这种实用主义最突出的表现是,“文字遮掩住了语言的面貌”和“字母的暴虐还不仅止于此:它会欺骗大众……”这两句话,竟在前后两处被引用,既用来证明索绪尔有“片面性”,又用来证明索绪尔“伟大”。

索绪尔说的拉丁文字“引起令人烦恼的后果”是指什么,汉字为什么没有这种后果,这是必须弄明白的问题。索绪尔所说拉丁文字“引起令人烦恼的后果”指的仅仅是,一部分词的写法和现在的发音不一致。大家知道,萧伯纳设立了奖金,准备奖给改革英文拼写法的人(改革没有成功)。汉字为什么没有这种烦恼,其实很简单:汉字不用字母。索绪尔在解释什么是“表意体系”文字的时候说:“一个词只用一个符号表示，而这个符号对词赖以构成的声音而言是外在的。这个符号和整个词发生关系,因此也就间接地和它所表达的概念发生关系。这种体系的典范例子就是汉字。”[①]就是说,汉字不使用一连串字母表示词的声音(音位),而是用一个字

---

①《教程》第50~51页。

表示一个词(准确地说,通常是表示一个语素。见本书“上编”“汉字的性质”有关论述)。这样,无论语音怎样变化,也不可能出现拼音文字中字母组合的写法与发音不一致的烦恼后果。

索绪尔仅仅在拼音文字和汉字有没有字母组合与发音不一致的问题上进行对比,指出前者会“引起令人烦恼的后果”,后者不会。他并没有对两种文字的其他方面进行对比,说汉字没有拼音文字的烦恼,更没有谈到哪种文字优于哪种文字。可是,《新探》把个别问题的对比变成全体的对比,再进一步,就以索绪尔的名义作出了“明确”的论断:“汉字优于拉丁化拼音文字”。这在逻辑上叫做偷换论题。索绪尔在饱受《新探》的批评以后,竟然因为被硬加给的“汉字优于拉丁化拼音文字”的“主张”而受到褒扬。索绪尔在这本书中受到批评固然冤枉,受到“褒扬”同样冤枉。

常识告诉我们,汉字虽然没有字母组合和发音不一致引起的令人烦恼的后果,却有别的类似的烦恼的后果。汉字的造字理据表现为象形、指事、会意、形声等造字方法。几千年来汉字形体发生了变化,语言中许多词的义、音发生了变化,有些字代表的词发生了变化(假借),于是字形和词的义、音的联系有些削弱了,有些丧失了。许多形声字如果按照声旁表示的音去读,定会出错。例如,以“各”为声旁的形声字有13种读音:铬 gè,格 gē,阁 gé,貉 hé,客 kè,饹 le,咯 lo,洛 luò,貉 háo,咯 kǎ,酪 lào,路 lù,略 lüè。中国许多读书人(包括本书作者)都有过因为“秀才识字读半边”而出丑的令人烦恼的后果。汉字造字理据的削弱和部分丧失所引起的令人烦恼的后果,比起拼音文字字母组合与发音不一致所引起的令人烦恼的后果,可以说有过之而无不及。索绪尔强调“我们的研究将只限于表音体系”①,因此他没有谈论汉字的其他方面,这是正常的;《新探》既然要全面对比两种文字有没有令人烦恼的后果,要

①《教程》第51页。

对比两种文字何者优越，就不应该闭口不提汉字的这些问题，因为这是人所共知的常识。我们还要指出，在各种拼音文字中，写法和发音不一致的程度并不相同。英文可能是最严重的一种，可是它的字母组合提供的语音信息还是超过汉字形声字声旁提供的语音信息。如果一种拼音文字没有前面所引索绪尔指出的几种原因，就没有这种烦恼的后果。例如越南文，只要按拼读规则去读，就不会出错。

《新探》关于汉字优于拉丁拼音文字的“理论”，也许会得到某些人的同情：我们是中国人，说自己的文字好，不是激发我们民族的自豪感吗？这有什么不对呢？其实这不是一个认为汉字好不好的问题，而是一个严肃的学术问题和有现实影响的涉及政治的问题。《汉字文化》杂志经常将这种观点称作“汉字优越论”，我们认为，准确地说，这种观点应该叫做“汉字最优论”。它人为地抬高汉字，贬低外国人和中国少数民族使用的拼音文字。从学术上看，它缺乏科学的、实事求是的论据；从现实影响来看，它不利于世界各国人民和我国各民族人民的团结。《新探》把这种“汉字最优论”的观点集中为一句话：“汉字是科学、易学、智能型、国际性、优美高雅的文字。”① 对于这个提法，在尹斌庸、苏培成选编的《科学地评价汉语汉字》② 和《语文现代化论丛》第一、二、三、四辑③等书中已有不少批评文章，意见相当精辟，我们在这里只略作补充。

《新构想》和《新探》认为汉字“科学”，是因为汉字“明确简短”、“简约”④。我们认为，汉字是记录语言的符号，汉字本身无所

①《新探》第49页。《新构想》也有专文论述，见该书第49页。

②华语教学出版社，1994年。

③《语文现代化论丛》（即第一辑），山东教育出版社，1995年；第二辑，语文出版社，1996年；第三辑，语文出版社，1997年。以上三辑都由王均主编。第四辑，北京大学出版社，2000年，主编苏培成，副主编颜逸明、尹斌庸。

④《新构想》第50页，《新探》第142页。

谓明确、简短。用汉字写出的文章是否明确、简短,取决于作者的文化水平和实际需要。汉字能明确地表达语言的意义,被两本书所贬低的拼音文字同样能明确地表达语言的意义。即使不懂外语,从大量的翻译作品中也能得出这个认识。所谓“简单”、“简约”,《新构想》指的是文本比较薄[①]。我们知道,文本的厚薄取决于文本包含的文字的基本符号(字母或单字)数量的多少,而基本符号数量的多少取决于基本符号跟哪个语言层级相对应。用音位符号记录语言,符号种类最少(例如英文只用26个字母),符号总量最多,文本较厚;用词素(语素)符号记录语言,符号种类最多(如汉字用7000多个不同的字记录现代汉语,如果要记录古汉语,就需要20000多个不同的字),符号总量最少,文本较薄。汉字文本薄是以汉字字种多、学习负担重为代价的,这个特征不能算“科学”。如果文本越薄就表示文字越“科学”,那么可以让现代汉语所有的多音节词都用一个字记录(如“千瓦”写成“瓩”;再如“图书馆”的俗字,即方框里面加一个“书”字),这样汉字文本用纸还能节约四分之一,可是汉字字种必须增加到至少10万个。如果要使文字最“科学”,即最“简约”,可以每句话用一个字记录,这样文本用纸可以减少90%以上,而汉字字种要增加到多得无法计算[②]。可见,所谓“简约”即文本薄,根本不是文字科学的标准。

说汉字比现有的拼音文字“易学”,恐怕任何严肃负责的学者都不会同意。本书“上编·五”中已经谈过这个问题。这里再举一个

---

①见《新构想》第52页。

②这样说的根据是:《现代汉语词典》收单、复音词6万多条,加上大量未收的复音词,现代汉语当有10万条以上的词,假若每个词用一个字表示,需要字种10万以上。在现代汉字文本中,双音节词和多音节词占一半不到一点,假若它们都用一个字表示,文本字数可减少约四分之一。假若每个简单句和分句都用一个字表示,因为不同的句子多得无法计算,需要的字种数也就多得无法计算。又假定每个简单句和分句现在平均有10个字以上,改成一个字以后,可以使文本字数减少90%以上。

例子:1991 年 3 月《汉字文化》杂志召开了一个所谓“汉字是科学、易学、智能型、国际性的优秀文字”座谈会,华籍美人爱泼思坦在会上说:“对汉字我能力很差,只会看,不大会写。”试想,如果有一个中国人,智力和文化程度跟爱泼思坦相当,住在美国的时间和融入美国社会的程度与爱泼思坦在中国的情况相似,他有可能“英文程度很差,只会看,不大会写”吗?当然,所谓难易,只是相对而言。我们说汉字难学,不等于说没法学,学习汉字也有减轻难度的办法;说西方拼音文字易学,不等于说不用学,英文单词也要逐个记忆(当然可以借助同词根、词缀的词,同源词的联想)。

所谓汉字是“智能型”文字,首先是这个说法不通。汉字本身无智能,它可以记录有高度智慧的语言,也可记录毫无“智慧和能力”(《现代汉语词典》对“智能”的解释)的胡言乱语。两本书的意思是指学习汉字能提高人的智力。两书多次引用日本人石井勋的调查数据[①],说明学了汉字的日本儿童的智商高于不学汉字的英、美、法、德儿童。石井勋调查的科学性和可靠程度难以得知。两书既未指出石井勋调查的详细过程,也未指出有关文献。《新探》说根据 1982 年英国《自然》杂志的一篇短文,但既未说该刊第几期,也未说是什么文章和怎样得出的上述结论。一本真正的学术著作是不会这样引用材料的。(同样内容的一段话在赞同徐观点的一篇文章《莫让大脑变跛子》[《北京晚报》1999 年 4 月 17 日]中却说根据《科学家》杂志,也未注明刊期。)[②]

关于汉字是“国际性”的文字,两本书说:“数学语言中,从

①《新构想》第 49 页,《新探》第 46~47、149~150 页。

②在本书付印前,见到 2003 年 9 月出版的香港《语文建设通讯》第 75 期上刊载的李逊永教授的文章《徐德江及其“汉字提高智商论”》。李逊永查阅了英国《自然》杂志 1982 年全年的刊物,在 297 卷 180 页和 222 页查到两篇谈日本人智商提高的文章,两篇都“只字未提汉字对日本儿童的智力发展的影响”。这说明,《新探》自称来源于《自然》杂志的论据,是无中生有的。

‘0’到‘9’和其他如‘+’、‘-’、‘×’、‘÷’等一些符号,世界通用。”[①]“阿拉伯数字1、2、3、4……它们都有与一切民族口语语音相对应的字音。”[②]“实践已经证明,高度发达的汉字作为写意的符号,同各个领域的写意符号相配合,能够成为人类共同的国际性的写意文字,即,在各个国家各个民族使用自己口语的同时,可以使用共同的写意汉字。”[③]这就表明,这里说的汉字能成为未来国际通用的文字,意思是将来世界各种语言都要用汉字来写。我们要问:在汉语特点基础上形成的汉字能够适应其他所有语言吗?我们设想一下:英语“I love you.”可以写成“我爱你。”可是英语“Do you love me?”怎么写呢?是写作“吗你爱我?”还是“嘟你爱我?”或者是先改变英语语法说成“You love me do?”“我”字还得变成多音字,主格和宾格要读不同的音。可见让世界各种语言都用汉字书写,完全是一种不可想像的事情。或者有人会换一种解释,说他的意思是将来世界各国交际用的通用文字是汉字,就像现今的英文一样。英语今天在世界上广泛流行,是英国、美国分别在前后两个世纪称雄世界的结果。如果要让汉字取得在国际上超过其他文字的主要通行文字的地位,要等到将来中国的综合国力对全世界其他国家具有长期的绝对的优势才有可能。未来的世界是多极世界。美国现在想建立单极世界,我们反对而且认为不可能;根据世界发展的趋势,中国将来有可能独步世界吗?王开扬在其长篇论文《评汉字的国际性》[④]已对《新探》的上述观点进行批评,请参看。更加不可思议的是,《汉字文化》2003年第2期刊载了一篇文章《汉语是一种伟大的语言》。文章在谈到汉语汉字有可能成为“世界通用文字”的时候说:“我们不妨设想:有朝一日,若再出个‘秦

①《新构想》第35页。

②《新探》第147页。

③《新构想》第53页。

④前引《语文现代化》第四辑。

始皇'，重演六王毕，四海一，在全球范围内推行'车同轨，书同文'，违者斩首。试问，谁敢抱怨，谁敢不学[汉语汉字]——管你表音表意，活命要紧。"人们知道，当年秦始皇推行"书同文"是解决同是使用汉语汉字的六国"言语异声，文字异形"的问题，是有历史进步意义的。这篇文章设想中国在今后再出个"秦始皇"，以武力征服世界所有的其他国家和民族，用"违者斩首"的手段在世界范围内推行汉语汉字，是多么错误和荒唐！《汉字文化》杂志对此文不作任何说明和批评，登在该刊的头篇位置，说明编辑部是同意这种观点的。

说汉字是"优美高雅"的文字，也不科学。汉字本身无所谓优美高雅不优美高雅。从书法的角度看，如果汉字本身就优美高雅，何必还要学书法。有的人字写得很坏，既不优美，更不高雅。拼音文字也有它所特有的书法，书法并非汉字所独有。从所表达的内容看，汉字（其他文字也一样）既可以记录优美高雅的语言，也可以记录十分低俗下流的语言。

除以上五点外，《新探》还从文字表音表意的角度谈论汉字优于拼音文字。它说："在口头语言基础上产生的任何文字，都能表音，也都能表义，而表义是最终目的。表音体系的字形主要是首先表音，通过表音之后再表义，由字形直接表义的信息很少；表意文字的字形也能通过字形[什么是"字形也能通过字形"？没法读懂]表音再表义，但更突出的，是它们的字形也可以不通过表音而直接表义，于是表义的速度更快。"[①]"象形字、指事字、会意字是字形具体地直接表义，形声字以及转注字、假借字，由于是方块形，每个字形都已成为抽象化的直接表义符号。"[②]这些话在概念上、逻辑上都是说不通的。文字是记录语言的符号。文字不可能不通过它所记录

①《新探》第45页。

②《新探》第143页。

的词直接传达意义，进行交际。这一点我们在前面已经阐明，不再重复。这里要进一步指出的是，文字因记录语言而承受语音语义，跟文字的形体结构能够表示造字的理据（传统语言学某些著作把这误称作“字义”），是两个完全不同的命题，决不能混为一谈。例如，“梨”字承受的词音是“lí”，承受的词义是“（1）梨树；（2）这种树的果实”。这是文字记录语言的结果。“梨”字的形体结构，声旁表示的音是“利 lì”，形旁表示的仅仅是梨树的类别“木”（即树）。不论是汉字的一个单字还是拼音文字的一串字母，一旦被约定记录语言中的某个词，就承受了词音词义，这跟文字的形体结构通常并无关系。例如，繁体字“鷄”、“録”、“衛”简化作“鸡”、“录”、“卫”，形体结构改变了，它们照样记录词，照样承受语言中的词音词义，没有变化。而且，文字承受词音和承受词义是在记录一个词的时候同时发生的，既没有先后、快慢之分，也没有直接、间接之别。把文字形体的理据跟文字因记录语言而承受词音词义相混淆，而且赋予因果关系，并把文字承受词音词义说成有先有后，有直接有间接，是不对的。《新探》说形声字和假借字“由于是方块形，每个字形都已成为抽象化的直接表义符号”，也不能成立。形声字和假借字正因为有提示语音的偏旁或整个汉字假借自另一个同音字，所以更说明它们同词音有一定的联系，怎么能说它们便成了抽象化的直接“表义符号”呢？至于说它们“由于是方块形，每个字形就变成抽象化的直接表义符号”，更成问题。所有的汉字都被称作方块字，难道他们都是抽象化的直接“表义符号”？朝鲜的谚文由于受汉字的影响，也呈方块形，但它却被认为是“表音文字”。

个别读者读了本书上面这些论述以后可能说：你批评“汉字最优论”，是不是主张“汉字最劣论”？不是。汉字自有它的优点和存在价值。在本书“上编”“对现代汉字的评价和对汉字改革问题的思考”中我们已经详细谈过这个问题。汉字的主要优点，一是能区分同音语素和同音词，二是在一般情况下相同的汉字能记录汉语不同方言中相同的词。在现在普及教育和大力推广普通话的情况下，第一个优点更加突出。用不同的汉字记录不同的语素，因而“垫子”、“店铺”、“草甸”、“电视”、“殿试”的 diàn 各用专字，这使合成词的造词理据能明白地表现在文字上，有利于学习语言文字。当然，这不是说用汉字写的合成词全可以望字生义，因为合成词的造词理据不等于词义。如“货车”是拉货的车，“火车”却不是拉火的车，农村提水用的“水车”根本不是有轮子的车。汉语同音语素和同音词的问题比较突出，汉字能较好地加以区分，而汉语拼音文字解决这个问题比较麻烦，人们已经提出了一些解决方案，但离大家都满意的程度还很远。

总之，“汉字是科学、易学、智能型、国际性、优美高雅的文字”的提法，以及由此产生的“汉字最优论”，是完全不能成立的。我们应该采取科学的、实事求是的态度和方法来研究汉字的优缺点。

下　编

下编说明

著名语文学家吕淑湘说："不管做那种学问，总不外乎'摆事实，讲道理'六个字。""我们说理论从实例中来，在一定程度上也可以说事实，就是材料，决定理论。"[①]本书"上编"是对现代汉字的研究和看法，"下编"是现代汉字几个主要方面的事实资料。"上编"与"下编"的关系，大体上是：根据"上编"研究问题的需要，确定"下编"的题目和每个题目包含的项目；根据对"下编"资料的统计分析，得出"上编"的认识和观点。

"下编"包括五个资料：

一、现代汉字分级字表；

二、现代汉字中造字理据上非形声字的理据和提示度；

三、现代汉字中造字理据上形声字的字符和提示度；

四、现代汉字的字符；

五、现代汉字的部件。

这五个资料又可以归纳为三类：第一个资料界定哪些汉字属于现代汉字，并根据现在的常用程度进行分级；第二、三个资料分析现代汉字的造字理据，测定每个字的现在形体结构对现代意义和读音有多大的提示能力；第四、五个资料归纳现代汉字的构字单位，其中，字符是根据造字理据分析出来的构字单位，部件是根据现在字形分析出来的构字单位。

这些资料都不是现成的，而是作者自己搜集、甄别、整理、统计和编制的。编制这些资料花费了大量的时间和精力。由于它们是现代汉字的基础资料，可以说明本书主要观点的来源，也可以提供其他研究者和教学工作者参考，所以印出来作为本书的重要组成部分。

---

①《把我国语言科学推向前进》，《吕叔湘文集》第四卷，商务印书馆，1992 年，第 14、16 页。

一、现代汉字分级字表

说　明

1. 本字表分通常用字和罕用字两个大级。通常用字又分一级常用字、二级常用字、三级常用字、间用字四个小级。大体上，一级常用字相当于六年制小学毕业生应当掌握的汉字，加上二级常用字相当于初中毕业生应当掌握的汉字，再加上三级常用字相当于一般知识分子应当掌握的汉字。间用字是不同职业、不同地区的知识分子根据需要选择掌握的汉字。罕用字是专业性和地域性更强的、使用频率更低的字。

2. 本表收字数目如下表：

字级		本级字数		连前累计字数	
		形字	音字	形字	音字
通常用字	一级常用字	2561	2770	2561	2770
	二级常用字	1213	1359	3774	4129
	三级常用字	981	1056	4755	5185
	间用字	793	905	5548	6090
罕用字		1585	1751	7133	7841

说明：①"形字"以形为准，多音字合起来按一个字统计。多音字只统计右上角标有1的字，以免重复。②"音字"以形音结合为准，多音字有几个音按几个字统计。

3. 汉字按汉语拼音顺序排列。

4. 多音字在右上角分别标注1、2、3，一般按常用程度排列。一个多音字不同的音，根据它的常用程度列入不同的字级。

5. 收字和分级原则见本书"上编""二、现代汉字的范围、数量和分级"。

6. 罕用字右下角的小字标注该字按照意义属于哪一类字。一个字同时属于两类，选现代用法中主要的一类标注。例如既是文言词语用字，又是现代姓氏用字，标注后者。一般标注简称，如：**文**：文言用字；**古**：古代事物、古代传说、古代地名用字；**近**：近代汉语用字；**旧**：旧时事物用字；**一般**：现代一般词语用字；**口**：现代口语用字；**日用**：现代日常用品用字；**方**：方言用字；**食**：食物用字；**叹**：叹词用字；**助**：助词用字；**声**：拟声词用字；**异**：仍在使用的异体字；**地**：地理名称用字；**动**：动物名称及动物器官用字；**植**：植物名称及植物器官用字；**姓**：姓氏用字；**名**：人名用字；**族**：少数民族事物用字；**体**：人体名称用字；**化**：化学用字；**工**：工业用字；**手工**：手工业用字；**交**：交通业用字；**建**：建筑业用字；**农**：农业及农村用字；**矿**：矿物用字；**医**：中西医学用字；**科**：其他科学用字（还有标注全称者，如气象、测量、地质、宗教等，不一一列举）。

7. 字的右边有*号者，是《现代汉语通用字表》以外的字。

8. 制订本字表主要参考了：《现代汉语常用字表》（国家语言文字工作委员会等单位 1988 年发布）；《现代汉语通用字表》（国家语言文字工作委员会等单位 1988 年发布）；《信息交换用汉字编码字符集·基本集》；《现代汉语常用字表》（娄警予、王贵文编，北京教育出版社，1987 年）；《现代汉语字频统计表》（国家语言文字工作委员会、国家标准局编，语文出版社，1992 年）；《1994—1995 年〈人民日报〉单字字频统计》（未出版）；《现代汉语词典（修订本）》（商务印书馆，1996 年）；《现代汉语规范字典》（语文出版社，1998 年）；《新华字典（1998 年修订本）》（商务印书馆）；《辞海》（上海辞书出版社，2000 年）。

拼音	通常用字				罕用字
	一级常用字	二级常用字	三级常用字	间用字	
ā	阿[1]啊[1]			腌[2]	吖化*锕化
á	啊[2]				
ǎ	啊[3]				
à	啊[4]				
a	啊[5]				
āi	哎[1]哀埃挨[1]唉[1]				锿化
ái	哎[2]挨[2]	皑癌			
ǎi	哎[3]矮	嗳[1]蔼		霭	
ài	哎[4]唉[2]爱碍	艾[1]隘嗳[2]	暧	嫒	砹化僾族*瑷地*叆地*壒地*

续表

ān	安鞍	氨庵谙	鹌	桉	唵[1]叹*鮟动*
ǎn		俺铵		埯揞	垵地*唵[2]叹*
àn	岸按案暗	黯		胺	犴姓
āng		肮			
áng	昂				卬姓*
àng		盎			
āo		凹[1]熬[2]			
áo		遨熬[1]翱	敖嗷螯 鏖	廒謷鳌	嶅地*獒动
ǎo	袄			媪	拗[3]方鴁动*
ào	傲奥懊	拗[1]澳	骜	坳鏊	岙地*垇地*
bā	八巴扒[1]吧[2] 疤捌	叭芭笆	粑		朳地*夿地*岜地* 鲃动
bá	拔	跋			茇植魃迷信
bǎ	把[1]	靶			屉方*钯化
bà	坝把[2]爸罢霸	耙[1]			鲅动灞地
ba	吧[1]				
bāi		掰			
bái	白				
bǎi	百佰柏[1]摆	伯[2]	捭		
bài	败拜	稗			
bai					口拜助*
bān	班般斑搬	扳颁	瘢	癍	
bǎn	板版		阪	坂钣舨	
bàn	办半扮伴拌 瓣	绊			
bāng	邦帮	梆		浜	啷声*
bǎng	绑榜膀[1]				
bàng	棒傍	蚌[1]谤磅[1] 镑			埲地*塝地*蒡植 膀[4]方
bāo	包胞剥[2]	苞孢褒	炮[3]煲	龅	枹植*
báo	雹薄[1]				瓟植*
bǎo	饱宝保堡[1]		葆褓	鸨	
bào	报抱豹暴爆	刨[2]曝[1]	鲍	趵[1]	瀑[2]地
bēi	杯背[2]悲碑	卑			陂[2]文鹎动
běi	北				

续表

bèi	贝备背[1]倍被辈	狈钡惫焙蓓	悖褙	碚鞴鐾	邶姓*孛[2]地椇植*棓植*
bei		呗臂[2]			
bēn	奔[1]			贲[1]锛	栟[1]地
běn	本		苯	畚	床姓*
bèn	奔[2]笨				倴地*
bēng	崩	绷[1]嘣			伻姓*祊地*
béng		甭			
běng		绷[2]			
bèng	蹦	泵迸绷[3]	蚌[2]	镚	
bī	逼				屄口*鲾动
bí	鼻	荸			
bǐ	比彼笔鄙	匕秕	妣俾	吡	沘地舭交*
bì	币必毕闭毙碧蔽弊壁避臂[1]	庇陛秘[2]敝婢蓖痹辟[2]璧	毖哔愎弼裨[1]篦	泌[2]铋筚滗箅髀濞	邲姓*苾化*苾姓*畀文荜植赑旧萆植*跸地薜植嬖文襞体躄动*
biān	边[1]编鞭	蝙	砭	煸	萹植*鳊动
biǎn	扁[1]	贬匾		褊	碥地
biàn	变便[1]遍辨辩辫		卞汴	弁缏	苄化
bian	边[2]				
biāo	标	彪膘镖	飙镳		飑科滮地*瘭医骠[2]动藨植*
biǎo	表	裱	婊		
biào			摽鳔		俵方
biē		瘪[2]憋鳖			
bié	别[1]		蹩		
biě		瘪[1]			
biè	别[2]				
bīn	宾滨	彬斌缤濒	槟[1]	傧	邠姓*玢[2]科镔旧豳姓
bìn		殡鬓	摈	膑髌	
bīng	冰兵		槟[2]	并[2]	栟[2]植
bǐng	丙柄饼	秉炳禀	屏[2]		邴姓
bìng	并[1]病		摒		

续 表

bō	拨波玻剥[1]菠播		钵	饽蕃[3]	砵$_{\text{地*}}$哱$_{\text{动*}}$嶓$_{\text{地}}$趵[2]$_{\text{文}}$铍$_{\text{化*}}$
bó	伯[1]驳泊[1]脖博搏膊薄[2]	柏[2]勃舶渤箔礴	帛铂	钹毫鹁	孛[1]$_{\text{姓}}$鲌$_{\text{动}}$
bǒ		跛簸[1]			
bò		薄[3]簸[2]	擘		檗$_{\text{植}}$
bo	卜[1]				啵$_{\text{方}}$
bū					逋$_{\text{文}}$
bú				醭	
bǔ	补捕	卜[2]哺		堡[2]	卟$_{\text{化}}$鵏$_{\text{动*}}$
bù	不布步怖部簿	埠	钚	埔[2]	吥$_{\text{地*}}$埗$_{\text{地*}}$咘$_{\text{地*}}$埗$_{\text{地*}}$餔$_{\text{食*}}$瓿$_{\text{科}}$
cā	擦		嚓[1]		拆[2]$_{\text{方}}$礤$_{\text{建*}}$
cǎ					礤$_{\text{日用}}$
cāi	猜				
cái	才材财裁				
cǎi	采[1]彩睬踩				
cài	菜蔡				采[2]$_{\text{古}}$
cān	参[1]餐				骖$_{\text{动*}}$
cán	残蚕惭				
cǎn	惨				穇$_{\text{植*}}$
càn	灿		璨	粲孱[2]	
cāng	仓苍舱	沧		伧[2]	鸧$_{\text{动*}}$
cáng	藏[1]				
cāo	操[1]	糙			糙$_{\text{农*}}$
cáo	曹槽	嘈		漕	磹$_{\text{地*}}$螬$_{\text{动}}$艚$_{\text{旧}}$
cǎo	草				
cào					肏$_{\text{口*}}$操[2]$_{\text{口}}$
cè	册厕侧测策		恻		萴$_{\text{植*}}$
cēn		参[3]			
cén			岑涔		
cēng			噌		
céng	层曾[1]				鄫$_{\text{姓*}}$缯$_{\text{姓}}$
cèng		蹭			
chā	叉[1]差[1]插	杈[1]喳[1]	嚓[2]	馇[1]	碴[2]$_{\text{口}}$

续表

chá	茶查[1]察	茬搽碴[1]			叉[4]$_{\text{方}}$垞$_{\text{地}}$嵖$_{\text{地}}$猹$_{\text{动}}$ 楂[2]$_{\text{口}}$槎$_{\text{文}}$檫$_{\text{植}}$
chǎ	叉[2]	衩[2]		蹅镲	
chà	岔差[2]	叉[3]杈[2] 衩[1]刹[2]	汊诧姹		
chāi	拆[1]差[3]		钗		
chái	柴	豺		侪	
chǎi					踳$_{\text{食*}}$
chān		掺搀			辿$_{\text{地*}}$觇$_{\text{科}}$
chán	馋缠	蝉	谗婵 孱[1]禅[1] 潺蟾	单[3]巉	廛$_{\text{文}}$澶$_{\text{古}}$镡[1]$_{\text{姓}}$ 瀍$_{\text{地}}$
chǎn	产铲	阐	谄		昆$_{\text{地*}}$浐$_{\text{地}}$骣$_{\text{文}}$ 蒇$_{\text{文}}$
chàn	颤[1]	忏		羼	韂$_{\text{日用}}$
chāng	昌	猖娼	伥		倡[2]$_{\text{文}}$菖$_{\text{植}}$阊$_{\text{地}}$ 鲳$_{\text{动}}$
cháng	长[1]场[2]肠尝 常偿	嫦	徜		苌$_{\text{姓}}$鲿$_{\text{动*}}$
chǎng	厂场[1]敞			氅	昶$_{\text{姓}}$
chàng	畅倡[1]唱		怅		
chāo	抄钞超	吵[2]	绰[2]	焯剿[2]	
cháo	朝[1]潮	巢嘲	晁		
chǎo	吵[1]炒				
chào				耖	
chē	车[1]				伡$_{\text{交*}}$砗$_{\text{动}}$
chě	扯			尺[2]	
chè	彻撤	澈	掣	坼	
chēn			抻琛嗔	郴	
chén	臣尘辰沉陈 晨	忱		宸谌	梣$_{\text{植*}}$
chěn			碜		
chèn	衬称[2]趁			谶	榇$_{\text{文}}$
chen			伧[1]		
chēng	称[1]撑		瞠	铛[2]蛏	柽$_{\text{植}}$琤$_{\text{文}}$赪$_{\text{动}}$
chéng	成呈诚承城 乘[1]盛[2]程惩	丞澄[1]橙		塍	枨$_{\text{文}}$埕$_{\text{农}}$郕$_{\text{姓*}}$ 宬$_{\text{文}}$晟[1]$_{\text{姓}}$

续表

chěng		逞骋			
chèng	秤			牚	
chī	吃	嗤痴	哧笞	蚩眵媸魑	郗[2]姓鸱动螭古
chí	池驰迟持	弛匙[2]	踟	茌墀	蚳姓*
chǐ	尺[1]齿耻	侈	豉	褫	
chì	斥赤翅	炽	叱	彳饬敕啻	肔姓*鶒地*瘛医
chōng	冲[1]充	舂憧	忡		茺植*涌[2]地
chóng	虫重[2]崇			种[3]	
chǒng		宠			
chòng	冲[2]			铳	
chōu	抽				犨姓
chóu	仇[1]绸酬稠筹愁	畴	惆踌	雠	俦文
chǒu	丑	瞅			刣姓*
chòu	臭[1]				
chū	出初				岀地*樗植
chú	除厨锄	雏橱	刍蜍躇蹰	滁	钼姓*
chǔ	处[2]础储楚		杵褚		楮植
chù	处[1]畜[2]触	矗	怵绌搐黜	亍憷	俶地鄐姓*
chuā					欻声*
chuāi		揣[1]			搋口
chuǎi		揣[2]			
chuài			踹		揣[3]文啜[2]姓膪动
chuān	川穿			氚	
chuán	传[1]船		椽		
chuǎn	喘		舛		
chuàn	串			钏	
chuāng	创[2]疮窗				
chuáng	床			幢[2]	磢地*
chuǎng	闯				
chuàng	创[1]		怆		
chuī	吹炊				

续 表

chúi	垂锤	捶槌	陲	棰椎[2]	圌地*
chūn	春	椿			蝽动鰆动*
chún	纯唇	淳醇	鹑	莼	
chǔn	蠢				
chuō		戳			
chuò		绰[1]	啜[1]辍 龊		
cī		差[4]	刺[2]疵		呲口跐[2]口
cí	词辞慈磁	茨祠瓷雌		兹[2]糍	鹚动
cǐ	此			跐[1]	鲨动*
cì	次刺[1]	伺[2]赐			朿姓*莿地*
cōng	匆葱聪	囱		枞[1]	苁植蟌动*
cóng	从丛		淙	琮	
còu	凑				腠体
cū	粗				
cú					徂地
cù	促醋	簇	猝蹙蹴		媨姓*酢[2]植蔟衣
cuān		蹿	撺	汆镩	
cuán			攒[2]		
cuàn	窜	篡		爨	
cuī	崔催摧				催姓*
cuǐ			璀		
cuì	脆翠	悴瘁粹	萃啐淬		毳体
cūn	村		皴		
cún	存				蹲[2]方
cǔn			忖		
cùn	寸				
cuō		搓磋撮[1]蹉			夎姓*
cuó			痤	矬嵯	酂地*
cuò	错	挫措锉		厝	
dā	搭答[2]	嗒[1]	耷	褡	哒声*哒化*膣口*
dá	打[2]达答[1]	瘩	沓[2]	妲靼鞑	怛文荙植笪姓
dǎ	打[1]				
dà	大[1]				
da			垯缍* 跶		疸[2]体嵧地*

续表

dāi	呆待[2]				吙$_{\text{近}}$
dǎi	逮[1]	歹	傣		
dài	大[2]代带贷待[1]袋逮[2]戴	怠	岱殆黛	甙玳	埭$_{\text{地}}$
dān	丹担[1]单[1]耽		眈郸殚	聃箪儋	瘅[1]$_{\text{医}}$
dǎn	胆	掸[1]	疸[1]		赕$_{\text{族*}}$
dàn	石[2]旦但担[2]诞淡弹[1]蛋	氮	惮	啖	疍$_{\text{旧}}$萏$_{\text{文}}$亶$_{\text{姓}}$瘅[2]$_{\text{文}}$澹[1]$_{\text{异}}$
dāng	当[1]	铛[1]裆			珰$_{\text{声}}$蟷$_{\text{动*}}$
dǎng	挡党				谠$_{\text{文}}$漟$_{\text{地*}}$
dàng	当[2]荡档		宕	凼砀	氹$_{\text{地*}}$垱$_{\text{地}}$菪$_{\text{植}}$
dāo	刀叨[1]			氘	魛$_{\text{动}}$
dáo	叨[2]			捯	
dǎo	导岛捣倒[1]蹈	祷			
dào	到倒[2]盗悼道稻			纛	
dē					嘚[1]$_{\text{声}}$
dé	得[1]德				锝$_{\text{化}}$
de	地[2]的[1]得[2]				底[2]$_{\text{助}}$
dēi					嘚[2]$_{\text{农}}$
děi	得[3]				
dèn					扽$_{\text{口*}}$
dēng	灯登蹬[1]		噔		
děng	等		戥		
dèng	邓凳瞪	澄[2]	磴	镫	僜$_{\text{族*}}$隥$_{\text{姓*}}$嶝$_{\text{地}}$蹬[2]$_{\text{文}}$
dī	低堤提[2]滴	嘀[1]		氐	羝$_{\text{文}}$磾$_{\text{姓*}}$镝$_{\text{化}}$
dí	的[2]敌笛	迪涤嘀[2]嫡	狄籴	荻翟[2]	頔$_{\text{地*}}$
dǐ	抵底[1]		邸诋柢砥	坻骶	
dì	地[1]弟的[3]帝递第	蒂缔	娣谛	棣碲	睇$_{\text{文}}$
diǎ			嗲		
diān	颠	掂滇癫	巅		
diǎn	典点	碘踮			
diàn	电店垫殿	佃甸玷淀惦奠	靛癜	钿	

续表

diāo	叼雕	刁凋碉	貂		汈$_{\text{地}}$鲷$_{\text{动}}$𫛭$_{\text{动*}}$
diǎo					鸟[2]$_{\text{口}}$屌$_{\text{口*}}$
diào	吊钓调[1]掉				窎$_{\text{地*}}$铞$_{\text{日用}}$铫[1]$_{\text{日用}}$
diē	爹跌				
dié	叠蝶	谍碟	迭耋喋 牒		垤$_{\text{地}}$绖$_{\text{姓*}}$堞$_{\text{建}}$ 螲$_{\text{动*}}$鲽$_{\text{动}}$
dīng	丁叮盯钉[1]		仃酊[1]	玎町疔	耵$_{\text{体}}$靪$_{\text{手工*}}$
dǐng	顶	鼎	酊[2]		
dìng	订钉[2]定		锭	啶腚碇	
diū	丢				铥$_{\text{化}}$
dōng	东冬	咚		氡	岽$_{\text{地*}}$鸫$_{\text{动}}$
dǒng	董懂				𬃊$_{\text{植*}}$
dòng	动冻栋洞[1]		侗恫		垌[1]$_{\text{地*}}$峒[2]$_{\text{地}}$胨$_{\text{化}}$ 胴$_{\text{体}}$硐$_{\text{工}}$
dōu	都[2]	兜			蔸$_{\text{方}}$篼$_{\text{日用}}$
dǒu	斗[1]抖陡	蚪			
dòu	斗[2]豆逗	痘	窦	读[2]	𥧂$_{\text{地*}}$
dū	都[1]督	嘟		厾	
dú	毒独读[1]	犊牍	渎黩	椟髑	
dǔ	堵赌	肚[2]睹	笃		
dù	杜肚[1]度[1]渡	妒镀	蠹		芏$_{\text{植}}$钍$_{\text{化*}}$
duān	端				
duǎn	短				
duàn	段断缎锻		煅		塅$_{\text{地*}}$椴$_{\text{植}}$簖$_{\text{农}}$
duī	堆				
duì	队对	兑		碓	祋$_{\text{姓*}}$憝$_{\text{文}}$
dūn	吨蹲[1]	敦墩		礅镦	蹾$_{\text{口}}$
dǔn		盹	趸		
dùn	盾顿	囤[1]炖钝	沌[1]遁		砘$_{\text{农}}$楯$_{\text{动}}$
duō	多	哆	咄掇		剟$_{\text{口}}$𫭟$_{\text{地*}}$裰$_{\text{一般}}$
duó	夺	度[2]踱	铎		
duǒ	朵躲			垛[2]哚	
duò	惰	驮[2]剁垛[1] 舵堕跺			
ē	阿[2]	屙	呃[1]婀		
é	鹅蛾额	讹俄娥	哦[3]峨		囮$_{\text{动*}}$莪$_{\text{植}}$锇$_{\text{化}}$

续表

ě	恶[2]				
è	恶[1]饿	扼鄂遏愕鳄	厄呃[3]萼腭噩	垩锷颚	苊化轭日用谔文碍地*鹗动
e			呃[2]		
ê̄				欸[1]	
ế				欸[2]	
ê̌				欸[3]	
ề				欸[4]	
ēn	恩				蒽化
èn		摁			
ér	儿而				耏姓*鸸动
ěr	耳	尔饵	迩	洱	铒化
èr	二弍*贰				咡地*
fā	发[1]				酦异
fá	乏伐罚阀	筏		垡	
fǎ	法		砝		
fà	发[2]		珐		
fān	帆番[1]翻		蕃[2]幡藩		
fán	凡烦繁[1]	矾樊	蕃[1]	钒	氾[1]姓*璠姓鷭动*
fǎn	反返				
fàn	犯饭泛范贩		梵		氾[2]地*汎姓*畈地
fāng	方坊[1]芳			邡	枋建钫化
fáng	防坊[2]妨房	肪			鲂动
fǎng	仿访纺		舫		
fàng	放				
fēi	飞非	妃菲[1]啡	绯扉蜚[1]霏		鲱动
féi	肥			淝腓	贲[2]姓
fěi	匪	诽菲[2]	斐翡	悱	榧植蜚[2]动
fèi	肺废沸费	吠痱	狒		郝姓*镄化
fēn	分[1]芬吩纷	氛		酚	玢[1]化昐姓*棻名
fén	坟	焚	汾		枌姓*棼文鼢动
fěn	粉				
fèn	分[2]份奋粪愤	忿			坋地*鲼动瀵文

续表

fēng	丰风封疯峰锋蜂	枫烽			沣$_{\text{地}}$砜$_{\text{化}}$葑$_{\text{地*}}$酆$_{\text{姓}}$
féng	冯[1]逢缝[2]				浲$_{\text{地*}}$
fěng	讽			唪	
fèng	凤奉缝[1]		俸		
fó	佛[1]				
fǒu	否[1]			缶	
fū	夫[1]肤	麸孵敷		呋趺	趺$_{\text{文}}$稃$_{\text{植}}$鄜$_{\text{姓*}}$
fú	伏扶佛[2]服[1]俘浮符幅福	凫芙拂氟匐袱辐蝠	弗孚蜉	绋茯涪	夫[2]$_{\text{文}}$芾$_{\text{名}}$苻$_{\text{姓}}$咈$_{\text{姓*}}$怫$_{\text{文}}$宓[2]$_{\text{姓}}$绂$_{\text{文}}$罘$_{\text{地}}$洑[2]$_{\text{姓}}$虙$_{\text{姓*}}$鲱$_{\text{动*}}$榑$_{\text{姓*}}$澓$_{\text{姓*}}$
fǔ	抚斧府俯辅腐	甫脯[2]腑	釜	滏	父[2]$_{\text{文}}$拊$_{\text{文}}$
fù	父[1]付负妇附咐赴服[2]复副傅富腹覆	讣赋缚	阜驸馥	洑[1]	汱$_{\text{地*}}$鲋$_{\text{文}}$赙$_{\text{文}}$蝮$_{\text{动}}$
gā		嘎[1]	夻伽[1]咖[2]	夹[3]	旮$_{\text{姓*}}$
gá			噶	轧[3]	钆$_{\text{化}}$尜$_{\text{日用}}$嘎[2]$_{\text{一般}}$
gǎ					尕$_{\text{方}}$嘎[3]$_{\text{方}}$
gà		尬			
gāi	该		赅	垓	侅$_{\text{姓*}}$荄$_{\text{地*}}$
gǎi	改				
gài	盖[1]溉概	丐芥[2]钙			
gān	干[1]甘杆[1]肝竿	柑尴	泔	坩苷矸疳	酐$_{\text{化}}$
gǎn	杆[2]秆赶敢感	橄	擀		澉$_{\text{地}}$鳡$_{\text{动}}$
gàn	干[2]	赣		绀淦	淦$_{\text{化*}}$溍$_{\text{地*}}$
gāng	冈刚纲钢[1]缸	肛		扛[2]罡	江$_{\text{姓*}}$棡$_{\text{植*}}$堽$_{\text{地*}}$
gǎng	岗港				吭$_{\text{族*}}$
gàng	杠			钢[2]	筻$_{\text{地}}$戆[2]$_{\text{方}}$
gāo	高膏[1]糕	羔篙	睾	皋	槔$_{\text{日用}}$
gǎo	搞稿	镐[1]	槁	缟藁	杲$_{\text{文}}$
gào	告		膏[2]	郜诰	锆$_{\text{化}}$

续表

gē	哥胳[1]鸽搁[1]割歌	戈疙格[2]	圪纥[1]咯[2]	仡袼	屹[2]地饹[2]食
gé	革阁格[1]隔	葛[2]搁[2]蛤[2]骼	嗝膈	镉	茖植*闷姓*鬲姓胳[2]口塥地滆地*槅建*
gě	葛[1]	合[2]	盖[2]		个[2]方舸文
gè	个[1]各		铬	虼	硌口
gěi	给[1]				
gēn	根跟				
gén				哏	
gěn					艮[2]方
gèn			亘	艮[1]	茛植
gēng	更[1]耕	庚羹		赓	浭地*鹒动*
gěng		埂耿梗	哽鲠	绠颈[2]	
gèng	更[2]				暅名
gōng	工弓公功攻宫供[1]恭躬	蚣龚	肱	红[2]觥	邦姓*䲲动*
gǒng	巩	汞拱		珙	
gòng	共贡供[2]				唝地
gōu	勾[1]沟钩		佝篝		句[2]名芶姓*缑姓枸[2]植钩姓*鞲工
gǒu	狗	苟		枸[1]	岣地
gòu	构购够	勾[2]垢	诟媾	彀	
gū	估[1]姑孤辜	咕沽骨[2]菇箍	呱[2]轱鸪	菰蛄[1]	蓇植
gǔ	古谷股骨[1]鼓		诂牯蛊贾[2]	汩钴鹄[1]臌瞽	肱地*蛄[2]动榖植毂文盬日用*濲地*
gù	固故顾	雇	梏锢痼	崮	估[2]旧堌地鲴动
guā	瓜刮	呱[1]	鸹		括[2]方胍化栝植
guǎ		寡	剐		呱[3]方
guà	挂	卦褂			诖文
guāi	乖			掴	
guǎi	拐				
guài	怪				
guān	关观[1]官冠[1]	倌棺	鳏		纶[2]古
guǎn	馆管			莞[1]	筦姓*鳤动

续 表

guàn	贯冠[2]惯灌罐	观[2]	掼盥	鹳	毌姓*
guāng	光		胱	咣	洸地*桄[2]植
guǎng	广		犷		
guàng		逛		桄[1]	
guī	归龟[1]规	闺硅瑰	圭皈	鲑	妫姓邽地
guǐ	轨鬼	诡癸		晷	宄文簋地
guì	柜[1]贵桂跪	刽		鳜	昋姓*炅姓炔[2]姓 桧[2]植硊地*鲑动*
gǔn	滚		磙	衮绲辊 鲧	掍医*
gùn	棍				
guō	郭锅		聒蝈	过[3]埚 涡[2]	呙姓崞地
guó	国	帼			涠地*腘体*虢地
guǒ	果裹			馃椁	蜾动
guò	过[1]				
guo	过[2]				
hā	哈[1]				铪化
há	蛤[1]				
hǎ	哈[2]				畲[1]地*
hà					哈[3]动
hāi	咳[2]		嗨		
hái	还[2]孩		骸		
hǎi	海				胲化
hài	害	亥骇氦			嗐叹*
hān		酣憨鼾		蚶	顸方
hán	含寒韩	函涵	汗[2]邯	邗	犴姓*浛地*晗名 焓科
hǎn	喊	罕			
hàn	汉汗[1]旱	捍悍焊翰 撼憾	瀚	颔	闬姓*垾地*驿姓* 菡文焯植*撖姓
hāng		夯			
háng	行[2]杭航		吭[2]	绗颃	
hàng			沆巷[2]		行[4]一般
hāo		蒿		薅	嚆文
háo	毫豪	号[2]壕嚎	嗥	蚝貉[2] 濠	壕地*

续表

hǎo	好[1]	郝			
hào	号[1]好[2]耗浩		皓	昊	滈姓*镐[2]地皞姓*颢名灏名
hē	喝[1]	呵[1]	嗬	诃	
hé	禾合[1]何和[1]河荷[1]核[1]盒	阂	劾涸颌貉[1]阖	纥[2]饸曷菏’	郃姓*盉文龁文翮文鞨古
hè	吓[1]和[2]贺荷[2]喝[2]	赫褐鹤	壑		佫姓*
hēi	黑	嘿			镙化*
hén	痕				
hěn	很狠				
hèn	恨				
hēng	哼[1]	亨			啈[1]叹*
héng	恒横[1]衡			行[3]珩桁	鸻动蘅植
hèng	横[2]				啈[2]口*堼地*
hm					噷叹*
hǹg	哼[2]				
hōng	轰哄[1]烘		訇		吽宗教*薨文
hóng	红[1]宏虹[1]洪	鸿	弘	泓	闳姓荭植竑名䲨动*渱植蕻植
hǒng	哄[2]				
hòng	哄[3]		讧		
hōu				齁	
hóu	喉猴	侯[1]	瘊		骺体篌古
hǒu	吼				
hòu	后厚候		逅	侯[2]	郈姓垕地*鲎动鲘地*
hū	乎呼忽	惚糊[3]		烀滹	轷姓虖姓*唿一般
hú	狐胡壶湖蝴糊[1]	囫弧核[2]葫瑚	猢煳	和[5]斛鹄[2]醐	鹕动鹘动槲植縠文
hǔ	虎	浒[1]唬	琥		唬姓*
hù	互户护	沪糊[2]	扈	戽怙祜瓠	笏古鄠地*鹱动鳠动*
huā	化[2]花哗[2]				砉声
huá	划[2]华[1]哗[1]猾滑		铧	骅	搳异*螖动*

续表

huà	化[1]划[1]画话	桦	华[2]		鲑姓*
huái	怀槐	徊淮	踝		櫰植*褱衣
huài	坏				
huān	欢			獾	
huán	还[1]环		寰鬟	郇[1]桓 圜缳	萑植*洹地澴地 镮地*鹮动
huǎn	缓				
huàn	幻换唤患	宦涣焕痪	豢	奂浣	伌姓*曼姓*漶文鲩动
huāng	荒慌		肓		
huáng	皇黄煌	凰徨惶潢 蝗磺簧	隍蟥	遑湟璜	喤声锽文篁文癀方 鳇动
huǎng	晃[2]谎	恍幌			
huàng	晃[1]				
huī	灰挥恢辉	徽	诙晖麾		咴声袆姓隳姓* 珲[2]地
huí	回	茴蛔		洄	
huǐ	悔毁				虺姓
huì	汇会[1]绘贿惠	卉讳诲彗 晦秽溃[2]慧	荟烩喙 蕙	桧[1]	浍地恚文殨异* 蟪动
hūn	昏婚	荤			
hún	浑魂	馄混[2]		珲[1]	
hùn	混[1]		诨		
huō	豁[1]			耠劐 嚄[1]	锪工攉一般
huó	和[3]活				
huǒ	火伙			夥	钬化漷地*
huò	或货获祸惑	和[4]霍豁[2]		藿嚯	鳠动*镬文獾动* 蠖动
jī	几[2]击饥圾机 肌鸡奇[2]积基 激	讥叽唧缉[1] 畸箕稽[1]	屐姬跻 羁	玑乩矶 嵇犄齑 畿墼	芨植咭异笄文赍文 禨动*蟦动*
jí	及吉级极即 急疾集籍	棘辑嫉	岌亟[1] 汲楫瘠 藉[1]	佶笈蒺	伋姓姞姓殛文戢姓 鹡动*蕺植鹡动 鄿地*
jǐ	几[1]己挤济[2] 给[2]脊		纪[2]戟	虮麂	掎文鲚动

续 表

jì	计记纪[1]技忌际季剂迹济[1]既继寄寂绩	伎系[2]妓荠[2]祭[1]鲫冀	觊悸暨稷髻骥	偈蓟霁	哜$_{\text{声*}}$洎$_{\text{地}}$鲚$_{\text{动}}$漈$_{\text{地*}}$穄$_{\text{植}}$鱀$_{\text{动*}}$檵$_{\text{植}}$鰶$_{\text{动*}}$蟿$_{\text{动*}}$
jiā	加夹[1]佳家[1]嘉	茄[2]枷	伽[2]迦浃痂袈	笳	珈$_{\text{动*}}$泇$_{\text{地*}}$叚$_{\text{姓*}}$葭$_{\text{姓}}$跏$_{\text{宗教}}$镓$_{\text{化}}$
jiá		夹[2]荚颊	戛	郏	铗$_{\text{文}}$蛱$_{\text{动}}$
jiǎ	甲假[1]	贾[1]钾	岬胛		
jià	价[1]驾架假[2]嫁稼				
jia	家[2]				
jiān	尖奸歼坚间[1]肩艰监[1]兼煎		菅笺缄	渐[2]犍[1]搛	戋$_{\text{文}}$犴$_{\text{姓*}}$湔$_{\text{文}}$鲣$_{\text{动}}$鞯$_{\text{文}}$鳒$_{\text{动*}}$
jiǎn	拣茧俭捡检减剪简	柬碱	趼睑锏[1]	硷谫蹇	枧$_{\text{地}}$笕$_{\text{方}}$裥$_{\text{方}}$戬$_{\text{名}}$翦$_{\text{姓}}$謇$_{\text{文}}$
jiàn	见件间[2]建荐贱剑健舰渐[1]践鉴键箭	饯涧监[2]谏毽溅	腱	槛[2]僭	牮$_{\text{建}}$洊$_{\text{地*}}$蹇$_{\text{姓*}}$锏[2]$_{\text{日用}}$踺$_{\text{一般}}$
jiāng	江将[1]姜浆僵疆	缰	豇		茳$_{\text{植}}$螀$_{\text{动}}$礓$_{\text{建}}$
jiǎng	讲奖桨蒋		耩		膙$_{\text{口}}$
jiàng	匠降[1]将[2]酱	虹[2]强[3]糨	绛犟		弶$_{\text{日用*}}$
jiāo	交郊浇娇骄胶教[1]椒焦蕉	跤礁	茭姣蛟		艽$_{\text{植}}$峧$_{\text{地}}$鲛$_{\text{动}}$鹪$_{\text{动}}$
jiáo	嚼[1]				矫[2]$_{\text{口}}$
jiǎo	角[1]狡饺绞脚[1]搅缴	侥矫[1]剿[1]	佼铰皎		敫$_{\text{姓}}$蟜$_{\text{姓*}}$湫$_{\text{姓}}$鱎$_{\text{动*}}$皦$_{\text{姓*}}$
jiào	叫觉[1]校[2]轿较教[2]	窖酵		醮嚼[3]	峤$_{\text{地}}$滘$_{\text{地}}$漖$_{\text{地*}}$噍$_{\text{文}}$徼$_{\text{姓}}$藠$_{\text{植}}$
jiē	阶皆结[2]接揭街	节[2]秸	疖嗟		楷[2]$_{\text{植}}$
jié	节[1]劫杰洁结[1]捷截竭	睫	孑诘拮桀碣	讦桔婕颉[1]羯	蛣$_{\text{动*}}$楬$_{\text{文*}}$蜐$_{\text{动*}}$
jiě	姐解[1]				檞$_{\text{植*}}$
jiè	介戒届界借	芥[1]诫	疥解[2]	藉[2]	岕$_{\text{地*}}$玠$_{\text{地}}$蚧$_{\text{动}}$
jie			价[2]家[3]		
jīn	巾斤今金津筋禁[2]	襟	矜		衿$_{\text{文}}$

续 表

jǐn	仅尽[2]紧锦谨	瑾	馑		巹$_{古}$堇$_{植}$槿$_{植}$
jìn	尽[1]进近劲[2]晋浸禁[1]	烬	靳觐噤	妗缙	荩$_{植}$浕$_{地}$
jīng	茎京经[1]惊晶睛精鲸	荆兢	泾菁旌粳	腈	猄$_{动}$麖$_{动*}$鶄$_{动}$
jǐng	井颈[1]景警	阱憬	儆	刭	汫$_{地*}$肼$_{化}$憼$_{姓*}$
jìng	劲[1]径净竞竟敬静境镜	靖	胫痉	经[2]	弪$_{科*}$婧$_{文}$靓[2]$_{文}$
jiōng					駉$_{姓*}$
jiǒng		窘	迥炯		
jiū	纠究揪	鸠赳	阄啾	鬏	朻$_{姓*}$樛$_{姓*}$
jiǔ	九久玖酒	灸韭			氿$_{地*}$
jiù	旧救就舅	臼咎疚	柩厩	僦鹫	桕$_{植}$
jū	车[2]拘居鞠	驹	狙掬据[2]	疽雎	苴$_{植}$沮[2]$_{地}$泃$_{地}$俱[2]$_{姓}$崌$_{地*}$涺$_{地*}$琚$_{姓}$娵$_{姓*}$裾$_{文}$趄[2]$_{文}$锔[1]$_{一般}$鮈$_{动*}$
jú	局菊橘				䴗$_{动*}$郹$_{姓*}$焗$_{方*}$锔[2]$_{化}$湨$_{地}$
jǔ	矩举	咀沮[1]	龃	莒踽	柜[2]$_{植}$枸[3]$_{植}$椇$_{植*}$蒟$_{植}$榉$_{植}$
jù	巨句[1]拒具剧俱[1]据[1]距惧锯聚	炬踞	苣[1]飓	倨遽	讵$_{文}$岠$_{地*}$姖$_{姓*}$钜$_{姓*}$椇$_{农}$澽$_{地*}$
juān	捐圈[3]	娟鹃	涓镌	蠲	
juǎn	卷[2]				
juàn	卷[1]倦绢圈[2]	眷	隽	狷鄄	桊$_{农}$
juē			撅		
jué	决角[2]觉[2]绝掘脚[2]	诀抉倔[1]爵嚼[2]	孓崛厥谲蕨獗橛镢矍蹶[1]攫	珏	駃$_{动*}$桷$_{地}$潏$_{地*}$噱[2]$_{文}$䦆$_{异*}$
juě				蹶[2]	
juè		倔[2]			
jūn	军均君菌[1]	钧	龟[2]	皲筠[2]	莙$_{植}$鲪$_{动}$
jùn	俊	峻骏竣	郡浚[1]菌[2]		陖$_{姓*}$

续 表

kā		咖[1]喀	咔[1]		揢口*
kǎ	卡[2]		咔[2]咯[1]		佧族*胩化
kāi	开	揩			锎化
kǎi	凯慨楷[1]		铠	剀恺锴	垲文蒈化
kài			忾		
kān	刊看[2]堪	勘	龛戡		
kǎn	坎砍	槛[1]	侃		莰化
kàn	看[1]		瞰	阚	崁地*嵌[2]地*墈地 磡地*
kāng	康糠	慷			埭地*鳈动*
káng	扛[1]				
kàng	抗炕	亢	伉		钪化
kāo				尻	
kǎo	考烤	拷			栲植
kào	靠	铐	犒		鲓食*熇一般*
kē	科棵颗	苛稞磕瞌 蝌	珂柯轲 颏[1]窠	坷[2]疴	匼地*呵[2]地髁体
ké	壳[2]咳[1]				颏[2]动
kě	可[1]渴	坷[1]		岢	
kè	克刻客课	嗑	可[2]恪 溘	氪骒	缂手工锞古
kēi				剋*	
kěn	肯垦恳	啃			
kèn					裉一般
kēng	坑	吭[1]	铿		阬姓*
kōng	空[1]			崆	箜古鵼动*
kǒng	孔恐			倥	穵地*
kòng	空[2]控				涳姓*
kōu		抠		眍	芤医*
kǒu	口				
kòu	扣寇	叩	蔻		筘工
kū	枯哭	窟	骷		喾地*
kǔ	苦				
kù	库裤酷		绔		喾名
kuā	夸				
kuǎ	垮				侉口

续表

kuà	挎跨	胯			
kuǎi			蒯		
kuài	会[2]块快筷		侩脍		郐$_{\text{姓}}$狯$_{\text{文}}$蒉$_{\text{姓}}$鲙$_{\text{动}}$
kuān	宽			髋	
kuǎn	款				
kuāng	筐		匡诓哐		洭$_{\text{地*}}$
kuáng	狂			诳	鵟$_{\text{动*}}$
kuǎng					夼$_{\text{地}}$
kuàng	旷况矿框	眶	邝		圹$_{\text{一般}}$贶$_{\text{姓}}$
kuī	亏	盔窥	岿		悝$_{\text{名}}$郏$_{\text{姓*}}$
kuí	葵	魁	奎逵睽	馗揆喹 夔	隗[1]$_{\text{姓}}$暌$_{\text{文}}$蝰$_{\text{动}}$
kuǐ		傀		跬	
kuì	愧	馈溃[1]	匮喟聩 篑	愦	
kūn	昆	坤	鲲	琨	裈$_{\text{姓*}}$堃$_{\text{名*}}$裩$_{\text{地*}}$ 锟$_{\text{姓}}$醌$_{\text{化}}$
kǔn	捆				悃$_{\text{文}}$
kùn	困				
kuò	扩括[1]阔	廓			适$_{\text{姓*}}$蛞$_{\text{动}}$筈$_{\text{植*}}$
lā	垃拉[1]	啦[2]	邋		
lá		拉[2]	旯		砬$_{\text{地*}}$
lǎ	喇	拉[3]			
là	腊蜡辣	落[3]		剌瘌镴	蝲$_{\text{动*}}$鯻$_{\text{动*}}$
la	啦[1]				鞡$_{\text{异}}$
lái	来	莱	徕	崃涞	郲$_{\text{姓*}}$梾$_{\text{植}}$鶆$_{\text{动*}}$ 铼$_{\text{化}}$
lài	赖	癞	睐籁	赉	濑$_{\text{地}}$
lai					唻$_{\text{助*}}$
lán	兰拦栏蓝篮	婪澜	岚阑谰 褴斓		镧$_{\text{化}}$
lǎn	览懒	揽缆榄			罱$_{\text{农}}$漤$_{\text{一般}}$
làn	烂滥				
lāng			啷		
láng	郎[1]狼廊	琅榔	锒螂		
lǎng	朗				塱$_{\text{地*}}$蓢$_{\text{地*}}$㮾$_{\text{地*}}$

续 表

làng	浪			郎[2]阆 蒗	莨[1]植崀地*
lāo	捞				
láo	劳牢	唠[1]	痨	崂	埗地*铹化筹植*醪方
lǎo	老姥		佬		荖地*栳植铑化
lào	涝	烙[1]落[2]酪		耢络[2]	唠[2]方嫪姓
lē					肋[2]方
lè	乐[2]勒[1]				仂文叻地泐姓簕植* 鳓动
le	了[2]			饹[1]	
lēi	勒[2]				
léi	累[3]雷	擂[1]	镭	羸	缧文檑古礌古
lěi	垒累[1]	磊蕾儡		耒	诔文
lèi	泪类累[2]	肋[1]擂[2]			
lei				嘞	
lēng					棱[3]声唥声*
léng		棱[1]楞			塄方
lěng	冷				
lèng		愣			堎地*睖一般*
lī		哩[1]			
lí	厘狸离梨犁 璃黎	漓篱	喱蜊罹 蠡[1]	丽[2]骊 鹂藜黧	媊姓*蓠植蒚植* 鲡动樆植*
lǐ	礼李里[1]理	鲤	俚娌	逦锂澧 醴蠡[2]	鳢动
lì	力历厉立丽[1] 励利例隶栗 粒	吏沥荔俐 莉砾雳痢	戾俪莅 砺蛎唳 笠	枥疠郦 栎[1]猁 傈溧	劦姓*坜地苈植 岍地*呖声苙姓* 疬医鸿动*綀植* 詈文
li	里[2]	哩[2]			
liǎ	俩[1]				
lián	连怜帘莲联 廉镰		涟鲢	奁裢濂	臁体蠊动
liǎn	脸	敛			琏姓蔹植
liàn	练炼恋链		殓		楝植䜌姓*潋文 鰊动*
liáng	良凉[1]梁量[2] 粮粱				莨[2]植椋动墚地*

续表

liǎng	两	俩[2]		魉	蜽$_{\text{地*}}$
liàng	亮谅辆量[1]	凉[2]晾	踉靓[1]		
liāo	撩[1]				
liáo	辽疗僚	聊寥嘹潦撩[2]缭燎[1]	獠		尞$_{\text{姓*}}$漻$_{\text{姓*}}$寮$_{\text{地}}$鹩$_{\text{动}}$髎$_{\text{医*}}$
liǎo	了[1]	燎[2]			钌[1]$_{\text{化}}$鄝$_{\text{姓*}}$蓼$_{\text{植}}$
liào	料	撂廖瞭镣		尥	钌[2]$_{\text{日用}}$
liē		咧[2]			
liě		咧[1]			裂[2]$_{\text{方}}$
liè	列劣烈猎裂[1]	冽	鬣	捩趔	埒$_{\text{地}}$鴷$_{\text{动*}}$鱲$_{\text{动*}}$
lie				咧[3]	
līn			拎		
lín	邻林临淋[1]	琳磷鳞麟	粼嶙遴霖	啉辚	镂$_{\text{化*}}$
lǐn		凛檩	廪		
lìn		吝赁躏	淋[2]蔺		膦$_{\text{化}}$
líng	伶灵玲铃陵零龄	凌菱蛉翎羚	囹瓴聆棂绫	令[3]棱[2]苓泠酃	柃$_{\text{植}}$鸰$_{\text{动}}$舲$_{\text{姓*}}$鲮$_{\text{动}}$
lǐng	令[2]岭领				
lìng	另令[1]			呤	
liū	溜[1]		蹓[1]	熘	
liú	刘留流榴	浏琉硫瘤馏[1]		骝镏[1]鎏	翏$_{\text{姓*}}$隬$_{\text{地*}}$摎$_{\text{姓*}}$飗$_{\text{文}}$鹠$_{\text{动}}$
liǔ	柳		绺		锍$_{\text{工*}}$
liù	六陆[2]	馏[2]	遛溜[2]	碌[2]镏[2]	鹨$_{\text{动}}$蹓[2]$_{\text{一般}}$
lo			咯[3]		
lōng	隆[2]				
lóng	龙聋笼[1]隆[1]	咙珑胧窿	茏	昽砻眬	宠$_{\text{地*}}$泷[1]$_{\text{地}}$栊$_{\text{建}}$竜$_{\text{地*}}$蕯$_{\text{姓*}}$瀧$_{\text{地*}}$癃$_{\text{医}}$
lǒng	垄拢笼[2]	陇			垅$_{\text{农}}$箦$_{\text{地*}}$
lòng		弄[2]			
lōu		搂[2]			
lóu	楼		偻[1]喽[1]娄蝼髅	耧	蒌$_{\text{植}}$溇$_{\text{地}}$
lǒu	搂[1]	篓			嵝$_{\text{地}}$
lòu	漏露[2]	陋	镂瘘		

续 表

lou			喽[2]		
lū			噜	撸	
lú	芦[1]炉	卢庐颅	泸轳		垆$_{\text{旧}}$栌$_{\text{植}}$胪$_{\text{文}}$鸬$_{\text{动}}$ 𬬻$_{\text{化*}}$鲈$_{\text{动}}$
lǔ	虏鲁	卤	掳橹		芦[2]$_{\text{动}}$硵$_{\text{矿*}}$镥$_{\text{化}}$
lù	陆[1]录鹿碌[1] 路露[1]	赂绿[2]禄戮 麓	漉辘璐 鹭	箓潞簏	甪$_{\text{地}}$菉$_{\text{地*}}$[illegible]$_{\text{地*}}$渌$_{\text{地}}$ 逯$_{\text{姓}}$僇$_{\text{姓}}$𫚕$_{\text{动*}}$𫚙$_{\text{动*}}$
lu				氇	
lǘ	驴		榈	闾	
lǚ	旅屡	吕侣铝缕 履	捋[2]膂 褛		稆$_{\text{农}}$偻[2]$_{\text{文}}$
lǜ	律虑率[2]绿[1] 滤	氯			葎$_{\text{植*}}$
luán		峦孪	栾挛鸾 滦銮		脔$_{\text{文}}$
luǎn	卵				
luàn	乱				
lüè	掠略				䂮$_{\text{地*}}$
lūn		抡			
lún	轮	仑伦囵沦	论[2]纶[1]		
lǔn					𫭢$_{\text{地*}}$
lùn	论[1]				
luō		啰[1]	捋[1]		
luó	罗萝锣箩骡 螺	逻		猡	脶$_{\text{文}}$椤$_{\text{植}}$
luǒ		裸			瘰$_{\text{医}}$蠃$_{\text{动}}$
luò	骆络[1]落[1]	洛摞	荦	珞漯	泺$_{\text{地}}$咯[4]$_{\text{化}}$烙[2]$_{\text{古}}$ 雒$_{\text{姓}}$
luo	啰[2]				
ḿ					呣[1]$_{\text{叹*}}$
m̀					呣[2]$_{\text{叹*}}$
mā	妈	抹[3]		摩[2]	孖$_{\text{地*}}$蚂[3]$_{\text{方}}$
má	麻	吗[2]蟆			
mǎ	马码蚂[1]	吗[3]玛			犸$_{\text{动}}$杩$_{\text{建*}}$[illegible]$_{\text{地*}}$
mà	骂	蚂[2]			祃$_{\text{姓}}$
ma	吗[1]	嘛			

续 表

mái	埋[1]		霾		
mǎi	买				荬植
mài	迈麦卖脉[1]				唛方镃化*
mān					颟方
mán	埋[2]蛮馒瞒			鳗	谩[2]文蔓[3]植樠姓* 鞔手工*鬘动*
mǎn	满		螨		
màn	曼漫慢	谩[1]蔓[1]	幔		鄤姓*墁建镘建
máng	芒忙盲茫	氓	杧		邙地硭化铓族* 牻植*鲯动*
mǎng		莽蟒			漭文
māo	猫[1]				
máo	毛矛茅	锚髦	牦	猫[2]蟊	茆姓蝥动
mǎo		卯铆		峁	泖地昴科
mào	茂冒贸帽貌		耄袤	瑁懋	鄚姓*鄚地*菽植*
me	么				嚜叹*
méi	没[1]眉梅煤霉	玫枚莓媒	嵋湄楣 酶	糜[2]	猸动镅化鹛动
měi	每美	镁			
mèi	妹	昧媚魅	袂寐		谜[2]口
mēn	闷[2]				
mén	门	们[2]	扪		钔化
mèn	闷[1]		焖懑		
men	们[1]				
mēng	蒙[3]				
méng	萌蒙[2]盟	檬朦		曚*	虻动甍文礞矿鹲动
měng	猛蒙[1]	锰	蜢懵	勐蠓	獴动
mèng	孟梦				
mī	眯[1]	咪			
mí	迷谜[1]	弥眯[2]糜[1] 靡[1]	猕	醚麋	祢姓䉾日用*縻文 蘼植
mǐ	米	靡[2]		弭	芈姓侎动*洣地脒化
mì	秘[1]密蜜	觅泌[1]	汨幂谧	嘧	宓[1]姓蓂植
mián	眠绵棉				
miǎn	免勉	娩冕缅腼	湎	沔渑	鮸动*
miàn	面				

续表

miāo		喵			
miáo	苗描	瞄			鹋$_{\text{动}}$
miǎo	秒	渺藐	缈	淼*	邈$_{\text{文}}$
miào	妙庙		缪[1]		
miē			咩	乜[1]	
miè	灭蔑		篾		
mín	民		岷		苠$_{\text{农}}$珉$_{\text{名}}$缗$_{\text{姓}}$
mǐn	敏	皿闽悯	闵抿泯		湣$_{\text{姓*}}$鳘$_{\text{动}}$
míng	名明鸣	铭螟	茗冥瞑		洺$_{\text{地}}$溟$_{\text{文}}$
mǐng			酩		
mìng	命				
miù		谬		缪[3]	
mō	摸				
mó	模[1]膜摩[1]磨[1]魔	馍摹蘑		谟	无[2]$_{\text{宗教}}$麽$_{\text{文}}$蓙$_{\text{植*}}$
mǒ	抹[1]				
mò	末没[2]沫莫漠寞墨默磨[2]	茉抹[2]陌	秣脉[2]蓦	殁	万[2]$_{\text{姓}}$貊$_{\text{姓}}$靺$_{\text{古}}$镆$_{\text{地}}$瘼$_{\text{文}}$貘$_{\text{动}}$礳$_{\text{地}}$耱$_{\text{农}}$
mōu			哞		
móu	谋	牟[1]	眸缪[2]		蛑$_{\text{动}}$
mǒu	某				
mú	模[2]				毪$_{\text{族}}$
mǔ	母亩	牡拇姆			峔$_{\text{地*}}$
mù	木目牧墓幕慕暮	沐募睦穆	苜	仫牟[2]钼	
nā				那[3]	南[2]$_{\text{宗教}}$
ná	拿				镎$_{\text{化}}$
nǎ	哪[1]				
nà	那[1]纳	呐钠娜[1]捺		衲	肭$_{\text{动}}$
na	哪[2]				
nǎi	乃奶			氖	艿$_{\text{植}}$迺$_{\text{姓*}}$
nài	耐	奈		萘鼐	佴$_{\text{姓}}$柰$_{\text{植}}$
nān				囡	
nán	男南[1]难[1]		喃楠		
nǎn				赧蝻	
nàn	难[2]				

续表

nāng	囊[2]		囔		
náng	囊[1]				馕$_{族}$
nǎng				攮	
nàng				齉	
nāo	孬				
náo	挠			铙蛲	呶$_{文}$硇$_{矿}$
nǎo	恼脑	瑙			垴$_{地*}$
nào	闹			淖	臑$_{医}$
né				哪[4]	
nè			讷		
ne	呢[1]				
něi		哪[3]馁			
nèi	内	那[2]			
nèn	嫩			恁	
néng	能				
ńg		嗯[1]			
ňg		嗯[2]			
ǹg		嗯[3]			
nī		妮			
ní	尼呢[2]泥[1]	霓	怩倪		坭$_{地}$兒$_{姓*}$铌$_{化}$鲵$_{动}$
nǐ	你	拟	旎		
nì	逆	泥[2]昵匿腻溺			睨$_{文}$樀$_{植*}$䁥$_{医*}$
niān		拈蔫			
nián	年黏		鲇		粘[2]$_{姓}$
niǎn		捻碾撵		辇	撚$_{姓*}$
niàn	念	廿		埝	
niáng	娘				
niàng	酿				
niǎo	鸟[1]		袅		茑$_{植}$
niào	尿[1]				脲$_{化}$
niē	捏				
nié					苶$_{口*}$
niè		聂镊镍孽	涅蹑蘖	臬啮嗫颞	乜[2]$_{姓}$捏$_{姓*}$苶$_{植*}$
nín	您				

续 表

níng	宁[1]凝	拧[1]咛狞柠			苧化*聍体
nǐng		拧[2]			
nìng	宁[2]	泞	佞		
niū		妞			
niú	牛				
niǔ	扭纽	钮	忸		
niù		拗[2]			
nóng	农浓	脓	侬哝		
nòng	弄[1]				
nòu				耨	
nú	奴			孥驽	
nǔ	努		弩		胬医
nù	怒				
nǚ	女				钕化
nǜ					衄文
nuǎn	暖				
nüè		疟[1]虐			
nuó	挪	娜[2]		傩	那[4]姓郍姓*
nuò		诺懦糯		喏[1]搦	锘化
ō			噢		
ó			哦[1]		
ǒ				嚄[2]	
ò			哦[2]		
ōu	欧	讴殴鸥	区[2]瓯	𫫇[1*]	
óu				𫫇[2*]	
ǒu	偶	呕藕		𫫇[3*]	𬉼一般*耦科
òu		沤	怄	𫫇[4*]	
pā	趴	啪	葩		舥地*派[2]一般
pá	爬	扒[2]耙[2]琶	杷	筢	掱异*潖地*
pà	怕	帕			
pāi	拍				
pái	排[1]牌	徘	俳		簰地*
pǎi		迫[2]		排[2]	
pài	派[1]	湃		哌	蒎化
pān	攀	潘		番[2]	

续表

pán	盘		爿磐蹒蟠	胖[2]槃*	磻$_{地*}$
pàn	判盼叛	畔	襻		拚$_{方}$泮$_{姓}$袢$_{族}$鋬$_{日用*}$
pāng	乓		滂膀[2]		
páng	旁	彷庞磅[2]螃	膀[3]	逄	鳑$_{动}$
pǎng				耪	嗙$_{地*}$
pàng	胖[1]				
pāo	抛泡[2]			脬	
páo	袍	刨[1]咆炮[2]	庖	狍匏跑[2]	
pǎo	跑[1]				
pào	泡[1]炮[1]			疱	
pēi		呸胚			
péi	陪培赔		裴		锫$_{化}$
pèi	佩配	沛		帔辔霈	浿$_{地*}$鄁$_{姓*}$
pēn	喷[1]				
pén	盆				湓$_{地*}$
pèn	喷[2]				
pēng		砰烹	抨怦嘭		
péng	朋彭棚蓬膨	硼鹏澎篷			伂$_{姓*}$堋$_{建}$淜$_{地*}$傰$_{姓*}$蟛$_{动}$
pěng	捧				
pèng	碰				椪$_{植*}$
pī	批披劈[1]	坯霹	纰砒噼	丕邳	伾$_{姓}$
pí	皮疲脾	啤琵	枇毗蚍	陂[1]郫罴	狓$_{动*}$铍$_{化}$埤$_{地*}$舭$_{地*}$鲏$_{动}$裨[2]$_{文}$蜱$_{动}$
pǐ	匹	痞劈[2]癖	否[2]		苉$_{化*}$擗$_{一般*}$
pì	辟[1]僻	屁譬	媲	淠	睥$_{文}$䴙$_{动*}$
piān	片[2]偏篇		扁[2]翩		犏$_{动}$
pián	便[2]		骈	胼	
piàn	片[1]骗				
piāo	漂[1]飘		剽缥		慓$_{地*}$螵$_{动}$
piáo		朴[2]嫖瓢			
piǎo	漂[3]		瞟	殍	
piào	票漂[2]			嘌骠[1]	

续 表

piē	撇[1]		瞥	氕	
piě		撇[2]		苤	镦$_{地*}$
pīn	拼		姘		
pín	贫	频	嫔颦		蘋$_{植*}$
pǐn	品				榀$_{建}$
pìn		聘	牝		
pīng	乒			娉	甹$_{动*}$
píng	平评苹凭瓶萍	坪屏[1]	枰	冯[2]	邢$_{姓*}$鲆$_{动}$
pō	坡泊[2]泼	颇			朴[3]$_{古}$钋$_{化}$
pó	婆	鄱			繁[2]$_{姓}$皤$_{文}$
pǒ			叵	笸	钷$_{化}$
pò	迫[1]破魄	粕	珀		朴[4]$_{植}$
po					桲$_{植*}$
pōu	剖				
póu				抔	垺$_{地*}$
pǒu				掊	
pū	扑铺[1]	仆[2]	噗		潽$_{口}$
pú	仆[1]葡	匍菩脯[1]蒲	璞	莆濮	镤$_{化}$
pǔ	朴[1]普谱	圃浦	埔[1]溥蹼	氆	镨$_{化}$
pù	铺[2]	瀑[1]	曝[2]	堡[3]	
qī	七妻柒戚期欺漆	沏栖凄嘁	萋蹊[2]		桤$_{植}$倛$_{姓*}$郪$_{地*}$缉[2]$_{一般}$蜮$_{动*}$嘁$_{一般*}$
qí	齐其奇[1]骑棋旗	歧祈荠[1]脐畦崎鳍麒	祁耆颀琪琦祺	亓圻芪岐萁跂*淇骐綦蕲	亓$_{姓*}$祇$_{地}$俟[2]$_{姓}$蕲$_{地*}$蛴$_{动}$蜞$_{动}$鲯$_{动}$
qǐ	乞岂企启起		杞绮	稽[2]	
qì	气弃汽砌器	迄泣契	讫葺憩		亟[2]$_{文}$碛$_{地}$碶$_{地}$槭$_{植}$磜$_{地*}$
qiā		掐			袷$_{族*}$葜$_{植}$
qiá				拤	
qiǎ	卡[1]				
qià	洽恰			髂	硲$_{植*}$

续表

qiān	千仟迁牵铅[1]谦签		阡扦钎悭	骞	芊文杆植*岍地佥文愆文鸧一般搴文礻兼地*
qián	前钱钳潜	乾黔	虔	荨[2]钤掮犍[2]	钺姓*墘地*
qiǎn	浅遣	谴		缱	肷动
qiàn	欠纤[2]歉	堑嵌[1]	茜[1]倩	芡	椠文蒨姓*
qiāng	枪腔	呛[1]	羌锵	戕戗[1]镪	抢[2]文酏族*蜣动锖矿
qiáng	强[1]墙		蔷樯		
qiǎng	抢[1]强[2]		襁	羟	
qiàng		呛[2]	跄	炝戗[2]	
qiāo	悄[1]锹敲	跷橇			郻姓*硗文雀[3]体劁一般缲一般
qiáo	乔侨桥瞧	荞翘[1]憔	樵		荍地*硚地谯姓軿日用
qiǎo	巧	悄[2]			愀文雀[2]动
qiào	壳[1]	俏峭窍翘[2]撬	诮鞘[1]		
qiē	切[1]				
qié	茄[1]				伽姓*伽[3]宗教
qiě	且				
qiè	切[2]窃	妾怯	挈惬锲	趄[1]箧	郄姓
qīn	钦侵亲[1]			衾	
qín	芹秦琴禽勤	擒	噙	覃[1]嗪	芩植溱[2]地檎植
qǐn	寝				梫植*
qìn			沁	吣揿	
qīng	青轻倾清蜻	氢卿			鲭动
qíng	情晴	擎	氰		赗口*
qǐng	顷请			綮	苘植
qìng	庆	亲[2]	罄	箐謦	謦文*
qióng	穷	琼	穹	邛茕	藭植*筇地
qiū	丘邱秋	蚯	鳅	龟[3]楸	萩地湫地鞧日用
qiú	求球	囚泅酋裘	遒	仇[2]虬巯	犰动俅族逑文
qū	区[1]曲[1]驱屈趋	岖蛆躯	祛蛐	黢	阹地*诎姓菧化*焌方麹姓*觑[2]口嚯声*

续 表

qú	渠	瞿	癯衢	劬朐	约$_{\text{姓*}}$鸲$_{\text{动}}$磲$_{\text{动}}$璩$_{\text{姓}}$鼩$_{\text{动}}$蘧$_{\text{姓}}$蠼$_{\text{动*}}$蠼$_{\text{动}}$
qǔ	曲[2]取娶		龋		苣[2]$_{\text{植}}$
qù	去趣		觑[1]		
qu					戌[2]$_{\text{方}}$
quān	圈[1]			悛	鄄$_{\text{地*}}$
quán	权全泉拳	痊	诠蜷颧	荃铨醛鬈	筌$_{\text{文}}$鳈$_{\text{动}}$
quǎn	犬			绻	
quàn	劝券[1]				
quē	缺		炔[1]阙[2]		
qué		瘸			
què	却雀[1]确鹊		阕阙[1]榷		
qún	裙群				
rán	然燃		髯		蚺$_{\text{动}}$
rǎn	染		冉苒		郴$_{\text{姓*}}$
rāng		嚷[2]			
ráng		瓤			蘘$_{\text{植}}$瀼[1]$_{\text{地*}}$穰$_{\text{方}}$
rǎng	壤嚷[1]		攘		
ràng	让				瀼[2]$_{\text{地*}}$
ráo	饶		娆	桡	荛[1]$_{\text{姓}}$
rǎo	扰				
rào	绕				
rě	惹				喏[2]$_{\text{近}}$
rè	热				
rén	人仁	壬		任[2]	
rěn	忍		荏	稔	
rèn	刃认任[1]	纫韧	仞妊饪	轫	纴$_{\text{文}}$葚[2]$_{\text{植}}$
rēng	扔				
réng	仍				
rì	日				
róng	荣绒容蓉溶熔融	戎茸榕	嵘		狨$_{\text{动}}$蝾$_{\text{动}}$
rǒng		冗			氄$_{\text{动*}}$
róu	柔揉	蹂	糅	鞣	

续表

ròu	肉				
rú	如	儒蠕	茹濡孺	嚅	挐姓* 铷化 薷植 颥体
rǔ	乳辱		汝		
rù	入	褥		溽缛	洳地 蓐文
ruǎn	软	阮			朊科
ruí				蕤	
ruǐ		蕊			
ruì	锐瑞		睿	芮枘	汭地 蚋动
rùn	润	闰			
ruó					挼口*
ruò	若弱		偌		鄀姓* 婼地* 渃地* 箬植
sā	撒[1]		仨	挲[1]	
sǎ	洒撒[2]			靸	潵地
sà		卅飒萨			脎化
sāi	塞[1]	腮	鳃	噻	
sài	塞[2]赛				
sān	三叁				
sǎn	伞散[2]				馓食
sàn	散[1]				
sāng	丧[1]桑				
sǎng	嗓			搡	磉建 颡地
sàng	丧[2]				
sāo		搔骚臊[1]	缫		
sǎo	扫[1]嫂				溲植*
sào	扫[2]	臊[2]		瘙	埽建 梢[2]科
sè	色[1]塞[3]	啬涩瑟		铯穑	
sēn	森				
sēng		僧			
shā	杀沙[1]纱	杉[2]刹[1]砂莎[1]煞[2]鲨	痧裟	铩	粆姓*
shá		啥			
shǎ	傻				
shà	厦[1]	煞[1]霎		歃	沙[2]方
shāi	筛				
shǎi		色[2]			

续表

shài	晒				
shān	山删衫扇^{2}	杉^{1}苫^{1}珊煽	姗舢跚潸膻	芟栅^{2}搧	钐^{2}$_{\text{化}}$鳣$_{\text{食*}}$
shǎn	闪陕				睒$_{\text{一般*}}$
shàn	扇^{1}善	汕苫^{2}擅膳赡	讪疝缮单^{2}鳝	钐^{1}禅^{2}骟鄯嬗	剡$_{\text{地}}$墠$_{\text{地*}}$掸^{2}$_{\text{地}}$蟮$_{\text{动*}}$蟺$_{\text{动}}$
shāng	伤商		墒	殇觞熵	
shǎng	晌赏	上^{3}	垧		
shàng	上^{1}尚			绱*	
shang	上^{2}裳				
shāo	捎^{1}烧梢^{1}稍^{1}		艄鞘^{2}	筲	蛸^{1}$_{\text{动}}$
sháo	勺	芍	韶		苕$_{\text{方}}$
shǎo	少^{1}				
shào	少^{2}绍哨	邵		劭潲	召^{2}$_{\text{姓}}$捎^{2}$_{\text{口}}$稍^{2}$_{\text{口}}$
shē		奢赊		猞畲	峚$_{\text{地*}}$
shé	舌折^{2}蛇^{1}		佘		阇$_{\text{宗教}}$
shě	舍^{2}				
shè	设社舍^{1}射涉摄	赦	慑麝	拾^{2}歙	厍$_{\text{地}}$郃$_{\text{姓*}}$滠$_{\text{地}}$
shéi	谁				
shēn	申伸身参^{2}深	呻绅	莘^{1}砷娠	糁	侁$_{\text{姓*}}$甡$_{\text{姓*}}$燊$_{\text{姓}}$鲹$_{\text{动}}$
shén	什^{1}神				瞫$_{\text{姓*}}$
shěn	沈审婶			哂	谂$_{\text{文}}$
shèn	肾甚渗慎		蜃	葚^{1}瘆	胂$_{\text{化}}$
shēng	升生声牲	笙甥			
shéng	绳				
shěng	省^{1}			眚	
shèng	圣胜盛^{1}剩			乘^{2}嵊	晟^{2}$_{\text{名}}$蕂$_{\text{姓*}}$
shī	尸失师诗狮施湿	虱	嘘^{2}		邿$_{\text{姓*}}$鸤$_{\text{动*}}$浉$_{\text{地}}$蓍$_{\text{植}}$鰤$_{\text{动*}}$鲺$_{\text{动}}$
shí	十什^{2}石^{1}时识^{1}实拾^{1}食^{1}蚀				炻$_{\text{一般}}$莳^{1}$_{\text{植}}$鲥$_{\text{动}}$
shǐ	史使始驶	矢屎		豕	

续 表

shì	士氏示世市式似^{2}事势侍饰试视柿是适室逝释誓	仕拭恃嗜	轼舐弑谥噬	峙^{2}螫	阺$_{\text{姓*}}$贳$_{\text{方}}$胝$_{\text{化*}}$莳^{2}$_{\text{方}}$铈$_{\text{化}}$筮$_{\text{文}}$奭$_{\text{姓}}$
shi	匙^{1}			殖^{2}	
shōu	收				
shóu	熟^{2}				
shǒu	手守首				
shòu	寿受授售兽瘦		狩绶		
shū	书叔殊梳舒疏输蔬	抒枢淑	倏	姝菽	殳$_{\text{姓}}$纾$_{\text{文}}$摅$_{\text{文}}$鄃$_{\text{姓*}}$
shú	熟^{1}	秫赎塾	孰		
shǔ	暑属^{1}鼠数^{2}薯	黍署蜀曙			
shù	术^{1}束述树竖数^{1}	戍恕庶墅漱		沭腧	钛$_{\text{姓*}}$澍$_{\text{名}}$
shuā	刷^{1}				
shuǎ	耍				
shuà			刷^{2}		
shuāi	衰摔				
shuǎi	甩				
shuài	帅率^{1}	蟀			
shuān	拴	栓	闩		
shuàn		涮			
shuāng	双霜		孀		泷^{2}$_{\text{地}}$礵$_{\text{地*}}$
shuǎng	爽				
shuǐ	水				
shuì	税睡	说^{2}			
shǔn		吮			
shùn	顺	舜瞬			
shuō	说^{1}				
shuò		烁硕	妁铄朔数^{3}		蒴$_{\text{植}}$搠$_{\text{文}}$
sī	司丝私思斯撕	嘶	咝蛳厮	鸶锶	虒$_{\text{地*}}$罳$_{\text{建*}}$箟$_{\text{植*}}$
sǐ	死				

续表

sì	四寺似[1]饲肆	巳伺[1]	祀驷 俟[1]嗣	姒泗 食[2]	汜$_{\text{地}}$佀$_{\text{姓*}}$笥$_{\text{地}}$
sōng	松		忪嵩	凇淞	菘$_{\text{植}}$崧$_{\text{地*}}$
sóng					㞞$_{\text{口*}}$
sǒng		耸	怂悚		竦$_{\text{文}}$橾$_{\text{植*}}$
sòng	宋送诵颂	讼			
sōu	搜艘	嗖馊		飕	溲$_{\text{文}}$螋$_{\text{动}}$
sǒu		擞[1]	叟	嗾薮	
sòu	嗽				擞[2]$_{\text{方}}$
sū	苏	酥稣		窣	
sú	俗				
sù	诉肃素速宿[1] 塑	粟溯	夙愫簌	谡嗉僳	玊$_{\text{姓*}}$涑$_{\text{地}}$琡$_{\text{姓*}}$ 蔌$_{\text{文}}$觫$_{\text{文}}$缩[2]$_{\text{植}}$
suān	酸				
suàn	蒜算				
suī	虽	尿[2]	荽	睢濉	眭$_{\text{姓}}$葰$_{\text{姓*}}$
suí	随	隋遂[2]	绥		陏$_{\text{姓*}}$
suǐ		髓			
suì	岁碎穗	祟遂[1]隧	邃	燧	
sūn	孙		狲	荪	
sǔn	损笋		隼榫		
suō	缩[1]	唆梭嗦	娑蓑	挲[2]羧 嗍	莎[2]$_{\text{植}}$桫$_{\text{植}}$睃$_{\text{方}}$ 鲹$_{\text{动*}}$
suǒ	所索锁	琐	唢		贳$_{\text{地*}}$
tā	他它她塌踏[2]		遢	趿	铊[2]$_{\text{化}}$溻$_{\text{方}}$禢$_{\text{姓*}}$
tǎ	塔		獭		鳎$_{\text{动}}$
tà	踏[1]	蹋	拓[2]沓[1] 挞榻		闼$_{\text{文}}$嗒[2]$_{\text{文}}$
tāi	胎	苔[2]		台[2]	
tái	台[1]抬	苔[1]	跆薹		邰$_{\text{姓}}$炱$_{\text{一般}}$鲐$_{\text{动}}$ 臺$_{\text{姓*}}$
tǎi					奤[2]$_{\text{地*}}$
tài	太态泰	汰		钛	肽$_{\text{化}}$酞$_{\text{化}}$
tān	贪摊滩	坍瘫			
tán	坛谈弹[2]痰	昙谭潭檀		郯覃[2]	锬$_{\text{地*}}$澹[2]$_{\text{姓}}$磹$_{\text{地*}}$ 镡[2]$_{\text{姓}}$

续表

tǎn	坦毯	忐袒			钽$_{\text{化}}$
tàn	叹炭探	碳			
tāng	汤	趟[2]		嘡	铴$_{\text{一般}}$耥$_{\text{农}}$羰$_{\text{化}}$
táng	唐堂塘膛糖	棠搪	镗螳		郾$_{\text{地}}$溏$_{\text{一般}}$樘$_{\text{建}}$ 糖$_{\text{一般*}}$
tǎng	倘躺	淌		傥	帑$_{\text{文}}$
tàng	烫趟[1]				
tāo	涛掏滔		叨[3]绦 韬	焘	饕$_{\text{文}}$
táo	逃桃陶萄淘		啕	洮	梼$_{\text{姓*}}$
tǎo	讨				
tào	套				
tè	特	忑		忒[1]	铽$_{\text{化}}$
te					脦$_{\text{方*}}$
tēng				熥	鼟$_{\text{声*}}$
téng	疼腾	誊藤		滕	螣$_{\text{动*}}$
tī	梯踢	剔	锑	体[2]	䏲$_{\text{化*}}$䴘$_{\text{动*}}$
tí	提[1]啼题蹄			醍	绨[2]$_{\text{文}}$騠$_{\text{动*}}$遆$_{\text{姓*}}$ 鹈$_{\text{动}}$鳀$_{\text{动}}$
tǐ	体[1]				
tì	剃惕替	屉涕嚏	悌	倜绨[1]	逖$_{\text{文}}$
tiān	天添				黇$_{\text{动}}$
tián	田甜填	恬			沺$_{\text{姓*}}$
tiǎn		腆舔		忝殄	觍$_{\text{口*}}$
tiàn					掭$_{\text{一般}}$
tiāo	挑[1]		佻		祧$_{\text{文}}$
tiáo	条调[2]	笤	迢		髫$_{\text{文}}$鲦$_{\text{动}}$
tiǎo	挑[2]		窕		
tiào	跳	眺	粜		
tiē	贴	帖[3]			萜$_{\text{化}}$
tiě	帖[2]铁				
tiè	帖[1]				餮$_{\text{文}}$
tīng	厅听			汀烃	桯$_{\text{日用*}}$
tíng	亭庭停蜓	廷	婷霆	莛	邒$_{\text{姓*}}$葶$_{\text{植}}$蝏$_{\text{科*}}$
tǐng	挺艇		铤		梃[1]$_{\text{建}}$
tìng					梃[2]$_{\text{手工}}$

续 表

tōng	通[1]		嗵		
tóng	同[1]桐铜童	彤瞳	潼	佟峒[1]洞[2]酮	仝姓*峂地垌[2]地茼植砼建烔地*鲖地*橦地
tǒng	统桶筒	捅			
tòng	同[2]痛	通[2]	恸		
tōu	偷				
tóu	头[1]投			骰	
tǒu					钭姓
tòu	透				
tou	头[2]				
tū	秃突	凸			葖植
tú	图徒途涂屠		荼		涂姓*菟[1]文
tǔ	土吐[1]				钍化
tù	吐[2]兔				堍建菟[2]植
tuān		湍			
tuán	团			抟	
tuǎn					疃地
tuī	推			忒[2]	
tuí		颓			
tuǐ	腿				
tuì	退	蜕褪[1]		煺	
tūn	吞				
tún	屯	囤[2]饨臀	豚		鲀动
tǔn					氽方
tùn		褪[2]			
tuō	托拖脱				
tuó	驮[1]驼	跎鸵	陀坨沱	佗砣铊[1]	柁建鮀动*橐声鼍动
tuǒ	妥	椭		庹	鵎动*
tuò		拓[1]唾			柝文箨植
wā	挖蛙	哇[1]洼		娲	凹[2]地坬地*畖地*窊地*
wá	娃				
wǎ	瓦[1]			佤	
wà	袜			瓦[2]	腽动

续表

wa		哇[2]			
wāi	歪				咥$_{\text{叹}*}$
wǎi			崴	跮*	
wài	外				
wān	弯湾	蜿豌	剜		塆$_{\text{地}}$
wán	丸完玩顽		纨烷		芄$_{\text{植}}$
wǎn	挽晚碗	宛惋婉皖		莞[2]绾 琬畹	菀$_{\text{植}}$脘$_{\text{医}}$箢$_{\text{地}}$
wàn	万[1]	腕	蔓[2]		沥$_{\text{地}*}$
wāng	汪				
wáng	亡王				
wǎng	网往	枉	罔惘	魍	菵$_{\text{植}*}$辋$_{\text{地}}$
wàng	妄忘旺望				
wēi	危威微	偎薇巍	逶煨	委[2]葳	鳂$_{\text{动}}$
wéi	为[1]违围唯维 喂[2]	韦桅惟	圩[1]帷	帏嵬潍	闱$_{\text{文}}$沣$_{\text{地}*}$沩$_{\text{地}}$涠$_{\text{地}}$ 鲍$_{\text{动}*}$
wěi	伟伪尾[1]委[1]	苇纬萎	玮炜诿 娓猥韪	痿	芀$_{\text{姓}*}$洧$_{\text{地}}$碨$_{\text{地}*}$ 隗[2]$_{\text{姓}}$鲔$_{\text{动}}$蓶$_{\text{姓}*}$
wèi	卫为[2]未位味 畏胃喂[1]慰魏	谓尉[1]猬蔚[1]	渭	遗[2]	鳚$_{\text{动}}$
wēn	温	瘟			榅$_{\text{植}*}$鳁$_{\text{动}}$
wén	文纹闻蚊			雯	
wěn	稳	吻紊	刎		
wèn	问			汶	璺$_{\text{一般}*}$
wēng	翁	嗡			滃$_{\text{地}}$鹟$_{\text{动}}$鳋$_{\text{动}*}$
wěng					蓊$_{\text{文}}$
wèng		瓮			蕹$_{\text{植}}$齆$_{\text{一般}*}$
wō	窝	挝涡[1]喔蜗	莴倭		踒$_{\text{一般}*}$
wǒ	我				
wò	沃卧握		幄渥斡 龌		肟$_{\text{化}}$涴$_{\text{地}*}$硪$_{\text{建}}$
wū	乌[1]污呜屋	巫钨诬		邬	
wú	无[1]吴	毋芜吾梧 蜈		唔	郚$_{\text{地}}$浯$_{\text{地}}$鹀$_{\text{动}}$ 鼯$_{\text{动}}$
wǔ	五午伍武侮 舞	捂鹉	妩	忤牾	仵$_{\text{姓}}$迕$_{\text{文}}$庑$_{\text{文}}$ 沅$_{\text{地}*}$怃$_{\text{文}}$潕$_{\text{地}*}$

续 表

wù	勿务物误恶[3] 悟雾	戊坞晤	兀乌[2] 骛鹜	焐婺	芴$_{\text{化}}$杌$_{\text{日用}}$靰$_{\text{异}}$ 痦$_{\text{体}}$寤$_{\text{文}}$
xī	夕西吸希析 牺息悉惜稀 锡溪熄膝	兮汐昔晰 犀熙嘻嬉 蟋	茜[2]奚 烯皙* 淅熹羲 蹊[1]曦	矽郗[1] 唏浠硒 欷*蜥 窸	饻$_{\text{旧}}$菥$_{\text{植}}$舾$_{\text{交}}$葸$_{\text{植*}}$ 豨$_{\text{植}}$樨$_{\text{植}}$螅$_{\text{动}}$谿$_{\text{族*}}$ 酅$_{\text{姓*}}$鼷$_{\text{动}}$蠵$_{\text{动*}}$
xí	习席袭	媳	檄	隰	嶍$_{\text{地*}}$
xǐ	洗[1]喜	铣[1]徙	玺禧	屣	枲$_{\text{植*}}$葸$_{\text{文}}$锡$_{\text{化*}}$ 蟢$_{\text{动*}}$鳝$_{\text{动*}}$
xì	戏系[1]细隙			阋	屃$_{\text{旧}}$郤$_{\text{姓}}$舄$_{\text{姓}}$潟$_{\text{地}}$
xiā	虾瞎			呷	蝦$_{\text{动*}}$
xiá	峡狭霞	匣侠暇辖	遐瑕	狎黠	硖$_{\text{地}}$
xià	下吓[2]夏	厦[2]			罅$_{\text{文}}$
xiān	仙先纤[1]掀 鲜[1]	锨	籼	氙跹暹	祆$_{\text{宗教}}$莶$_{\text{植}}$酰$_{\text{化}}$
xián	闲贤弦咸衔 嫌	涎舷	娴痫		挦$_{\text{方}}$堿$_{\text{地*}}$鹇$_{\text{动}}$ 鹹$_{\text{动*}}$
xiǎn	显险	藓	冼鲜[2]		洗[2]$_{\text{姓}}$蚬$_{\text{动}}$岙$_{\text{地*}}$ 铣[2]$_{\text{工}}$燹$_{\text{文}}$
xiàn	县现限线宪 陷馅羡献	腺	苋	霰	岘$_{\text{地}}$崄$_{\text{地*}}$锦$_{\text{工*}}$
xiāng	乡相[1]香箱	厢湘镶	襄		芗$_{\text{一般}}$葙$_{\text{植*}}$缃$_{\text{名}}$ 骧$_{\text{名}}$
xiáng	详降[2]祥	翔			庠$_{\text{古}}$
xiǎng	享响想	饷	飨		鲞$_{\text{食}}$
xiàng	向项巷[1]相[2] 象像橡				
xiāo	削[2]消宵销	肖[2]逍萧硝 箫潇霄嚣	枭骁		哓$_{\text{文}}$枵$_{\text{文}}$鸮$_{\text{动}}$绡$_{\text{文}}$ 猇$_{\text{地*}}$蛸[2]$_{\text{动}}$魈$_{\text{动}}$ 蟏$_{\text{动*}}$
xiáo		淆			洨$_{\text{地}}$崤$_{\text{地}}$
xiǎo	小晓			筱	
xiào	孝校[1]笑效	肖[1]哮啸			
xiē	些歇	楔蝎		揳	
xié	协邪胁斜携 鞋	挟谐	叶[2]偕	颉[2]撷 勰	斜$_{\text{地*}}$缬$_{\text{植}}$
xiě	写血[2]				

续表

xiè	泄泻卸屑械谢	解[3]懈蟹	亵榭邂瀣	燮	绁文卨姓*偰姓*渫姓榍矿薤植鋆姓*薢植*澥一般
xīn	心辛欣新薪	芯[1]锌	馨鑫	忻昕	䜣姓*莘[2]地歆名
xìn	信	衅	囟	芯[2]	焮植*
xīng	兴[1]星腥	猩	惺		骍姓
xíng	刑行[1]形型	邢		陉荥[1]	饧一般硎地
xǐng	省[2]醒		擤		
xìng	兴[2]杏幸性姓		悻		荇植
xiōng	凶兄胸	匈汹			芎植
xióng	雄熊				
xiòng					敻姓*
xiū	休修羞			咻馐	脩文*鸺动髹文蓨动*
xiǔ	朽	宿[2]			
xiù	秀袖绣锈	臭[2]宿[3]嗅	溴	岫	
xū	须虚需	戌[1]吁[2]墟嘘[1]	圩[2]胥	盱欻*	顼姓湑地*魆一般
xú	徐				
xǔ	许		诩栩		浒[2]地醑化
xù	序叙畜[1]绪续絮蓄	旭恤酗婿	煦	溆	滀地*
xu			蓿		
xuān	宣	轩喧	暄煊	萱	揎一般禤姓
xuán	悬旋[1]	玄漩	璇		还[3]姓痃医
xuǎn	选	癣		烜	
xuàn	旋[2]	炫眩渲绚		券[2]泫铉楦	碹建
xuē	削[1]	靴薛			
xué	穴学			踅噱[1]	茓日用峃地*
xuě	雪			鳕	
xuè	血[1]		谑		
xūn		勋熏[1]	醺		埙一般窨[2]手工薰文
xún	旬寻巡询循		荀荨[1]峋	浔鲟	郇[2]姓鄩姓*恂姓洵文栒植蟳动*
xùn	训讯迅	汛驯逊殉	徇	浚[2]巽蕈	熏[2]一般

续表

yā	压[1]呀[1]押鸦鸭	丫	哑[2]		垭$_{\text{地}}$
yá	牙芽崖	蚜涯衙		伢睚	岈$_{\text{地}}$玡$_{\text{地}}$厓$_{\text{姓*}}$堐$_{\text{地*}}$
yǎ	哑[1]雅				
yà	亚压[2]	轧[2]讶	娅揠	迓氩	砑$_{\text{手工}}$猰$_{\text{姓*}}$
ya	呀[2]				
yān	咽[1]烟淹	胭焉腌[1]燕[2]	阉湮嫣	恹殷[2]鄢	崦$_{\text{地}}$隁$_{\text{姓*}}$
yán	延严言岩炎沿研盐颜	阎蜒檐	闫*芫[1]妍筵	铅[2]	埏$_{\text{地}}$
yǎn	掩眼演	奄衍	俨偃	兖郾琰魇	匽$_{\text{姓*}}$厣$_{\text{动}}$罨$_{\text{医}}$鼹$_{\text{动}}$
yàn	厌咽[2]艳宴验雁焰燕[1]	砚唁谚	彦晏堰赝	酽	觃$_{\text{地*}}$焱$_{\text{名}}$滟$_{\text{地}}$墕$_{\text{地*}}$餍$_{\text{文}}$
yāng	央殃秧	鸯	泱鞅[1]		鉠$_{\text{动*}}$
yáng	扬羊阳杨洋	疡	佯徉	炀	垟$_{\text{地}}$旸$_{\text{地}}$蛘$_{\text{方}}$
yǎng	仰养氧痒				
yàng	样	漾	怏恙	烊	鞅[2]$_{\text{农}}$
yāo	妖要[2]腰邀	夭吆	幺约[2]		墺$_{\text{地*}}$
yáo	窑谣摇遥	尧肴姚瑶	徭	爻	荛[2]$_{\text{植}}$珧$_{\text{动}}$铫[2]$_{\text{姓}}$猺$_{\text{动*}}$繇$_{\text{姓}}$鳐$_{\text{动}}$
yǎo	咬	舀	杳窈		崾$_{\text{地*}}$
yào	药要[1]钥[1]耀	疟[2]	鹞	靿	滧$_{\text{地*}}$曜$_{\text{旧}}$
yē		耶[1]掖[1]椰	噎		倻$_{\text{族}}$蠮$_{\text{动*}}$
yé	爷		耶[2]揶		铘$_{\text{地}}$
yě	也冶野				
yè	业叶[1]页夜液	掖[2]谒腋	曳咽[3]	晔烨靥	邺$_{\text{姓}}$
yī	一衣医依壹	伊揖	咿铱漪	噫黟	洢$_{\text{地*}}$椅$_{\text{植*}}$猗$_{\text{文}}$椅[2]$_{\text{植}}$繄$_{\text{文}}$
yí	仪宜姨移遗[1]疑	夷咦胰	怡贻痍颐彝	沂饴眙迤[1]蛇[2]	圯$_{\text{地}}$诒$_{\text{名}}$迻$_{\text{文*}}$栘$_{\text{植*}}$耛$_{\text{地*}}$嶷$_{\text{地}}$
yǐ	乙已以蚁倚椅[1]	尾[2]矣	旖	迤[2]	钇$_{\text{化}}$苡$_{\text{植}}$舣$_{\text{地}}$酏$_{\text{化}}$扆$_{\text{姓*}}$

续表

yì	亿义艺忆议 亦异役译易 疫益谊意毅 翼	屹[1]抑邑绎 奕逸肄裔 溢	弋艾[2] 呓佚诣 驿轶弈 翌缢臆	刈羿悒 蜴熠瘗 懿	峄地怿文猗动*挹文 翊名勚一般 鲐动* 潩地*殪地薏植镱化 螠动翳体虉植*
yīn	因阴音姻	茵殷[1]		洇喑	堙姓*氤文铟化 闉姓*湮一般溵地*
yín	银	吟淫寅	垠龈	鄞夤	冘姓*訚姓*狺文 崟姓*霪一般
yǐn	引饮[1]隐	尹蚓瘾		吲	硍地*
yìn	印	饮[2]	荫	胤窨[1]	茚化鮣动*
yīng	应[1]英婴樱鹰	莺缨鹦	瑛罂膺	嘤	蘡植*撄文璎古
yíng	迎盈营蝇赢	荧莹萤	茔萦楹 瀛	荥[2]蓥 滢嬴	潆地*濴文
yǐng	影	颖		郢颍	瘿医
yìng	应[2]映硬				
yō		哟[1]	唷		
yo		哟[2]			
yōng	佣[1]拥庸	臃	雍壅	痈邕慵 鳙	鄘姓澭地*镛名
yǒng	永咏泳勇涌[1]	蛹踊	甬俑恿		埇地*蛹地*涌姓* 鲬动
yòng	用佣[2]				㶲科*
yōu	优忧幽悠		攸	呦	鄾姓*
yóu	尤由邮犹油 游		疣铀鱿 蝣	柚[2]蚰 猷	沋地*莜植莸植鲉动 蝤动鼬动*
yǒu	友有	酉	莠黝		铕化牖文
yòu	又右幼诱	佑柚[1]	囿釉	宥	蚴动鼬动
yū		迂淤	瘀*		吁[3]声纡文於姓
yú	于余鱼娱渔 愉榆愚	盂竽俞隅 逾渝舆	予[2]臾 谀揄腴 瑜虞觎	禺馀	邘地*钦文妤文狳动 萸植雩地喁文嵛地 舒动*畲姓*蝓动
yǔ	与[1]予[1]屿宇 羽雨语	禹	圄龉	庾	伛文俣姓圉地偊姓* 萬姓*瑀姓瘐文窳文
yù	与[2]玉育狱浴 预域欲遇御 裕愈誉	驭芋吁[1]郁 喻寓豫	阈谕毓 熨[2]鹬 鬻	聿妪昱 峪钰煜 尉[2]蔚[2] 蜮	彧名堉地淯地*鹆动 蓣植滪地潏地蒉植* 霱姓*鷸动*

续 表

yuān	冤	鸳渊		鸢	涴$_{\text{地*}}$蜎$_{\text{姓}}$
yuán	元园员[1]原圆援缘源	袁猿辕	沅垣媛[1]	爰塬	芫[2]$_{\text{植}}$蚖$_{\text{动*}}$鼋$_{\text{动}}$湲$_{\text{文}}$榬$_{\text{姓*}}$橼$_{\text{植}}$螈$_{\text{动}}$豲$_{\text{动*}}$
yuǎn	远				
yuàn	怨院愿		苑	垸媛[2]	
yuē	约[1]	曰			
yuě			哕		
yuè	月乐[1]岳阅悦跃越	粤		钥[2]钺	栎[2]$_{\text{地}}$篗$_{\text{手工*}}$樾$_{\text{文}}$
yūn	晕[1]				氲$_{\text{文}}$赟$_{\text{名}}$
yún	云匀	纭耘	芸	郧涢筠[1]	郧$_{\text{姓*}}$妘$_{\text{姓*}}$员[3]$_{\text{名}}$昀$_{\text{名}}$
yǔn	允	陨	殒		
yùn	孕运晕[2]韵	酝蕴熨[1]		郓恽韫	贠$_{\text{姓*}}$员[2]$_{\text{姓}}$愠$_{\text{文}}$
zā	扎[3]		匝咂	臜	
zá	杂	砸			雥$_{\text{植*}}$
zǎ			咋[3]		
zāi	灾栽	哉			甾$_{\text{化}}$
zǎi	仔[2]载[2]宰		崽		
zài	再在载[1]				傤$_{\text{交*}}$
zān			糌簪		
zán	咱				
zǎn		攒[1]		昝	拶$_{\text{旧}}$趱$_{\text{近}}$
zàn	暂赞			錾	
zāng	脏[1]	赃	臧		
zàng	脏[2]葬藏[2]			奘[1]	
zāo	遭糟				
záo		凿			
zǎo	早枣澡	蚤藻			溞$_{\text{动*}}$
zào	皂灶造燥躁	噪			浞$_{\text{地*}}$
zé	则责择[1]泽		咋[1]啧		迮$_{\text{姓}}$笮$_{\text{姓}}$篑$_{\text{地}}$
zè			仄		
zéi	贼				
zěn	怎				
zèn				谮	

续 表

zēng	曾[2]增	憎			罾$_{\text{农}}$
zèng	赠			锃甑	综[2]$_{\text{手工}}$
zhā	扎[1]渣	喳[2]楂[1]	咋[2]查[2]	吒*	奓$_{\text{地*}}$
zhá	扎[2]轧[1]闸 炸[2]	铡	札		
zhǎ	眨			拃鲊	苲$_{\text{植*}}$砟$_{\text{一般}}$鲝$_{\text{地*}}$
zhà	炸[1]榨	乍诈栅[1]	咤蚱	柞[2]痄	溠$_{\text{地}}$硶$_{\text{地*}}$霅$_{\text{地*}}$
zha					馇[2]$_{\text{食}}$
zhāi	摘	斋			
zhái	宅	择[2]翟[1]			
zhǎi	窄				
zhài	债寨				砦$_{\text{姓*}}$祭[2]$_{\text{姓}}$
zhān	沾粘[1]	占[2]毡詹瞻		谵	旃$_{\text{姓}}$
zhǎn	斩盏展崭	辗		搌	
zhàn	占[1]战站	栈绽湛颤[2] 蘸			
zhāng	张章	彰樟	獐璋嶂	漳	嫜$_{\text{文}}$
zhǎng	长[2]涨[1]掌			仉	
zhàng	丈仗杖帐账 胀涨[2]障		幛嶂瘴		
zhāo	招着[3]朝[2]	昭	钊		
zháo	着[2]				
zhǎo	爪[1]找	沼			
zhào	召[1]兆赵照罩	肇	诏	笊	棹$_{\text{文}}$鮡$_{\text{动*}}$
zhē	遮	折[3]蜇[2]			
zhé	折[1]哲	辙蜇[1]	辄蛰谪		摺$_{\text{一般}}$磔$_{\text{文}}$
zhě	者	赭	褶	锗	
zhè	这浙	蔗	鹧	柘	乇$_{\text{姓*}}$
zhe	着[4]				
zhēn	贞针侦珍真	斟	帧砧甄 榛箴臻	胗桢祯	浈$_{\text{地}}$葴$_{\text{姓*}}$嵘$_{\text{地*}}$ 溱[1]$_{\text{姓}}$鱵$_{\text{动*}}$
zhěn	诊枕	疹	缜		轸$_{\text{文}}$畛$_{\text{文}}$
zhèn	阵振震镇	圳赈	鸩朕		
zhēng	正[2]争征挣[1] 睁筝蒸	狰症[2]	峥铮[1]		怔[2]$_{\text{文}}$埩$_{\text{地*}}$烝$_{\text{文}}$
zhěng	整	拯			

续 表

zhèng	正[1]证郑政挣[2]症[1]	怔[1]	诤		铮[2]$_{\text{方}}$
zhī	之支只[2]汁芝枝知肢织脂蜘	吱[1]		栀胝	泜$_{\text{地}}$祇$_{\text{文}}$椥$_{\text{地*}}$稙$_{\text{农*}}$
zhí	执直侄值职植殖[1]		踯	跖	摭$_{\text{文}}$
zhǐ	止只[1]旨址纸指	趾	咫	芷祉枳酯	扺$_{\text{文}}$轵$_{\text{地}}$黹$_{\text{文}}$徵$_{\text{古}}$
zhì	至志帜制质治致秩智置	峙[1]挚掷痔窒痣滞稚	识[2]炙栉桎蛭	豸郅帙陟轾雉	贽$_{\text{文}}$栉$_{\text{地}}$铚$_{\text{地}}$鸷$_{\text{文}}$彘$_{\text{文}}$锧$_{\text{文}}$滍$_{\text{地}}$
zhōng	中[1]忠终钟	盅衷			柊$_{\text{植*}}$舯$_{\text{交*}}$螽$_{\text{动}}$
zhǒng	肿种[1]		冢踵		
zhòng	中[2]众种[2]重[1]	仲			茽$_{\text{姓*}}$
zhōu	舟州周洲粥		诌		啁$_{\text{文}}$婤$_{\text{姓*}}$
zhóu	轴[1]		妯	碡	
zhǒu		肘帚			
zhòu	宙昼皱骤	咒轴[2]	纣胄	籀	绉$_{\text{一般}}$
zhū	朱珠株诸猪蛛		侏诛铢	潴	邾$_{\text{姓}}$茱$_{\text{植}}$洙$_{\text{地}}$槠$_{\text{植}}$橥$_{\text{文}}$
zhú	竹逐烛		竺躅		术$_{\text{植}}$[2]蠋$_{\text{动}}$
zhǔ	主煮嘱	拄瞩		渚属[2]	
zhù	助住注驻柱祝著铸筑	贮蛀	伫苎炷	杼箸	疰$_{\text{医}}$翥$_{\text{文}}$
zhuā	抓				髽$_{\text{体*}}$
zhuǎ	爪[2]				
zhuǎi				转[3]	
zhuài		拽			
zhuān	专砖				䏝$_{\text{姓*}}$鱄$_{\text{动*}}$颛$_{\text{姓}}$
zhuǎn	转[1]				
zhuàn	传[2]转[2]赚	撰	篆	啭馔	沌[2]$_{\text{地}}$
zhuāng	庄装	妆桩			壮[2]$_{\text{姓}}$
zhuǎng					奘[2]$_{\text{口}}$
zhuàng	壮[1]状撞	幢[1]		戆[1]	僮$_{\text{异}}$
zhuī	追	椎[1]锥			骓$_{\text{文}}$
zhuì		坠缀赘	惴		缒$_{\text{一般}}$

续表

zhūn		谆		肫	
zhǔn	准				
zhuō	捉桌	拙		涿	倬姓
zhuó	浊啄着[1]	灼茁卓酌琢[1]镯		斫诼擢濯	浞口禚姓
zī	姿资滋	吱[2]咨兹[1]	孜淄辎嗞孳锱龇	缁髭	赀文*菑姓*嵫地趑文觜科訾[1]姓鲻动
zǐ	子[1]仔[1]紫	姊籽滓	梓	秭	茈地笫文訾[2]文
zì	自字		恣渍	眦	
zi	子[2]				
zōng	宗综[1]棕踪	鬃		枞[2]	坳植*腙化鲸动*鬷姓*
zǒng	总			偬	
zòng	纵	粽			疭医
zōu			邹		驺姓陬地郰姓*棸姓*
zǒu	走				
zòu	奏	揍			
zū	租				菹植
zú	足卒族			镞	
zǔ	阻组祖	诅	俎		
zuān	钻[1]				躜一般
zuǎn			纂		
zuàn	钻[2]		攥		
zuǐ	嘴				
zuì	最罪醉				槜植蕞文
zūn	尊遵			樽	鳟动
zǔn				撙	
zuō		作[2]		嘬	
zuó	昨	琢[2]			
zuǒ	左	佐撮[2]			
zuò	作[1]坐座做			柞[1]祚唑酢[1]	岞地怍文胙姓

二、现代汉字中造字理据上非形声字的理据和提示度

说明

1. 本资料包括本书“下编”“现代汉字分级字表”中的通常用字（一、二、三级常用字和间用字）中的非形声字，共 1103 字（音字）。

2. 本资料按独体象形字、加体象形字、独体指事字、加体指事字、会意字 A、会意字 B、会意字 C、派生字的顺序排列。每类中的字又按笔画、笔形、笔顺排列。多音字在同一类中分列字头，只解释其中一个字的理据。如“曾²（zēng）”后面解释理据，“曾¹（céng）”不再解释。

3. 每个字前面有编号，供后面的笔画索引使用。字头置于方框内。字头后列出现代读音，然后简要介绍造字理据，最后的数字表示量化的提示度。提示度从 0 分到 10 分。介绍造字理据时，有些字要上溯到古文字，但是不一定都上溯到字的源头，也不把甲骨文、金文、小篆字形全列出来，以能够说明现代字形构造的来源为准。量化的标准见本书“上编”“现代汉字的理据与提示度”之（二）2。

4. 本书并不研究汉字的源流，只是为了实事求是地量化评估现代汉字中造字理据上非形声字字形的提示度，既不夸大，也不缩小，使读者对现代汉字字形提示意义的功能有一个基本的了解，才对这些汉字的造字理据进行简单的介绍。许多字的造字理据各家说法不一，作者只能根据自己的理解水平加以选择，或同时介绍几种说法。

5. 下面介绍一些作偏旁用的示意符的意义。它们在现代汉字的构造中常见，但是现在一般不作单字使用。它们或不能独立成字，或独立成字时是另一个读音和意义。能单独成字的标注读音，在后面的解说中一般不再注音。

厂：hǎn，山岩，下面可以住人。作偏旁多与山崖、房屋、建筑有关。注意：与简化字工厂的厂同形，作偏旁时不是工厂的厂字。

匚：fāng，方形的盛东西的器物。另一个偏旁匸（xì），第一画向左边出

头,意义是藏匿,现在也写作匸。

丂:kǎo,义为气想出来。

冂:jiōng,义为离城市远的地方。

勹:bāo,包的初文。但现代某些字中的勹是其他字的变形。

儿:rén,人的异体字。注意:不是儿女的儿。

冖:mì,幂的初文,义为覆盖。

冫:bīng,冰的初文。作偏旁一般表示寒冷。

凵:kǎn,坎的初文,表示坎陷,有时表示住处。

卩:jié,即卪(jié)。甲金文像跪坐的人。

阝:阜字的变形。作偏旁一律在左,一般表示山地、陆地。

阝:邑字的变形。作偏旁一律在右,一般表示居民地。

廴:yǐn,彳字的变形。作偏旁一般与行走有关。

艹:艸(草的初文)的变形。

廾:gǒng,収字(拱的初文)的变形。作偏旁一般表示用双手持物。

丌:jī,安放物体的器具。

囗:wéi,围的初文。作偏旁常表示区域、城市。

彡:shān,表示毛发、装饰、彩画、花纹等。

夂:本为两字:①夂:zhǐ,从后面来到;②夊:suī,行路迟缓。今作偏旁都写作夂,一般表示行走。

广:yǎn,依靠山崖建造的房屋。作偏旁常表示房屋。注意:与简化字广大的广同形,作偏旁时不是广大的广。

宀:mián,甲金文像房舍的侧视图。作偏旁一般表示房屋。

犭:犬字的变形。

辶:辵(chuò)字的变形,义为乍行乍止。作偏旁表示行走。

歹:歺(è)字的变形。歺,义为残骨。作偏旁时写作歹,表示死亡、危险,如歼、殇。注意:它与好歹的歹字同形,作偏旁时不是好歹的歹。

冃:mào,冒、帽的初文。

扌:手字的变形。

攵:攴(pū)字的变形。作偏旁一般表示击打。

爫:爪字的变形。作偏旁一般表示手。

月、⺼:肉字的变形。小篆月、肉二字形近。现在月作偏旁多数情况表示肉，少数情况表示月亮。表示肉时，如果偏旁在左，写作月；如果偏旁在下，写作 月。一般表示肌肉、人体器官。

罒：多数情况是网字的变形（注意：与四字不同）。但是，在楞、愣中罒是四字的变形。

疒：nè，甲文像人有病躺在床上。作偏旁一般表示病。

虍：hū，甲文像虎头。作偏旁一般表示虎。

糸：mì，本义为细丝。作偏旁一般表示丝、绳、织品、颜色等。

㫃：㫃（yǎn）字的变形。旌旗飘带随风飘动的样子。作偏旁表示旗。

⺶：羊字的变形。

臼：jū，两手的手指相向。作偏旁一般表示两手。

釆：biàn，义为辨别。注意：不是采字。

6. 有些偏旁的形体是原字的变形，本资料在解说时只说原字，不说变体。如“道”字，说“从首、辵”，不说“从首、辶”。

7. 后面附有按笔画排列的非形声字索引。

8. 字的理据解说主要依据：(1)《说文解字》大徐本（中华书局，1963年）；(2) 段玉裁《〈说文解字〉注》（上海古籍出版社，1981年）；(3)《〈说文解字〉今释》（汤可敬撰，周秉钧审订，岳麓书社，1997年）；(4)《甲骨文大字典》（徐中舒主编，四川辞书出版社，1990年）；(5)《甲骨金文字典》（方述鑫等编著，巴蜀书社，1993年）；(6)《汉语大字典》（四川辞书出版社、湖北辞书出版社，1986年）；(7)《汉字形义分析字典》（曹先擢、苏培成主编，北京大学出版社，1999年）；(8)《标准汉语字典》（张书岩主编，汉语大词典出版社，2000年）；(9)《中文形音义综合大字典》（高树藩编纂，台北正中书局，1984年，大陆中华书局1989年影印版）；(10)《文字学概要》（裘锡圭著，商务印书馆，1990年）；(11)《甲骨文文字学》（李圃著，学林出版社，1995年）。

（一）独体象形字

1 乙 yǐ 甲文⺄，像何物众说不一。假借为干支字。0

2 丁 dīng 甲文□，像钉子粗的一头。一说像穴居房屋的顶窗。假借为干支字。0

3 厂 chǎng 繁体作廠，是形声字，从广，敞声。简化作厂。厂本有其字，金文厂，音 hǎn，义为山岩，下面可以住人，是象形字。0

4 卜[1] bo 萝卜的卜。繁体作蔔，是形声字，从艸，匐声。简化作卜。卜本有其字，见卜[2]。0

5 卜[2] bǔ 占卜的卜。甲文卜，像占卜时龟甲上烧出的裂纹。0

6 人 rén 甲文𠆢，像侧视的行进的人。0

7 入 rù 甲文∧，像可以进入其他物体的尖锐物。一说与六同源，是刻画符号。0

8 儿 ér 甲文儿，像小儿头大而囟门未合。楷书繁体作兒，简化作儿。儿本有其字，音 rén，是人的异体字。0

9 九 jiǔ 甲文九，一说像肘。用为数字。0

10 匕 bǐ 甲文匕，一形二义。一像人字的反写，表示人，又是雌性符号，"比此顷牝"等字从这个匕。一像饭勺，"匙旨"等字从这个匕。0

11 几[1] jǐ 几个的几。繁体作幾，会意字，从幺幺、戍。简化作几，理据见几[2]。0

12 几[2] jī 几案的几。小篆几，像几案。今字形与词义尚有一点联系。2

13 乃 nǎi 一说为奶的初文。甲文乃，像妇女乳房的侧视图。0

14 刀 dāo 甲文刀，像刀。0

15 力 lì 甲文力，像农具耒，表示使耒要用力。0

16 又 yòu 本义为右手，又指左右的右。甲文又，像右手。假借为虚词。作提示意义的偏旁时一般表示手。0

17 干[1] gān 干戈的干，甲文干，像用树杈做的武器。干燥的干繁体作乾，形声字，从乙，倝(gàn)声，简化作干。0

18 干[2] gàn 干事情的干，繁体作幹，本写作榦(从木，倝[gàn]声)，简化作干。见干[1]。0

19 士 shì 金文士，王字之省，像斧钺。一说像男子生殖器。0

20 土 tǔ 甲文土，像地面上有一土块。0

21 工 gōng 金文工，像工匠用的方尺。0

22 才 cái 本义为初始。甲文才，像草木刚冒出地面。0

23 大[1] dà 甲文大，像伸展四肢的大人。大作偏旁有时表示人。0

24 大[2] dài 大夫（医生）的大。见大[1]。0

25 万 wàn 甲文，像蝎子。楷书繁体作萬，简化作万。万是萬字草写时的局部笔形。0

26 弋 yì 甲文，像楔在地上的木桩。0

27 口 kǒu 甲文，字形像嘴。今字形与词义有一定的联系。6

28 山 shān 甲文，像连绵山体的侧视图。今字形与词义尚有联系。2

29 巾 jīn 甲文，像佩巾下垂。今字形与词义尚有一点联系。2

30 川 chuān 甲文，像流着水的河川。今字形与词义尚有一点联系。2

31 勺 sháo 小篆，像盛有东西的勺。今字形与词义尚有一点联系。2

32 夕 xī 甲文，像半月。夕、月本一字，后来分化。0

33 凡 fán 槃（同盘）的初文。甲文，像盘子。盘容物多，引申为凡是义。0

34 广 guǎng 广大的广繁体作廣，形声字，从广，黄声。简化作广。广本有其字，音 yǎn，依傍山岩建的房屋，小篆，是象形字。0

35 门 mén 甲文，像两扇门。楷书繁体作門，简化作门。今字形与词义尚有一点联系。4

36 丫 yā 像树枝分叉。今字形与词义尚有一定联系。6

37 尸 shī 本义为受祭的神主或代表死者受祭的活人。甲文，像仰卧的人。作提示意义的偏旁时常表示人，或表示与人体下部有关。尸体的尸本来作屍，今以尸为正体字。0

38 巳 sì 甲文，像幼儿形。假借为干支字。0

39 弓 gōng 甲文，像弓。2

40 己 jǐ 甲文，一说字形像弯曲的丝绪。假借为干支字和自己的己。0

41 子[1] zǐ 甲文，像有头发、脑门、身子的小儿。金文，简作两手上抬的小儿。0

42 子[2] zi 作名词后缀用。见子[1]。0

43 也 yě 一说是匜（yí，古代舀水器具）的初文。金文，像有水流出的匜。金文也、它形近，所以楷书他、地以也为声旁。0

44 女 nǚ 甲文，像屈膝交手的女子。0

45 飞 fēi 小篆，像飞着的鸟。楷书繁体作飛，简化作飞。0

46 习 xí 本义为练习（飞翔）。甲文，为会意字，从羽、日，表示晴天练习飞翔。楷书繁体作習，简化作习。习像一片羽毛。0

47 马 mǎ 甲文，像马。楷书繁体作馬，简化作马。0

48 乡 xiāng 甲文，像两人相向面对一食器。繁体作鄉，简化作乡，是由左边跪坐的人形演化而来。0

49 丰 fēng 丰富的丰繁体作豐。豐是加体象形字，下面是豆字（器皿），上面是装满了玉一类的东西的象形符号。简化作丰，所以现在的丰是玉一类东西的象形符号。又，丰本有其字，楷书又写作丯，是封的初文，也是象形字，字形表示给树木培土。0

50 王 wáng 甲文，金文，像刃部向下的斧头，象征权力。0

51 井 jǐng 甲文，像四周有栏杆的井。今字形与词义尚有一点联系。2

52 天 tiān 甲文，像突出头顶的人，引申为天空。0

53 无 wú 甲文，像人执牛尾之类的东西舞蹈。假借为有无的无。繁体作無，简化作无。无是《说文》上無的“奇字”（异体字）。0

54 云 yún 甲文，像云朵。后写作雲，从雨、云，云亦声；于是云只作人云亦云的云。雲的简化字又恢复作云。0

55 木 mù 本义为树。甲文，像有树根、树干、树枝的树。0

56 不 bù 甲文，像花托。假借为否定词。0

57 犬 quǎn 甲文，像狗。0

58 匹 pǐ 金文，像数叠布。0

59 车[1] chē 甲文，像有轮子的车。繁体作車，简化作车。0

60 车[2] jū 象棋中车马炮的车。见车[1]。0

61 牙 yá 金文，像上下交错的牙齿。0

62 戈 gē 甲文，像戈（兵器）。0

63 互 hù 本义为收绞丝绳的工具。小篆，像线拐子。0

64 瓦[1] wǎ 小篆，像瓦。0

65 瓦[2] wà 义为盖（瓦）。见瓦[1]。0

66 止 zhǐ 甲文，像脚。作提示意义的偏旁时常表示脚。0

67 日 rì 甲文，大致像圆形的太阳。0

68 中[1] zhōng 甲文，像竖在住地中央的旗帜。今字形与词义仍然有一定的联系。6

69 中[2] zhòng 击中、中毒的中。见中[1]。2

70 贝 bèi 甲文，像海贝。0
71 水 shuǐ 甲文，像流动的水，0
72 手 shǒu 金文，像有五个指头的手。0
73 午 wǔ 杵的初文。甲文，像杵。0
74 牛 niú 甲文，像有两个角的牛头。0
75 毛 máo 金文，像毛发。0
76 气 qì 小篆，像流动的云气。楷书繁体作氣，本义为送人粮食，音 xì，从米气声，后假借为云气的氣。简化字恢复为气。0
77 壬 rén 甲文，字形像什么无定说。假借为干支字。0
78 夭 yāo 甲文，像人走动时甩开两臂。一说像头弯曲的人。0
79 长[1] cháng 甲文，像一长发人。楷书繁体作長，简化作长。0
80 长[2] zhǎng 生长的长。见长[1]。0
81 斤 jīn 本义为斧。甲文，像有把的斧。斤作提示意义的偏旁时表示斧，如斧、新（薪的初文）、斫。0
82 爪[1] zhǎo 张牙舞爪的爪。见爪[2]。今字形与词义尚有联系。2
83 爪[2] zhuǎ 甲文，像手心向下的手。引申为动物的爪子。今字形与词义尚有一点联系。2
84 今 jīn 甲文。一说像发令的木铎，发令之时就是今。一说是吟（噤）字的初文，本义为闭口不言，字形是把曰字上下颠倒而成。0
85 公 gōng 甲文，像瓮口，假借为王公的公。小篆从八（背离）、厶（私的初文），被解释为背私为公。0
86 仓 cāng 甲文，像谷仓。楷书繁体作倉，简化作仓。0
87 月 yuè 甲文，像半月。小篆，字形与肉字很相近。楷书中月作提示意义的偏旁时少数表示月，多数表示肉。0
88 氏 shì 甲文，一说像匙。一说与氐同字，字形像根在地下。0
89 勿 wù 甲文，像飘动的旗帜。一说像振动的弓弦。假借为否定词。0
90 乌[1] wū 小篆，像鸟。把鸟字省去表示眼睛的一画。乌鸦全身黑色，黑眼珠看不出来。2
91 乌[2] wù 乌拉草（过去多写作靰鞡草）的乌。见乌[1]。0
92 六 liù 甲文，一说像古时之庐（棚舍）。用作数字。0
93 文 wén 甲文，像胸前有文身花纹的人。0

94 亢 kàng 本义为颈。小篆，像人颈。0

95 方 fāng 甲文，像农具耒，表示起土为方。0

96 火 huǒ 甲文，像火焰。0

97 斗[1] dǒu 金文，像有柄的量具。0

98 斗[2] dòu 斗争的斗。繁体作鬥。甲文，像二人打架。简化作斗。见斗[1]。0

99 户 hù 甲文，像一扇门。0

100 心 xīn 金文，像心脏。0

101 丑 chǒu 甲文，像手。假借用为干支字。丑恶的丑本作醜，是形声字，从鬼，酉声，简化作丑。0

102 巴 bā 小篆，像蛇，假借为今义。0

103 予[1] yǔ 小篆，像两环相套，表示举物给别人。0

104 予[2] yú 义为我。见予[1]。0

105 玉 yù 甲文，像用绳索串起来的玉。金文、小篆玉字与王字易混，楷书加一点以区别。0

106 示 shì 甲文，像祭祀的神主（牌位）。一说像祭台。用作提示意义的偏旁时一般表示与神灵、祭祀有关。0

107 世 shì 一说是葉（树叶的叶的繁体字）的初文。金文，像枝叶。树叶一年一生，引申为世代的意思。0

108 術 shù 繁体作術，从行，术声，简化作术。术本来是秫（高粱）的初文，小篆，像秫。旧字形作朮。0

109 丙 bǐng 甲文，一说像鱼尾，一说像器物的底座。假借为干支字。0

110 龙 lóng 甲文，像想像中的龙。楷书繁体作龍，简化作龙。0

111 戊 wù 甲文，像斧钺。用作干支字。0

112 东 dōng 橐（tuó，一种口袋）的初文。甲文，像两头扎起来的口袋。假借为东方的东。楷书繁体作東，简化作东。0

113 业 yè 本指古代乐器架横木上的大板。金文，为象形字。楷书繁体作業，简化作业。0

114 目 mù 甲文，像一只眼睛，小篆，把字竖起来。0

115 且 qiě 甲文，像俎。一说像祖宗牌位。假借为虚词。0

116 甲 jiǎ 甲文，一说像古代铠甲上金属片的十字缝。一说是画押的符号。0

117 申 shēn 甲文，像闪电。假借作干支字。0

118 电 diàn 甲文，同申字，像闪电，后加形旁雨，分化出電。電是会意字，从雨从电。简化作电。0

119 田 tián 甲文，像有阡陌的田地。6

120 冉 rǎn 髯的初文。甲文，像下垂的毛须。引申为柔弱、慢慢的意思。0

121 皿 mǐn 甲文，像盛东西的器皿。0

122 矢 shǐ 甲文，像箭。0

123 乍 zhà 作的初文。甲文，像正在缝制尚未做好的衣服。0

124 禾 hé 甲文，像有根、茎、叶、穗的禾苗。0

125 丘 qiū 甲文，像山丘。0

126 白 bái 甲文，像日刚出地面。一说像人头。0

127 瓜 guā 金文，像瓜藤上挂着瓜。0

128 用 yòng 甲文，一说像骨版上有卜纹。一说像桶。0

129 匆 cōng 小篆，形声字，从心，囱声。楷书作悤，又作怱，简化作匆。所以匆是象形字囱的变形。0

130 册 cè 甲文，像用绳索或皮索串起来的竹木简。今字形与词义尚有一点联系。2

131 卯 mǎo 甲文，一说像双刀。用作干支字。0

132 鸟 niǎo 甲文，像鸟。楷书繁体作鳥，简化作鸟。0

133 主 zhǔ 本意是灯心。小篆，像有灯心的油灯。0

134 玄 xuán 金文，一说像一束用以悬物的丝。引申为幽远、玄妙义。0

135 穴 xué 小篆，像洞穴口。今字形与词义尚有一点联系。2

136 它 tā 甲文，像蛇。假借为代词。0

137 永 yǒng 甲文，像有干流和支流的河。一说是泳的初文，甲文像人在河中游泳。0

138 民 mín 金文，像刀刃刺进左目，是奴隶的标志。0

139 弗 fú 甲文，像绳索缠住箭杆（矫正使直），后用作否定词。0

140 矛 máo 金文，像矛（兵器）。0

141 耒 lěi 金文，像古代挖土的农具耒。0

142 老 lǎo 甲文，像持杖的老人。0

143 耳 ěr 甲文，像人耳。0

144 亚 yà 甲文，一说像上古建筑的平面图，一说像火塘。0

145 臣 chén 甲文，像人低头侧面时竖着的眼睛，表示屈服。0

146 西 xī 甲文，像鸟巢。假借为方位词。0

147 戌 xū 甲文，像兵器。假借为干支字。0

148 而 ér 本义为颊毛。甲文，像颊毛。假借为虚词。0

149 虫 chóng 昆虫的虫本作蟲，简化作虫。虫本有其字，音 huǐ，是一种蛇，甲文，像蛇。0

150 曲[1] qū 金文，像一个弯曲物。0

151 曲[2] qǔ 歌曲的曲。见曲[1]。0

152 吕 lǚ 小篆，像上下排列的两块脊骨。0

153 因 yīn 茵的初文。本义为垫席、垫褥。甲文，像有织纹的席子。一说口表示席子，大表示人，像人睡在席子上。0

154 回 huí 金文，像回转的水流。0

155 网 wǎng 甲文，像鱼网。这个字后来楷书写作網，从糸，罔声。简化字恢复为网。今字形与词义尚有一定联系。6

156 肉 ròu 甲文，像一块肉。小篆，字形与"月"相似。楷书单独成字时写作肉，作提示意义的偏旁时常写作月或⺼。0

157 缶 fǒu 甲文，下面像盛物的陶器，上面有杵（一说像制陶时使旋转的工具）。0

158 竹 zhú 小篆，像两棵竹子。今字形与词义尚有一点联系。2

159 臼 jiù 小篆，像里面刻有槽沟的臼。今字形与词义尚有联系。4

160 自 zì 本义为鼻子。甲文，像鼻子。0

161 向 xiàng 甲文，像房屋轮廓加一扇窗户。0

162 囟 xìn 小篆，字形表示头顶上某一个位置是囟门。0

163 行[1] xíng 本义为路。甲文，像十字路口和四通的道路。0

164 行[2] háng 行列的行。见行[1]。0

165 行[3] héng 道行的行。见行[1]。0

166 舟 zhōu 甲文，像小船。0

167 会[1] huì 金文，像盛有东西的、有盖的容器，表示盖子与容器组合。楷书繁体作會，简化作会。0

168 会[2] kuài 会计的会。见会[1]。0

169 合[1] hé 盒的初文。甲文，下面像有口的容器，上面像盖子。0

170 合[2] gě 容量单位，一升的十分之一。见合[1]。0

171 兆 zhào 《说文》古文，像占卜时烧甲骨出现的裂纹。0

172 伞 sǎn 繁体傘和简化字伞都像伞。6

173 齐 qí 甲文，像三棵长穗的麦子，表示上面平齐。繁体作齊，简化作齐。0

174 交 jiāo 甲文，像人两腿相交。2

175 衣 yī 甲文，像有领子、衣袖和衣襟的上衣。0

176 亥 hài 甲文，字形像什么不明，一说与豕为一字。假借为干支字。0

177 羊 yáng 甲文，像有羊角的羊头。0

178 米 mǐ 甲文，一横表示筛子，上下各三点表示米。0

179 羽 yǔ 甲文，像两片羽毛。今字形与词义尚有一点联系。2

180 声 shēng 繁体作聲，从耳、殸（磬），殸亦声。简化作声。殸，甲文作，左边的“声”像有饰物的磬，右边是手持棍状物敲击。0

181 克 kè 甲文，像手叉腰、头戴盔的人，表示战胜。0

182 巫 wū 甲文，像两玉交错，表示巫师所持的灵玉。0

183 求 qiú 裘的初文。甲文，像毛皮。假借为请求的求。0

184 豆 dòu 本义为盛食物的器皿。甲文，像器皿。假借为植物名。0

185 两 liǎng 金文，像车的一辕两轭。今字形与词义尚有一点联系。2

186 酉 yǒu 甲文，像盛酒器。假借为干支字。作提示意义的偏旁时表示与酒有关。0

187 丽[1] lì 本义为成双成对。金文，像有一对角的鹿。楷书繁体作麗。简化字丽，来源于鹿角的象形符号。0

188 丽[2] lí 高丽的丽。见丽[1]。0

189 辰 chén 甲文，像蚌的软体伸出蚌壳。一说像手操作蚌壳制的农具。假借为干支字。0

190 豕 shǐ 甲文，像猪。0

191 来 lái 本义为麦。甲文，像有根、茎、叶的麦。假借为来去的来。楷书繁体作來，简化作来。0

192 卤 lǔ 甲文，像容器中装了盐。楷书繁体作鹵，简化作卤。0

193 县 xiàn 悬的初文。小篆，从系（表示绳索）、県（jiāo，倒挂的头，是象形字）。楷书繁体作縣。简化作县，是県字的变形。0

194 呆 dāi 此字可能来源于保字的《说文》古文，像大头儿。一说是会意字，从口、木，表示说话木讷。0

195 我 wǒ 甲文，像兵器。假借为第一人称代词。0

196 身 shēn 本义为有身孕。甲文，像有身孕的妇女。0

197 囱 cōng 窗的初文。小篆，像天窗。后用作烟囱的囱。0

198 余 yú 甲文，像木柱支撑的房屋。假借为第一人称代词。剩余的余楷书繁体作餘，简化作余，在意义可能混淆时写作馀。0

199 豸 zhì 甲文，像张口的长脊兽。0

200 龟[1] guī 甲文，像乌龟。繁体作龜，简化作龟。今字形与龟形仍有一定的联系。4

201 龟[2] jūn 龟裂的龟。见龟[1]。0

202 龟[3] qiū 龟兹（cí），汉代西域国名。见龟[1]。0

203 角[1] jiǎo 甲文，像兽角。0

204 角[2] jué 角逐的角。见角[1]。0

205 卵 luǎn 小篆，像鱼腹中的两块卵。0

206 亨 hēng 在甲、金文中，亨和享是一个字。甲文，像宗庙，一说像进献食物的容器。0

207 辛 xīn 甲文，像一种刑具（平头刀）。引申为辛辣义。假借为干支字。0

208 弟 dì 第的初文。甲文，像缠绕在箭上的丝绳。丝绳缠绕时有次第，引申为次第的第，又引申为兄弟的弟。0

209 良 liáng 一说是廊的初文。甲文，像住处两侧的通道。0

210 甬 yǒng 金文，像古代的铜钟，一说像桶。0

211 若 ruò 甲文，像跪坐的人在理顺头发。一说像人跪跽举手，表示顺服。《说文》解释为择菜，从右（右手）、艸（草）。0

212 雨 yǔ 甲文，像天下雨。今字形与词义尚有一点联系。4

213 非 fēi 甲文，像张开的两翅，取两翅相背义。0

214 虎 hǔ 甲文，像虎。0

215 易 yì 甲文，字形像两酒器互相倾注，表示赐予，引申有更易之意。0

216 阜 fù 甲文，像为了上山而挖的脚窝（一说是山字竖置）。阜在楷书中作偏旁时写作阝（一律在左）。0

217 舍[1] shè 金文，上面像有梁柱的房屋的侧视轮廓，下面的口表示四堵墙。0

218 舍[2] shě 舍弃的舍。繁体写作捨，从手，舍声。简化作舍。见舍[1]。0

219 朋 péng 本义为古代货币单位，五贝为一朋。甲文，像两串贝或玉。演变为楷书朋。0

220 鱼 yú 甲文，像鱼。0

221 兔 tù 甲文，像兔子。0

222 备 bèi 甲文，像盛矢器，演变为小篆，又加人旁成形声字。楷书繁体作備，简化作备。0

223 京 jīng 甲文，像高丘上的建筑物。0

224 享 xiǎng 本义为祭祀时进献食物。甲文，像宗庙。注意：楷书中作偏旁的享不是来源于这个字，而是来源于另两个字。（1）淳、敦等字中的享来源于𦎫，音 chún。（2）郭、椁等字中的享来源于𩫏，音 guō。0

225 庚 gēng 甲文，像乐器。假借为干支字。0

226 单[1] dān 甲文，像一种捕猎工具。楷书繁体作單，简化作单。0

227 单[2] shàn 姓。见单[1]。0

228 单[3] chán 古代匈奴君主叫单于。见单[1]。0

229 帚 zhǒu 甲文，像扫帚。0

230 函 hán 甲文，像内装箭的容器。引申为装书的匣子和信函。0

231 革 gé 本义为兽皮去毛。金文，像剥下的兽皮。0

232 南 nán 甲文，像乐器。假借为南北的南。0

233 韭 jiǔ 小篆，像地面上长出了作物（与非字无关）。楷书繁体加草字头成为形声字韮，简化字恢复为韭。0

234 禺 yú 金文，像一种猴。0

235 品 pǐn 本义为众多。甲文，这里的口不是嘴，是表示众多物体的象形符号。0

236 皇 huáng 金文，一说像太阳初升离开地面时放射光芒，一说像放射光芒的灯，一说像王戴冠冕。今字形中的王与皇的词义相关。4

237 禹 yǔ 金文，像一种虫。0

238 食[1] shí 甲文，像在有盖的食具内盛有食物。0

239 食[2] sì 意为拿东西给人吃。见食[1]。0

240 帝 dì 蒂的初文。甲文，像花蒂。花生万物，引申为帝王的帝。0

241 首 shǒu 甲文，像有头发、面部、眼睛、嘴的人头。0

242 癸 guǐ 甲文，一说像武器（多锋的矛）。假借为干支字。0

243 壶 hú 甲文，像壶。繁体作壺，简化作壶。0

244 索 suǒ 甲文，像两手搓绳索。在楷书中糸（表示丝）与词义尚有一点联系。2

245 高 gāo 甲文，像高的楼阁。0

246 离 lí 本义为捕猎。甲文，从禽（捕鸟的网）、隹（鸟）。小篆作，为形声字，从隹，离（chī，像兽一样的山神）声。楷书繁体作離，简化作离。简化字离不论来源于甲文禽或小篆离（chī），都是象形字。0

247 能 néng 本义为像熊一类的动物。金文，像一种野兽。0

248 焉 yān 小篆，像一种鸟。假借为虚词。0

249 象 xiàng 甲文，像大象。0

250 康 kāng 甲文，像古代乐器，四点表示乐器发出的声音。0

251 鹿 lù 甲文，像鹿。0

252 商 shāng 甲文，字形一说像祭祀的灵台。《说文》认为是形声字，从㕯（nè，言语迟钝），章省声。0

253 率[1] shuài 甲文，像用工具来绞绳索。0

254 率[2] lǜ 效率的率。见率[1]。0

255 兽 shòu 本义为打猎。甲文，为会意字，从单（捕猎工具）、犬（猎犬）。繁体作獸，简化作兽，所以简化字兽是单的变形。0

256 鼎 dǐng 甲文，像鼎。0

257 曾[1] céng 曾经的曾。见曾[2]。0

258 曾[2] zēng 甲文，像正在冒汽的炊具，应是甑的初文。0

259 鼠 shǔ 小篆，像有头、足、尾的老鼠。0

260 燕[1] yàn 小篆，像有头、身、翅、尾的燕子。0

261 燕[2] yān 燕山、燕京的燕。见燕[1]。0

262 夔 kuí 传说中的一种山怪。甲文，演变为楷书夔。0

（二）加体象形字

263 丈 zhàng 杖的初文。小篆，下面是又字（手），上面是棍杖的象形符号。0

264 久 jiǔ 一说为灸的初文。小篆，是人字加一个熏灼的艾条的象形符号。0

265 叉[1] chā 小篆，在又字（右手）中加一横，像另一只手的一个指头插进来。4

266 叉[2] chǎ 叉开腿的叉。见叉[1]。4

267 叉[3] chà 劈叉的叉。见叉[1]。4

268 开 kāi 《说文》古文，在门字内加一个门闩的象形符号"一"，"一"下面是収字（双手），表示用手拉动门闩开门。楷书繁体作開，简化作开。0

269 夫 fū 甲文，在大字（大人）上加一个簪子的象形符号"一"，表示人头上插簪子，是成年男子。0

270 专 zhuān 甲文，在又字旁边加一纺砖（纺锤）的象形符号，像用手转动纺砖。繁体作專，简化字是草书楷化。0

271 巨 jù 本义为矩尺。小篆，在工字（工匠用的方尺）旁边加上手的象形符号，表示手拿工具。0

272 父 fù 甲文，在又字（手）左边加一个斧头的象形符号，表示父亲在家庭中的地位。0

273 欠 qiàn 甲文，像人打哈欠的样子。小篆，下面是人字，上面是气的象形符号。0

274 闩 shuān 门字内加上门闩的象形符号"一"。8

275 尹 yǐn 甲文，右边是又字（手），左边一竖是棍杖或笔的象形符号，表示手持棍杖或笔，是管理别人的官。0

276 石[1] shí 甲文，右上是厂字（hǎn 山崖），左下的"口"是石头的象形符号。0

277 石[2] dàn 容量单位。见石[1]。0

278 史 shǐ 甲文史、吏、事是一字，作。下面是又字（手），上面是简策（或说是捕猎工具）的象形符号。0

279 令[1] lìng 甲文，上面是木铎（发号施令用）的象形符号，下面是卩字（跪着的人），表示人在接受命令。0

280 令[2] lǐng 一令纸的令。见令[1]。0

281 令[3] líng 令狐（复姓）的令。见令[1]。0

282 皮 pí 金文，右边是又字（手），左边是剥兽皮用的平铲的象形符号。0

283 孕 yùn 甲文，在子字的外面加一个大腹女人的象形符号，表示妇女怀了孩子。4

284 弁 biàn 甲文，在収字（双手）上加一个圆圈（帽子的象形符号），表示用双手戴帽。0

285 母 mǔ 甲文，在女字的胸部位置加两点，是母亲乳房的象形符号。0

286 共 gòng 供的初文。甲文，下面是 収字（双手），上面有一个表示物体的象形符号，表示两手供设祭品。0

287 吏 lì 甲、金文史、吏、事为一字。见史。0

288 曳 yè 小篆，在臼字（两手相向）中间加一个被两手拉曳的物体的象形符号。一说从申，丿声。0

289 舌 shé 甲文，下面是口字，上面是伸出来的舌头的象形符号 。4

290 血[1] xuè 甲文，下面是皿字，上面是血滴的象形符号，表示用器皿接住血。0

291 血[2] xiě 用于口语。见血[1]。0

292 朵 duǒ 下面是木字（树），上面的几是花朵的象形符号。4

293 闭 bì 金文，在门字内加一个门闩的象形符号“十”。4

294 聿 yù 本义为笔。甲文，又字（手）加一个笔的象形符号，表示手握笔。0

295 壳[1] qiào 繁体作殼，形声字，从殳，㱿声。简化作壳。壳是㱿的变形。㱿，小篆，音 què，义为帐子，下面是冂字（mào，表示覆盖），上面的屮是帐子上装饰物的象形符号。0

296 壳[2] ké 鸡蛋壳儿的壳。见壳[1]。0

297 束 shù 甲文，在木字上加一圈（绳索的象形符号），表示绳索捆着木柴。0

298 足 zú 甲文，下面是止字（脚），上面是膝的象形符号。0

299 针 zhēn 左边是金字（表示是金属制品），右边的“十”是线穿针的象形符号。4

300 牡 mǔ 甲文，在牛字的右边加上雄性生殖器的象形符号。2

301 每 měi 甲文，在母字的上面加上笄或其他装饰物的象形符号。0

302 谷 gǔ 甲文，下面是口字（表示山谷的出口），上面是连绵陡崖的象形符号（一说是流水的象形符号）。稻谷的谷楷书繁体作穀，简化作谷。穀是形声字，从禾，殼（què）声。0

303 免 miǎn 一说是冕的初文。金文，上面是帽子的象形符号，下面是人字，表示人戴帽子。演变为楷书免。0

304 昔 xī 义为往昔。甲文，日字上面是洪水的象形符号，表示古代发洪水的日子就是昔。4

305 直 zhí 甲文，在目字上有一竖，一竖是直立的标杆或悬着锤的线的象形符号。0

306 事 shì 本义是官职。见史。0

307 果 guǒ 金文，下面是木字，上面是果实的象形符号（在楷书中演变为田）。4

308 周 zhōu 甲文，是长满庄稼的农田的象形符号，表示周密。后用作部落名，加口字，表示发出政令。一说加口字表示地域。0

309 肩 jiān 小篆，下面是肉字，上面是一只肩的象形符号。不是从户、月。4

310 录 lù 一说是辘轳的初文。甲文，下面是水字，上面是辘轳的象形符号。记录的录繁体作錄，从金，录声，简化作录。0

311 带 dài 小篆，下面是巾字（衣带跟佩巾相关），上面是带的象形符号。2

312 要[1] yào 需要的要。见要[2]。0

313 要[2] yāo 腰的初文。小篆，在臼字（两手）中间加一个突出腰部的人的象形符号，表示两手叉腰。0

314 面 miàn 甲文，在目字外面加一表示面部轮廓的象形符号。0

315 畏 wèi 甲文，鬼字加一个棍棒的象形符号。演变为楷书畏，已看不出造字理据。0

316 胃 wèi 小篆，下面是肉字，上面是胃囊的象形符号。4

317 复 fù 本义是来回、往返。甲文，下面是夂字（行走），上面是住所和出入通道的象形符号。后分化成復（往复）和複（复杂），今都简化作复。0

318 泉 quán 甲文，像水从泉中流出。下面是水字，上面是泉的象形符号。不是从白、水。4

319 盾 dùn ⿸𠂆十是盾牌的象形符号（“十”是握把），右下是目字（表示用目观察敌人）。0

320 俎 zǔ 本义为放置祭品的器物。金文，在且字（俎的初文）旁边加上肉的象形符号。0

321 酋 qiú 下面是酉字（盛酒器），上面是酒水的象形符号。《说文》：“水半见于上。”意思是久酿的酒。0

322 宫 gōng 上面的宀表示房屋，下面的吕是住室的平面图形 。4

323 眉 méi 甲文，下面是目字，上面是眉毛的象形符号。4

324 衰 shuāi 蓑的初文。小篆，在衣字的中间加上编草下垂的象形符号。0

325 桑 sāng 甲文，下面是木字，上面是桑树枝叶的象形符号。4

326 彗 huì 本指扫帚。小篆，下面是又字（手），上面是扫帚的象形符号，表示手持扫帚。民间称彗星为扫帚星 0

327 黄 huáng 一说是璜（一种玉）的初文。甲文，在大字（人）的中间加一个环形玉器的象形符号。0

328 兜 dōu 本义是头盔。中间是皃字 （貌的初文。下面的儿是人的异体字，“白”表示头），白的两边是头盔的象形符号。4

329 寅 yín 甲文，像箭。金文，在臼字（两手）中间有一个箭的象形符号。0

330 巢 cháo 小篆，下面是木字（树），木上有巢的象形符号，最上面的“巛”表示三只鸟。此字不是从巛 、果。2

331 番[1] fān 本义为兽足。上面是釆字（biàn，兽爪），下面加一个兽掌的象形符号“田”。0

332 番[2] pān 广东省番禺的番。见番[1]。0

333 舜 shùn 《说文》认为是一种草。小篆，在舛字(表示蔓延)上面加上这种草的象形符号。0

334 蜀 shǔ 甲文，像虫。小篆，左下是虫字，其他部分不成字，是蛾蝶类的幼虫“蜀”的象形符号。0

335 叠 dié 小篆，在宜字上有三日，演变为楷书叠。一说像重物叠放在俎上，则三日或三又当为物体的象形符号。4

336 器 qì 在犬字四角各加一个口，这里的口不是嘴，是器物的象形符号。从犬，表示用狗看守。一说是会意字，从㗊（jí，众口）、犬，义为狗群吠叫，假借为器物义。0

（三）独体指事字

337 一 yī 字形表示数目一。10

338 二 èr 字形表示数目二。10

339 十 shí 记数符号。竖道表示一，横道表示从十回到一。2

340 七 qī 甲文十，一说是记数符号；一说是切的初文，表示一竖的中间被切一刀。假借为数字。0

341 八 bā 本义为分别。字形表示一物分成两半。假借为数字。0

342 三 sān 字形表示数目三。10

343 下 xià 甲文⼆，长横为基准线，短横表示在基准线之下。4

344 上[1] shàng 甲文二，长横为基准线，短横表示在基准线之上。4

345 上[2] shang 用在某些动词或名词的后面（如“事实上”）。见上[1]。0

346 上[3] shǎng 上声的上。见上[1]。0

347 小 xiǎo 甲文小，用三个点表示微小。0

348 五 wǔ 甲文㐅，表示交错。一说是古代的记数符号。0

349 爻 yáo 爻是八卦的符号。字形表示相交状。0

350 凸 tū 字形表示凸出状。8

351 凹 āo 字形表示凹陷状。8

352 乎 hū 文言助词，语句的余声。甲文乎，表示声气上扬。0

353 串 chuàn 字形表示将二物串在一起。6

（四）加体指事字

354 于 yú 甲文亐，对该字形的解说不一。小篆在丂字（气欲舒出）上面加一横，表示出气平直。楷书变形为于，但作偏旁有时仍写作亏，如污、夸、粤。0

355 亏 kuī 繁体作虧，是形声字，从亏，虍（hū）声，简化作亏。亏原来是于的本字，在丂字（气想舒展出来）上面加一横，表示出气平直。现在于在有些字中作声旁仍写作亏，如污、夸、粤。0

356 寸 cùn 小篆寸，在又字（手）的左下方加一横，表示寸口的位置距手腕一寸远。寸作提示意义的偏旁时常表示手，有时表示法度（诊病的规则是在寸口处切脉）。0

357 兀 wù 兀、元本为一字。兀是在儿字（人的异体字）的上面加一横，表示高而平。0

358 之 zhī 本义是前往。甲文，在止字（脚）的下面加一指事符号一横，一横表示出发地。0

359 刃 rèn 刀字左边加一点，指示刀刃的位置。6

360 尤 yóu 一说是疣的初文。甲文，在又字（手）上面加一指事符号，表示手上长的赘疣。0

361 屯 tún 小篆，在屮字（chè，草木初生）的上面加一横（表示地面），表示草木初生拱出地面的艰难。0

362 曰 yuē 甲文，在口字上面加一横，表示说话要从口中发出声音。0

363 介 jiè 甲文，在人字两边各加一竖，表示人被夹在中间。一说表示人穿着甲。一说是界的初文，从人、八，八表示分。0

364 凶 xiōng 本义为险恶。在凵字（坎的初文）内加一个符号×，表示凶险。一说表示物体落入凵内。2

365 丹 dān 本义为丹砂。甲文，在井字（变形）中间加一点，表示丹砂采自井中。一说在盘字中加一点，表示盘中有一颗丹。0

366 尺[1] chǐ 小篆，在尸字（表示人体）的右下方加一笔，表示前臂长为一尺。0

367 尺[2] chě 工尺的尺。见尺[1]。0

368 引 yǐn 小篆，在弓字左边加一竖，表示把弓拉开。2

369 孔 kǒng 金文，在子字上面有一弯曲笔画。一说指示孔（囟门）的位置，一说像小儿吃奶（奶从孔中流出）。0

370 末 mò 本义是树梢。小篆，在木字上面加一横，指示树梢的位置。楷书末要跟未字区别，两横上长下短。2

371 未 wèi 本义众说不一。小篆，在木字上面加一指事符号，表示树木枝叶重叠。0

372 正[1] zhèng 征的初文。甲文，在止字（脚）上面加一目的地的指事符号方框，表示向目的地进发。在小篆和楷书中方框变一横。0

373 正[2] zhēng 正月的正。见正[1]。0

374 甘 gān 甲文，在口字里面加一短横，表示口是感觉美味的地方。0

375 本 běn 本义是根。金文，在木字（树）下加一点，指示根的位置。2

376 灭 miè 繁体字作滅，形声字，从水，威(miè)声。简化作灭，在火字上面加一横，一横表示把火盖灭。6

377 旦 dàn 甲文，像日出时太阳与地面粘连的样子。小篆，在日字下面加一横，指示太阳刚出现在地平线上。4

378 只[1] zhǐ 本为表示语气停顿的虚词。小篆，在口字下面加指事符号“八”，表示气下行。只要的只原作衹、秖，近代写作只。0

379 只[2] zhī 量词只的繁体作隻，会意字，从又、隹，表示手拿一只鸟。简化作只。见只[1]。0

380 四 sì 甲文。小篆，在八字（分）外面加一个指事符号方框，表示四方。方框不是口（kǒu）或囗（wéi）。0

381 氐 dī 柢（根柢）的初文。小篆，在氏字（在此表示树木）下面加一横，一横表示地面。一说氏氐本一字，一横起区别作用。0

382 立 lì 甲文，在大字(人)下面加一横，一横指示地面，表示人站立在地上。0

383 亘 gèn 恒的初文。甲文，在月字上下各加一横（指事符号），表示月亮在一定的范围内运行，是永恒的。《说文》古文作。楷书写作亙，今以亘为规范字，表示延续不断。恒字的偏旁就是这个亘。注意：桓、宣中的亘是另一个字，音 xuān，小篆作，它的楷书与现在绵亘的亘同形，但不是一个字。0

384 至 zhì 甲文，在倒写的矢字下面加一横，一横指示地面，表示远来的箭到达地面。0

385 朱 zhū 株(树桩)的初文。甲文，在木字中间加一指事符号圆点。0

386 杀 shā 甲文，在大字（人）下方加两画，表示一条腿上被砍了两刀。小篆加殳旁成形声字殺。简化字恢复为杀。0

387 亦 yì 腋的初文。甲文，在大字（人）的两边各加一点，指示腋窝的位置。0

388 州 zhōu 洲的初文。甲文，在川字的中间加一小块陆地的指事符号。0

389 牟[1] móu 本义是牛叫。小篆，在牛字上面加一个表示牛叫声的符号。0

390 牟[2] mù 河南省中牟的牟。见牟[1]。0

391 员 yuán 甲文，在鼎字上面加一个指事符号圆圈，圆圈表示鼎口是圆的。一说为会意字，从鼎、口，表示鼎口是圆的。此义后写作圆。小篆，字形中的鼎讹作贝。0

392 言 yán 甲文，在舌字上面加一指事符号“一”，表示言由舌发出。今字形中的口与词义相关。4

393 画 huà 小篆，上面是聿，是聿字（笔）省了一画，下面是田字，田字四周各有一画，表示用笔划分界线。楷书作畫，简化作画。画字上面的一横和凵都是指事符号。0

394 卒 zú 金文，在衣字下面加一画，表示隶役（卒）穿的衣服有一个标记，与一般人不同。0

395 音 yīn 小篆，在言字下面的口中加一横，表示语言的声音是从口中发出。0

396 隼 sǔn 意为猛禽。小篆，在隹字（鸟）下面加一横，指示隼的利爪的位置。4

397 彭 péng 本义是鼓声。左边是壴字（zhù，鼓的初文），右边的三撇表示鼓声。三撇在这里不是彡（shān）字。0

398 雷 léi 甲文，在申字（闪电）的两边各有一个方块，方块表示雷声。小篆，楷书雷，下面的“田”不是田地的田，是表示雷声的符号。4

（五）会 意 字 A

（偏旁可以分析的会意字）

399 廿 niàn 把两个十字连在一起。6

400 卅 sà 把三个十字连在一起。8

401 仄 zè 义为倾斜。从厂（hǎn，山崖）、人，表示人在山崖下，因地方狭窄，不得安然处之。0

402 仁 rén 义为人对人同情、友爱。从二、人。4

403 化[1] huà 甲文，像一正一倒的两个人，表示变化、演化。楷书承小篆，从人、匕（huà，变化。注意：与匕字不同）。0

404 化[2] huā 花钱的花也写作化。见化[1]。0

405 兮 xī 古汉语助词。从丂（气想舒展出来）、八（分开）。0

406 从 cóng 甲文，从二人，表示二人相随。繁体作從，增加了变形的辵字

（表示行走）。简化字恢复为从。6

407 分^{1} fēn 从八（分）、刀，表示用刀把物体分开。2

408 分^{2} fèn 成分的分。见分^{1}。0

409 计 jì 从言、十，表示用话语计数。2

410 队 duì 本义为从高处坠落。甲文，从阜（土山）、倒人，表示人从山上坠落。金文，把倒人改为豖（猪）。楷书承小篆，作隊，是形声字，从阜，豖(suì)声。简化作队，从阜、人，又回到会意字。2

411 双 shuāng 繁体作雙，从又（手）、二隹（鸟），表示一手持二鸟。简化作双，从二又。8

412 古 gǔ 从十、口，表示众人用口传下来的事情是古代的事情。0

413 左 zuǒ 佐的初文。从力(同左)、工(表示工具)，表示持工具来帮助。0

414 夯 hāng 原义为担扛重物，今义为砸实地基。从大、力。4

415 卡^{1} qiǎ 上、下合为一字，表示不上不下，被卡住。4

416 卡^{2} kǎ 卡片的卡。见卡^{1}。0

417 叶^{1} yè 树叶的叶。繁体作葉。葉的初文为枼（yè），在木字上加树叶的象形符号；后加草头成形声字。简化作叶。见叶^{2}。0

418 叶^{2} xié 叶韵的叶。从十、口，表示众口协同。2

419 号^{1} hào 符号、号令的号。繁体作號。见号^{2}。4

420 号^{2} háo 义为号啕痛哭。从口、丂（出气的样子）。另一个字號，读 hào 、háo 两音，读 háo 时义为高叫，从号，从虎，号亦声。《说文》号、號并收，后来都写作號。今號简化作号。4

421 央 yāng 从冂（jiōng，野外，在此表示一个范围）、大（人），表示人在中央。4

422 兄 xiōng 祝的初文。从儿（人的异体字）、口（用口祝告）。祝告一般由兄长担任，引申为兄长义。0

423 另 lìng 从口、力。一说表示自食其力，另立门户。一说取别字之半，意义也由别字引申。0

424 囚 qiú 从口（同围）、人，表示把人监禁起来。6

425 付 fù 从人、寸（表示手），表示人用手给予。2

426 外 wài 从夕、卜。古代占卜通常在白天进行，如果晚上占卜，说明外面（边境）有大事（一说表示是例外）。0

427 包 bāo 胞（胎衣）的初文。从勹（包裹）、巳（甲文 ，像胎儿，子的异体字）。0

428 闪 shǎn 本义为把头伸进门中(或说伸出门外)看。从门、人。0

429 讨 tǎo 本义为整治，引申为声讨、讨论、索要等义。从言（语言）、寸（法度）。4

430 尼 ní 一说为昵的初文，从尸（表示人）、匕（古文是人字的反写），表示二人亲昵。0

431 奴 nú 从女、又（手），表示女奴用手做事。一说以手抓获女子为奴。2

432 加 jiā 本义为夸大其词以欺人，从力、口。0

433 驭 yù 义为驾驭车马。从马、又（手）。4

434 幼 yòu 指年纪小。从幺（小）、力，表示年幼力小。4

435 丝 sī 繁体作絲，从二糸（细丝）。简化作丝。8

436 圭 guī 玉器。圭的长短标志着古代诸侯地位的高低，地位高低决定着天子封给诸侯土地的多少，故从重土。0

437 吉 jí 甲文 ，上面是箭，下面是表示器物的口，反映古人认为有箭就吉利。小篆从士、口，表示有知识、有地位的人说话吉利。0

438 圳 zhèn 义为田野的水沟。从土、川。4

439 匠 jiàng 从匚（盛物器）、斤(斧)，表示工匠的工具箱内有斧。0

440 夷 yí 本义为系在箭上的绳子，借作我国古代东方的民族名。小篆字形从大(人)、弓（持弓者）。0

441 此 cǐ 从止、匕。《说文》：“匕，相比次也。”（相并列）一说匕是人字左右反着写，人止处就是此。0

442 尘 chén 繁体作塵，从鹿、土，表示鹿奔扬土。简化作尘，从小、土。8

443 尖 jiān 从小、大，表示一头小，一头大。8

444 劣 liè 从少、力，表示力量弱小。8

445 旯 lá 从日、九，理据不明。0

446 则 zé 金文 ，从鼎、刀，表示用刀刻模具铸鼎是有规则的。楷书承小篆，从贝、刀，贝和刀都是古代货币，也跟规则有联系。0

447 凼 dàng 义为塘、水坑。从水、凵（坎的初文，坑穴）。8

448 囡 nān 义为小女孩。从口、女。4

449 牝 pìn 义为雌性的。从牛、匕（在此表示雌性）。2

450 休 xiū 从人、木，表示人在树下休息。2

451 伏 fù 本义为伺、候。从人、犬，表示狗卧在人旁随时等主人发令。2

452 伐 fá 从人、戈，甲文，像戈置于人的颈部，表示砍杀。4

453 件 jiàn 本义为分开。牛大可分，从人、牛。0

454 伊 yī 从人、尹(治理)，是伊尹这个人的姓。伊尹是殷朝的开国大臣。4

455 企 qǐ 从人、止(脚)，表示踮起脚跟看。0

456 汆 cuān 从入、水，表示(把食物)放入水中。8

457 众 zhòng 甲文，从日，下有三个人字，表示众人在日下劳作，演变为楷书衆。简化作众，从三人，表示众人。8

458 杂 zá 小篆，从衣，集声。演变为楷书雜。简化作杂，可看作会意字，从九、木，表示树种杂。4

459 旬 xún 甲文，表示日期从甲到癸十天往复循环。小篆，从勹(包的初文)、日，也表示日期循环。4

460 旮 gā 从九、日，理据不明。0

461 各 gè 本义是到达，甲文，从倒止(脚)、口(变形的凵，即坎)，表示人到达住处。《说文》解释为不同个体的词，从口、夂(行走)，表示有人说走，有人说停。0

462 名 míng 从夕、口。古代夜里人们互相看不见，用口说出自己的名字。0

463 多 duō 甲文，像两块肉。楷书从两夕。二超过一，表示多。4

464 冰 bīng 从冫(冰的初文)、水。6

465 庄 zhuāng 繁体作莊，从艸，壯声。简化作庄，从广(yǎn，表示房屋)、土，表示村庄有房有土。2

466 庆 qìng 繁体慶，从心、夂(与行走有关)、鹿省，表示拿着鹿皮送礼，以示庆贺。简化作庆，可看作从广、大的会意字。2

467 闯 chuǎng 从门、马，表示像马进出门的动作。4

468 守 shǒu 义为防守。从宀(房屋)、寸(手)。0

469 安 ān 从宀(房屋)、女，表示女人在屋里安全。2

470 设 shè 义为陈设布置。从言、殳，表示使人布置。0

471 孙 sūn 繁体作孫，从子、系，表示子孙连绵不绝。简化作孙，从小、子，仍为会意字。4

472 阵 zhèn 本作陳，后造出陣字。阵，从阜(土山)、车，表示根据地形部署战车。2

473 阳 yáng 繁体作陽,从阜(土山)、昜(yáng,光明),昜亦声,表示山的南坡向阳。简化作阳,会意字,从阜、日。6

474 阴 yīn 义为山的北坡背阳。繁体作陰,从阜(土山)、侌(陰的古文),侌亦声。简化作阴,会意字,从阜、月(月亮称太阴)。2

475 如 rú 义为顺从。从女、口,表示妇女听从命令。0

476 好[1] hǎo 从女、子,表示妇女生子为好。一说男女相爱为好。4

477 好[2] hào 爱好的好。见好[1]。2

478 弄[1] nòng 本义为玩。从王(玉)、収(双手),表示两手玩玉。0

479 弄[2] lòng 里弄的弄。见弄[1]。0

480 戒 jiè 从収(双手)、戈,表示双手持戈,保持警戒。4

481 找 zhǎo 本来是划船的划的异体字,从手、戈。后作寻找的找。2

482 折[1] zhé 折断的折。见折[2]。4

483 折[2] shé 本义为断开。甲文,一边是斤(斧),一边是两个屮(草),表示用斧砍断草木。楷书承小篆,从手、斤,表示手持斧把东西砍断。2

484 折[3] zhē 折腾的折。见折[2]。4

485 投 tóu 从手、殳(武器),表示以手投掷武器。4

486 劫 jié 从去、力,表示靠强力劫走。6

487 芟 shān 义为割草。从殳(兵器)、艸(草)。4

488 忑 tè 忐忑不安的忐和忑,分别从上、心和下、心。表示内心不安。6

489 医 yī 繁体醫,从酉、殹声。简化作医。医本有其字,音 yì,义为装弓箭的器具,从匸(xì 隐藏)、矢。0

490 连 lián 一说辇的初文。从车、辵(与行走有关)。2

491 忐 tǎn 忐忑不安的忐和忑,分别从上、心和下、心。表示内心不安。6

492 里[1] lǐ 本义为人们聚居的地方。从田、土。里外的里,繁体作裏,简化作里。0

493 里[2] li 这里的里。见里[1]。0

494 吠 fèi 从犬、口,表示狗叫。6

495 男 nán 从田、力(本义是农具耒),表示在田里使耒耕作的人是男性。2

496 困 kùn 一说是梱(门槛)的初文,口像门框。一说是破旧的房子,从口(同围,表示四壁)、木(梁柱)。今义为困乏、艰难。0

497 吹 chuī 从口、欠，表示张口出气。4

498 岚 lán 义为山中的雾气，从山、风。6

499 钊 zhāo 本义为削磨棱角，从金、刀，表示用金属工具削磨。今作人名用字。0

500 利 lì 原指一种农具，后来用作锋利的利。从禾、刀，表示割禾的刀锋利。2

501 体[1] tǐ 繁体作體，形声字，从骨，豊（lǐ）声。简化作体，会意字，从人、本，表示身体是人的根本。体本有其字，从人，本声，是笨的异体字。4

502 体[2] tī 体己的体。见体[1]。0

503 位 wèi 从人、立，人站立的地方即位置。4

504 役 yì 义为服兵役戍边。从彳（表示行走）、殳（武器），表示持武器行走。2

505 坐 zuò 从二人、土，表示二人对坐在地上。0

506 孚 fú 俘的初文。从爪、子，表示用手抓住人。一说孵的初文，爪、子表示鸟类用爪子抱卵孵子。0

507 妥 tuǒ 本义为安抚。从爪（手）、女，表示以手抚女。一说表示用手制服女奴以求安。0

508 岔 chà 从分、山，表示山脉分支。4

509 肘 zhǒu 从月（肉）、寸（寸口，即手掌上面一寸处），表示肘在寸口之上。4

510 删 shān 从册、刀，表示简册上字写错了用刀刮去。2

511 彤 tóng 本义为用红色颜料涂饰。从丹（红色）、彡（彩饰）。4

512 饮[1] yǐn 从食（吃）、欠（张口）。4

513 饮[2] yìn 义为给牲口水喝。见饮[1]。4

514 床 chuáng 从广（yǎn 表示住所）、木（床是木做的）。4

515 库 kù 从广（yǎn，表示房屋）、车，表示存放兵车的处所。4

516 弃 qì 小篆，从𠫓（tū，倒写的子）、𠦒（bān，一种畚箕）、収（两手），表示将婴儿遗弃。楷书作棄。简化作弃，从𠫓、収，与《说文》古文同。0

517 闰 rùn 古代闰月天子行告祭之礼时住在门中，所以闰字从门、王。0

518 闲 xián 本指木栅栏。从门、木。清闲的闲本作閒，闲通閒，今以闲为清闲的闲的正体。0

519 间[1] jiān 中间的间。见间[2]。0

520 间[2] jiàn 本指间隙。本来写作閒，从門、月，表示从门的间隙可以见到月光。此字后作閒（xián）暇的閒（今作闲），于是閒（jiàn）改作间，从门、日。0

521 羌 qiāng 古代西方以牧羊为生的少数民族,所以从羊、儿(人的异体字)。一说表示人的头上有羊角之类的装饰品。0

522 灶 zào 繁体作竈,从穴,鼀(cù)省声。简化作灶,从火、土,表示用土垒起的灶烧火。4

523 沙 shā 从水、少,水少则沙现。2

524 忾 kài 本义为叹惜。从心、气。一说从心,气声。4

525 宋 sòng 《说文》释为居住。从宀(房屋)、木(以木建房)。0

526 牢 láo 养牛马的圈。从宀(表示房屋)、牛。2

527 穷 qióng 繁体窮是形声字,从穴,躬声。简化作穷,可看作从穴、力的会意字。2

528 灾 zāi 本作災,从巛(川)、火,表示水火成灾。今以灾为正字,从宀(房屋)、火,表示房屋起火。6

529 启 qǐ 义为开。《说文》启、啟并收。启为会意字,从户(门)、口。啟为形声字,从攴,启声;又写作啓。今以启为啓的简化字。4

530 初 chū 从衣、刀,表示做衣服的第一道手续是用刀裁布。0

531 社 shè 本义为土地神。从示(神的牌位)、土。0

532 君 jūn 从尹(治理者)、口,表示统治者发号施令。0

533 尿[1] niào 从尸(与人的下体有关)、水(表示尿)。6

534 尿[2] suī 尿脬的尿。见尿[1]。6

535 尾[1] wěi 从尸(表示身体下部)、毛。6

536 尾[2] yǐ 马尾巴的尾。见尾[1]。6

537 规 guī 本义为有法度。从夫、见,段玉裁说:"丈夫所见也。"0

538 取 qǔ 古代捕获野兽或战俘,以割取左耳为凭。所以从耳、又(手)。0

539 苗 miáo 从艸(草)、田,表示田里长着像草一样的苗。4

540 林 lín 从二木,表示树木连片。8

541 杳 yǎo 本义为幽暗。从日在木下,表示太阳已落。0

542 枚 méi 本义为树干。从木、支(敲击),表示手持工具砍树。0

543 析 xī 本义为劈开。从斤(斧子)、木,表示用斧劈木。0

544 杰 jié 本来是傑的异体字,今以杰为正字。傑,从人、桀,桀亦声。杰本为人名用字,理据不明。0

545 枣 zǎo 繁体作棗,从二朿(刺的初文),表示枣树刺多。简化作枣。2

546 奇[1] qí 奇怪的奇。从大、可，如何会意不明。0
547 奇[2] jī 奇数的奇。见奇[1]。0
548 轰 hōng 繁体作轟，表示众多车辆行动时发出的轰响声。简化作轰。4
549 顷 qǐng 倾的初文。从匕（在此表示歪着头的人）、页（头），表示头不正。0
550 斩 zhǎn 从车（表示车裂）、斤（斧）。0
551 些 xiē 从此、二，一说表示只有这些，不多。0
552 昊 hào 本指元气浩大。从日、天。4
553 昙 tán 义为密布的云气。繁体作曇，从日、雲。简化作昙。4
554 昆 kūn 本义为共同（一说为众人共同行动）。从日（在日光下）、比（表示人靠近、并列）。0
555 昌 chāng 本义为美好的言词。上从日(表示光明)，下从曰(说)。0
556 明 míng 从日、月，表示日月照耀有光明。6
557 鸣 míng 从鸟、口，表示鸟叫。6
558 岩 yán 从山、石，表示山上的石。8
559 沓[1] tà 本义为话多、啰嗦。从水、曰，表示话多如流水。0
560 沓[2] dá 一沓纸的沓。见沓[1]。0
561 败 bài 本义为毁坏。从贝、攴（击打），表示击打贝。0
562 牧 mù 义为放牧。从牛、攴（敲击），表示手拿棍棒放牛。4
563 季 jì 本义为幼禾，从禾、子。引申为兄弟中排行最小的。0
564 委[1] wěi 从禾、女。《说文》认为义为委随（委曲自得的样子）。禾表示弯曲，女表示顺从。0
565 委[2] wēi 虚与委蛇（yí）的委。见委[1]。0
566 岳 yuè 岳是嶽的古字，后来山嶽与岳父各用一字，今都用岳。嶽，从山，獄声。岳，从山、丘。6
567 凭 píng 小篆，为会意字，从任（依靠）、几（几案）。后多写作凴。凴为形声字，从心，冯（píng）声。简化字恢复作凭。0
568 采 cǎi 从爪、木，表示用手在树上采摘果实、树叶。2
569 籴 dí 从入、米，表示买进米。8
570 觅 mì 从爪（手）、见。繁体作覓，爪下面是目，目下面是人的异体字儿，表示以手在目上遮光寻觅。4
571 受 shòu 小篆，从爪（手）、又(手)，两手中间加一个表示授受物的符号。0

572 乳 rǔ 甲文，像母亲抱着孩子喂奶。楷书从爪（手）、子，右边加一个母亲乳房的象形符号。0

573 妾 qiè 本义为女奴。小篆，从辛(qiān，刑具)、女。演变为楷书妾，从立、女，仍可看作会意字。4

574 闹 nào 义为不安静。楷书繁体作鬧，从鬥（争斗的斗的繁体字）、市，都与喧闹有关。简化作闹，从门、市，可解说为门庭若市，很热闹。2

575 炎 yán 义为火光升腾。从二火。6

576 泪 lèi 原作淚，从水，戾声。今以泪为正字，从目、水。8

577 宝 bǎo 繁体作寶，从宀（表示房屋）、王（玉）、贝、缶，缶亦声。简化作宝，从宀、玉，会意字，表示屋里有玉。4

578 宗 zōng 本义为供奉先人的祖庙。从宀（房屋）、示（牌位）。2

579 宕 dàng 从宀（表示住所）、石，义为人居住的石洞。0

580 宜 yí 甲文，像肉在俎上。后字形讹作从宀、且，有人解释为俎在室内为宜。0

581 帘 lián 本指店铺门前挂的布制招牌、标志（如酒帘），从穴、巾。另一个字簾，义为门帘、窗帘，为形声字，从竹，廉声。今簾简化作帘，合为一字。4

582 实 shí 本义为充满。繁体作實，从宀（表示房屋）、贯（贯串钱贝的绳索），表示家里财产很多。简化作实，从宀、头，仍可看作会意字。0

583 戾 lì 本义为弯曲。从犬、户(门)，表示狗从门下出去要使身体扁曲。0

584 建 jiàn 本义为建立朝廷的法律。从聿（笔，表示用笔书写法律）、廴（长远地行走）。一说从律省、廷省。0

585 降[1] jiàng 本指从高处走下来。甲文，从阜（土山）和方向朝下的两个止（脚）。在楷书中两个止写作夂和㐄，它们都来源于止字，表示脚。2

586 降[2] xiáng 投降的降。见降[1]。0

587 珏 jué 义为合在一起的两块玉。从两玉（斜王旁也表示玉）。4

588 拽 zhuài 从手、曳，表示用手拉。8

589 某 mǒu 本指梅。金文，从木、甘。假借为不定代词。0

590 茧 jiǎn 繁体繭，从糸（细丝）、虫、芇（mián，表示仅可以蔽身）。简化作茧，从艸（草）、虫。4

591 相[1] xiāng 本义为察看。从目、木，表示观察树木。一说木工用材，要仔细观察木料。2

592 相^2 xiàng 相貌的相。见相^1。2

593 剌 là 义为违背。从束、刀,表示刀不能像柴一样被束起来。0

594 咸 xián 一说本义为灭绝,从戌(兵器)、口,表示杀绝。后作全都解。咸味的咸繁体作鹹,今简化作咸。0

595 威 wēi 《说文》认为本义为婆母。引申为威严义。金文,从戈、女。楷书从戌、女,戌的本义也是兵器。0

596 歪 wāi 从不、正。10

597 甭 béng 从不、用。会意字,又是合音字。10

598 泵 bèng 英语 pump 的译音字。从石、水,泵用于抽水或抽气。2

599 斫 zhuó 本义为击。从斤(斧)、石,表示以斧击石。《说文》认为是形声字,从斤,石声。2

600 耍 shuǎ 从女、而,理据不明。0

601 牵 qiān 繁体作牽,从牛、冖,玄声。冖是牵牛的绳子的象形符号。简化作牵,从大(人)、牛,其间有绳子的象形符号。2

602 皆 jiē 从比、白,表示众口说的一致。0

603 竖 shù 繁体作竪,从臤(qiān,表示牢固)、立,表示牢固地竖立。简化作竖。4

604 省^1 shěng 河北省的省。见省^2。0

605 省^2 xǐng 义为视察。金文,从目,生声。小篆,从屮(chè,草木初生)、眉省,表示庄稼刚出苗,要随时观察。《说文》古文,从少、囧(jiǒng,古目字),表示眯起眼睛仔细看。2

606 咱 zán 从口、自,表示称呼自己。4

607 咩 miē 义为羊叫声。从口、羊。6

608 罚 fá 从网(表示法网)、言(用语言定罪)、刀(表示刑罚)。4

609 幽 yōu 义为隐蔽。甲文,从火、丝(yōu,微小),表示在火下能看清细微的丝。小篆从山、丝,表示山中隐蔽处,丝亦声。0

610 看^1 kàn 从手、目,表示用手搭在目上看。4

611 看^2 kān 看守的看。见看^1。4

612 科 kē 本义为品类、等级。从禾、斗,表示以斗量禾,来观察、估量谷子的情况。0

613 便[1] biàn 从人、更，解说为对人有不便的事物，就变更它。0

614 便[2] pián 便宜的便。见便[1]。0

615 顺 shùn 从页（头，表示人体是从头顺着向下）、川（表示河水顺流而下）。一说这里的川不是河川的川，是顺着向下的头发。0

616 信 xìn 义为诚信。本来是形声字，从言，千声。小篆讹作从人、言，《说文》解释为会意字（表示人说话应该诚实守信）。楷书字形承小篆，后人多以信为会意字。4

617 皈 guī 从反、白，表示返回光明圣洁。0

618 鬼 guǐ 小篆 ，从甶（fú，鬼头）、儿（人的异体字）、厶（私的初文，表示会害人）。0

619 衍 yǎn 本义为河水汇入大海。从水、行。2

620 须 xū 本义为脸上的须毛，又借作必须的须。从页（头）、彡（毛发）。须毛的须繁体作鬚，从髟（biāo），须声，简化字恢复作须。2

621 爰 yuán 本义为引拉。甲文 ，从两又（手），中间有一斜线是物件的符号，表示两手拉一物。楷书从爪（手）、又（手），于是被拉物的符号。0

622 脉[1] mài 本作脈，今以脉为规范字。从月（肉）、永（水流长），表示血在血管中长流。2

623 脉[2] mò 含情脉脉的脉。见脉[1]。0

624 狱 yù 本义为诉讼。从二犬（表示相争）、言（诉说）。0

625 美 měi 甲文 ，像人头上戴着美丽的装饰品。小篆为会意字，从羊、大，表示羊大为美。0

626 染 rǎn 从木（染料来源于树木）、水（染纺织品要用水）、九（表示颜色种类多，或染的次数多）。2

627 恒 héng 从心、亘（延续不断），表示心力持久。4

628 宦 huàn 本义是帝王的奴仆。从宀（表示房屋）、臣，表示家里的臣仆。4

629 突 tū 从穴、犬，表示狗从洞中突然跑出去。0

630 穿 chuān 从穴、牙，表示老鼠一类的动物咬穿物体成洞穴。2

631 冠[1] guān 从冖（覆盖）、元（人头）、寸（手），表示用手把帽子戴在头上。4

632 冠[2] guàn 冠军的冠。见冠[1]。2

633 祝 zhù 本义为祈祷。甲文 ，从示（神主）、兄（祝的初文），像人跪在神主前张口祷告。2

634 屋 wū 从尸（表示人），至，表示人到了该休止的地方。0

635 陟 zhì 义为登高。甲文[illegible]，从阜（土山）、二止（两脚），表示两脚向上攀登。楷书从阜、步。4

636 贺 hè 从加、贝，表示增加钱贝，值得庆贺。4

637 盈 yíng 本义为装满器皿。从皿、夃（gǔ，做买卖多得利）。0

638 艳 yàn 繁体作艷，从豐、色，表示容颜丰满美好。简化作艳。6

639 耿 gěng 义为光明。从耳、火。《说文》认为从耳，烓（wēi）省声，似牵强。一说从火，聖省声。0

640 聂 niè 本义为附耳私语。繁体作聶，从三耳，简化作聂。0

641 获 huò 繁体作獲，形声字，从犬，蒦（huò）声。简化作获，从艸（表示农耕）、犭（犬，表示狩猎）、犬（狩猎）。4

642 哥 gē 謌（歌）的初文。从二可，可可为快乐的声音。0

643 辱 rǔ 耨（锄草）的初文。从寸（手）、辰（表示蚌壳制的农具）。0

644 孬 nāo 从不、好。10

645 夏 xià 本义为中原地区的人。小篆[illegible]，从页（头）、臼（两手）、夊（表示走路的脚）。楷书从 百（首的初文）、夂（脚）。0

646 逐 zhú 从辵（行走）、豕（猪），表示追逐野兽。4

647 趸 dǔn 繁体作躉，简化作趸。从万、足，都有整体意。6

648 虔 qián 本义为老虎行走的样子，引申为恭敬。从虍（虎的斑纹）、文（斑纹）。0

649 晔 yè 义为光明。从日（表示日光）、华（光华）。4

650 笔 bǐ 繁体作筆，从竹、聿（即笔）。简化作笔，还是会意字，从竹、毛，分别表示毛笔的笔杆、笔毛。4

651 哭 kū 从吅（xuān，同喧）、犬，表示狗嚎叫。一说犬是夭（头部弯曲的人）的讹变，表示人哭。0

652 罡 gāng 天罡星即北斗七星的斗柄。从网、正。表示天网旋转时它在正中。2

653 罢 bà 繁体作罷，从网、能，表示贤能的人有罪进入法网而赦免放遣他。一说以网捕熊（能是熊的初文）。简化作罢，可解说为把有罪进入法网的人放出去。0

654 倜 tì 倜傥义为洒脱、无拘束。倜从人、周（周密）。一说为形声字，从人，周声。2

655 臬 niè 本义为射箭的靶子，引申为测日影的标杆。从自（鼻）、木（靶子为木制），表示射箭时要鼻、箭、靶在一条线上。2

656 臭[1] chòu 臭味。见臭[2]。0

657 臭[2] xiù 气味。从犬、自（鼻），表示犬的嗅觉灵敏。0

658 射 shè 甲文 ，像箭在弦上。小篆讹作 ，从身、矢，或作 ，从身、寸（手）。0

659 息 xī 义为气息。从自（鼻）、心（在这里指胸部），表示气息通过鼻子和胸部。2

660 殷[1] yīn 本义为制作盛大乐舞。从㐆(yī，反写的身)、殳，表示手持兵器旋转起舞。0

661 殷[2] yān 殷红的殷。见殷[1]。0

662 般 bān 盘（繁体作盤）的初文。甲文 ，左边从凡（像盘子），右边像手执匙取食。小篆演变为左边从舟（甲文舟、凡二字形近）、右边从殳，义为旋转。假借为这般、一般的般。0

663 拿 ná 从合、手，表示拿东西要把手合起来。6

664 舀 yǎo 从爪（手）、臼，表示把舂好的米从臼中舀出来。4

665 爱 ài 仁爱的爱本作㤅，是形声字，从心，旡(jì)声。小篆  也是形声字，从夊，㤅(ài)声，义为行走的样子，后来作仁爱的爱。楷书繁体作愛。简化字爱，可看作会意字，上面的爫（手）和下面的友跟爱的意义相关。4

666 奚 xī 本义为奴隶。从爫（手）、幺（在此表示绳索）、大（人），表示手持拴着奴隶的绳索。0

667 桀 jié 一说本义为鸡栖息的木桩，引申为高出、杰出。从舛（在此表示两足）、木。0

668 疾 jí 义为病。甲文 ，像人腋下中矢。小篆从疒（表示病）、矢，《说文》认为从疒，矢声。4

669 羔 gāo 从羊、火，表示用火烤羊（小羊宜烤）。4

670 料 liào 本义为称量。从米、斗，表示以斗量米。0

671 烦 fán 《说文》解释为头热痛。从火、页（头）。4

672 烨 yè 义为火烧得旺盛。从火、华（光华）。4

673 涉 shè 从步、水，表示徒步涉水。6

674 流 liú 从水、㐬（tū，突然出现）。4

675 家[1] jiā 从宀（表示房屋）、豕，表示室内养猪是定居的人家。4

676 家[2] jia 老人家的家。见家[1]。0

677 家[3] jie 成天家的家。见家[1]。0

678 容 róng 从宀（表示房屋）、谷（山谷），都有容纳的意思。4

679 宰 zǎi 本义为充当家奴的罪人。从宀（表示家）、辛（在这里表示罪人）。0

680 扇[1] shàn 本指门扇。从户（一扇门）、羽（门像鸟翅一样开闭）。2

681 扇[2] shān 义为摇动扇子。见扇[1]。0

682 冥 míng 义为昏暗。从冖（覆盖）、日、六。一说为形声字，从冖、日，六声。一说为会意字，冖日为为旬字的讹变，表示每十六日月亮开始亏损而幽暗。0

683 冤 yuān 义为屈、不伸。从冖（覆盖）、兔，表示兔子被罩着不能跑，多屈折不伸。2

684 祟 suì 本指神鬼给的灾祸。从示（表示神）、出，表示神鬼出来了。2

685 逵 kuí 馗的异体字，本义为四通八达的道路。从坴（lù，土块大）、辵（表示行走）。0

686 探 tàn 本指深掏。从手、罙（shēn，深的初文，今作罙），表示在深处探取。4

687 酗 xù 从酉（表示酒）、凶（凶险），表示饮酒过多凶险。4

688 戛 jiá 本义为戟。从百（同首）、戈。0

689 爽 shuǎng 义为明亮。从㸚（lǐ，木窗上的交纹）、大，表示窗上的交纹大则明亮。0

690 彪 biāo 本义为虎身上的花纹。从虎、彡（须毛，装饰花纹）。4

691 雀 què 从小、隹（鸟）。6

692 啮 niè 义为咬。从口、齿。4

693 蛊 gǔ 从虫、皿。传说吃了蛊毒会中毒，而蛊毒是由毒虫在器皿中生成的。2

694 甜 tián 从舌、甘，表示舌头感觉到甜味。8

695 做 zuò 本来是作的后起异体字，今作、做在用法上有分工。从人、故，理据不明。一说从人故声。0

696 衅 xìn 本义为把牲血涂在祭器的缝隙上，是古代的一种祭祀仪式。繁体作釁，从 爨（烧火做饭）省、酉（酒器）、分（把血分开）。衅为古字，同釁，今作釁的简化字。衅从半、血，也表示把血分开。0

697 衔 xián 义为马嚼子。从金（表示是用金属做的）、行（马行时勒马）。0

698 悉 xī 义为详尽、了解。从釆(辨别)、心，表示用心仔细辨别。2

699 豚 tún 义为小猪。从月（肉）、豕（猪）。4

700 逸 yì 义为逃跑。从兔、辵，表示像兔子一样奔跑。2

701 馗 kuí 指四通八达的道路。从九（表示多）、首（表示面向）。0

702 庶 shù 小篆从广（yǎn，表示房屋）、炗（光字的古文），表示众多。在楷书中炗下的火写作灬。0

703 章 zhāng 义为规章、法。金文，在辛字（刑刀）上加一个指事符号圆圈，表示要有约束。小篆，《说文》解说为从音、十，音乐完毕为一章。0

704 竟 jìng 本义为乐曲终了。从音、儿（人的异体字）。0

705 族 zú 古代的家族或部落同时是一个军事组织。从㫃(旗帜)、矢。0

706 旋[1] xuán 义为旋转。从㫃(表示旗)、疋（shū，足，在这里不读 pǐ），表示人足跟着旋旗的指挥而旋转。0

707 旋[2] xuàn 旋风的旋。见旋[1]。0

708 寇 kòu 从宀（房屋）、元（人头，表示人）、攴（敲击，字形像手持棍棒），表示手持棍棒进屋行凶。0

709 宿[1] sù 甲文，从宀（房屋）、人，加上草席的象形符号，表示人睡在屋内的草席上。在楷书中草席的象形符号变形作百。4

710 宿[2] xiǔ 住了一宿的宿。见宿[1]。0

711 宿[3] xiù 星宿的宿。见宿[1]。0

712 窑 yáo 本作窯，从穴、匋（yáo，陶器，作偏旁时楷书新字形作䍃），匋亦声。窑为后起字，从穴、缶。今以窑为正体字。4

713 粜 tiào 从出、米，表示卖出米。8

714 绵 mián 义为丝绵。从糸（细丝）、帛（丝织品）。4

715 辇 niǎn 古代人拉的车为辇。从二夫（拉车人）、车。4

716 耋 dié 八十岁叫耋。从老、至。表示人到了老年。6

717 联 lián 小篆，从耳（表示耳联颊）、絲（表示丝相连）。楷书繁体作聯。简化作联，从耳、关（表示相关）。2

718 焚 fén 从林、火，表示以火烧林（古代狩猎的方法）。6

719 森 sēn 本义为树木众多。从三木。8

720 惠 huì 义为仁爱。从心、叀（zhuān，专一而小心谨慎）。4

721 棘 jí 从二朿（刺的初文）。4

722 晶 jīng 星的初文。甲文，像众星。晶的今义为光亮，可看作会意字，从三日。4

723 淼 miǎo 义为大水。从三水。8

724 掰 bāi 从两手、分，表示以手分物。8

725 黍 shǔ 甲文，从禾、水。小篆，多出一个人字。4

726 等 děng 从竹、寺。竹表示整齐的竹简，寺的本义是官署，合起来表示在法的面前“平等”。0

727 筋 jīn 从竹（多筋之物）、月（肉）、力（人使力要用筋）。4

728 集 jí 小篆，从隹、木。小篆的正体字上面是三个隹（鸟），下面是木，表示群鸟集于树上。0

729 御 yù 义为驾驶车马。从彳（表示行走）、卸（卸车），表示或行或卸都是御者的事情。防御的御繁体作禦，从示，御声，简化作御。2

730 腔 qiāng 动物体内空的部分。从月（肉）、空。4

731 就 jiù 本指高地、高丘。从京（高地）、尤（突出）。0

732 斌 bīn 同彬（形式和内容兼备）。从文、武。4

733 喜 xǐ 从壴（zhù，鼓的初文）、口，表示听见鼓声高兴得合不拢口。2

734 普 pǔ 本指太阳光暗淡。从日、並（即并），表示太阳光暗淡的时候远近皆同。0

735 粪 fèn 小篆，从収（两手）、𠦒（bān，箕一类的器具）、釆。繁体作糞。简化作粪，从米、共。2

736 尊 zūn 樽（盛酒器）的初文。从酋（久酿的酒）、寸（手）。0

737 道 dào 本义为道路。从辵（与走路有关）、首（表示面向）。4

738 孱[1] chán 义为软弱。从尸（表示人体）、孨（zhuǎn，表示谨慎）。0

739 孱[2] càn 孱头的孱。见孱[1]。0

740 登 dēng 籀文，从癶（bō，两足）、豆（盛食器）、収（双手），表示手捧食物登阶敬神。楷书承小篆，从癶、豆。0

741 嵩 sōng 义为山高，今专作嵩山的嵩。从山、高。4

742 辞 cí 《说文》解释为讼辞。繁体作辭，从𤔔（luàn，治理）、辛（刑具）。简化作辞，从舌（表示说话）、辛。4

743 傻 shǎ 从人、䜿（《说文》作㚥，wǎn，人的囟门），表示像囟门未合的小儿一样傻。4

744 解[1] jiě 义为分解。从角、刀、牛，表示以刀分解牛体。0

745 解[2] jiè 押解的解。见解[1]。0

746 解[3] xiè 姓氏用字。见解[1]。0

747 意 yì 从心、音，表示通过有声音的语言而知道心思。4

748 辔 pèi 义为驭使牲口的嚼子和缰绳。繁体作轡，从絲（表示绳）、軎（wèi,车轴的末端，在此表示车）。简化作辔。4

749 赘 zhuì 本义为以物抵押钱。从敖（出）、贝。0

750 墙 qiáng 原有墙、牆两种写法，普遍用牆。牆为形声字，从嗇（表示不通畅），爿声。墙为墙的简化字，从土、啬。4

751 赫 hè 义为火红色。从二赤。4

752 墅 shù 本指乡间的房屋，从野、土。2

753 箍 gū 从竹、手、匝，表示把竹片箍在器物上。6

754 鲜[1] xiān 本义为鱼名，形声字，从鱼，羴（shān）省声。新鲜的鲜本写作鱻，后改用鲜字，这个鲜字当为会意字，从鱼、羊。4

755 鲜[2] xiǎn 鲜为人知的鲜。见鲜[1]。0

756 翟[1] zhái 姓氏用字。见翟[2]。0

757 翟[2] dí 古代思想家墨翟。本义为长尾野鸡。从羽、隹（鸟）。0

758 撒[1] sā 撒手、撒娇的撒。见撒[2]。4

759 撒[2] sǎ 从手、散，表示用手把东西散布开。6

760 撑 chēng 本作撐，是形声字，从手，牚声，今以撑为规范字，应是从手、掌的会意字。4

761 磊 lěi 石头多的样子，从三石。0

762 暹 xiān 本义为日光升起，从日、進（进的繁体字）。今只用于暹罗（泰国旧称）。0

763 墨 mò 从黑、土。6

764 噩 è 义为惊恐。从王、㗊（jí,众口喧哗）。一说表示众人在王前各说意见，王难以决定。0

765 霍 huò 本指鸟急飞的声音。从雨、隹（鸟）。0

766 罹 lí 遭到不幸。从网、心、隹（鸟），表示鸟在网中心忧。2

767 赟 zàn 本指辅助行礼的人。从贝、兟（shēn,进），表示持财物引导人进见。0

768 憩 qì 义为休息。从舌、自(鼻)、心。2

769 盥 guàn 义为洗手。从臼(双手)、水、皿(器皿)。4

770 濒 bīn 义为水边。从涉、页(头),表示人将涉水时因水深而皱眉头。4

771 燮 xiè 义为调和。从言、又、二火。0

772 擤 xǐng 从手、鼻,表示用手擤鼻涕。6

773 羁 jī 本指马笼头。小篆羈,从网、革(表示皮制品)、馽(zhí,绊住马)。楷书从网、革、马。2

774 羸 yíng 义为赢利。从贝、嬴(luó,多肉之兽)。2

775 嚣 xiāo 从㗊(jí,众口)、页(头),表示众人喧哗。4

776 彝 yí 《说文》解释为祭器。从彑(jì,猪头)、米、糸(丝)、収(双手),表示双手抬着用丝织品覆盖的祭品。一说从米、糸、収,彑声。0

777 羹 gēng 古代指有浓汁的肉食。从羔、美,表示用羊羔做成的美食。4

778 矍 jué 本义为惊慌四顾的样子。从又(手)、隹(鸟)、䀠(jù,左右视)。表示人手中拿的鸟左右惊视。0

779 羼 chàn 本义为羊杂居在一起。从尸(表示房屋)、羴(shān,群羊)。0

780 鬻 yù 从 鬲(lì,鬲的异体字)、米,表示在鬲中煮米。这个字本来是现在的粥字,借作鬻卖的鬻。0

781 矗 chù 义为直立。从三直。8

782 鑫 xīn 人和商店起名用字。从三金,表示财源兴旺。8

783 爨 cuàn 在臼字(两手)中间加个同(甑的象形符号),下面是冖(门的变形,像灶门)、双木、大(廾的变形,两手)、火,合起来表示烧火做饭。2

(六)会 意 字 B

(部分偏旁讹变的会意字)

784 与[1] yǔ 与,小篆与,义为赐予,从一、勺,表示舀一勺给予。在楷书中勺变形。后此字被與代替。與,小篆與,从舁(yú,共举)、与(yǔ),与亦声。表示共同给予。现在與简化作与。0

785 与[2] yù 参与的与。见与[1]。0

786 亡 wáng 本义为逃亡。小篆，从人、乚（yǐn，隐藏）。在楷书中人变形。0

787 元 yuán 本义为人头。甲文，从人、“二”（古代的上字，一短横加一长横），表示人的上部为头。0

788 支 zhī 一说是枝的初文。小篆，从又（手）、半个竹字，表示手握竹枝。在楷书中半个竹字变形。0

789 友 yǒu 小篆，从二又（手），用两只方向相同的手表示两人志向相同。在楷书中上面的又变形。0

790 内 nèi 小篆，从入、冂（jiōng，在这里表示房屋）。在楷书中入变形为人。0

791 见 jiàn 繁体作見，从目、儿（人的异体字）。简化作见。0

792 反 fǎn 一说为扳的初文。小篆从厂（hǎn，山崖）、又（手），表示以手攀山崖。在楷书中厂变形。0

793 匀 yún 《说文》释为分。小篆，从勹（包的初文）、二（表示分开）。在楷书中二变形。0

794 以 yǐ 以的初文作㠯。㠯，甲文作，是耜（农具）的象形字。甲金文有时加人旁，从㠯、人，如金文，为隶楷的以字所本。在楷书中左边的㠯变形。0

795 右 yòu 本义为帮助（后来这个词写作佑）。从又（手）、口，表示用手和口帮助。0

796 占[1] zhàn 占有的占。见占[2]。0

797 占[2] zhān 小篆，从卜、口，表示卜问。在楷书中卜变形。0

798 印 yìn 抑的初文。金文，从爪（手）、卪（跪坐的人），表示一人强把另一人按着跪下。在楷书中爪变形。0

799 乐[1] yuè 义为音乐。金文，从木（乐器用木制作）、两糸（表示弦），两糸之间加上调弦器的符号。演变为楷书樂，简化作乐。0

800 乐[2] lè 快乐的乐。见乐[1]。0

801 处[1] chù 处所的处。见处[2]。0

802 处[2] chǔ 小篆，从夂（行走）、几（jī，几案）。《说文》："得几而止。"（凭靠着几休息）表示停留。楷书变为形声字處，从処，虍声。简化作处，夂尚可辨，几变形。0

803 司 sī 本指办事的官吏。甲文，从人、口。在楷书中人变形。0

804 出 chū 甲文，从止（脚）、凵（坎的初文），表示人从住处出来。在楷书中止变形。0

805 对 duì 一说本义为应答。小篆對，从丵（zhuó，丛生的草）、口、寸。口或作士。繁体作對，简化作对。0

806 戎 róng 本义为兵器。从戈、十（甲的古文，不是数字十）。在楷书中十变形。4

807 执 zhí 本义为捉住（罪人）。小篆執，从 㚔（niè，刑具）、丮（jí，握持）。演变为楷书執。简化作执，手旁有提示意义的作用，丮变形为丸。4

808 扫[1] sǎo 繁体作掃，从手、帚。简化作扫，帚变形。4

809 扫[2] sào 扫帚的扫。见扫[1]。4

810 再 zài 义为第二次。小篆再，从一、冓省（冓是交织堆积的木材，在此表示重复）。0

811 有 yǒu 小篆有，从又（手）、肉，表示手中有肉。在楷书中又变形。0

812 页 yè 本义为头。小篆頁，从百（同首）、人。繁体作頁，简化作页。0

813 夺 duó 本义为失去。繁体作奪，从奞（suī，鸟奋飞）、寸（手），表示手中的鸟飞走。简化作夺，隹省去。0

814 灰 huī 小篆灰，从火、又（手），表示火灭后手可接触灰。在楷书中又变形。4

815 戍 shù 义为保卫。甲文戍，从人、戈。在楷书中人变形。4

816 死 sǐ 小篆死，从歺（残骨）、人。在楷书中人变形。4

817 乩 jī 义为通过占卜问吉凶。小篆卟，从口、卜。楷书作乩，从占、乚。乚一般是乙的变体。4

818 贞 zhēn 本义为卜问。小篆貞，从卜、贝，表示占卜时以钱贝为礼品。在楷书中卜变形。0

819 师 shī 古代二千五百人为一师。繁体作師，从 𠂤（堆的初文）、帀（匝的异体字，表示周遍），都表示众多。简化作师，𠂤变形。0

820 光 guāng 甲文光，从火、儿（人的异体字），表示人举火把。在楷书中火变形。0

821 早 zǎo 小篆早，从日、甲（盔甲，在此表示人），表示太阳升得不高。一说甲为天干之首，在此表示一日的开始。在楷书中早字里的甲写作十（甲文甲写作十，表示铠甲上金属片之间的十字缝）。2

822 同[1] tóng《说文》释为会合。甲文同，从凡、口。在楷书中凡变形。0

823 同[2] tòng 胡同的同。见同[1]。0

824 先 xiān 小篆，从儿（人的异体字）、止（脚），表示走在前面。在楷书中止变形。0

825 丢 diū 第一画本来是一横，从一、去，表示一去不还。后第一画变横为撇，成丢。2

826 乔 qiáo 义为高而曲。楷书繁体作喬，从夭（在此表示弯曲）、高省。简化作乔。0

827 全 quán 小篆，从入、玉，表示交纳（或保存）完整的玉。楷书旧字形从入，今以从人为规范字。0

828 夙 sù 本指人晨起操作。小篆，从夕（夕字来源于半月形，早晨亦见半月，所以在这里表示早晨）、丮（jí，握持，在此表示做事）。楷书把夕放在变形的丮字里面。0

829 危 wēi 小篆，从人、厂（hǎn，山崖）、卩（它的甲文像人跪坐，在这里表示人），表示人在山崖的上下都感到危险。在楷书中人和卩变形。0

830 旨 zhǐ 《说文》释为味美。小篆，从匕（匙）、甘，表示匙中的食物甘美。在楷书中甘变形。0

831 负 fù 义为凭恃。小篆，从人、贝，表示人守贝（一说人有贝），有所恃。0

832 舛 chuǎn 小篆，从夊（行走）、㐄（kuǎ，跨），字形像两脚相背，表示违背。在楷书中夊变形。0

833 次 cì《说文》释为"不前不精"，即次等的。小篆，从二（不前不精）、欠（由打哈欠引申为气不足、欠缺）。一说从欠，二声。在楷书中二变形。0

834 军 jūn 小篆，从车、勹（包的初文），表示军营以兵车环绕。在楷书中勹变形。2

835 寻 xún 繁体作尋，从又、寸、工、口。又和寸表示手，工和口表示巧言（导致乱），总的表示以手治理乱（丝）。简化作寻，省去工和口。0

836 妇 fù 繁体作婦，从女、帚，表示女子持帚扫地（做家务）。简化作妇。4

837 孝 xiào 从老省、子，表示子女承奉老人。4

838 抑 yì 义为向下压。小篆，从手、左右反写的印。在楷书中反印讹变为卬。2

839 抛 pāo 小篆，从手、尤、力。在楷书中尤变形为九。4

840 报 bào 本义为判决罪人。繁体作報，从幸（㚔字的变形，音 niè，义为刑具。

在这里不是幸福的幸)、𠬝(fú,治理)。简化作报。0

841 劳 láo 义为勤苦。小篆,从二火、冂(jiōng,在这里表示房屋)、力,一说表示房屋失火,救火的人很辛劳。楷书繁体作勞,简化作劳,火和冂变形。4

842 步 bù 义为行走。甲文,从二止(左脚和右脚)。在楷书中下面的止变形。0

843 吴 wú 小篆,从口、夨(zè,倾侧着头),表示大声说话。楷书旧字形作吳,今以吴为规范字,夨变形。0

844 别[1] bié 义为分解,引申为区分义。小篆,从冎(guǎ,剔去肉的骨头)、刀。在楷书中冎变形为另。但另与别义也相关。2

845 别[2] biè 别扭的别。繁体作彆,简化作别。见别[1]。0

846 告 gào 甲文;一说从牛、口,表示牛叫。一说像舌字(甲文)的中间一竖冒出。4

847 秀 xiù 本义为庄稼秀穗(抽穗开花)。小篆,从禾、人,表示人举禾。或说人即仁,表示穗中结仁。在楷书中人变形。2

848 兵 bīng 本义为兵器。本来从斤(斧)、收(两手),表示两手持斧。在楷书中斤尚可辨,收变形。0

849 攸 yōu 本义为水流的样子。金文,从人、水、攴(在此表示引导)。小篆,水讹作一竖。楷书承小篆。0

850 希 xī 小篆,从爻(相交)、巾,表示编织的网巾稀疏。在楷书中爻变形。0

851 系[1] xì 义为联系。甲文,从爪(手)、絲,表示手拉着丝,演变为楷书系,字形中的糸与词义还有一点联系。有三个意义彼此有联系的字:系(系列,系统);係(从人、系,系亦声,原来用于关係,确係),繫(从糸,毄声,原来用于联繫)。今係、繫均简化作系。4

852 系[2] jì 系鞋带的系。见系[1]。4

853 亩 mǔ 本写作畮,从田,每声。后演变为畞(从田、十,久声)、畝,简化作亩,应为部分偏旁讹变的会意字。4

854 兑 duì 一说为悦的初文。从八(分)、口、儿(人的异体字),表示人笑而口开。在楷书中八变形。0

855 灵 líng 本指跳舞事神的巫。繁体作靈,从巫,霝(líng)声。简化作灵。灵,本有其字,音 líng,义微温,可能是从又(手)、火。0

856 即 jí 义为就食。小篆,从皀(bī,食器中盛有食物)、卩(跪坐的人),表示人跪坐在食器前就食。0

857 局 jú 义为局促。小篆，从尺、口，表示拘束口。在楷书中尺变形。0

858 改 gǎi 义为更改。金文，从巳（子的异体字）、攴（击打），表示惩戒小孩使改正。楷书左边偏旁变形。一说为形声字，从攴，已声，对小篆和楷书来说，也能成立。0

859 武 wǔ 小篆，从止（脚）、戈，表示带着武器出去征伐。在楷书中戈变形。0

860 或 huò 域的初文。小篆，从口（同围，表示城）、戈（武器）、一（土地）。口现在变形为口。0

861 卖 mài 小篆，上为出，下为買（买的繁体字），从出、買会意。楷书变形作賣，简化作卖，上面的出变形。0

862 奔[1] bēn 金文，从夭（字形像甩开膀子奔跑的人）、三止（脚），表示人快跑。在楷书中三止变形。0

863 奔[2] bèn 投奔的奔。见奔[1]。0

864 奄 yǎn 本义为覆盖。小篆，从大、申（伸展），大而伸展的东西才能覆盖。0

865 奋 fèn 繁体作奮，从奞（suī，鸟奋飞）、田，表示鸟在田上奋飞。简化作奋。0

866 妻 qī 甲文，从又（手）、女，女上有长发的象形符号，表示掠夺女子为妻。在楷书中又和长发符号变形。4

867 肯 kěn 《说文》释为为骨头之间的肉。小篆，从冎（guǎ，剔去肉的骨头）省、肉。在楷书中冎省变形为止。0

868 卓 zhuó 《说文》释为高。小篆，从匕（在此表示比，高从比较中得来）、早（从日在甲上，也有高意）。在楷书中匕变形。0

869 国 guó 繁体作國，从口（同围）、或（域的初文）。俗体作国，从口、王。简化字作国，从口、玉。4

870 咒 zhòu 本义为祝祷（出现坏的事情）。本作呪，从口、兄（祝的初文）。后讹作咒，吅（同喧）尚有提示意义作用，几无意义。4

871 罗 luó 本指捕鸟的网。繁体作羅，从网、糸（表示织网用的丝一类的东西）、隹（鸟）。简化作罗。0

872 图 tú 义为地图。繁体作圖，从口（同围）、啚（bǐ，鄙的初文，都邑四周的土地）。简化作图，冬是啚是的草书楷化。2

873 制 zhì 本义为裁断。小篆，从未（树上重叠的枝叶，在此表示树）、刀。在楷书中未变形。0

874 秉 bǐng 义为拿。小篆，从禾、又（手），表示手持禾。在楷书中禾可辨，又变形。0

875 臾 yú 本义为拖拉、揪扯。小篆，从臼（两手）、人，像两手拽一人。在楷书中臼变形为臼。0

876 侃 kǎn 《说文》释为刚直。小篆，从㐰（信的古文）、川（表示昼夜川流不息）。在楷书中川变形。0

877 佩 pèi 本指衣带上佩玉之类的装饰品。小篆，从人、凡（各种饰物都可以佩戴）、巾（衣带）。在楷书中凡变形。0

878 命 mìng 从口、令，表示发布命令。在楷书中令变形。0

879 肥 féi 义为多肉。小篆，从肉、卪（节的初文）。在楷书中卪变形。4

880 昏 hūn 义为黄昏。甲文，从人、日，表示日的高度在人以下。小篆和楷书从氏（氏与氐同字，即根柢的柢）、日，表示太阳落下。4

881 咎 jiù 本义为灾祸。小篆，从人、各，表示违背。在楷书中各尚可辨，人变形。0

882 炙 zhì 小篆，从肉、火，表示在火上烧烤肉食。在楷书中肉变形。4

883 枭 xiāo 本指猫头鹰。从木、鸟省（或说鸟表示鸟头）。4

884 法 fǎ 小篆，从水、廌（zhì，一种兽）、去，表示法平如水，让神兽廌把不正直的一方抵去。后省作法，从水、去，无法解说。0

885 学 xué 小篆，从臼（两手）、爻（表示算筹）、宀（房屋）、子，表示小孩在房屋里用两手摆弄算筹。楷书作學。简化作学，除子外其余部分均变形。2

886 官 guān 小篆，从宀（房屋）、𠂤（堆的初文，在此表示众人），表示治理众人。在楷书中𠂤变形。0

887 亟 jí 古極字（极的繁体字）。小篆，从人、口、又（手），上下各一横是表示天和地的符号。除口、又和下面的一横外，其他结构变形。0

888 封 fēng 本义是给草木培土。甲文，像草木下面有一堆土，此字楷书写作丰。金文，加又（手）。所以封字不是从圭从寸会意，而是从丰、寸，在楷书中丰变形。0

889 巷[1] xiàng 小篆，从共、两邑，表示邑中共用的道路。在楷书中邑变形。0

890 巷[2] hàng 巷道（采矿挖的坑道）的巷。见巷[1]。0

891 荧 yíng 《说文》释为屋下灯烛之光。小篆𤇾,从三火、冂(在此表示屋)。繁体作熒。简化作荧,上面的二火和冂变形。4

892 柬 jiǎn 拣(挑选,繁体作揀)的初文。小篆柬,从束、八(分),表示把捆起来的东西分开选择。在楷书中八变形。0

893 虐 nüè 义为残害。小篆虐,从虍(表示虎)、爪、人,表示虎以爪残害人。在楷书中人省去,爪变形。4

894 是 shì 本意为直。小篆是,从日、正,表示日光是直的标准。在楷书中正变形。0

895 显 xiǎn 繁体作顯,从页,㬎声。㬎,音 xiǎn,是顯的初文,从日、絲省,表示在日光下看丝明显。显是㬎的变形。2

896 思 sī 小篆思,从囟(头上的囟门)、心。在楷书中囟变形。4

897 拜 bài 《说文》或体作𢱧,从二手、下,表示两手向下行礼。楷书左边从手,与拜相关。其他部分变形。4

898 香 xiāng 小篆香,从黍、甘,表示谷物散发出的香味。在楷书中,黍省作禾,甘变形为日。2

899 段 duàn 段通锻。金文段,右边从又(手),并有一工具的象形符号,左边从厂(hǎn,山崖),并有石块的象形符号,表示持工具敲石块。在楷书中除又外,其他部分变形。0

900 叟 sǒu 搜的初文。小篆叟,从宀(房屋)、火、又(手),表示手持火在屋内搜索。在楷书中宀和火变形。0

901 保 bǎo 甲文保,从人、子,表示大人背着(保护)小孩。楷书承小篆,在字形中子变形为呆。2

902 侵 qīn 《说文》释为渐进。小篆侵,从人、帚、又(手),表示人手持帚扫地,逐渐前进。在楷书中帚省去巾。0

903 侯[1] hóu 本义为射布。小篆侯,从人、矢,加上射布的象形符号厂,表示人用箭射靶。楷书作矦。又写作侯,偏旁人、矢仍在,但射布符号已不可辨认。0

904 侯[2] hòu 福建闽侯的侯。见侯[1]。0

905 俞 yú 《说文》释为把树干挖空作船。小篆俞,从亼(同集)、舟、巜(kuài,水流声)。在楷书中舟和巜变形。0

906 胤 yìn 《说文》释为子孙相承续。小篆胤,从月(肉)、幺(在此表示丝)、八(表示分),表示骨肉相传,子孙分别成支系。在楷书中八变形。0

907 送 sòng 小篆，从辵（行走）、倂（yìng,义为送）省。在楷书中，倂 的右边讹作关。4

908 娄 lóu 小篆，《说文》："空也。从毋中女，空之意也。"难以理解。楷书繁体作婁，简化作娄。0

909 扁[1] biǎn 本义为在门户上题字。从户（单扇门）、册。在楷书中册变形。0

910 扁[2] piān 一叶扁舟的扁。见扁[1]。0

911 退 tuì 《说文》古文，从日、夊（表示行走）、辵（表示行走）。在楷书中日、夊变形。4

912 昼 zhòu 繁体作晝，从日、畫（画的繁体字，表示界线）省，表示白昼的界线从日出到日落。简化作昼，可解说为白昼是从旦（早晨）开始，尺无意义。2

913 绝 jué 小篆，从糸（丝）、刀、卩（在这里表示人），表示以刀断丝。在楷书中刀、卩变形。0

914 秦 qín 秦字从禾，一说秦本是禾名，一说秦是国名，其土地宜种禾。小篆，从収（两手）、午（杵的初文）、禾，表示两手持杵舂禾。在楷书中収和午变形。0

915 班 bān 小篆，本义为分瑞玉。从刀，两边各有一个玉字。在楷书中刀变形。王字作偏旁一般表示玉。0

916 素 sù 本指未染色的丝织品。小篆，从𠂹（垂的异体字）、糸（表示丝）。在楷书中𠂹变形。2

917 莫 mò 暮的初文。小篆，从日、茻（mǎng，众多的草），表示日将落入草丛。在楷书中茻的下部变形为大。0

918 晋 jìn 《说文》释作进。小篆，从臸（zhī，到）、日，表示日出而万物进。在楷书中臸变形。0

919 栗 lì 小篆，从卤（tiáo，果实下垂的样子，在此指栗子）、木。在楷书中卤变形。4

920 配 pèi 甲文，从酉（盛酒器）、卩（像人跪坐形），表示人在酒器旁配酒。在楷书中卩变形。0

921 原 yuán 源的初文。小篆，从厂（hǎn，山崖）、泉，表示山泉是水的源头。在楷书中泉变形。0

922 套 tào 从大、長（长的繁体字，在此变形为镸），表示大而长的东西能把别的物体套住。0

923 监[1] jiān 金文，从目、人、皿，表示人用盆中的水自照其容。演变为楷书監，简化作监。0

924 监[2] jiàn 太监的监。见监[1]。0

925 隽 juàn 本指鸟肉肥美。小篆，从隹（鸟）、横写的弓，表示以弓射隹得肉。楷书旧字形作雋，今以隽为规范字。0

926 卿 qīng 与鄉（乡的繁体字）本为一字，后分化。甲文，中间是一个食器，两边是两个方向相反的卩（跪坐的人），表示二人相向就食。在楷书中除右边的卩外，其他部分变形。0

927 席 xí 从巾、庶省。天子、诸侯用的大席有刺绣镶边，故从巾，席供众人用，故从庶省。0

928 脊 jǐ 小篆，从𠦬（guāi，脊背）、肉。演变为楷书脊。4

929 旅 lǚ 古时军队五百人为旅。小篆，从㫃（旗）、二人，表示众人在旗下。在楷书中两个人字变形。0

930 畜[1] xù 一说本指种田所得的积蓄。甲文，从系（表示丝）、田，表示田里悬挂着农作收获物。一说本指家畜，把田猎所得的禽兽拴起来。在楷书中系变形。0

931 畜[2] chù 畜生的畜。见畜[1]。0

932 益 yì 溢的初文。小篆，从水（横着写）、皿，表示水从器皿中溢出。在楷书中横写的水变形。0

933 弱 ruò 小篆，由两个𢎘（juàn）构成。𢎘从弓（表示弯曲）、彡（表示柔弱）。弱者不能独存，所以从二𢎘。在楷书中两个彡变形。0

934 邕 yōng 《说文》释为城池四面环水。小篆，从邑、川。在楷书中川变形。0

935 舂 chōng 小篆，从収（两手）、午（杵的初文）、臼，表示两手持杵舂臼。在楷书中的収、午变形为夫 。4

936 曹 cáo 本指打官司的两造（原告和被告）。小篆，从㯥（cáo，管理打官司的人）、曰（双方用语言陈述）。在楷书中㯥变形。0

937 徙 xǐ 义为迁徙。小篆，从辵（行走）、止（表示脚）。在楷书中辵变形。4

938 祭 jì 小篆，从肉、又（手）、示（牌位），表示以手持肉祭祀。在楷书中肉和又变形。4

939 庹 tuǒ 从尺、度省。2

940 麻 má 小篆，从广（yǎn，表示房屋）、𣏟（pài，麻的总称，不是林），表示在室内治麻。在楷书中 林 变形。0

941 盗 dào 原来作盜，从次（xián，同涎）、皿，表示看见器皿中的食物淌口水，想偷为己有。今以盗为正字，次变形。0

942 阋 xì 义为争斗。繁体鬩，从鬥、兒（儿的繁体字），表示小儿爱争斗。简化作阋，鬥变形为门。0

943 断 duàn 小篆，从㡭（jué，古绝字）、斤（斧），表示用斧头将物砍断。楷书繁体作斷，简化作断，㡭变形。0

944 敢 gǎn 《说文》释为进取。小篆，为形声字，从𠬪（piǎo，手），古声。《说文》籀文，从爪、月（即冒）、殳，表示持武器冒然向前。0

945 尉[1] wèi 熨的初文。小篆，从寸（在这里表示手）、𡰥（yí，在这里表示压平）、火，表示手持有火的熨斗将织物压平。在楷书中火变形。0

946 尉[2] yù 复姓尉迟的尉。见尉[1]。0

947 款 kuǎn 《说文》释为有某种欲望。小篆，从出、示、欠，都跟向外有关。在楷书中出变形。0

948 葬 zàng 小篆，从死、茻（mǎng，多草，用于裹尸）、一（垫尸体的席子的符号）。在楷书中茻变形，一省略。4

949 敬 jìng 《说文》释为严肃。小篆，从苟（jì，自己警戒自己）、攴（敲击）。在楷书中苟变形为苟。0

950 戟 jǐ 小篆，从戈、榦（木柱）省。在楷书中倝又省人。4

951 朝[1] cháo 朝东走的朝。见朝[2]。0

952 朝[2] zhāo 甲文，从日、月、二屮（表示草），表示日出而月未落同时出现在草丛中。在楷书中二屮变形为两个十。4

953 粟 sù 小篆，从卤（tiáo，草木果实下垂的样子）、米。在楷书中卤变形。6

954 最 zuì 《说文》释为冒犯而取之。小篆，从冃（同冒）、取。在楷书中冃变形。0

955 量[1] liàng 数量的量。见量[2]。0

956 量[2] liáng 金文，从日、重，表示在日下称物的重量。在楷书中重变形。0

957 黑 hēi 小篆，从 囧（chuāng，古窗字，在这里表示烟囱）、炎，表示火把烟囱熏成黑色。在楷书中炎变形。0

958 鲁 lǔ 本义为嘉美。甲文，从鱼、口，表示鱼入口味美。在楷书中口变形。0

959 善 shàn 本义为吉祥、美好。小篆，从羊（古代常假借为祥）、两言。在楷书中两个言变形。0

960 羡 xiàn 原来作羡，从羊、次（xián，口水），表示看见羊肉淌口水。今以羡为规范字，次变形为次。0

961 奠 diàn 义为祭奠。小篆，从酋（久酿的酒）、丌（安放物体的器具）。在楷书中丌变形为大。0

962 寒 hán 小篆，从宀（房屋）、茻（mǎng，很多草）、人、冫（冰的初文），表示人躲在屋里以草御寒。在楷书中除宀外其余部分变形。0

963 粥 zhōu 小篆，从米、鬲（lì，鬲的异体字）。楷书作鬻，被借作鬻卖的鬻，稀粥的粥就换了一个字，省去鬲，从二弓、米。4

964 鼓 gǔ 从壴（zhù，鼓的初文）、支（敲击），后支讹作支。0

965 献 xiàn 本指祭祀时供献的熟食。繁体作獻，从鬲（炊具）、虍（表示虎）、犬。简化作献，字的左边变形。0

966 楞 léng 从四、方、木。四讹作罒（网字的变形）。4

967 骰 tóu 赌博用的色子。从骨、投省。4

968 煞[1] shà 煞费苦心的煞。见煞[2]。0

969 煞[2] shā 殺（杀）字的后起俗字，如“急煞人”。一说从急省、攴（敲击）、火（表示猛烈）。0

970 禀 bǐng 义为赐给谷物。小篆，从㐭（廩的初文）、禾。今以禀为规范字。0

971 辟[1] pì 开辟的辟繁体作闢，从門，辟声，简化作辟。大辟（死刑）的辟本来就作辟，不是由闢简化而来。见辟[2]。0

972 辟[2] bì 本义为法度、治理。小篆，从卩（字形像跪着的人）、口、辛（刑具）。在楷书中卩讹作尸。0

973 蔑 miè 小篆，从苜（mò，目不正，在此表示精神不振）、戍（戍守是疲劳的事），表示眼睛没有精神、疲劳。在楷书中苜变形。一说是形声字，从苜、伐声，伐讹作戍。0

974 需 xū 一说为儒的初文。甲文，在人字的两边各加两点（水的象形符号），表示原始宗教举行祭礼以前，司礼者须沐浴。一说为濡的初文。金文，从雨、人。小篆，变形为从雨、而。0

975 睿 ruì 义为通达、明智。小篆，从𣦼（cán，穿通）、仌（谷省，表示深远）、目，表示目光深远通达。楷书作叡，或省作睿，今以睿为规范字。0

976 熏 xūn 小篆，从屮（chè，在此表示上出）、黑（黑色的火烟）。在楷书中屮变形。2

977 算 suàn 小篆，从竹、具，表示使用竹子做的算筹来计算。在楷书中具变形。0

978 毓 yù 育（生育）的异体字。金文，从女、𠫓（tū，倒子），另加三点，表示生育时流的血水。在楷书中女作每（头上有饰物的母），三点变形。0

979 寡 guǎ 义为人少。小篆，从宀（表示房屋）、页（头）、分，表示一个人和别人分开，单独在屋内。楷书从宀、直（首省作百，又变作直）、分。0

980 暴 bào 本义为晒。小篆，从日、出、収（双手）、米，表示把米拿出来在日下晒。在楷书中的日尚与晒相关，其他部分变形。4

981 履 lǚ 义为鞋。小篆，从尸（表示人）、彳（与行走有关）、舟（像鞋）、夊（行走）。在楷书中舟变形。2

982 爵 jué 本指酒器。甲文，像酒器。小篆，从鬯（酒）、又（手），上面加一个雀的象形符号（注酒声像雀鸣）。在楷书结构中，寸表示持酒器的手，其他部分不可解说。0

（七）会 意 字 C

（偏旁全部讹变的会意字）

983 及 jí 本指追上。小篆，从又（手）、人，表示后面人的手能抓住前面的人。0

984 韦 wéi 一说是违的初文。甲文，从口（表示处所），上下是方向相反的止（脚），表示各走一个方向。一说是围的初文，字形表示城池周围被人包围。0

985 丐 gài 义为乞求。金文，从亡、人。小篆，从亡、勹（人的讹写）。楷书全讹变。0

986 区[1] qū 本指藏匿。繁体作區，从匚（挟藏东西）、品（在此指众物）。简化作区。0

987 区[2] ōu 姓氏字。见区[1]。0

988 比 bǐ 本义为亲近。小篆，从两个反人。0

989 仑 lún 义为条理、次序。小篆，从亼（集的初文）、册，表示像简牍一样排列得有条理。繁体作侖,简化作仑。0

990 为[1] wéi 义为作、做。甲文,像手牵大象,役使大象。繁体作爲,简化作为。0

991 为[2] wèi 因为的为。见为[1]。0

992 冗 rǒng 《说文》释为闲散。小篆,从宀(表示房屋)、儿(人的异体字),表示人闲在家中。0

993 卉 huì 草的总名。小篆,从三屮(屮表示草木初生)。0

994 去 qù 甲文,从大(人)、口,一说是呿(qù,张口)的初文。一说口与凵通,表示人跨过坎陷离去。0

995 平 píng 《说文》释为语气平舒。小篆,从亏(在此是于字,表示出气)、八(分开),表示气分得均匀。0

996 北 běi 背的初文。小篆,从两个方向相背的人字。0

997 生 shēng 甲文,在一横(表示土地)上面有一屮字(草木初生)。小篆,从土、屮(chè,草木初生)。0

998 尔 ěr 繁体作爾,理据不明。简化作尔。尔,《说文》:"词之必然也(表示肯定义的虚词),从入、丨、八。"一说尔是爾的简写(去掉下部)。0

999 冬 dōng 小篆,从(由终的古文演变而来,表示一年之终)、冫(冰的初文,表示寒冷)。0

1000 刍 chú 本义为割草。甲文,从又(手)、二屮(初生的草),表示把草拔断。小篆,楷书繁体作芻。简化作刍。0

1001 半 bàn 小篆,从八(分)、牛,表示分牛为半。0

1002 圣 shèng 本指耳聪,引申为诸事都通。小篆,从耳、口、壬(善好)。楷书繁体作聖。简化作圣,理据不明。圣,本有其字,音 kū,从又(手)、土,义为用手在地上劳作,聖的简化字与此字形体偶合。怪字的声旁就是这个圣(kū)。0

1003 夹[1] jiā 繁体作夾,从大(人)、二人,表示两个人夹持一个人。简化作夹。2

1004 夹[2] jiá 夹袄的夹。见夹[1]。2

1005 夹[3] gā 夹肢窝的夹。见夹[1]。2

1006 吊 diào 义为慰问。甲文,像弓和带绳的箭。小篆,从人、弓。一说表示古人死后用柴草覆盖尸体,置于旷野,人以弓箭驱赶啄尸的鸟。演变为楷书弔,今以吊为规范字。吊可能是由弔草写讹变而来。0

1007 年 nián 甲文,从人、禾,表示收获时人背着庄稼,指收成,又指时间单位。小篆，形声字，从禾，千声。0

1008 后 hòu 本指古代女性酋长，后来义为皇后。甲文，从人（或母）、子（或倒子），表示妇女生子。演变为楷书后。另一个字後（前的反面），从彳（表示行）、幺（小）、夂（行迟，走在后面）。现在後简化作后。0

1009 争 zhēng 小篆，从爪（手）、又（手），一竖是物的符号，表示二人争夺一物。楷书旧字形作爭，新字形作争。0

1010 色[1] sè 本指神情、气色。小篆，从人、卩（像跪坐的人），表示人与人接触，脸上表现出各种神色。0

1011 色[2] shǎi 落色的色。见色[1]。0

1012 并[1] bìng 合并的并。甲文，从二人，用两横连起来。演变为楷书幷，又写作併，今以并为规范字。另一个字並，原来用于並且、並非，甲文作，从二立，楷书作竝、並，今也写作并。0

1013 并[2] bīng 山西太原的简称。见并[1]。0

1014 兴[1] xīng 《说文》释为兴起。小篆，从舁（两手共同举起）、同（表示同心协力）。楷书繁体作興，简化作兴。0

1015 兴[2] xìng 兴趣的兴。见兴[1]。0

1016 农 nóng 金文，从田、辰（蚌壳制的农具），都与农事有关。楷书繁体作農，简化作农。0

1017 艮 gèn 《说文》释为很（互不听从）。小篆，从匕、目，表示怒目相视。0

1018 尽[1] jìn 甲文，从皿、又（手），加一炊帚的象形符号，表示将食器洗刷干净。小篆作，从皿，𦘒声。楷书繁体作盡，简化作尽。0

1019 尽[2] jǐn 尽管的尽。繁体作儘（从人，盡声），今儘与盡都简化作尽。见尽[1]。0

1020 丞 chéng 拯的初文。甲文，从凵（陷坑）、収（两手）、卩（跪坐的人），表示两手去拉掉在陷坑里的人。0

1021 买 mǎi 繁体作買，从网、貝，表示网购物品。简化作买。0

1022 走 zǒu 古代的词义为跑。金文，从大（字形像甩开膀子跑的人）、止（脚）。0

1023 赤 chì 小篆，从大、火，表示大火的颜色是赤色。0

1024 邑 yì 指人聚居的地方。甲文，从口（表示国土）、卩（像跪着的人，表示人民）。在楷书中口和卩都变形。0

1025 乱 luàn 繁体作亂，从𤔔（luàn，理丝）、乙（治理）。简化作乱。0

1026 奂 huàn 一说换的初文。小篆𡕭，从収（两手）、夐（xuàn，设法寻求）省。楷书旧字形作奐，新字形作奂。0

1027 表 biǎo 本指穿在外面的衣服。小篆𧘝，从毛、衣，表示皮衣的毛在表面。0

1028 幸 xìng 《说文》释为吉祥、免去灾祸。小篆𡴘，从屰（逆的初文）、夭（夭折、死亡），表示不幸的反面。注意：小篆㚔（niè，刑具）在楷书中当偏旁用的时候也写作幸（如在執、報中），与幸福的幸不是一字。0

1029 其 qí 箕的初文。甲文𠀠，像簸箕。金文𠀠，加丌（底座），成为会意字。假借作第三人称代词。0

1030 卧 wò 本义为伏身休息。小篆𦣞，从人、臣（目的讹写），表示人伏身时竖着眼睛。0

1031 具 jù 《说文》释为供置（酒食）。甲文𠬞，从収（两手）、鼎。小篆𠬞，省作从収、目。0

1032 典 diǎn 本义为重要的书册。甲文𠕁，从册、収（两手），表示两手捧册。小篆𠀡，从册、丌（安放物件的器具）。0

1033 卑 bēi 小篆𤰞，从甲、𠂇（同左），表示左手执甲的人（地位低下）。0

1034 肃 sù 《说文》释为办事勤勉恭敬。小篆𦘔，从聿（niè，手敏捷灵巧）、𣶒（渊的初文），表示像在深渊旁一样战战兢兢地做事。楷书繁体作肅，简化作肃。0

1035 隶 lì 繁体作隸，《说文》释为附着（泛指奴隶），从隶，柰（nài）声。隶，本来音 dài，是逮的初文，小篆𨽿，从又（手）、尾（尾字的变形）省，表示手握着尾巴，即逮住。今隶作隸的简化字。0

1036 承 chéng 本义为捧授、承受。甲文𠄞，从収（两手）、卩（跪坐的人），表示两手捧一人。小篆𢫦，又加一只手，从収、手、卩。0

1037 奏 zòu 《说文》释为进献。小篆𡘫，从屮（chè，草木初生，在此表示进）、从収（双手）、夲（tāo，前进）。0

1038 甚 shèn 《说文》释为安乐。小篆𠥪，从甘（甜美）、匹（一说表示匹配，即配偶）。0

1039 临 lín 金文𦣻，从人、目、三口（口表示物），表示人俯首看众物。演变为楷书臨，简化作临。0

1040 重[1] zhòng 金文𡈼，从人、東（两头扎起来的口袋），表示人背着重的东西。0

1041 重[2] chóng 重复的重。见重[1]。0

1042 亮 liàng 从儿(人的异体字)、高省,表示人在高处感到明亮。0

1043 差[1] chā 义为不相同。小篆䍧,从𠂹(即垂,在此表示相背)、左(不顺)。在楷书中两个偏旁变形糅合。0

1044 差[2] chà 差不多的差。见差[1]。0

1045 差[3] chāi 差事的差。见差[1]。0

1046 差[4] cī 参差的差。见差[1]。0

1047 既 jì 义为完、尽。甲文㿝,从皀(bī,食器中盛有食物)、卩字的变形(跪坐的人,掉头向后),表示已吃完饭。0

1048 敖 áo 义为出游。小篆𢾕,从出、放。楷书旧字形从士、放,今以敖为规范字。0

1049 真 zhēn 本指没有改变的本性。对字形的解释不一。金文真,从匕、鼎,被解释为鼎稳定,不会改变。0

1050 乘[1] chéng 本义为登、升。甲文乘,从大(人)、木,表示人在树上。小篆乘,从入(可能是人的讹写)、桀(两足在木上)。0

1051 乘[2] shèng 兵车若干乘的乘。见乘[1]。0

1052 竞 jìng 义为竞争。小篆競,从誩(jìng,争论)、二儿(人的异体字),表示在言词上竞争。楷书繁体作競,简化作竞。0

1053 兼 jiān 义为同时涉及两件或两件以上事物。小篆兼,从又(手)、秝(lì,稀疏适宜,在此表示两把禾),表示一手持二禾。0

1054 啬 sè 穑(收获庄稼)的初文。金文啬,从田、二禾,表示禾穗积露在田野。0

1055 票 piào 《说文》释为火星迸飞。小篆㶾,从火、䙴(qiān,升高)省,表示火升起。0

1056 孰 shú 熟的初文。小篆𦏧。从丮(jí,握持)、享(chún,纯熟),表示向宗庙献熟的祭品。0

1057 羟 qiǎng 义为氢氧基。从氢省、氧省。也是合音字。4

1058 奥 ào 《说文》释为房屋深处。小篆奥,从宀(表示房屋)、釆(辨别)、収(两手)。一说神在房屋深处,辨认出神而用双手供奉。一说为形声字,从宀,𢍏(juàn)声。0

1059 巯 qiú 义为氢硫基。从氢省、硫省。也是合音字。4

（八）派生字

1060 刁 diāo 改变刀字的第二画而成。0

1061 了[1] liǎo 《说文》释为走路时腿脚相交。《说文》：“从子无臂。”说明了字是由子字变形而成。0

1062 了[2] le 助词。见了[2]。0

1063 乜 miē 义为眯眼。也字减一画成乜。0

1064 亍 chù 彳亍，小步行走。各取行字的一半。0

1065 乞 qǐ 由气字减少一画而成。0

1066 彳 chì 彳亍，小步行走。各取行字的一半。0

1067 个 gè 繁体作個，从人，固声。简化字个，一说是竹字的一半。一说是介字减少一画（介字的一个义项是个，如一介书生）。0

1068 么 me 本作麼，义为微小，从幺，麻声。俗作麽，简化作么。说明么是由幺字变形而成。0

1069 丸 wán 小篆丸，把小篆仄字（仄）左右翻转成为丸字，表示倾侧后丸能转动。0

1070 义 yì 繁体作義，从羊，我声。简化作义。义由乂字（yì）加一点而成。0

1071 已 yǐ 一说由目字（以的本字）变形派生，一说由巳字变形派生。0

1072 孑 jié 本指没有右臂的人，由子字变化而成。0

1073 孓 jué 本指没有左臂的人，由子字变化而成。0

1074 幺 yāo 本义为小。朱骏声认为是取糸（mì，细丝）字的一半。0

1075 亓 qí 古同其。在丌字（物体的下基）上面加一横。0

1076 太 tài 太与大本为一字，后来分化为两个字。0

1077 歹 dǎi 好歹的歹是后起字，《康熙字典》作 歺，来源于一个藏文字母（音ta），今作歹。作偏旁的歹本写作歺，小篆作歺，义为残骨，音 è，是取冎（guǎ，剔去人肉剩下的骨头）字的一部分变形而成。以它作偏旁的字多跟死、坏的意思有关。这个意义为残骨的偏旁歹与好歹的歹同形。0

1078 少[1] shǎo 甲文小字（小）是三点，甲文少字（少）是四点。少字是小字派生出来的字。2

1079 少[2] shào 少年的少。见少[1]。0

1080 升 shēng 金文升字（升）是在金文斗字（斗）上加一画，仍然是量具。升高的升本写作昇，从日，升声，今也写作升。0

1081 片[1] piàn 本义为劈开木头。字形取小篆木字（木）的右半边。0

1082 片[2] piān 相片儿的片。见片[1]。0

1083 仉 zhǎng 本义为用手抓持。小篆爫，是把小篆爪字（爪）左右翻转过来。楷书讹作仉。0

1084 乏 fá 小篆乏，是把小篆正字（正）左右反过来。不正则匮乏。0

1085 勾[1] gōu 本作句，小篆句，从口，丩（jiū）声。是个多音字，读gōu、gòu、jù，后来前两个读音多改写为勾。所以勾是由句字变形而成的字。厶像弯钩，不是私字的初文厶（sī）字。4

1086 勾[2] gòu 勾当的勾。见勾[1]。0

1087 卞 biàn 一说是弁字的变形。0

1088 爿 pán 义为劈成片的竹木。字形取小篆木字（木）的左半边；或说是片字的反写。注意：在“壯狀將牆”等字中作声旁的爿（qiáng），小篆作爿，是牀（床）的初文，在楷书中跟爿（pán）字同形，但不是一个字。0

1089 毋 wú 母字改变笔画成毋字。0

1090 幻 huàn 小篆幻，把小篆予字（予）上下颠倒过来，表示欺诈、惑乱。0

1091 叵 pǒ 义为不可。把可字左右翻转过来成叵。0

1092 匝 zā 义为环绕一周。小篆帀，把小篆之字（之）上下颠倒而成。楷书原作帀，又演变为匝。0

1093 由 yóu 一说田字出头，表示有路可进入田中。一说是卣（yǒu）的异体字。0

1094 甩 shuǎi 把用字的末笔向右拖长并上挑，表示把无用的东西甩掉。4

1095 乒 pīng 由兵字减去一画而成。0

1096 乓 pāng 由兵字减去一画而成。0

1097 延 yán 《说文》释为长行。在延字（chān，缓慢行走）上加一撇而成。廴的意思是长远地行走，所以字形与词义尚有一点联系。2

1098 厾 dū 义为（用指头、棍棒等）轻击、轻点。去字加一画，理据不明。0

1099 皂 zào 这个字原写作草，义为栎树子，它的壳可以作黑色染料。后来草字借作草木的草，于是另造一字，在早字上加一撇，后又演变为皂。0

1100 叁 sān 由参字派生出来的字。6

1101 荼 chá 茶味苦，本来与荼（一种苦菜）是同一个字，后荼减少一笔分化出茶字。4

1102 颦 pín 濒字是会意字，从涉、页（将要涉水渡河，因水深而皱起眉头）。濒字去水而成频。0

1103 睾 gāo 本作睪，是个多音字，一般读 yì，另读 gāo，义为睾丸。加一撇作为睾丸的睾的专字。0

附：非形声字笔画索引

说 明

下面把本资料中的非形声字按笔画、笔形（横竖撇点折）、笔顺排列。字后面的数字表示编号，根据编号可以迅速在前面查到资料中的字。

三、现代汉字中造字理据上形声字的字符和提示度

（一）形旁的提示度

说　明

1. 本资料统计对象是本书“下编”“现代汉字分级字表”的“通常用字”（即一、二、三级常用字和间用字）中形旁声旁能划分的形声字，共4940个音字。这些字使用了273种不同的形旁。形声字按形旁归类。形旁按笔画数、笔形、笔顺排序。为醒目起见，将形旁置于方框内。

2. 形旁后面没有符号，表示是本书字表中的“通常用字”；有一个*号的，表示是本书字表中“通常用字”以外的字（有注音）；有两个*号的，表示不能独立成字；有+号的，表示是非通常用字或非字充当的部首。

3. 变体的形旁不合并。如“水”和“氵”，“言”和“讠”，分别作为两个形旁。

4. 形旁示意度根据形旁义与形声字代表的语素义的联系，分成5级，如下表。详细规定见本书“上编”“现代汉字的理据和提示度”之（二）3。

形旁义与形声字代表的语素义的联系	示意度分值
意义相同或基本相同	5分
有较密切联系	4分
有泛泛联系	2分
有微弱联系	1分
没有或基本上没有联系	0分

5. 每个形旁后面的括号内的数字是该形旁所辖形声字字数。后面的汉字

按示意度的大小顺序排列。示意度不同的字用“/”符号分开,“/”符号后面的数字是示意度。一个字有不止一个形旁,在次要形旁后面列举形声字时加上[ ],以免在统计字数时重复。例如:

匚 fāng*+ (8)/4 匣 /2 汇匿 /0 匡匪匮匾[柩]

表示:形旁“匚”,读 fāng,是非通常用字、部首;有这种形旁的形声字共 8 个,示意度 4 分的字 1 个,2 分的字 2 个,0 分的字 5 个;“柩”有木、匚两个形旁,匚是次要形旁。

6. 有些字后面有必要的说明,用小字排印,置于括号内。有四个方面的内容:一是该字形旁是某个字的变体、简体或省体,如“乱(乚为乙变)”,“秃(几为人变)”,“艰(又为𦰩[堇变]简)”;二是该字有不止一个形旁,如“饬(形旁为力、人)”;三是该字声旁有一定的示意能力,如“佚(声旁示意)”,表示该字形旁示意度的数值已经增加;四是因为该字的形旁位置不符合通常规律,示意度数值减 2,如“塍(4-2)”,表示该字的形旁“土”的示意度本为 4,现减去 2。

7. 多音字后面有注音。

8. 后面有附表,按每个形旁所辖形声字数的多少排列。

一 (3)/0 丕从百

乙 (1)/0 乾

二 (1)/0 竺

十 (5)/4 博 /1 协 /0 华 [1]huá 华 [2]huà 毕

厂 (此处厂为古汉语用字,音 yǎn) (15)/4 厅厕厢厩厦 [1]shà 厨 /1 厝 /0 历厉厌厘厚厥厦 [2]xià 厮

匚 fāng*+ (8)/4 匣 /2 汇匿 /0 匡匪匮匾[柩]

刂 ***+ (刀变)(47)/4 刈刎创 [2]chuāng 刨 [1]páo 刨 [2]bào 到刺 [1]cì 刻刮刽剁剃削 [1]xuē 削 [2]xiāo 剐剑剔剖剜割劁 /2 刑划 [1]huà 划 [2]huá 剥 [1]bō 剥 [2]bāo 剽剿 [1]jiǎo /1 刚 /0 刊列刘创 [1]chuàng 判刷 [1]shuā 刷 [2]shuà 刹 [1]shā 刹 [2]chà 刺 [2]cī 剀剂剋前剧副剩剿 [1]chāo

卜 (1)/5 卦

𠂉 ** (人变)/[饰][饬]

亻 ***+ (人变)(187)/5 仨(声旁示意)俩 [1]liǎ(声旁示意)/4 仃仆 [1]pú 仆 [2]pū 仇 [1]chóu 仇 [2]qiú 仔 [2]zǎi 仕他仗仙仡代仫们 [1]men 仰仲任 [2]rén 仿伉伍伎伙传 [2]zhuàn 伢

仿伥伦伧[1]chen 伧[2]cāng 伫佤佚（声旁示意）伯[1]bó 伯[2]bǎi 伴伶伺[1]sì 伺[2]cì 佃住佐佛[1]fó 作[1]zuò 作[2]zuō 佝佟你佣[1]yōng 佣[2]yòng 佬佯佻佼使侄侍侏侗依侠侣侨侩侪侬侮俊俏俐俑俗俘俚俟俨俩[2]liǎng 俪俭俯俳俺倌倔[1]jué 倔[2]juè 倚倡[1]chàng 倦倨倩倭债健偎偕偷偻[1]lóu 傀傅傈傣傥傧傩傲催僚僦僧僭僳儆僵儒儡 /2 仪任[1]rèn 伟传[1]chuán 伪伸估佑侈供[1]gōng 供[2]gòng 侥侦促俱俸俾候借倥倪偃假[2]jià 偬偶偿傍储像僻 /1 优佳侧倒[1]dǎo 倒[2]dào 值倾 /0 亿什[1]shén 什[2]shí 仅仍仔[1]zǐ 仞仟们[2]mén 价[1]jià 价[2]jie 份似[1]sì 似[2]shì 伽[1]gā 伽[2]jiā 但低何佗佛[2]fú 佰信例俄倍倘偌假[1]jiǎ 偈偏停僭[雁]

[人] (1)/4 佘

[八] (1)/0[詹]

[勹 bāo*+] (4)/0 匈甸匍匐

[匕] (3)/0 匙[1]shi 匙[2]chí 疑（形旁为匕、疋[止变]、龴[子变]）

[儿] (3)/0 允（古代儿为人的异体，下同）充党

[几] (3)/1 凳 /0 凯秃（几为人变）

[几**] (1)/0 凰（几为凤字的类化形旁，无意义）

[冫 bīng*+] (21)/4 冷冻洌凇凉[1]liáng（冫为氵变，凉[2]同）凉[2]liàng 凋凛 /2 凄凌凝 /0 冲[1]chōng（冫为氵变，冲[2]同）冲[2]chòng 决（冫为氵变）况（冫为氵变）冶冼净（冫为氵变）准（冫为氵变，繁体作準）减（冫为氵变）凑（冫为氵变）

[丷***+] (1)/0 尚（丷为八变）

[刂**] (1)/0 辨（刂为刀变）

[冖 mì*+] (2)/4 冢 /0 写

[讠***+]（言变）(132)/5 讲话语说[1]shuō 谈 /4 讣讥讦训议讯讳讴讷讹论[1]lùn 论[2]lún 讼讽访诀证诂评诅诉诋诌词诏译诓诗诘诙诟诠询诤诨诩诫诬诮诰诲诳说[2]shuì 诵请诺读[1]dú 读[2]dòu 诼诽课诿谀谄谋谎谏谑谓谕谗谚谜谟谢谣谤谧谩谮谰谴谵辩雠谶 /2 订认讧让讪记许识[1]shí 识[2]zhì 诈诊诚诛诡详诱谁调[1]diào 谆谐谙谛谦谨谪谫谬谱 /1 诧调[2]tiáo 谍谒 /0 讫讶诃试诞诣该误诸谅谊谌谡谥谭谒 (2-2) 谲

[卩 jié*] (3)/0 叩却卸（形旁为卩、止）

[阝***+]（阜变）(42)/4 阪陂陇陉陕陡陵隧隰 /2 阻陆[1]lù 陨陲隘障 /1 阱防阶险隔 /0 阡阮阿[1]ā 阿[2]ē 陀附际陆[2]liù 陈陋陌限陛院除陪陶陷隅隍隐隙

[阝***+]（邑变）(56)/4 邗邛加邢邦邬邯邳邹郊郏郑郓郡郢郧郫郭郯郴郸鄜鄂鄄

鄞鄹鄯鄱酃 /2 邓邝祁那^{3}nā 邮邱邵郅郇郗郜郝郦 /1 邻鄙 /0 那^{1}nà 那^{2}nèi 邪邸耶^{1}yē 耶^{2}yé 郁郎^{1}láng 郎^{2}làng 部都^{1}dū 都^{2}dōu

凵 kǎn^{*+}(1) /2 凿

刀 (7) /4 切^{1}qiē 剪劈^{1}pī 劈^{2}pǐ/0 切^{2}qiè 券^{1}quàn 券^{2}xuàn

力 (24) /4 功动努劬励劲^{1}jìng 劲^{2}jìn 势虏勃勇勉勋勤 /2 办务助饬(形旁为力、人) 勠 /1 劝勘募 /0 劭勐

厶 sī$^{*+}$ (1) /0 篡

マ** (1) /0[疑](マ为子变)

又 (7) /0 变叔叙度^{1}dù 度^{2}duó 曼艰(又为堇[堇 qín 变]简)

廴 yǐn^{*+} (1) /0 廷

巜 kuài* (1) /0 粼

㔾 jié$^{*+}$ (3) /0 厄卷^{1}juàn 卷^{2}juǎn

土 (109) /5 埋^{1}mái(声旁现在有示意能力) /4 圩^{1}wéi 圩^{2}xū 圪地^{1}dì 场^{1}chǎng 圾圻址坂坍坎坑坛坝坞坟坡坦坩坪坯坳坷^{1}kě 坷^{2}kē 坻坼垃茔垒垓垛^{2}duǒ 垠垡垢垣垦垧垩垮垯城垸埂埃埔^{1}pǔ 埔^{2}bù 埚埝域埠埯基堑堡^{1}bǎo 堡^{2} bǔ 堡^{3} pù 堤堰塌塘塬墓境墒墀墟墩墼壁壅壑壕壤 /2 场^{2}cháng 坊^{1}fāng 坊^{2}fáng 块垄坤坨型垫培堂堆堵塔塍(4-2)塑塞^{2}sài 填塾疆(4-2) /1 坚坠堕塞^{1}sāi 塞^{3}sè/0 在地^{2}de 均坏垛^{1}duò 埋^{2} mán 盐(2-2)堪增[涅]

士 (1) /2 壮

工 (3) /2 巧 /0 式毁(工为土变)

𠂇** (1) /0 举(𠂇为手变)

扌$^{***+}$ (手变) (269) /4 扎^{1}zhā 扎^{3}zā 扑扒^{1}bā 扒^{2}pá 打^{1}dǎ 扔扛^{2}gāng 扣扪扩(声旁示意) 扯扳扶扼抄把^{1}bǎ 把^{2}bà 抓抔抚抟抠抡抢抬抱抹^{1}mǒ 抹^{2}mò 抹^{3}mā 抻抿拂拃拄拆拇拈拉^{1}lā 拉^{2}lá 拌拍拎拓^{2}tà 拔拣拤拦拧^{1}níng 拧^{2}nǐng 拨择^{2}zhái 拭拱拴拷拾^{1}shí 持指按挎挑^{2}tiǎo 挖挞挟挪捂捅捆捉捋^{1}luō 捋^{2}lǚ 捎捏捕捞捡捣捧捭捯捶捺捻掀掂掇掊掏掐掖^{1}yē 掖^{2}yè 掘掠推掬掳掴掷掸掺掼捐(声旁示意)揉揍描提^{1}tí 插揖揞揠握揩揪揳揽揿搀搁^{1}gē 搂^{1}lǒu 搂^{2}lōu 搅搓搔搜搽搌搏搛搡搧搬携摁摆摇摸摘摞摽摺撇^{2}piě 撕撩^{1}liāo 撬撮^{1}cuō 撷撸擒撼擀擂^{1}léi 擢擦攥攫攮 /2 托扛^{1}káng 扦扬扭技抉抖抗护拒抵押抽担^{1}dān 拓^{1}tuò 拖拘拙招拢拥择^{1}zé 拯拼挂挑^{1}tiāo 挠挡挣^{1}zhēng 挣^{2}zhèng 挤挥振挽捍换捩授掉搭接控掩措提^{2}dī 揣^{1}chuāi 揭援摒搐搞搦搪摄摈摊摔摧撇^{1}piē 撅撞撤播撮^{2}zuǒ 撺擂^{2}lèi 揉攘 /1

扮批披排[1]pái 排[2]pǎi 撰撵攒[2]cuán/0 扎[2]zhá 打[2]dá 扰抒拟抨担[2]dàn 拉[3]lǎ 拐拗[1]ào 拗[2]niù 括拮拾[2]shè 挝挺挨[1]āi 挨[2]ái 挫捌捐损据[1]jù 据[2]jū 捷揶揄揆揣[2]chuǎi 搁[2]gé 撙撩[2]liáo 擅擞攒[1]zǎn

艹 **+ (艸 cǎo 变)(222)/5 草 /4 芋芍芒芝芙芜芡芥[1]jiè 芥[2]gài 芦芪芫芬芭芯[1]xīn 花芳芷芸芹芽苇苋苎苣苑苓苔[1]tái 苜苞苤苫[1]shān 苫[2]shàn 苯苷茁茎茂茄[1]qié 茄[2]jiā 茅茉茏茗荟茜[1]qiàn 茨茬茭茯茴荃荚荞荠[1]qí 荠[2]jì 荨[2]qián 荪莛荷[1]hé 莩荻荼荽莉莓莠莱莲莴莼菁菅菇菊菌[2]jùn 菜萃菠菰菱菲[1]fēi 菽萁萋萌萎萘萝萱葶葆葛[2]gé 葩葫葱葳葵蒂蒜蒲蒺蒿蓉蓑蓓蓖蓟蓬蓿蔓[2]wàn 蔗蔫蔷蔺蔻蔬蕃[1]fán 蕈蕉蕊蕙蕤蕨蕾薄[3]bò 薇薯薹藓藕藜藻藿蘑 /2 艾[1]ài 节[1]jié 节[2]jiē 苍苏苦茵茸荒荦药萄葚葡蓝蔓[1]màn 蔚[1]wèi 薪藤蔽藏[1]cáng /0 艺艾[2]yì 芮芯[2]xìn 苒苔[2]tāi 苛苟英苹范茌茜[2]xī 茹荀荏荐荔荨[1]xún 荫莒荆(2-2)荷[2]hè 莅莆莎莘莞[1]guǎn 莞[2]wǎn 菌[1]jūn 菏菩菲[2]fěi 萧萨著落[1]luò 落[2]lào 落[3]là 葛[1]gě 董葺蒋蒗蒙[1]měng 蒙[2]méng 蒙[3]mēng 蒯(2-2)蒸蓄蔚[2]yù 蔡蕃[2]fān 蕃[3]bō 蕴薄[1]báo 薄[2]bó 薛薮藁藉[1]jí 藉[2]jiè 藏[2]zāng 藐藩

寸 (5)/0 寺导将[1]jiāng 将[2]jiàng 耐

廾 gǒng *+ (3)/0 异弈弊

大 (11)/2 夸奢 /0 奈奎类(大为犬变)契奕奖奘樊(大为𠬛 bó 变)衡(形旁为大、角[角变])

兀 (1)/0 尧

尢 wāng *+ (3)/0 尥尬尴

弋 (1)/0 式

口 (335)/4 句[1]jù 叨[1]dāo 叨[2]dáo 叫召叭叮叱叹叼叽吁[1]yù 吁[2]xū 吃吆吐[1]tǔ 吐[2]tù 吗[1]ma 问吸否[1]fǒu(声旁示意)吞吟吣吧[1]ba 吧[2]bā 吩吭[1]kēng 吭[2]háng 吮吱[1]zhī 吱[2]zī 吵[1]chǎo 吵[2]chāo 吻吼呀[1]yā 呀[2]ya 呃[1]ē 呃[2]e 呃[3]è 呐呓呕呗呛[1]qiāng 呛[2]qiàng 呜呢[1]ne 呦呱[1]guā 呱[2]gū 味呵呷呸呻呼咀咂咄咆咋[1]zé 咋[2]zhā 咏咐咔[1]kā 咕咙咚咛咝哎[1]āi 哎[2]ái 哎[3]ǎi 哎[4]ài 咣咤咦咧[1]liě 咧[2]liē 咧[3]lie 咨咪咬咯[1]kǎ 咯[2]gē 咯[3]lo 咳[1]ké 咳[2]hāi 咻咽[1]yān 咽[2]yàn 咽[3]yè 咿哂哄[1]hōng 哄[2]hǒng 哄[3]hòng 哇[1]wā 哇[2]wa 哈[1]hā 哉哏哐哑[1]yǎ 哑[2]yā 哔哕哗[1]huá 哗[2]huā 哝哞哟[1]yō 哟[2]yo 哪[2]na 哦[1]ó 哦[2]ò 哦[3]é 哧哨哩[1]lī 哩[2]li 哮哺哼[1]hēng 哼[2]hng 哽唁唆唇唉[1]āi 唉[2]ài 唏唔唠唢唤唧啊[1]ā 啊[2]á 啊[3]ǎ 啊[4]à 啊[5]a 唪唬唱唳唷唾啃啄啐啕啖啜啦[1]la 啦[2]lā 啧啪啭啰[1]luō 啰[2]luo 啷啸喏喵噢[1]ōu 噢[2]óu 噢[3]ǒu 噢[4]òu 啼啾喀喂[1]wèi

喂 ^{2}wéi 喃喇喉喊喋喑喔喘喙喝 ^{1}hē 喝 ^{2}hè 喟喧喳 ^{1}chā 喳 ^{2}zhā 喷 ^{1}pēn 喻喽 ^{2}lou 嗖嗞嗟嗒嗍嗑嗓嗔嗝嗡嗤嗥嗨嗫嗬嗯 ^{1}ńg 嗯 ^{2}ňg 嗯 ^{3}ǹg 嗲嗳 ^{1}ǎi 嗳 ^{2}ài 嗵嗷嘟嗽嗾嘀 ^{1}dī 嘀 ^{2}dí 嘁嘈嘎嘘 ^{1}xū 嘘 ^{2}shī 嘛嘞嘡嘣嘤嘬嘭嘱嘲嘶嘹嘻嘿噗噌噎噔噙噜噢噤噪噫噬噱噼嚄 ^{1}huō 嚄 ^{2}ǒ 嘴嚎嚅嚓 ^{1}cā 嚓 ^{2}chā 嚯嚷 ^{1}rǎng 嚷 ^{2}rāng 嚼 ^{1}jiáo 嚼 ^{2}jué 嚼 ^{3}jiào 囔 /2 吓 ^{1}hè 吓 ^{2}xià 吗 ^{2}má 吗 ^{3}mǎ 否 ^{2}pǐ 吡吨含吲吠和 ^{2} hè 呢 ^{2}ní 呤咋 ^{3}zǎ 咔 ^{2}kǎ 咖 ^{1}kā 咖 ^{2}gā 知响哆哌哚哪 ^{1}nǎ 哪 ^{3}něi 哲唑啶唯啉啡啤啥喱喹嗉嗦嗪嘌嘧噶噻嚏 /1 哀 /0 叨可 ^{1}kě 可 ^{2}kè 台 ^{1}tái 台 ^{2}tāi 吒吝听吾呈和 ^{1}hé 和 ^{3}huó 和 ^{4}huò 和 ^{5}hú 哈 ^{2}hǎ 哪 ^{4}né 唐售啬喷 ^{2}pèn 喽 ^{1} lóu 嗅嗜嗣（形旁为口、冊[册变]）[害]

囗 wéi*+ (17) /4 围囤 ^{1}dùn 囫园囵图囿圃圄圈 ^{1}quān 圈 ^{2}juàn 圈 ^{3}juān 圜 /2 团囤 ^{2} tún/1 固圆

山 (54) /4 屹岌岐岖岗岢岫岭岱岷峁峁峋峒峙 ^{1}zhì 峙 ^{2}shì 峡峦峨峪峭峰峻崂崃崆崇崎崖崮崴嵋嵬嵯嵘嶂嶙巅巉 /2 屿岛岬峥崔崛崩崭嵘 /0 岂岑密崽嵇嵌

巾 (31) /4 布帆帏帐帔帕帙帛帜帷帼幄幅幌幕幔幛幡 /2 饰（形旁为巾、人）帧帽幢 ^{2}chuáng/0 币帅帖 ^{1}tiè 帖 ^{2}tiě 帖 ^{3}tiē 帮常幂幢 ^{1}zhuàng

彳 (25) /4 彷往径徉徊徘徜徨 /2 征徐徕循徭 /0 彻彼待 ^{1}dài 待 ^{2}dāi 徇很律得 ^{1}dé 得 ^{2}de 得 ^{3}děi 微德

彡 shān*+ (7) /0 形彦（形旁本为彣 wén，变为 彡、立）修彩彬彰影

犭 **+（犬变）(48) /5 狗 /4 狈狍狐狒狞狩狮狰狲狸狼猁猎猕猖猞猡猪猫 ^{1}māo 猫 ^{2}máo 猢猩猬猴猿獐獗獠獭獾 /2 犯犷狂狎狠狡猛猥猾 /1 狙猜 /0 犹狄独狭狷猝

夕 (2) /4 夤 /2 梦

凡 (1) /0 巩（凡为丮 jǐ 变）

夂 zhǐ*+ (1) /0 麦

饣 **+（食变）(34) /4 饥饨饪饭饯饱饲饴饵饷饸饺饼饽饿馃馄馅馇馊馋馍馏 ^{2}liù 馐馑馒馔 /2 馁馆 /1 馈 /0 饶馀馏 ^{1}liú

广（此处广为古汉语用字，音 yǎn）(20) /4 庐庖店庙府庭庵廊廒廪 /2 庇座廓 /0 序底庞废庾廉廖

门 (22) /4 闸闺闾阀阁阈阛 /2 阂阙 ^{1}què/1 阔 /0 闩闵阅阉（门为門变）阆阉阎阐阑阕阙 ^{2}quē 阚

丷 ** (2) /0 兹 ^{1}zī（丷为艹变，下同）兹 ^{2}cí

氵$^{**+}$（水变）（314）/4 汀汁汉汐汕汗 ^{1}hàn 汛江池汤汲汨汩汪汴汶汹汽汾沂沅沆沏沐沔沟没 ^{2}mò 沤沥沦沧沪泛沫沭沱河沸油沼沾泗泊 ^{1}bó 泊 ^{2}pō 泌 ^{1}mì 泌 ^{2}bì 泓泔泗泞泡 ^{1}pào 波泣泥 ^{1}ní 泫泳泸泻泼泾洄洇洋洑洒洗洛洞 ^{2}tóng 津洪洮洱洲浃浇浊济 ^{2}jǐ 浑浒浓浔涎浙浚 ^{1}jùn 浚 ^{2}xùn 滨浠浣浦浪浮浴海浸涌涓涔涕涛涝涞涟涡 ^{1}wō 涡 ^{2}guō 涢涤润涧涨 ^{1}zhǎng 酒涪涮涯液涸涿淀淄淅淇淋 ^{1}lín 淋 ^{2}lìn 淌淖淘淙淝淞淠淤淦淬淮混 ^{2}hún 淹渊渍渐 ^{2}jiān 渑渔渗渚萍渡渣渤渭港渲渴湃湄湍湖湘湟湾湿溃 ^{2}huì 溅溆溉滁源溜 ^{2}liù 溢溧溪溯溴溶溺溽滂滇滏滓滔滗滢滤滥滦滨滩漓滴漙漂 ^{1}piāo 漂 ^{3}piǎo 漆漉漏漕漩漪漯漱漳漾潍潴潭潮潲潸潺潼澄 ^{1}chéng 澄 ^{2}dèng 澈澎澜澳潞澡澧濂濉濞濠濡濮濯瀑瀛瀣灌 /2 汉汝污沁沃沉沌沛泄泥 ^{2}nì 注泯泽浅洁洼浏济 ^{1}jì 浩涂涨 ^{2}zhàng 涵淡深清渠（4-2）游渺湮溃 ^{1}kuì 滑滞滚满漫潇潜激瀚 /1 沽泱沿测涣湛滋 /0 汗 ^{2}hán 汰沈没 ^{1}méi 沮治泠泡 ^{2}pāo 茫（2-2）荡（2-2）洞 ^{1}dòng 活洽派染（形旁为氵、木）涅（形旁为氵、土）消涩淆淑淫淳混 ^{1}hùn 添渎渐 ^{1}jiàn 渝渥温湎溘溜 ^{1}liū 溥漠漂 ^{2} piào 演潢潘潦[梁]

忄$^{**+}$（心变）（109）/4 忆忏忖忡忧忪忱忸忻怀怄怅怆快怔怕怖怜怡怦怩怪怯怵恃恍恤恨恪恫恬恸恺恻恼悌悍悒悔悚悛悟悦悯悴悱悸悻悼情惆惊惋惕惘惚惜惦惧惨惬惭惮惰惴惶惺愉愎愕愣愤愦愧慌慨慷慎慑慵慊憎憔憧憬懂懊憷憾懈懦懵 /2 忤快性恹悖悭惟慢懒 /1 怙 /0 忙恢恰恽悄 ^{1}qiāo 悄 ^{2}qiǎo 惯

宀 mián^{*+}（31）/4 宅客室宸寓 /2 宁 ^{1}níng 宴宾寄富 /1 宇宽寥寰 /0 宁 ^{2}nìng 字完宏宙定宛宠审宣宥宪宵害（形旁为宀、口）寂寞察

辶$^{**+}$（辵 chuò 变）（93）/4 辽巡达迁迅过 ^{1}guò 迈迎近迓返还 ^{1}huán 进远迟迢迤 ^{1}yí 迥迩追逃途通 ^{1}tōng 逛速逶逻逾遁遐遛遣遥遨 /2 迂迄迤 ^{2}yǐ 运迫 ^{1}pò 迫 ^{2}pǎi 迷迹逅逆递逝逢逦逮 ^{2}dài 逼遇遍遭避邂 /1 违适逊逍透造遏 /0 边 ^{1}biān 边 ^{2}bian 过 ^{2}guo 过 ^{3}guō 还 ^{2} hái 这迦迪迭述进逄选逗通 ^{2}tòng 逞逮 ^{1}dǎi 随遂 ^{1}suì 遂 ^{2}suí 遑遒遗 ^{1}yí 遗 ^{2}wèi 遢遮遴遵遽邀邋

彐$^{**+}$（1）/0 归（彐为帚简）

尸（17）/4 尻屁屙屠 /2 屣 /0 层居屈屉届屏 ^{1}píng 屏 ^{2}bǐng 屑展属 ^{1}shǔ 属 ^{2}zhǔ 屡

弓（11）/4 弦弧弩弯彀 /2 弛 /1 张弹 ^{1}dàn 弹 ^{2}tán/0 弘弥

卂 xùn*（1）/0 茕

子（10）/4 孥孩孪孺 /2 孢孤孳 /0 存孟孽

女(103)/4 奶她妁妃妆妈妊妍妓妗妞妣妩妪姊姒妮妯妲妹姆姐姑姚姝姣姥姨姻娅娆娜 [1]nà 娜 [2]nuó 姬娉娌娑娘娟娠娣娥娩娲婀娶娼婆婊婕婚婢婵婶婷婿媒媛 [1]yuán 媛 [2]yuàn 媪嫂媳媸嫁嫒嫔嫖嫡嫣嫦孀 /2 奸妒妖姓姜姘姿娃娇娱婉婴媚媾嫉嬉 /1 姹 /0 妄佞妙妨始姗娓娴婪婺媲嫌嫩嬗嬴

厶**(3)/0 参 [1] cān(厶为厽[晶变]简,下二字同)参 [2]shēn 参 [3]cēn

马 (45)/4 驮 [1]tuó 驮 [2]duò 驯驰驴驷驹驽驿骁骅骈(声旁示意)骋骏骐骑骒骛骜骝骗骠骡骥 /2 驱驶驸驼驾骆 /1 驳驻骡 /0 冯 [1]féng 冯 [2]píng 笃骄骇骊验骗骚蓦腾(2-2)骞

纟***+ (糸 mì 变)(130)/4 红 [2]gōng 纤 [1]xiān 纤 [2]qiàn 纥 [1]gē 纨纫纬纱纶纺线织绋经 [2]jìng 绑绒绔绗络 [1]luò 络 [2]lào 绞绂绠绢绣绦绨绫绮绱绲绳绶绷 [1]bēng 绸绺缀缆缎缕缚缝 [2]féng 缟缠缢缨缫缰缳辫 /2 纠红 [1]hóng 纭纰纲纷纹纽绀练细绊绎经 [1]jīng 结 [1]jié 绕绚绛绩绯维绻绾绿 [1]lù 绿 [2]lù 缁编缗缜缤缱缭 /1 纳纵组继绪续综绠缔 /0 纣纥 [2]hé 约 [1]yuē 约 [2]yāo 级纪 [1]jì 纪 [2]jǐ 纯纸绅终绌绍结 [2]jiē 绘给 [1]gěi 给 [2]jǐ 统绥绰 [1]chuò 绰 [2]chāo 绷 [2]běng 绷 [3]bèng 绽缄缅缈缉缓缘缛缝 [1]fèng 缥缩缪 [1]miào 缪 [2]móu 缪 [3]miù 缮缴

王 (61)/4 玎玑玛玮玲玳玷珀珂珊珍珐珑珞珠珩琅琉琛琢 [1]zhuó 琥琦琨琪琬琮琰琳琼瑛瑁瑕瑙瑚瑜瑶瑾璀璇璋璜璞璐璨 /2 环玻球瑰璃 /0 玖玩玫现珙珲理琐琢 [2]zuó 瑞碧(形旁为王、石)[望](王为壬 tǐng 变)

韦 (4)/0 韧韩韫韬

云 (1)/0 尝(云为旨简)

耂***+(1)/0 考(耂为老省)

圡**(2)/0 压 [1]yā(压繁体作壓。圡为猒、土简,下同)压 [2]yà

木 (217)/4 杆 [1]gān 杆 [2]gǎn 杈 [1]chā 杈 [2]chà 杉 [1] shān 杉 [2]shā 李杏村杖杠杧杨杵杷杼松板枇枘枝枞 [1]cōng 枥枫柜枰枳枷枸柏 [1]bǎi 柑柘柚 [1]yòu 柚 [2]yóu 柞 [1]zuò 柠柩(形旁为木、匚 fāng)柢柳柿栀树栅 [1]zhà 栈栉栋栎柴栖株核 [2]hú 根栽栾桁桂桃桄桅桉桌桎桐桢桦桨桩梆梢梧梨梅梏梓梭梁(形旁为木、水)棂棋棍棒棕棠棣棰棵棺椁椅椎 [2]chuí 椟椰榔椽椿楂楔楠楣楦楫楸楹榄榆榈槌槐寨榕榛榫榭榴榻槁槛 [1]kǎn 槛 [2]jiàn 槟 [1]bīn 槟 [2]bīng 槽樟樯樱橄橡樵橇橘橙橛橱橹檀檩檬 /2 朽材杜杞条构枢枪枯架栏柱柄荣栓核 [1]hé 格 [1]gé 框案桔档桥桶梗梯械梳棉棚棱 [1]léng 植椒楼榨槊模 [2]mú 樽檐蘖 /1 机杯枉标 /0 札朴 [1]pǔ 朴 [2]piáo 权极杭枕枞 [2]zōng 亲 [1]qīn 亲 [2]qìng 柏 [2]bó 柔柞 [2] zhà 查 [1]chā 查 [2]zhā 柯栅 [2]shān 校 [1]xiào 校 [2]jiào 样格 [2]

gē 栩桓桡桧检棱 [2]líng 椎 [1]zhuī 椭楷概榜榷模 [1]mó 横 [1]héng 横 [2]hèng 檄 [柒][新]

犬 (5)/0 状倏莽猷默

尤 (2)/0[稽 [1]jī] [稽 [2]qǐ]

歹 (16)/4 歼殁殃殄殇残殉殍殒殓殖 [2]shi 殡 /2 殆 /0 殊殖 [1]zhí 殚

车 (41)/4 轨轫轮轱轶(声旁示意)轴 [1]zhóu 轴 [2]zhòu 轼载 [1]zài 轾辆辎辐辕辘辙辚 /2 轧 [1]zhá 轧 [2]yà 轩转 [1]zhuǎn 转 [2]zhuàn 轳轿辊输辗 /1 轻 /0 轧 [3]gá 转 [3]zhuǎi 软轲载 [2]zǎi 较辄辅辈辍辑舆辖

牙 (1)/0 掌

戈 (12)/4 戕战贼戡戮 /2 戗 [1]qiāng 截戳 /0 戏成戗 [2]qiàng 戥

比 (1)/0 毖

瓦 (7)/4 瓮瓴瓶瓷 /2 甑 /0 瓯甄

止 (2)/0 歧[疑]

支 pū*+ (1)/0 敲

⺗***+ (心变)(3)/0 忝恭慕

日 (52)/4 旭旱时昕星昨昭昱映昽晃 [2]huǎng 晌晒晖晚晨晰晴晷晾暂暑暄暇暖暗暧暮曙曚曝 [1]bào 曝 [2]pù 曦 /2 旺春昧晃 [1]huàng 晏晓晕 [2]yùn 晦景 /1 旷 /0 昂者(日为白变)曷(形旁本为曰)昝(形旁本为曰)昵晁晕 [1]yūn 晤智

月***+ (月变)(23)/4 肓肴肾背 [1]bèi 背 [2]bēi 臀臂 [1]bì 臂 [2]bei/2 育骨 [1]gǔ 膂膏 [1]gāo 膏 [2]gào 膺 /0 肖 [1]xiào 肖 [2]xiāo 胄胥骨 [2]gū 隋散 [1]sàn 散 [2]sǎn 青(月为丹变)

冃 mào*+ (1)/0 冕

贝 (48)/4 贡财账货贩贪贫购贱贵贷费贾 [2]gǔ 贿赁赂赃赈赉赊赌赎赏赐赔赚赠赡 /2 贮贬贸资赋 /1 贴 /0 责贤质贯贰贳贻贾 [1]jiǎ 赅赓赖赛赝赣

水 (5)/4 汞荥 [1]xíng 荥 [2]yíng 浆 /2 颍(4-2)

见 (11)/4 观 [1]guān 视览觊觎觐觑 /2 觉 [1]jiào 觉 [2]jué 靓 /0 观 [2]guàn

禸 róu* (1)/0[禽]

牛 (16)/4 牦牯牲犁犄犊犀犍 [1]jiān 犟 /2 牾犒 /0 物荦特牺犍 [2]qián

手 (14)/4 拳挈挲 [1]sā 挲 [2]suō 掌掣摹摩 [2]mā 擎擘攀 /2 挚挛摩 [1]mó

毛 (8)/4 毡毫毯毽氅氆氇 /1 麾

气 (17)/4 氕氖氘氙氚氛氟氡氢氦氧氨氩氪氮氯氰

攵***+ (攴 pū 变)(26)/0 收孜攻放政故效敌敏致(攵为夂 zhǐ 变)救敕教 [1]jiāo 教 [2]jiào

敛敝赦敞敦数 ^{1}shù 数 ^{2}shǔ 数 ^{3}shuò 肇敷整（形旁为攵、束）繁

片 (4)/4 版牌牍牒

斤 (4)/0 所斧斯新（形旁为斤、木）

爪 (1)/4 爬

反 (1)/4 叛

兮 (1)/0 羲

父 (3)/5 爸爹 /4 爷

凶 (1)/0 禽（形旁为凶、内 róu）

凵** (1)/0 齿（凵为古齿字变形）

月 (108)/4 肋肌肚 ^{1}dù 肚 ^{2}dǔ 肛肝肠肢肤肪肫肱肺肿胖 ^{1}pàng 胗胚胛胝胞胧胫胯胰胱胳胸胺胼脂脍脏 ^{2}zàng 脐脑脓脖脚 ^{1}jiǎo 脬脯 ^{1}pú 脸期脾腈腊腋腑腓腕腚腱腴腥腧腭腮腰腹腺腻腿膀 ^{1}bǎng 膀 ^{2}pāng 膀 ^{3}páng 膈膊膑膜膘膛膝朦膻臃臌 /2 股胀胁胆胎胖 ^{2}pán 朔胶朗望（形旁为月、王[壬 tǐng 变]）脯 ^{2}fǔ 腌 ^{1}yān 膳臆 /1 肮脏 ^{1}zāng 脱腌 ^{2}ā 臊 ^{1}sāo 臊 ^{2}sào 臜 /0 服 ^{1}fú 服 ^{2}fù 朐胜胡朕（月为舟变）胭脆脚 ^{2}jué 腆腼臌霸

欠 (17)/4 歉 /2 欢欣欷欸 ^{1}ēi 欸 ^{2}éi 欸 ^{3}ěi 欸 ^{4}èi 歇歌歔 /0 欧钦欲欺歃歙

风 (5)/4 飒飓飕飘飙

乌** (1)/0 凫（乌为鸟省）

殳 shū*+ (3)/0 殴殿毅

六 (1)/0 兖（六为水变）

文 (3)/4 斐 /2 斑斓

立** (1)/0[彦]（立为彣 wén 中的文变）

火 (76)/4 灯灸灼灿炀炉炊炒炕炖炔炜炝炬炫炭炮 ^{1}pào 炮 ^{2}páo 炮 ^{3}bāo 炳炷炸 ^{1}zhà 炸 ^{2}zhá 炼炽烀烁烘烙烛烃烊烜烟烤烧烩烫烬烽焊烯烷焖焙焯焰煅煊煌煜煤煨煲煳煸煺煽熄熔熘熥熠熨 ^{1}yùn 熵燃燎 ^{1}liáo 燎 ^{2}liǎo 燧燥爆 /2 炯焐焕 /1 烂 /0 熨 ^{2}yù

斗 (6)/4 戽斛 /2 魁 /0 斜斟斡

灬 ***+ （火变）(18)/4 热烹煮煎熬 ^{1}áo 熬 ^{2}āo 熟 ^{1}shú 熟 ^{2}shóu/2 烈照煦熙熹 /1 点（灬为黑简）/0 焘然罴（繁体字羆从熊，罷省声；简化字罴应为从熊省，罢声）

户 (2)/4 房扉

礻 ***+ （示变）(20)/4 祀祈祉祚祜神祠祥祯祷祺禅 ^{1}chán/2 祖祸禅 ^{2}shàn 福禧 /0

礼祛禄

罓** (1)/0 罕(罓为网变)

心 (56)/4 忌忍志忘闷¹mèn 忠念忿怂怒怠急怨恋恐恕恣恩垦恶²ě 恶³wù 虑恿患您悲惑惫想愁愚感慈愿慧憨慰憋懑戆/2 忽恶¹è 悠/1 恳/0 忒¹tè 忒²tuī 闷²mēn 态怎总恁恙惹惩愈懋

尺 (1)/4 咫

玉 (3)/4 玺莹璧

示 (2)/2 禁¹jìn/0 禁²jīn

耳 (1)/0 甙

亚** (1)/0 严(亚为吅变)

石 (73)/4 矶矸矽矾矿砀砂砌砒砚砭砣砥砷砺砾础硅硒硝硫硬硷硼碇碉碌²liù 碑碓碘碚碡碣碱碲碳碾磐磙磨²mò 磺磴磷礁礅/2 码研砖砝砧砰砸碎碗碜碟磁磋磨¹mó 磬/1 破碍碴磅¹bàng/0 砍砻确碌¹lù 碰磅²páng 磕礴[碧]

戊 (1)/0 戚

龙 (2)/0 龚龛

北 (2)/2 冀/0 乖(北为爿变)

业 (1)/0 虚(业为丘变)

氺*** (水变)(2)/0 滕泰

旦 (1)/0 暨

目 (54)/5 盲(声旁示意)眼瞎(声旁示意)/4 盯盹盼眈眍眨眚眠眩眬眦眯¹mī 眯²mí 眵眶眸眺睁睐睑睚睛睡督睫睬睹瞄睽瞅瞌瞑瞥瞟瞠瞰瞧瞩瞪瞬瞭瞳瞻瞽/2 瞒/1 眷/0 盱冒眙睢睦

申 (1)/2 畅

田 (13)/4 畦/2 町畹/1 毗界畔/0 留畚(形旁为甾省)略畲畴畸畿

兄 (2)/0 兢(形旁为兄、兄)[兢]

屵 è* (1)/2 岸

罒*** (网变)(4)/2 罪(声旁示意)/0 罩置署

皿 (11)/4 盂盅盆盏盛²chéng/2 盒盘/1 盔/0 盎盛¹shèng 盟

冊** (1)/0[嗣](冊为册变)

罔** (1)/0 罔(冂为网变)

钅*** (金变)(145)/4 钉¹dīng 钉²dìng 钎钏钐钒钓钗钙钚钛钞钟钠钡钢¹gāng

钢 ²gàng 钣铃钥 ¹yào 钥 ²yuè 钨钩钰钱钳钴钹钺钻 ²zuàn 钼钾钿铀铁铂铃铄铅 ¹qiān 铆铉铊铋铎铸铙铛 ¹dāng 铛 ²chēng 铜铝铠铡铣铧铬铭铮铯铰铱铲铳铵银铸链铿锁锂锃锄锅锈锉锋锌锎锑锒锗锚锛锡锢锣锤锥锨锭键锯锰锲锴锵锶锷锹锻镀镁镂镉镊镌镍镏 ¹liú 镏 ²liù 镐镑镖镗镚镞镢镣镦镩镫镭镯镰镲镳镴 /2 钧钝钮钵钻 ¹zuān 铢销锐锱镇镜镶 /1 铩 /0 铅 ²yán 铤铨铺 ¹pū 铺 ²pù 错镪

生 (2)/0 隆 ¹lóng 隆 ²lōng

矢 (6)/0 矣矩矫矬短矮

禾 (44)/4 秆种 ¹zhǒng 种 ²zhòng 秕秫秧秣秸稗稞稷稻稼穑穗 /2 秋租稔 /1 秤积稀税稠 /0 私种 ³chóng 秒秭秘 ¹mì 秘 ²bì 秩称 ¹chēng 称 ²chèn 移秽程稍稚颖 (2-2) 稣稳稿穆稽 ¹jī(形旁为禾、尤,下同) 稽 ²qǐ

白 (9)/5 皑 /4 皎皓皙 /0 的 ¹de 的 ²dí 的 ³dì 皋皖

瓜 (4)/4 瓠瓢瓤 /2 瓣

鸟 (39)/4 鸠鸡鸢鸥鸦鸨鸩莺鸪鸭鸯鸳鸵鸶鸹鸽鸾鹁鹂鹃鹄 ²hú 鹅鹉鹊鹌鹏鹑鹜鹞鹤鹦鹧鹫鹬鹭鹰鹳 /2 鸿 /0 鹄 ¹gǔ

疒 nè*+ (81)/5 病 /4 疔疖疗疙疝疟 ¹nüè 疟 ²yào 疠疡疣疤疥疫疮疯疱疳疴疸疹疼疽痂痄症 ¹zhèng 症 ²zhēng 痈痉痊痍痒痔痘痛痢痣痤痧痨痪痫痰痱痴痹痼痿瘀瘁瘊瘌瘘瘙瘟瘩瘢瘤瘫瘴瘸瘾癌癍癔癜癞癣癫 /2 疚疲疵痞癖 /1 痕瘪 ²biē 瘦瘠癯 /0 瘆瘪 ¹biě

立 (6)/4 站 /1 竣 /0 靖竭端童(立为 辛 qiān 省)

穴 (24)/4 窍窖窗窝窟窠窦窨窿邃 /2 空 ¹kōng 空 ²kòng 窄窥 /1 窃窘窜 /0 究穹窈窒窕窣窸

衤 **+ (衣变)(40)/4 衩 ¹chà 衩 ²chǎ 衫衲袂袄袍袖袜袱袼裆裙裤裸褂裰褛褪 ²tùn 褴褶襁襟襻 /2 补衬袒被裢裱褙褡褪 ¹tuì 褥 /1 褊 /0 褚裕裨褐褫

民 (1)/4 氓

疋 shū* (1)/0[疑](疋为止变)

皮 (3)/4 皱皲皴

矛 (1)/0 矜

耒 (12)/4 耕耖耘耙 ¹bà 耙 ²pá 耠耪耧耨耩耪 /0 耗

钅** (1)/0 釜(钅为金省)

耂 (2)/4 耄耆

巩 (1)/0 筑(巩为巩gǒng 变)

耳 (15)/4 耷闻聆聋聒聩聪聱/1 耸/0 耻耽聃聊职聘

丮 (1)/0 巽(共为丌 jī 变)

臣 (1)/0 臧

覀**+ (覀为襾 yà 变)(1)/0 覆

页 (34)/4 顶颀颈[1]jǐng 颈[2]gěng 颊颌颏颔颚颞颟颧/2 项顽顾领颐颜额颤[1]chàn 颤[2]zhàn/0 顿颀颁颂颃预硕颇颉[1]jié 颉[2]xié 颓颗题

夸 (1)/0 匏(夸为瓠省)

死 (1)/5 毙

至 (2)/5 到/4 臻

虍 hū*+ (1)/0 虞

光 (2)/4 辉耀

旱 (2)/0 覃[1] (qín 旱为 旱 hòu 变,下同) 覃[2]tán

虫 (111)/4 虮虱(虫为䖵kūn 省)虼虾蚁蚂[1]mǎ 蚂[2]mà 蚤蚊蚌[1]bàng 蚍蚓蚕蚜蚝蚣蚪萤蚯蚰蚱蚶蛀蛄蛆蛇[1]shé 蛉蛎蛏蛐蛔蛙蛛蛤[1]há 蛤[2]gé 蛭蛰蛲蛳蜒蜓蛹蛾蜂蜃蜇[1]zhé 蜇[2]zhē 蜈蜉蜊蜍蜕蜗蜘蜜蜢蜥蜴蜻蝇蜮蝉螂蝌蝎蝗蝙蝠蝣蝴蝶蝻蝼螃螟螨螯螟蟒螫螳螺蟀蟋蟑蝗蟹蟾蠓蠕/2 虬蛋蛟蜚蜡蜮蜷蜿蟠/1 蚩蛮/0 虹[1]hóng 虹[2]jiàng 虽蚀闽蚌[2]bèng 蛇[2]yí 强[1]qiáng 强[2]qiǎng 强[3]jiàng

吕 (1)/0 营(吕为宫省)

吅 xuān*(1)/4 骂(吅为网变)

肉 (1)/1 腐

缶 (5)/4 缸罐/2 罄/1 缺/0 罂

舌 (2)/4 舐舔

𥫗***(竹变)(73)/4 竽竿笆笊笋笙笛笠笳筐笼[1]lóng 筏筐筚筛筝筠[1]yún 筢筱筲筷箅箐箕箧箩箪箫箸箦篓篙篦篮篱篾篪/2 笈筶笤笼[2]lǒng 筒签箔管箭箱篷簇簌簧/0 笑符笨第笺答[1]dá 答[2]dā 策筵筠[2]jūn 筹简箓箴篆篇篝簪簿籀籁籍

乑** (1)/0 聚(乑为㐺 yín 变)

自 (1)/0 鼻

行 (3)/4 街衢/0 衙

舟 (13)/5 船/4 舢舨航舫舰舱舵舶舷艇艄艘

杀 (1)/4 弑

舛 (1)/0 舞

多 (2)/4 够夥

㫃** (㫃yǎn 变)(5)/0 施旌旋旖旗

衣 (20)/4 衮袈裁裘裟裳 /2 衾袋装 /1 裂裹 /0 袅衷衺袭亵裔裴褒襄

亠** (1)/0 旁(亠为凡变)

羊 (2)/2 群 /0 羸

⺷***+ (羊变)(4)/4 羚羯 /0 羞羧(⺷为氧省)

米 (32)/4 屎籼籽粑粕粮粱粳粽糁糊^{1}hú 糌糍糕糜^{2}méi 糠糨糯 /2 粉粒粘粿糊^{2}hù 糖糙糜^{1}mí 糟 /1 精粗 /0 粲粹糊^{3}hū

宀** (1)/1 寝(宀为寢 mèng 省简)

聿 (1)/0 肆

尸** (1)/2 屐(尸为履省)

弜*jiàng (1)/0 弼

羽 (15)/4 翅翎翔翘^{2}qiào 翡翱翼 /2 翠翩 /0 羿翁翌翘^{1}qiáo 翰翻

糸 mì*+ (12)/4 絮 /2 紊萦紫 /1 紧 /0 累^{1}lěi 累^{2}lèi 累^{3}léi 綦綮徽纂

麦 (1)/4 麸

镸***+ (長 cháng 变)(1)/0 肆

走 (14)/4 赳赴赶趄超趋趔趟^{1}tàng 趟^{2}tāng/2 起越 /0 赵趁趣

赤 (2)/4 赧赭

柬 (1)/0[整]

㐫** (2)/0 囊^{1}náng (㐫为橐 gǔn 省,下同)囊^{2}nāng

豆 (3)/4 豇豉豌

酉 (33)/4 酊^{1}dīng 酊^{2}dǐng 酚酝酢酣酪酮酯酱酵酶酸酿醇醉醋醚醛醺 /2 酌酥酩酬醍醐醒醭 /1 酽 /0 酷醮醴醢

豕 (2)/4 豢 /1 豪

里 (1)/0 野

⻊***+ (足变)(76)/4 趵趿趼趾跂跃跄跆跋跌跎跑^{1}pǎo 跑^{2}páo 跖跗跚跛践跳跟跤跨跪跬路跳跶跷跹跺跻踉踊踌踏^{1}tà 踏^{2}tā 踝踞踟踢踩踪踮踯踱踵踹踽蹂蹄蹅蹉蹊蹈蹊^{1}xī 蹋蹑蹒蹓蹦蹰蹬蹯蹲蹴蹶^{1}jué 蹶^{2}juě 蹼蹿躅躏 /2 趴距蹭 /0 蹊^{2}qī 躁

足 (4)/4 趸蹇蹩 /0 躄

男 (2)/4 甥舅

邑 (1)/0 扈

身 (4)/4 躬躯躲躺

彳止** (1)/0 徒(彳止为辵 chuò 变)

釆 biàn* (2)/0 釉释

谷 (2)/2 豁 [1]huō 豁 [2]huò

豸 (6)/4 豹豺貂貉 [1]hé 貉 [2]háo/0 貌

角** (1)/0[衡](角为角变)

角 (3)/4 觞觥 /2 触

卵 (1)/4 孵

言 (7)/4 誉誊誓譬 /2 訇警 /0 詹(形旁为言、八)

亠口** (2)/0 亭(亠口为高省变,下同)亳

声** (1)/0 庸(声为庚省)

辛 (2)/4 辣 /0 辜

㐬 tū* (1)/0 疏

疒* (1)/1 寐(疒为㝱 mèng 省)

玨 jué* (4)/0 琴(玨为珡 qín 省,下同)琵琶瑟

青 (2)/4 靛 /0 静

夫夫** (1)/0 替(夫夫为竝 bìng 变)

雨*** (雨变) (24)/4 雪雳雹雾霁霆霈霏霓霖霜霰露 [1]lù 霹 /2 霉霞霭 /1 震 /0 雯零霄霎露 [2]lòu 霾

林 (3)/2 麓 /0 梵楚

非 (3)/0 靠靡 [1]mí 靡 [2]mǐ

齿 (9)/4 龃龅龇龈龉龋 /2 龄 /0 龊龌

隹 zhuī*+ (13)/4 雉睢雏雄雌 /2 雕 /0 难 [1]nán 难 [2]nàn 雅雇雍瞿雁(形旁为隹、亻)

帛 (1)/4 锦

舍 (1)/0 舒

金 (8)/4 銮錾鎏鏊鐾 /2 鏖 /0 鍪鉴

鱼 (28)/4 鱿鲇鲍鲑鲟鲠鲢鲤鲨鲫鲲鲸鳃鳄鳅鳌鳍鳔鳕鳖鳗鳙鳜鳝鳞 /2 鲊 /0 鲧鳏

壴 zhù* (1)/0 嘉

面 (1)/4 靥

韭 (1)/1 齑

革 (18)/4 靴靿鞍鞘¹qiào 鞘²shāo 鞣鞭鞴 /2 勒¹lè 勒²lēi 鞋 /0 鞁靳靶靼鞅
鞑鞠

是 (1)/4 匙

思 (1)/0 䰎

骨 (11)/4 骶骷骸骼髀髂髅髋髌髓髑

香 (2)/4 馥馨

㒳** (1)/0 粤 (㒳为宷 shěn 变)

鬼 (9)/4 魂魍魉魑魔 /2 魄魅魇 /0 魏

飠 (2)/4 飧餐

音 (2)/4 韵 /0 韶

髟 biāo* (10)/4 髯髭髻鬃鬈鬏鬓鬟鬣 /1 髦

鬲 lì* (1)/0 融

能 (1)/0 熊

革 diǎn* (1)/0 靳

異 yì* (1)/0 戴

象 (1)/0 豫

鹿 (5)/4 麂麋麒麝麟

壹 (1)/1 懿

䖵 kūn* (5)/4 蠡蠡¹lí 蠹 /2 蠢 /0 蠡²lǐ

嵬 (1)/4 巍

黑 (10)/4 黛黝黢黧黯 /0 黔黜黟黠黩

黍 (2)/2 黏 /0 黎

麻 (1)/4 糜

频 (1)/0 颦 (频为濒省)

鼎 (1)/4 鼐

蜀 (1)/0 斶

箕 (2)/4 簸¹bǒ 簸² bò

鼻 (3)/4 鼾齁齉

縣 xiàn* (1)/0 纛

附:形旁按所辖字数排列

说　明

1.本资料按形旁在形声字中使用的次数,由多到少排列。使用次数相同者,按笔画数、笔形、笔顺排列。

2.方框内的数字是使用次数。

[335] 口 [314] 氵 [269] 扌 [222] 艹 [217] 木 [187] 亻 [145] 钅 [130] 讠纟 [111] 虫 [109] 土忄 [108] 月 [103] 女 [93] 辶 [81] 疒 [76] 火⻊ [73] 石 ⺮ [61] 王 [56] 阝(右)心 [54] 山 目 [52] 日 [48] 犭贝 [47] 刂 [45] 马 [44] 禾 [42] 阝(左) [41] 车 [40] 衤 [39] 鸟 [34] 饣页 [33] 酉 [32] 米 [31] 巾宀 [28] 鱼 [26] 攵 [25] 彳 [24] 力穴⻗ [23] 月 [22] 门 [21] 冫 [20] 广礻衣 [18] 灬革 [17] 囗尸气欠 [16] 歹牛 [15] 厂耳羽 [14] 手走 [13] 田舟隹 [12] 戈耒糸 [11] 大弓见皿骨 [10] 子髟黑 [9] 白齿鬼 [8] 匚毛金 [7] 刀又彡瓦言 [6] 斗矢立豸 [5] 十寸犬水风缶 疒鹿蚰 [4] 勹韦片斤 罒瓜羊足身玨 [3] 一儿几匕 卩㔾工井尢厶小父殳文玉皮行豆角林非鼻 [2] 𠂉冖夕丬㐭尤止户示龙北氺兄生老至光早舌多羊赤声豕男采谷亯辛青香食音黍箕 [1] 乙二卜人八几丷刂凵廴マ厶巜丰士兀弋凡夂彐卂云耂牙比支冃内爪反兮凶凶鸟六立穴尺甘亚戊业旦申岸冊冋民疋矛丕巩共臣而夸死虍吅肉氺自杀吕舛产穴聿尸弜麦镸束里邑徙角卵声㐬疒㚘帛舍壴面韭是思 㒳鬲能華異象壹鼎嵬蓐频蜀縣

(二)声旁的提示度

说　明

1. 本资料统计对象是本书“下编”“现代汉字分级字表”的“通常用字”(即一、二、三级常用字和间用字)中形旁声旁能划分的形声字,共4940个字(音字)。这些字使用了1316种不同的声旁。形声字按声旁归类。声旁按笔画、笔形、笔顺排序。为醒目起见,将声旁置于方框内。

2. 声旁后面没有符号,表示是本书字表中的“通常用字”;有一个 * 号的,表示是本书字表中“通常用字”以外的字;有两个 * 号的,表示不能独立成字;有 + 号的,表示是非通常用字或非字充当的部首。成字声旁都有注音。

3. 变体的声旁不合并。如“半”和“㸦”作为两个声旁。

4. 声旁示音度分作 6 个等级，按声旁音与形声字读音的关系分为 11 类，如下表。详细规定见本书“下编”“现代汉字的理据和提示度”之（二）4。

声旁类型	编号	声旁音和形声字读音的关系	分值
现代通常用字	①	声母、韵母、声调相同	5 分
	②	声母、韵母相同，声调不同	4 分
	③	声母、声调相同，韵母、韵不同	2 分
	④	韵母、声调相同，声母不同	2 分
	⑤	韵、声调相同，韵母不同，声母不论	2 分
	⑥	声母相同，韵母、韵、声调不同	1 分
	⑦	韵母相同，声母、声调不同	1 分
	⑧	韵相同，韵母、声调不同，声母不论	1 分
	⑨	声母、韵母、韵不同，声调不论	0 分
非现代通常用字或不能成字	⑩	无类推示音功能	0 分
	⑪	有类推示音功能	2~5 分

说明：零声母相同，只限于汉语拼音 y、wu、yu 开头的音节。

5. 每个声旁后面的括号内的数字是该声旁所辖形声字字数。后面的形声字按上表声旁音与形声字读音关系类别的编号①②③……顺序排列。读音相同的形声字用“/”符号分开。第①类关系的形声字不注音，第②类关系的形声字只注声调符号 ˉ ˊ ˇ ˋ ·（“·”表示轻声），其他各类形声字完全注音。

6. 有些字后面或前面有必要的说明，用小字排印，置于括号内。有四个方面的内容：一是该字声旁是某个字的变体、简体或省体，如“句（勹为丩变）”，“团（才为專简）”，“纣（寸为肘省）”，“夸（亏为古于字）”；二是该字声旁是与现代汉字同形的古汉语用字，如“厄（这里的厂是古汉语用字，音 hǎn，下五字同）”；三是该字声旁有类推示音能力，并说明示音度，如“（下二字声旁示音度为锁推：5）唢琐”；四是形旁有示音能力，并说明示音度，如“（下字形旁衣示音度：2）袭”。

7. 后面有附表，按声旁所辖形声字数的多少排列。

丿 **+piě (2)/⑩bì 币/⑩piē 氕

乚 **+ (9)/⑩gá 轧^{3}（乚为乙变，下六字同）/⑩yà 轧^{2}/ ⑩zā 扎^{3}/⑩zhā 扎^{1}/⑩ zhá 扎^{2}札轧^{1}/⑩lǐ 礼（乚为豊 lǐ 简）/⑩qiú 虬（乚为丩 jiū 变）

乙 yǐ (3)/②ˋ亿忆艺

二 èr (1)/①弍

丁 dīng (22)/①仃叮玎町疔盯钉^{1}酊^{1}/②ˇ顶酊^{2}/②ˋ订钉^{2}/④tīng 厅汀/⑤dēng 灯/⑥dá 打^{2}/⑥dǎ 打^{1}/⑦níng 宁^{1}/⑦nìng 宁^{2}/⑦tíng 亭/⑨kě 可^{1}（丁为丂 kǎo 变，下字同）/⑨kè 可^{2}

十 shí (4)/①什^{2}/③shén 什^{1}/⑦zhī 汁/⑨jīng 兢（十为丰 jiè 变）

厂 chǎng (6)/⑨è 厄（这里的厂是古汉语用字，音 hǎn，下五字同）/ ⑨yā 压^{1}/⑨yà 压^{2}/⑨yán 严/⑨yàn 彦雁

𠂇 ** (1)/⑩bù 布（𠂇为父变）

丂 *kǎo (3)/⑩kǎo 考/⑩qiǎo 巧/⑩xiǔ 朽

七 qī (3)/①柒/③qiē 切^{1}/⑥qiè 切^{2}

刂 **+ (1)/⑩dào 到（刂为刀变）

刂 ** (2)/⑩guī 归（刂为自 duī 简，下字同）/⑩shuài 帅

卜 bǔ (8)/①补/④pǔ 朴^{1}/⑦fù 讣赴/⑦pū 仆^{2}扑/⑦pú 仆^{1}/⑨piáo 朴^{2}

川 ** (1)/⑩dāo 氘（川为刀变）

人 rén (1)/ ②ˋ认

八 bā (5)/①叭扒^{1}/④pā 趴/⑥bàn 办（八为辡 biǎn 简）/⑦pá 扒^{2}

乂 *yì (4)/⑩ài 艾^{1}/⑩yì 刈艾^{2}/⑩zhào 赵（乂为肖简）

几 ^{1}jǐ (3)/①虮麂/⑨fú 凫（几为九 shū 变）

几 ^{2}jī (7)/①讥叽饥机玑肌矶

九 jiǔ (7)/②ˉ究鸠/⑦qiú 仇^{2}/⑧chóu 仇^{1}/⑨guǐ 轨/⑨kāo 尻/⑨xù 旭

乃 nǎi (5)/①奶氖/②ˋ鼐/⑨rēng 扔/⑨réng 仍

勹 **+bāo (2)/⑩hōng 訇/⑩jù 句（勹为丩 jiū 变）

𠃑 ** (1)/⑩chéng 成（𠃑为丁变）

匕 *huà (1)/⑩chì 叱（匕为七变）

冫 **+bīng (2)/⑩féng 冯^{1}/⑩píng 冯^{2}

刁 diāo (1)/①叼

丩 *jiū (4)/⑩jiào 叫/⑩shōu 收/⑩jiū 纠/ ⑪（下字声旁示音度为纠推：3 ）

jiū 赳

了 liǎo (2)/②ˊ 辽疗

卩*+ jié (4)/⑩yé 爷(卩为耶简)/⑩jié 节[1](卩为即简,下字同)/⑩jiē 节[2]/⑪(下字声旁示音度为节[1]推:2)jiē 疖(卩为節简)

刀 dāo (4)/①叨[1]/②ˊ 叨[2]/④tāo 叨[3]/⑦zhào 召

力 lì (6)/①历/③lè 勒[1]/③lèi 肋/⑥lēi 勒[2]/⑨biān 边[1](力为臱 mián 简,下字同)/⑨bian 边[2]

⺄** (1)/⑩shī 虱(⺄为卂 xùn 省)

又 yòu (13)/⑨dèng 邓(又为登简)/⑨guān 观[1](又为雚 guàn 简,下四字同)/⑨guàn 观[2]/⑨huān 欢/⑨quán 权/⑨quàn 劝/⑨hàn 汉(又为㚖[堇 jǐn 变]简,下三字同)/⑨nán 难[1]/⑨nàn 难[2]/⑨tàn 叹/⑨jǐn 仅(又为堇简)/⑨jī 鸡(又为奚简)/⑨xì 戏(又为虚简)

厶[1]*+ gōng (1)/⑩hóng 弘

厶[2]*+ sī (5)/⑩sī 私/⑩tāi 台[2](厶为㠯 yǐ 变,下三字同)/⑩tái 台[1]/⑩yǐ 矣/⑩yǔn 允

㔾*+ xiān (1)/⑩fàn 犯

三 sān (2)/③sā 仨/⑧yán 闫

干[1] gān (15)/①杆[1]肝矸竿/②ˇ 杆[2]秆赶/④hān 鼾/④kān 刊/⑤jiān 奸/⑤xuān 轩/⑦hán 邗汗[2]/⑦hǎn 罕/⑨jié 讦

干[2] gàn (3)/④àn 岸/④hàn 汗[1]旱

于 yú (10)/①盂竽/②ˉ 迂/②ˇ 宇/②ˋ 吁[1]芋/⑦xū 吁[2]圩[2]盱/⑨wéi 圩[1]

亏 kuī (3)/③kuā 夸(亏为古于字,下二字同)/⑨wū 污/⑨yuè 粤

工 gōng (21)/①功红[2]攻/②ˇ 巩汞/②ˋ 贡/③gāng 扛[2]肛缸/④kōng 空[1]/⑥gàng 杠/⑦hóng 红[1]虹[1]/⑦hòng 讧/⑦kòng 空[2]/⑧qióng 邛/⑨jiāng 江豇/⑨jiàng 虹[2]/⑨káng 扛[1]/⑨xiàng 项

土 tǔ (7)/①吐[1]/②ˊ 徒/②ˋ 吐[2]/④dǔ 肚[2]/⑦dù 杜肚[1]/⑨sì 寺(土为之变)

士 shì (2)/①仕/④zhì 志

才 cái (4)/①材财/④chái 豺/⑨tuán 团(才为專简)

下 xià (3)/①吓[2]/②ˉ 虾/⑨hè 吓[1]

寸 cùn (8)/②ˉ 村/②ˇ 忖/⑤chèn 衬/⑨guō 过[3](寸为咼 guō 简,下二字同)/⑨guò 过[1]/⑨guo 过[2]/⑨shí 时(寸为寺简)/⑨zhǒu 纣(寸为肘省)

廾 gǒng *+ (1)/⑩yì 羿(此处廾为幵 jiān 变)

𠂇 ** (2)/⑩cún 存(𠂇为才变,下字同)/⑩zài 在

大 dà (4)/②ˉ 耷/②ˊ 达/③duò 驮[2]/⑨tuó 驮[1]

丈 zhàng (2)/①仗杖

万 wàn (3)/⑨lì 厉(万为萬[蠆 chài 省]简,下二字同)疠/⑨mài 迈

与 yǔ (2)/①屿/(与为與 yǔ 简)⑨xiě 写(与为舄 xì 简)

𧆛** (2)/⑩nüe 疟[1](𧆛为虐 nüe 简,下字同)/⑩yào 疟[2]

戈 ** (1)/⑩yáo 尧(戈为垚 yáo 简)

弋 yì (6)/⑨dài 代貣/⑨shì 式/⑨tè 忒[1]/⑨tuī 忒[2]/⑨yuān 鸢

上 shàng (1)/④ràng 让

⺌ ***+ (2)/⑩xiāo 肖[2](⺌为小变,下字同)/⑩xiào 肖[1]

口 kǒu (4)/②ˋ 叩扣/⑨suī 虽(口为唯简)/⑨xìng 杏(口为可省)

山 shān (8)/①舢/②ˋ 讪汕疝/⑤xiān 仙氙籼/⑦càn 灿

千 qiān (10)/①仟阡扦迁钎/②ˋ 纤[2]/④jiān 歼/④xiān 纤[1]/⑧chàn 忏/⑨guāi 乖(千为𠁥 guǎi 变)

乞 qí (10)/②ˋ 讫迄/⑦yì 屹/⑨chī 吃/⑨gē 仡圪纥[1]疙/⑨gè 虼/⑨hé 纥[2]

乇 1*tuō (2)/⑩bó 亳/⑩tuō 托

乇 2*zhé (2)/⑩zhā 吒/⑩zhái 宅

川 chuān (4)/①氚/②ˋ 钏/⑨xùn 训驯

彡 *+shān (4)/⑩shā 杉[2]/ ⑩shān 衫/ ⑪(下字声旁示音度为衫推:3)shān 杉[1]/ ⑪(下字声旁示音度为衫推:2)shàn 钐

义 yì (3)/①议/②ˊ 仪/②ˇ 蚁

⺈ ** (1)/⑩lí 黎(从黍,㕞 lì 省声。⺈为㕞省)

丸 wán (1)/①纨

久 jiǔ (4)/①灸玖/②ˋ 疚柩

么 me (1)/⑥mù 仫

凡 fán (4)/①矾钒/②ˉ 帆/②ˋ 梵

勺 sháo (13)/①芍/⑥shuò 妁/⑦bào 豹趵/⑧diào 钓/⑧liào 尥/⑧yāo 约[2]/⑨de 的[1]/⑨dí 的[2]/⑨dì 的[3]/⑨yuē 约[1]/⑨zhuó 灼酌

夕 xī (2)/①汐矽

及 jí (9)/①岌汲级极笈/②ˉ 圾/⑦xī 吸/⑨sǎ 靸/⑨tā 趿

攵**+zhǐ (2)/⑩tiáo 条(攵为攸简)/⑩wù 务(攵为敄 wù 简)
饣+ (3)/⑩shí 蚀(饣为飠[食变]简,下二字同)/⑩shì 饰/⑩chì 饬
丬+ (3)/⑩zhuāng 妆(丬为爿简。这里的爿是古汉语用字,床的初文,音 qiáng,下二字同)/⑩zhuàng 状壮
广 guǎng (5)/①犷/⑦kuàng 邝旷矿/⑨kuò 扩
亡 wáng (10)/②ˇ罔/②ˋ妄忘望/⑤máng 忙芒杧氓盲/⑦huāng 肓
门 mén (8)/①们[2]扪/②ˉ闷[2]/②ˋ闷[1]/②·们[1]/⑤wén 闻/⑧mǐn 闽/⑧wèn 问
氵**+ (1)/⑩huì 汇(繁体作匯,氵为淮简)
之 zhī (1)/①芝
彐**+ (1)/⑩xuě 雪(彐为彗省)
尸 shī (1)/②ˇ屎
己 jǐ (8)/①纪[2]/②ˋ记纪[1]忌/④qǐ 岂杞起/⑨fēi 妃
巳 sì (3)/①祀/⑨dǎo 导(巳为道简)/⑨yì 异(巳为㠯yǐ 变)
弓 gōng (2)/①躬/⑧qióng 穹
子 zǐ (6)/①仔[1]籽/②ˉ孜/②ˋ字/③zǎi 仔[2]/⑨lǐ 李
卂*xùn (3)/ ⑩xùn 迅/⑪(下二字声旁示音度为迅推:5)xùn 讯汛
也 yě (8)/⑨chí 弛池驰/⑨de 地[2]/⑨dì 地[1]/⑨shī 施/⑨tā 他她
女 nǚ (2)/⑨rǔ 汝/⑨hāo 薅(女为好省)
𠃓** (10)/⑩cháng 场[2](𠃓为昜 yáng 简,下九字同)肠/⑩chǎng 场[1]/⑩chàng 畅/⑩dàng 砀/⑩tāng 汤/⑩yáng 扬/⑪(下三字声旁示音度为扬推:3)yáng 杨炀疡
刃 rèn (5)/①仞纫韧轫/②ˇ忍
叉 [1]chā (3)/①杈[1]/③chāi 钗/⑨zǎo 蚤(叉为叉[古爪字]变)
叉 [2]chǎ (1)/①衩[2]
叉 [3]chà (3)/①汊杈[2]衩[1]
马 mǎ (9)/①吗[3]玛码蚂[1]/②ˉ妈/②ˊ吗[2]/②ˋ蚂[2]骂/②·吗[1]
乡 xiāng (1)/②ˇ飨
幺 yāo (1)/①吆
巛**+chuān (1)/⑩xún 巡
丰 fēng (3)/⑦bèng 蚌[2]/⑨bàng 蚌[1]/⑨hài 害(丰为丯 jiè 变)
丯** (1)/⑩bāng 邦(丯为丰变)
王 wáng (6)/②ˉ汪/②ˇ枉/②ˋ旺/④kuáng 狂/⑦kuāng 匡/⑨chéng 呈(王为

壬 tǐng 变)

主** (3)/⑩mài 麦(主为來变)/⑩qīng 青(主为生变)/⑩zé 责(主为朿 cì 变)

开 kāi (6)/⑩jiǎn 趼(开为幵 jiān 变,下四字同)/⑩xíng 邢形/⑩yán 妍研/⑩xíng 刑(开为井变)

井 jǐng (4)/①阱/③jiǎng 讲/⑥jìn 进/⑧gēng 耕

天 tiān (3)/②ˇ 忝/③tūn 吞/⑧cán 蚕

夫 fū (5)/①呋肤麸/②ˊ 扶芙

元 yuán (8)/①园沅/②ˇ 远/⑤wán 完玩顽/⑤yán 芫/⑧ruǎn 阮

无 wú (3)/①芜/②ˇ 妩/⑦fǔ 抚

韦 wéi (10)/①围帏违/②ˇ 伟纬苇炜玮韪/⑦huì 讳

云 yún (9)/①纭芸耘/②ˋ 运酝/⑤hún 魂/⑨céng 层(云为曾简)/⑨dòng 动(云为重简)/⑨tán 坛(云为亶、曇简)

专 zhuān (7)/①砖/②ˇ 转[1]/②ˋ 传[2]转[2]/⑥zhuǎi 转[3]/⑦chuán 传[1]/⑦tuán 抟

耂*** (1)/⑩zhě 者(耂为㫃[古文旅字]变)

丐 gài (1)/①钙

艺 yì (1)/①呓

木 mù (1)/①沐

五 wǔ (2)/①伍/②ˊ 吾

巿 *fú (2)/⑩fèi 肺/⑩pèi 沛

支 zhī (13)/①吱[1]枝肢/④zī 吱[2]/⑦chǐ 豉/⑦chì 翅/⑨jī 屐/⑨jì 伎妓技/⑨qí 岐歧跂

丏 *miǎn (1)/⑩miǎn 沔

不 bù (11)/①钚/⑥bēi 杯/⑨fǒu 否[1]/⑨pī 丕/⑨hái 还[2](不为睘 qióng 简,下二字同)/⑨huán 还[1]环/⑨huái 怀(不为褱 huái 简,下字同)/⑨huài 坏/⑨pǐ 否[2]/⑨póu 抔

太 tài (3)/①汰态钛

犬 quǎn (1)/⑧yàn 厌(犬为猒 yàn 简)

区 [1]qū (4)/①岖驱躯/⑦yù 妪

区 [2]ōu (11)/①讴欧殴瓯鸥/②ˇ 呕/②ˋ 怄沤/④kōu 抠眍/⑨shū 枢

历 lì (3)/①沥枥雳

尤 yóu (6)/①犹疣鱿/②ˉ 优忧/⑨rǎo 扰(尤为憂 yōu 简)

歹 dǎi (1)/⑨liè 列(歹为歺 liè 变)

厷 *gōng (3)/⑩gōng 肱/⑩hóng 宏/⑩xióng 雄

厄 ē (4)/①呃 1/②`呃 3 扼/②·呃 2

戹** (1)/⑩gù 顾(戹为雇 gù 简)

巨 jù (6)/①拒苣炬距/②ˇ矩/⑨guì 柜

牙 yá (10)/①伢芽蚜/②ˉ呀 1 鸦/②ˇ雅/②`讶迓/②·呀 2/⑨xié 邪

屯 tún (11)/①囤 2 饨/④chún 纯/⑦dūn 吨/⑦dǔn 盹/⑦dùn 囤 1 沌炖钝顿/⑦zhūn 肫

戈 gē (2)/⑨huá 划 2(戈为伐省,下字同)/⑨huà 划 1

比 bǐ (14)/①吡妣秕/②`毕庇毙/⑦pī 批纰砒/⑦pí 枇毗蚍琵/⑦pì 屁

切 1qiē (1)/③qī 沏

切 2qiè (3)/①窃/③qì 砌/⑤chè 彻

瓦 wǎ (1)/①佤

止 zhǐ (7)/①址芷祉趾/④chǐ 齿耻/⑨chě 扯

収** (4)/⑩jiān 坚(収为臤 qiān 简,下三字同)/⑩jǐn 紧/⑩shèn 肾/⑩xián 贤

少 1shǎo (8)/④chǎo 吵 1 炒/⑤miǎo 秒/⑦chāo 吵 2 抄钞/⑥shā 纱(少为沙省,下字同)砂

少 2shào (2)/④chào 耖/⑤miào 妙

日 rì (4)/⑨mì 汨(日为冥省)/⑨niè 涅/⑨qí 耆(日为旨省)/⑨tì 替(日为白变)

曰 yuē (1)/⑨gǔ 汩

冃 *+mào (1)/⑩mào 冒

月 **+ (1)/⑩yù 育(月为月变)

中 1zhōng (9)/①忠盅钟衷/②ˇ肿种 1/④chōng 冲 1 忡/⑦chóng 种 3

中 2zhòng (3)/①仲种 2/④chòng 冲 2

冈 gāng (5)/①刚纲钢 1/②ˇ岗/②`钢 2

内 nèi (7)/③nà 呐纳衲钠/③nè 讷/⑤ruì 芮枘

贝 bèi (4)/①狈钡/②·呗/③bà 坝

见 jiàn (4)/①舰/④xiàn 苋现/④yàn 砚

艮* fú (3)/⑩fú 服 1/⑩fù 服 2/⑩nǎn 赧

午 wǔ (4)/①忤/④chǔ 杵/⑨xiè 卸/⑨xǔ 许

毛 máo (5)/①牦髦/②`耄/④háo 蚝/⑦hào 耗

气 qì (1)/①汽

壬 rén (5)/①任^{2}/②ˋ任^{1}妊饪/⑨tíng 廷(壬为𡈼 tǐng 变)

夭 yāo (5)/①妖/⑦xiào 笑/⑧ǎo 袄/⑨wò 沃/⑨yuè 跃

攵**+ (1)/⑩méi 玫(此处 攵为文变)

𫧇** (1)/⑩shāng 伤(𫧇为𥏻[𣃘 shāng 省]简)

长 ^{1}cháng (2)/②ˉ伥/②ˋ怅

长 ^{2}zhǎng (4)/②ˉ张/②ˋ帐胀账

仁 rén (1)/⑨nìng 佞

化 ^{1}huà (5)/①华^{2}/②ˊ华^{1}/③huò 货/⑨é 讹/⑨xuē 靴

化 ^{2}huā (1)/①花

斤 jīn (12)/②ˋ近靳/④xīn 忻昕欣/⑦qín 芹/⑨qí 圻祈颀蕲/⑨yí 沂/⑨tīng 听

𠩺** (1)/⑩zhì 质(𠩺为斦 zhì 简)

爪 ^{1}zhǎo (1)/②ˋ笊

爪 ^{2}zhuǎ (1)/②ˉ抓

戸** (1)/⑩suǒ 所(戸为户变)

反 fǎn (10)/①返/②ˋ饭贩/④bǎn 阪坂板版钣舨/⑦bān 扳

𠂭** (1)/⑩yáo 肴(𠂭为爻 yáo 变)

介 jiè (8)/①芥^{1}界疥/②ˉ阶/②˙价^{2}/③jià 价^{1}/⑨gà 尬/⑨gài 芥^{2}

从 cóng (6)/①丛/②ˉ枞^{1}/⑦sǒng 怂耸/⑦zōng 枞^{2}/⑦zòng 纵

父 fù (2)/②ˇ斧釜

爻 yáo (1)/⑨bó 驳

仑 lún (8)/①伦论^{2}囵沦纶轮/②ˉ抡/②ˋ论^{1}

亼** (1)/⑩qín 禽(亼为今变)

今 jīn (11)/①矜/②ˋ妗/④qīn 衾/⑦qín 琴/⑦yín 吟/⑧cén 岑/⑨hán 含/⑨niàn 念/⑨qián 钤黔/⑨tān 贪

凶 xiōng (2)/①匈汹

分 ^{1}fēn (12)/①吩纷芬氛酚/②ˊ汾/②ˇ粉/⑦pén 盆/⑧pín 贫/⑨bān 颁/⑨bàn 扮/⑨pàn 盼

分 ^{2}fèn (2)/①份忿

公 gōng (8)/①蚣/④sōng 忪松/⑤wēng 翁/⑥gǔn 衮/⑦sòng 讼颂/⑧wèng 瓮

乏 fá (4)/⑥fàn 泛/⑦zhǎ 眨/⑨biān 砭/⑨biǎn 贬

仓 cāng (17)/①伧²沧苍舱/⑤chuāng 创²疮/⑤qiāng 呛¹戗¹枪/⑧chuàng 创¹怆/⑧qiǎng 抢/⑧qiàng 呛²戗²炝跄/⑨chen 伧¹

月 yuè (2)/①钥²/⑨yào 钥¹

乍*bǎo (1)/⑩bǎo 鸨

产*yán (1)/⑩zhān 詹

氏 shì (3)/①舐/⑦zhǐ 纸/⑨qí 芪

𠂔*zǐ (2)/⑩zǐ 姊/⑪(下字声旁示音度为姊推:3) zǐ 秭

勿 wù (5)/①物/⑥wěn 刎吻/⑦hū 忽/⑦hú 囫

欠 qiàn (5)/①芡/⑧kǎn 坎砍/⑧ruǎn 软/⑨chuī 炊(欠为吹省)

风 fēng (3)/①枫疯/②ˇ讽

丹 dān (1)/④tān 坍

匀 yún (3)/②ˋ韵/⑦jūn 均钧

鸟** (2)/⑩dǎo 岛(鸟为鸟省,下字同)/⑩niǎo 袅

乌¹wū (3)/①邬呜钨

乌²wù (1)/①坞

卬¹*yǎng (2)/⑩yǎng 仰/⑩yíng 迎

卬²*áng (1)/⑩áng 昂

殳*⁺shū (5)/⑩gǔ 股/⑩méi 没¹(殳为叟 mò 变,下二字同)/⑩mò 没²殁/⑩yì 疫(殳为役省)

勾¹gōu (2)/①沟钩

勾²gòu (2)/①构购

卞 biàn (1)/①汴

文 wén (10)/①纹蚊雯/②ˇ紊/②ˋ汶/⑤fén 坟/⑧lìn 吝/⑧mǐn 闵/⑨liú 刘(繁体劉,从金、刂,卯[丣 yǒu 变]声。文为卯金简)/⑨zhè 这(文为言简)

方 fāng (15)/①邡坊¹芳/②ˊ防坊²妨房肪/②ˇ仿访纺舫/②ˋ放/⑦páng 彷旁

亢 kàng (11)/①伉抗炕/④hàng 沆/⑥kēng 吭¹坑/⑦āng 肮/⑦háng 吭²杭航颃

𠫓*tū (1)/⑩chōng 充(𠫓为育省)

火 huǒ (3)/①伙/⑨dí 狄(火为亦变)/⑨qiū 秋(火为㸚 jiāo 省)

为 wéi (1)/②ˇ伪

斗 dǒu (2)/①抖蚪

灬 *.:+ (1)/⑩xióng 熊(灬为火变,此处为炎省变)

宀 *zhù (3)/⑩zhù 贮(宀为宁变,宁本读 zhù,下二字同)/⑪(下二字声旁示音度为贮推:5)zhù 伫苎

户 hù (10)/①护沪戽扈/④dù 妒/④gù 雇/⑦lú 庐芦炉/⑨lǘ 驴

礻 **+ (2)/⑩qí 祁(礻为示变,下字同)/⑩shì 视

冘 *yín (6)/⑩chén 忱/⑩dān 眈耽/⑩shěn 沈/⑩zhěn 枕/⑩zhèn 鸩

冗 rǒng (1)/⑨chén 沉(冗为冘 yín 变)

心 xīn (4)/①芯^{1}/②ˋ芯^{2}/⑦qìn 吣沁

尹 yǐn (1)/⑤sǔn 笋

爿 pán (1)/⑨qiāng 戕(这里的爿是古汉语用字,床的初文,音 qiáng)

尺 chǐ (1)/②ˊ迟

夬 1*guài (2)/⑩kuài 块快

夬 2*jué (6)/⑩mèi 袂/⑩quē 炔缺/⑩jué 决/⑪(下二字声旁示音度为决推:3)jué 诀抉

引 yǐn (2)/①吲蚓

丑 chǒu (6)/⑤niǔ 忸扭纽钮/⑧niū 妞/⑧xiū 羞

孔 kǒng (1)/⑨hǒu 吼

巴 bā (15)/①吧^{2}芭疤笆粑/②ˇ把^{1}靶/②ˋ把^{2}爸耙^{1}/②˙吧^{1}/⑦pá 杷爬耙^{2}琶

屮 ** (1)/⑩chī 蚩(屮为之变)

队 duì (1)/④zhuì 坠

冄 ** (3)/⑩nā 那^{3}(冄为冉 rǎn 变,下二字同)/⑩nà 那^{1}/⑩nèi 那^{2}

办 bàn (3)/⑨sū 苏(办为稣简)/⑨xié 协(办为劦 xié 简,下字同)胁

刅 *chuāng (1)/⑩liáng 梁

以 yǐ (4)/④nǐ 拟/⑨shì 似^{2}/⑨sì 似^{1}姒

允 yún (2)/⑧shǔn 吮/⑨yǎn 兖

予 yú (7)/②ˋ预豫/⑦xù 序/⑨shū 抒舒/⑨yě 野/⑨zhù 杼

毌 *guàn (1)/⑩guàn 贯

𡗗 ** (2)/⑩chūn 春(春从日、艸,屯声。𡗗为屯艸变)/⑩tài 泰(泰从水、収,大声。𡗗为大

收变）

弍 èr （1）/①贰

玉 yù （1）/①钰

末 mò （7）/①抹[2]沫茉秣/②ˇ抹[1]/⑥mā 抹[3]/⑨wà 袜

未 wèi （5）/①味/⑤mèi 妹昧寐魅

示 shì （4）/⑥shé 佘/⑨nài 奈/⑨biāo 标（示为票简）/⑨jì 际（示为祭简）

击 jī （2）/⑨liù 陆[2]（击为坴 lù 简，下字同）/⑨陆[1] lù

戋 *jiān （10）/⑩cán 残/⑩qián 钱/⑩qiǎn 浅/⑩xiàn 线/⑩zhǎn 盏/⑩zhàn 栈/⑩jiān 笺/⑪（下三字声旁示音度为笺推：2）jiàn 饯贱践

巧 qiǎo （1）/②ˋ窍

正 [1]zhèng （5）/①证怔政症[1]/②ˇ整

正 [2]zhēng （2）/①征症[2]

卉** （1）/⑩bēn 贲（卉为卉变）

疋** （1）/⑩dìng 定（疋为正变）

去 qù （5）/②ˉ祛/③qiè 怯/③què 却/⑨fǎ 砝（去为法省，下字同）/⑨fà 珐

甘 gān （10）/①坩泔苷柑疳/②ˋ绀/④hān 蚶酣/⑦hán 邯/⑧qián 钳

世 shì （2）/⑨tì 屉/⑨xiè 泄

艾 ài （4）/①哎[4]/②ˉ哎[1]/②ˊ哎[2]/②ˇ哎[3]

艹** （12）/⑩luò 荦（艹为劳省）/⑩qióng 茕（艹为荧省，下十字同）/⑩róng 荣/⑩xíng 荥[1]/⑪（下字声旁示音度为荧推：2）yīng 莺/⑪（下七字声旁示音度为荧推：3）yíng 茔荥[2]莹萤营萦蓥

古 gǔ （20）/①诂牯钴/②ˉ估咕姑沽轱鸪蛄辜/②ˋ固故/④kǔ 苦/⑦hú 胡/⑦hù 怙祜/⑦kū 枯骷/⑨jū 居

节 jié （1）/⑨zhì 栉

本 běn （3）/①苯/②ˋ笨/⑥bō 钵

术 shù （4）/①沭述/②ˊ秫/④chù 怵

可 kě （14）/①坷[1]岢/②ˉ坷[2]苛柯珂轲疴/⑦ē 阿[2]/⑦hē 诃呵/⑦hé 何河/⑨ā 阿[1]

叵 pǒ （1）/①笸

匝 zā （2）/①咂/②ˊ砸

丙 bǐng （3）/①柄炳/②ˋ病

左 zuǒ （1）/①佐

厉 lì （3）/①励砺蛎

丕 pī （5）/①邳坯/③pēi 呸胚/⑥piě 苤

石 shí （5）/④zhí 跖/⑥shuò 硕/⑨tà 拓[2]/⑨tuò 拓[1]/⑨zhè 柘

右 yòu （1）/①佑

布 bù （1）/①怖

夲 *tāo （1）/⑩gāo 皋

戊 wù （1）/⑨mào 茂

龙 lóng （16）/①咙茏昽珑胧眬砻笼[1]聋/②ˇ陇垄拢笼[2]/⑦chǒng 宠/⑨páng 庞/②（下字形旁衣示音度:2）xí 袭（龙为龍[龖 dá 省]简）

犮 *bá （3）/⑩bó 钹/⑩bá 拔/⑪（下字声旁示音度为拔推:3）bá 跋

平 píng （8）/①评坪苹枰/⑧chèng 秤/⑧pēng 怦抨砰

东 dōng （3）/②`冻栋/⑨chén 陈（小篆从阝、木，申声，陈繁体陳，東为木申变）

戉 *yuè （2）/⑩yuè 越/⑪（下字声旁示音度为越推:3）yuè 钺

东 ** （3）/⑩jiǎn 拣（东为柬简，下二字同）/⑩liàn 练炼

卡 [1]qiǎ （1）/②´拤

卡 [2]kǎ （2）/①咔[2]/②ˉ咔[1]

北 běi （2）/②ˉ背[2]/②`背[1]

占 [1]zhàn （11）/①战站/④shàn 苫[2]/⑤diàn 店玷/⑤zuàn 钻[2]/⑧diǎn 点/⑧nián 鲇黏/⑨tiě 帖[2]/⑨tiè 帖[1]

占 [2]zhān （9）/①沾毡粘/③zhēn 砧/④shān 苫[1]/⑤niān 拈/⑤zuān 钻[1]/⑨tiē 帖[3]贴

卢 lú （3）/①泸轳颅

𠂉 ** （2）/⑩jiàn 鉴（𠂉为临[監变]简，下字同）/⑩lǎn 览

归 guī （1）/④kuī 岿

⺍ ** （1）/⑩cháng 尝（⺍为尝[尚变]简）

目 mù （2）/①苜钼

且 qiě （16）/②`趄/④jiě 姐/⑥qū 蛆/⑨cū 粗/⑨jū 狙疽雎/⑨jǔ 咀沮龃/⑨zhù 助/⑨zū 租/⑨zǔ 诅阻组祖

旦 dàn （11）/①但担[2]/②ˉ担[1]/②ˇ胆疸/⑥dá 妲靼/⑦tǎn 坦袒/⑨chá 查[1]（旦为且变，下字同）/⑨zhā 查[2]

甲 jiǎ (9)/①岬胛钾/⑦xiā 呷/⑦xiá 匣狎/⑦yā 押鸭/⑧zhá 闸

用** (1)/⑩yōng 庸(用为用变)

申 shēn (8)/①伸呻绅砷/②ˊ神/②ˇ审/④chēn 抻/⑤kūn 坤

田 tián (7)/⑦diàn 佃甸钿/⑨léi 累[3](田为畾 léi 简)/⑨lěi 累[1](田为畾 léi 省、简)/⑨lèi 累[2](田为畾 léi 省)/⑨xì 细(田为囟变)

由 yóu (19)/①邮油柚[2]铀蚰/②ˋ柚[1]釉/⑤zhóu 妯轴[1]/⑦xiù 岫袖/⑧chōu 抽/⑧zhòu 宙胄轴[2]/⑨dí 迪笛/⑨jiè 届(由为凷 kuài 变)/⑨miào 庙(由为田[苗省]变)

冉 rǎn (3)/①苒/②ˊ髯/⑦dān 聃

虫** (1)/⑩guì 贵(虫为臾 kuì 变)

只 [1]zhǐ (8)/①咫枳/②ˊ职/②ˋ识[2]帜/⑦chì 炽/⑦shí 识[1]/⑨jī 积(只为責简)

只 [2]zhī (1)/①织

史 shǐ (1)/①驶

央 yāng (9)/①泱殃秧鸯鞅/②ˋ怏/③yīng 英/⑥yìng 映/⑧àng 盎

兄 xiōng (1)/⑨kuàng 况

另 lìng (1)/⑨guǎi 拐(另为咼 guō 变)

屵** (1)/⑩tàn 炭(屵为屵 è 变)

皿 mǐn (1)/⑥mèng 孟

冋 *jiōng (2)/⑩jiǒng 炯/⑪(下字声旁示音度为炯推:3) jiǒng 迥

囚 qiú (1)/①泅

四 sì (2)/①泗驷

冎** (2)/⑩gū 骨[2](冎为冎 guǎ 变,下字同)/⑩gǔ 骨[1]

钅**+ (2)/⑩jǐn 锦(钅为金简,下字同)/⑩qīn 钦

生 shēng (9)/①牲笙甥/②ˇ眚/②ˋ胜/⑤jīng 旌/⑤xīng 星/⑧xìng 姓性

矢 shǐ (3)/⑦zhī 知/⑦zhì 雉/⑨yí 疑

失 shī (7)/⑦zhì 帙秩/⑨diē 跌/⑨dié 迭/⑨tiě 铁/⑨yì 佚轶

乍 zhà (19)/①诈柞[2]炸[1]痄蚱/②ˉ咋[2]/②ˊ炸[2]/②ˇ拃鲊/⑥zhǎi 窄/⑦zǎ 咋[3]/⑨zé 咋[1]/⑨zěn 怎/⑨zuō 作[2]/⑨zuó 昨/⑨zuò 作[1]柞[1]祚酢

禾 hé (7)/①和[1]/②ˋ和[2]/③hú 和[5]/③huó 和[3]/⑥huò 和[4]/⑨sū 酥(禾为稣省)/⑨tū 秃(禾为秀省)

㐌 *yí (3)/⑩tuō 拖(㐌为它变)/⑩yí 迤[1]/⑩yǐ 迤[2]

昜 ** (2)/⑩shāng 殇(昜为昜[傷省]简,下字同)觞

丘 qiū (2)/①邱蚯

仕 shì (1)/⑦chí 茌

付 fù (6)/①附咐驸/②ˉ 跗/②ˊ 符/②ˇ 府

代 dài (5)/①岱玳贷袋黛

白 bái (19)/②ˇ 百伯[2]柏[1]/③bó 伯[1]帛泊[1]柏[2]铂舶/⑥bì 碧/⑦pāi 拍/⑦pǎi 迫[2]/⑨pà 帕怕/⑨pō 泊[2]/⑨pò 迫[1]珀粕魄

斥 chì (3)/③chè 坼/⑥chāi 拆/⑨sù 诉

卮 *zhī (1)/⑩zhī 栀

瓜 guā (5)/①呱[1]/③gū 呱[2]孤/⑨hú 弧狐

乎 hū (2)/①呼烀

㐱 *zhěn (9)/⑩cān 参[1]/⑩cēn 参[3]/⑩chèn 趁/⑩shēn 参[2]/⑩tiǎn 殄/⑩zhěn 诊/⑪(下二字声旁示音度为诊推:2)zhēn 珍胗/⑪(下字声旁示音度为诊推:3)zhěn 疹

令[1]lìng (2)/①呤/⑥līn 拎

令[2]lǐng (3)/①岭领/⑤lěng 冷

令[3]líng (15)/①伶囹泠苓玲瓴铃羚翎聆蛉零龄/③lián 怜/③lín 邻

用 yòng (4)/①佣[2]/②ˉ 佣[1]拥痈

氐 dī (10)/①低/②ˇ 诋邸坻底抵柢砥骶/⑨zhī 胝

乐 lè (4)/③lì 栎砾/⑤shuò 烁铄

尔 ěr (6)/①迩/⑨mí 弥/⑨nǐ 你/⑨xǐ 玺/⑨chèn 称[2](尔为再chēng 简,下字同)/⑨chēng 称[1]

句 jù (10)/②ˉ 拘驹/⑦qū 劬朐/⑨gōu 佝/⑨gǒu 狗苟枸/⑨gòu 够/⑨hōu 齁

㕣 ** (4)/⑩chuán 船(㕣为台 yǎn 变,下三字同)/⑩qiān 铅[1]/⑩yán 沿铅[2]

匃 *gài (1)/hé 曷

册 cè (5)/⑨zhà 栅[1]/⑨shān 姗(册为删省,下三字同)栅[2]珊跚

卯 mǎo (4)/①峁铆/⑧liáo 聊/⑨liǔ 柳(卯为丣 yǒu 变)

处 chù (1)/⑨zǎn 昝(处为殀 jīn 变)

冬 dōng (5)/①咚氡/④zhōng 终/⑦tóng 佟/⑧téng 疼

务 wù (1)/①雾

卬 ** (2)/⑩liú 留(卬为丣 yǒu 变)/⑩mào 贸(卬为卯变)

夗 *yuàn (4)/⑩wǎn 宛/⑩yuàn 怨/⑪(下字声旁示音度为怨推:2)yuān 鸳/⑪(下字声旁示音度为怨推:3)yuàn 苑

刍 chú (6)/①雏/⑨jí 急(刍为及变)/⑨qū 趋/⑨zhōu 诌/⑨zhòu 皱/⑨zōu 邹

包 bāo (23)/①孢苞炮[3]胞龅/②ˊ雹/②ˇ饱/②ˋ刨[2]抱鲍/④pāo 泡[2]/⑦páo 刨[1]咆庖狍炮[2]袍匏跑[2]/⑦pǎo 跑[1]/⑦pào 泡[1]炮[1]疱

主 zhǔ (8)/①拄/②ˋ住注驻柱炷蛀/⑨wǎng 往(主为㞷 huáng 变)

市 shì (1)/①柿

立 lì (13)/①笠粒/④qì 泣/④yì 翌/⑤yù 昱/⑥lā 垃拉[1]/⑥lá 拉[2]/⑥lǎ 拉[3]/⑨sà 飒/⑨qīn 亲[1](繁体作親,小篆为亲 zhēn 声,立为辛省。下字同)/⑨qìng 亲[2]/⑨xīn 新(小篆新为亲 zhēn 声,立为辛省)

䍃 ** (1)/⑩yōng 雍(䍃为邕 yōng 变)

玄 xuán (6)/②ˋ泫炫眩铉/⑤xián 弦舷

兰 lán (3)/①拦栏/②ˋ烂

半 bàn (8)/①伴拌绊/④pàn 畔/⑦pán 胖[2]/⑨pàng 胖[1]

𠦒 ** (2)/⑩pàn 判叛(𠦒为半变)

㕣 ** (1)/⑩zǒng 总(繁体總,从糸,悤声。悤,从心,囱声。㕣为囱变)

氾 *fàn (1)/⑩fàn 范

⺍ ** (2)/⑩jiào 觉[1](⺍为学省,下字同)/⑩jué 觉[2]

宁[1] níng (5)/①咛拧[1]狞柠/②ˇ拧[2]

宁[2] nìng (1)/①泞

它 tā (12)/⑥tuó 陀佗坨沱驮砣铊鸵跎/⑨duò 舵/⑨shé 蛇[1]/⑨yí 蛇[2]

写 xiě (1)/②ˋ泻

必 bì (7)/①泌[2]毖秘[2]铋/④mì 泌[1]秘[1]/⑨sè 瑟

永 yǒng (2)/①咏泳

民 mín (4)/①岷/②ˇ抿泯/③mián 眠

司 sī (6)/②ˋ伺[1]饲嗣/⑦cí 词祠/⑦cì 伺[2]

尼 ní (8)/①呢[2]怩泥[1]/②ˉ妮/②ˇ旎/②ˋ泥[2]昵/⑥ne 呢[1]

弟 ** (1)/⑩dì 第(弟为弟省)

弗 fú (8)/①佛[2]拂绋氟/③fó 佛[1]/⑥fèi 沸狒费

弘 hóng (1)/①泓

疋 **+ (1)/⑩shū 疏(疋为疋 shū 变)

疋*+shū (3)/⑩chǔ 楚/⑩dàn 蛋(疋为延变)/⑩xū 胥

出 chū (7)/②ˇ础/②ˋ绌黜/⑨duō 咄/⑨qū 屈/⑨zhuō 拙/⑨zhuó 茁

奴 nú (5)/①孥驽/②ˇ努弩/②ˋ怒

加 jiā (14)/①伽[2]茄[2]迦枷痂笳袈嘉/②ˋ驾架/⑤gā 伽[1]咖[2]/⑤kā 咖[1]/⑨qié 茄[1]

召 zhào (12)/①诏/②ˉ招昭/②ˇ沼/④shào 劭邵绍/⑦chāo 超/⑦sháo 韶/⑧diāo 貂/⑧tiáo 迢笤

皮 pí (14)/①陂疲/②ˉ披/⑥pèi 帔/⑥pō 坡颇/⑥pò 破/⑦bǐ 彼/⑨bèi 被/⑨bō 波玻/⑨bǒ 跛簸[1]/⑨bò 簸[2]

发 fā (3)/⑥fèi 废/⑨bō 拨/⑨pō 泼

圣** (8)/⑩duó 铎(圣为睪 yì 简，下七字同)/⑩shì 释/⑩zé 择[1]泽/⑩zhái 择[2]/⑩yì 译/⑪(下二字声旁示音度为译推:3)yì 绎驿

圣 shèng (2)/⑦chēng 蛏/⑨guài 怪(这里的圣为古汉语用字，音 kū)

𢀖** (16)/⑩gěng 颈[2](𢀖为巠 jīng 简，下十五字同)/⑩jìn 劲[2]/⑩qīng 氢轻/⑩tīng 烃/⑩xíng 陉/⑩jīng 经[1]/⑩jìng 经[2]/⑪(下二字声旁示音度为经[1]推:3)jīng 泾茎/⑪(下六字声旁示音度为经[1]推:2)jǐng 刭颈[1]/⑪ jìng 劲[1]径胫痉

对 duì (1)/⑨shù 树(对为尌 shù 简)

龹** (1)/⑩běn 畚(龹为弁 biàn 变)

台[1]tái (13)/①抬苔[1]跆/⑦dài 怠殆/⑨chī 笞/⑨shǐ 始/⑨yě 冶/⑨yí 怡饴贻眙/⑨zhì 治

台[2]tāi (2)/①苔[2]胎

矛 máo (4)/①茅蟊/②ˋ袤/⑨róu 柔

母 mǔ (2)/①姆拇

幼 yòu (7)/②ˉ呦/②ˇ黝/③yào 靿/④niù 拗[2]/⑥yǎo 窈/⑨ào 坳拗[1]

丝 sī (2)/①咝鸶

匡 kuāng (5)/①诓哐筐/②ˋ框眶

㓞*qià (2)/⑩qì 契/⑩qiè 挈

邦 bāng (3)/①帮梆/②ˇ绑

式 shì (4)/①试拭轼弑

刑 xíng (2)/①型/⑦jīng 荆

戎 róng (1)/①绒

动 dòng （1）/④tòng 恸

圭 guī （17）/①闺硅鲑 /②ˋ桂 /⑥guà 卦挂 /⑦kuí 奎 /⑦kuǐ 跬 /⑨jiā 佳 /⑨jiē 街 /⑨qí 畦 /⑨wā 哇^{1}洼蛙 /⑨wá 娃 /⑨wa 哇^{2}/⑨xié 鞋

寺 sì （10）/④shì 侍峙^{2}恃 /④zhì 峙^{1}痔 /⑦chí 持 /⑦shī 诗 /⑨dāi 待^{2}/⑨dài 待^{1}/⑨tè 特

吉 jí （12）/①佶 /②ˋ髻 /③jié 诘拮洁结^{1}桔颉^{1}/⑥jiē 结^{2}秸 /⑨xiá 黠 /⑨xié 颉^{2}

考 kǎo （3）/①拷烤 /②ˋ铐

老 lǎo （2）/①佬姥

执 zhí （6）/②ˋ挚 /③zhé 蛰 /⑦shì 势（执为埶 yì 简）/⑨diàn 垫 /⑨rè 热（执为埶 yì 简，下字同）/⑨xiè 亵

巩 gǒng （1）/④kǒng 恐

𢦏** （6）/⑩cái 裁（𢦏为𢦔 zāi 省，下五字同）/⑩dài 戴 /⑩ zāi 哉 / ⑪（下字声旁示音度为哉推：3）zāi 栽 / ⑪（下二字声旁示音度为哉推：2）zǎi 载^{2}/ ⑪ zài 载^{1}

卉** （1）/⑩mǎng 莽（卉为茻 mǎng 变）

共 gòng （11）/①供^{2}/②ˉ供^{1}恭龚 /②ˇ拱珙 /④hòng 哄^{3}/⑦hōng 哄^{1}烘 /⑦hóng 洪 /⑦hǒng 哄^{2}

芒 máng （1）/①茫

亚 yà （8）/①娅氩 /②ˉ哑^{2}/②ˇ哑^{1}/⑨ě 恶^{2}/⑨è 垩恶^{1}/⑨wù 恶^{3}

昜 *chāng （1）/⑩dàng 荡

过 guò （1）/⑦wō 挝

亘 gèn （4）/⑨huán 桓（亘为亘 xuān 变，下三字同）/⑨xuān 宣 /⑨xuǎn 烜 /⑨yuán 垣

吏 lì （1）/⑨shǐ 使

覀 **+ （4）/⑩gǔ 贾^{2}（覀为襾 yà 变，下字同）/⑩jiǎ 贾^{1}/⑩qín 覃^{1}（覀为卤 lǔ[鹹 xián 省]变，下字同）/⑩tán 覃^{2}

朿 *cì （3）/⑩cè 策 /⑩cī 刺^{2}/⑩cì 刺^{1}

西 xī （8）/①茜^{2}牺硒 /④qī 栖 /⑨qiàn 茜^{1}/⑨sǎ 洒 /⑨shài 晒 /⑨shěn 哂

丙** （1）/⑩lòu 陋（丙为㔷 lòu 省）

成 chéng （4）/①诚城盛^{2}/⑦shèng 盛^{1}

厌 yàn （3）/②ˉ恹 /②ˇ魇 /③yè 靥

在 zài (1)/⑨chá 茬

有 yǒu (4)/②ˋ 囿宥/⑨huì 贿/⑨yù 郁

百 bǎi (3)/①佰/⑥bì 弼(百为丙 tiàn 变)/⑨mò 陌

存 cún (1)/⑨jiàn 荐

而 ér (1)/⑨nài 耐

夸 kuā (6)/②ˇ 垮/②ˋ 挎胯跨/⑥kù 绔/⑨hù 瓠

灰 huī (3)/①诙恢/④kuī 盔

达 dá (5)/①鞑/②˙ 垯跶绂/⑦tà 挞

列 liè (8)/①洌烈裂趔/②ˉ 咧[2]/②ˇ 咧[1]/②˙ 咧[3]/③lì 例

夹[1]jiā (2)/①浃/⑨shǎn 陕(夹为夾 shǎn 简)

夹[2]jiá (7)/①郏荚颊/④xiá 侠峡狭/⑨xié 挟

夷 yí (4)/①咦姨胰痍

尧 yáo (15)/④qiáo 翘[1]/⑤náo 挠铙蛲/⑤ráo 娆饶桡/⑦jiāo 浇/⑦jiǎo 侥/⑦qiāo 跷/⑦qiào 翘[2]/⑦xiāo 骁/⑦xiǎo 晓/⑧rào 绕/⑧shāo 烧

毕 bì (2)/①哔筚

至 zhì (8)/①郅桎致轾窒蛭/②ˊ 侄/④shì 室

尗 *shú (2)/⑩qī 戚/⑩shū 叔

此 cǐ (8)/①跐/②ˉ 疵/②ˊ 雌/④zǐ 紫/⑦zī 龇髭/⑦zì 眦/⑨chái 柴

占 ** (1)/⑩zhuō 桌(占为卓省)

贞 zhēn (4)/①侦帧桢祯

虍 **hū (3)/⑩lǔ 虏/⑩lù 虑/⑩xū 虚

耳 ěr (6)/①洱饵/⑨mǐ 弭/⑨róng 茸/⑨yē 耶[1](耳为牙变,下字同)/⑨yé 耶[2]

向 ** (1)/⑩shàng 尚(向为向变)

师 shī (3)/①狮/③shāi 筛/④sī 蛳

光 guāng (7)/①咣胱/②ˋ 桄/③gōng 觥/⑦huǎng 恍晃[2]/⑦huàng 晃[1]

当[1]dāng (4)/①裆铛[1]/②ˇ 挡/⑨chēng 铛[2]

当[2]dàng (1)/①档

早 zǎo (1)/④cǎo 草

曲 qū (1)/①蛐

虫 chóng (5)/④róng 融/⑥chù 触(虫为蜀简,下三字同)/⑨dú 独/⑨zhú 烛/⑨zhuó 浊

同 tóng (9)/①峒洞[2]桐铜酮/②ˇ筒/⑦dòng 侗恫洞[1]
因 yīn (9)/①姻洇茵/③yān 咽[1]烟胭/⑤ēn 恩/⑥yàn 咽[2]/⑥yè 咽[3]
岁 suì (2)/④huì 秽/⑨yuě 哕
回 huí (4)/①洄茴蛔/③huái 徊
岂 qǐ (6)/⑦jì 觊/⑨ái 皑/⑨kǎi 凯剀恺铠
则** (1)/⑩zéi 贼(则为则变)
朱 zhū (8)/①侏诛株珠铢蛛/④shū 姝殊
先 xiān (5)/②ˇ冼/②ˋ宪/⑥xǐ 洗铣/⑧xuǎn 选
廷 tíng (7)/①庭莛蜓霆/②ˇ挺铤艇
舌 shé (9)/⑥shì 适(舌为啇 dì[啻 chì 变]简,下字同)/⑨dí 敌/⑧guō 聒(舌为昏 guā 变,下五字同)/⑧huó 活/⑧kuò 括/⑨guā 刮鸹/⑨huà 话/⑨tián 恬(舌为甜省)
迁 qiān (1)/④xiān 跹
乔 qiáo (7)/①侨荞桥/⑦jiāo 娇骄/⑦jiǎo 矫/⑦jiào 轿
⺮ ***+ (3)/⑩zhú 竺(⺮为竹变,下二字同)/⑩zhù 筑/⑩dǔ 笃
休 xiū (1)/①咻
伏 fú (3)/①茯袱/②ˋ洑
伐 fá (3)/①垡阀筏
延 yán (4)/①筵蜒/④xián 涎/⑧dàn 诞
攸** (2)/⑩shū 倏(攸为攸 yōu 变,下字同)/⑩xiū 修
任 rèn (3)/②ˇ荏/④nèn 恁/⑤lìn 赁
华 [1]huá (4)/①哗[1]骅铧/②ˉ哗[2]
华 [2]huà (1)/①桦
臼 jiù (1)/①舅
伊 yī (1)/①咿
𠂤* duī (1)/⑩zhuī 追
血 xuè (1)/③xù 恤
向 xiàng (4)/②ˇ响饷/⑧shǎng 垧晌
后 hòu (3)/①逅/④gòu 诟垢
行 [2]háng (1)/①绗
行 [3]héng (3)/①桁珩衡
𠂢* pài (2)/⑩pài 派/⑪(下字声旁示音度为派推:3)pài 哌

舟 zhōu (1)/⑨pán 盘(舟为般简)

全 quán (6)/①诠荃痊铨/⑧shuān 拴栓

会^{1}huì (5)/①绘荟桧烩/④guì 刽

会^{2}kuài (2)/①侩脍

杀 shā (3)/①刹^{1}铩/⑦chà 刹^{2}

合 hé (18)/①饸盒颌/③há 蛤^{1}/④gé 蛤^{2}/⑥hā 哈^{1}/⑥hǎ 哈^{2}/⑦gē 鸽/⑦shè 拾^{2}/⑧huō 耠/⑨dā 答^{2}/⑨dá 答^{1}/⑨gěi 给^{1}/⑨jǐ 给^{2}/⑨kān 龛/⑨qià 恰洽/⑨shí 拾^{1}

兆 zhào (11)/⑤tiào 眺跳/⑦cháo 晁/⑦táo 洮逃桃/⑧tiāo 佻挑^{1}/⑧tiǎo 挑^{2}窕/⑧yáo 姚

朵 duǒ (6)/①哚垛^{2}躲/②ˋ剁垛^{1}跺

吕 lǚ (4)/①侣铝/②ˊ闾/④jǔ 莒

危 wēi (4)/②ˊ桅/⑦cuì 脆/⑦guǐ 诡/⑦guì 跪

旬 xún (7)/①询峋荀/②ˋ徇殉/⑥xuàn 绚/⑨huàn 郇

旨 zhǐ (6)/①指酯/②ˉ脂/⑨jī 稽^{1}/⑨qǐ 稽^{2}/⑨yì 诣

则 zé (5)/⑦cè 侧厕恻测/⑨zhá 铡

匈 xiōng (1)/①胸

夅*xiáng (2)/⑩jiàng 绛/⑩páng 逄

各 gè (25)/①铬/②ˉ咯^{2}格^{2}胳袼/②ˊ阁格^{1}骼/④kè 客恪/⑤luò 洛络^{1}骆珞/⑦hé 貉^{1}/⑦le 饹/⑧lo 咯^{3}/⑨háo 貉^{2}/⑨kǎ 咯^{1}/⑨lào 络^{2}烙酪/⑨lù 赂路/⑨lüè 略

名 míng (3)/①茗铭/②ˇ酩

多 duō (6)/①哆/③diē 爹/⑨chī 眵/⑨chǐ 侈/⑨yī 黟/⑨yí 移

争 zhēng (10)/①峥挣^{1}狰睁铮筝/②ˋ诤挣^{2}/⑧jìng 净静

色 sè (1)/①铯

壮 zhuàng (1)/②ˉ装

亦** (10)/⑩biàn 变(亦为䜌luán 简,下九字同)/⑩liàn 恋/⑩mán 蛮/⑩wān 弯/⑩luán 峦/⑪(下五字声旁示音度为峦推:3)luán 孪挛栾鸾銮

丬夕** (6)/⑩jiāng 将^{1}(丬夕为酱 jiàng 省简,下五字同)/⑩jiàng 将^{2}/⑪(以下三字声旁示音度为将^{2}推:4)jiāng 浆/⑪jiǎng 奖桨/⑪(下字声旁示音度为将^{2}推:5)jiàng 酱

庄 zhuāng (4)/①桩/⑤zāng 脏[1] 赃/⑧zàng 脏[2]

亦 yì (3)/①奕弈/④jì 迹

刘 liú (1)/①浏

齐 qí (11)/①荠[1] 脐/⑦jī 跻齑/⑦jǐ 挤济[2]/⑦jì 剂济[1] 荠[2] 霁/⑨chái 侪

交 jiāo (17)/①郊姣茭胶蛟跤/②ˇ佼狡绞饺皎铰/②ˋ校[2] 较/⑦xiào 效校[1]/⑦yǎo 咬

囟** (2)/⑩nǎo 脑(囟为𡿺[𡿺 nǎo 省]简,下字同)/⑪(下字声旁示音度为脑推:3) nǎo 恼

次 cì (6)/②ˊ茨瓷/④zì 恣/⑦zī 咨姿资

衣 yī (3)/①依铱/⑨āi 哀

产 chǎn (1)/①铲

㠩 *huāng (1)/⑩huāng 荒

亥 hài (15)/①骇氦/②ˉ咳[2]/②ˊ孩骸/⑥hé 劾阂核[1]/⑥hú 核[2]/⑦gāi 该垓赅/⑨kē 颏/⑨ké 咳[1]/⑨kè 刻

充 chōng (2)/②ˋ铳/⑦tǒng 统

羊 yáng (9)/①佯徉洋/②ˇ氧痒/②ˋ样烊/④xiáng 详祥

⺷***ʹ (1)/⑩xiáng 翔(⺷为羊变)

⺶***ʹ (2)/⑩jiāng 姜(⺶为羊变,下字同)/⑩yàng 恙

并 bìng (9)/②ˇ屏[2] 饼/⑤bèng 迸/⑦píng 屏[1] 瓶/⑨pián 骈胼/⑨pīn 拼姘

关 guān (2)/⑨zhèn 朕(关为龹 zhuàn 变)/⑨zhèng 郑(关为奠简)

龹** (8)/⑩huàn 豢(龹为𢍏 juàn 变,下六字同)/⑩juǎn 卷[2]/⑩juàn 卷[1] 眷/⑩quán 拳/⑩quàn 券[1]/⑩xuàn 券[2]/⑩téng 誊(龹为朕[朕变]简)

米 mǐ (6)/②ˉ咪眯[1]/②ˊ迷眯[2] 麋/⑨lèi 类(米为頪 lèi 简)

屰 *nì (2)/⑩nì 逆/⑩shuò 朔

州 zhōu (2)/①洲/⑦chóu 酬

江 jiāng (1)/⑨hóng 鸿

汤 tāng (1)/②ˋ烫

兴** (2)/⑩jǔ 举(兴为舆 yù 简,下字同)/⑩yù 誉

守 shǒu (1)/②ˋ狩

宅 zhái (3)/⑥zhà 咤/⑨chà 诧姹

穵 *wā (1)/⑩wā 挖

安 ān (8)/①桉氨鞍/②ˇ 铵/②ˋ 按案胺/⑧yàn 晏

良 ** (3)/⑩láng 郎[1](良为良变,下二字同)/⑩lǎng 朗/⑩làng 郎[2]

军 jūn (12)/①皲/④yūn 晕[1]/⑤hūn 荤/⑦yùn 郓恽晕[2]/⑧hún 浑珲/⑧hùn 诨/⑨huī 挥晖辉

许 xǔ (1)/⑨hǔ 浒

农 nóng (4)/①侬哝浓脓

聿 yù (3)/④lǜ 律/⑨jīn 津(聿为聿 jīn 省)/⑨sì 肆(聿为隶[在此音 dài]变)

寻 xún (4)/①浔荨[1]鲟/⑨qián 荨[2]

艮 gèn (15)/②ˉ 根跟/②ˊ 哏/④hèn 恨/⑦hén 痕/⑦hěn 很狠/⑦kěn 垦恳/⑧yín 垠银龈/⑨jiān 艰/⑨xiàn 限/⑨yǎn 眼

帍 ** (2)/⑩shuā 刷[1](帍为㕞 shuā 省)/⑩shuà 刷[2]

尽 jìn (1)/①烬

弜 ** (3)/⑩jiàng 强[3](弜为弘变,下二字同)/⑩qiáng 强[1]/⑩qiǎng 强[2]

巳 ** (1)/ ⑩xùn 巽(巳为巳 zhuàn 变)

孙 sūn (3)/①狲荪/⑦xùn 逊

阴 yīn (1)/②ˋ 荫

夅 ** (2)/⑩lōng 隆[2](夅为降 jiàng 省,下字同)/⑩lóng 隆[1]

丞 chéng (1)/⑦zhěng 拯

那 [1]nà (6)/①娜[1]/②ˇ 哪[1]/②˙ 哪[2]/⑥né 哪[4]/⑥nuó 娜[2] 挪

那 [2]nèi (1)/②ˇ 哪[3]

如 rú (3)/①茹/⑦shù 恕/⑨xù 絮

劦 *xié (2)/⑩lì 荔/⑩xié 勰

羽 yǔ (2)/④xǔ 诩栩

牟 móu (2)/①眸/②ˉ 哞

厽 *lěi (1)/⑩lěi 垒(厽为畾 léi 简)

约 [2]yāo (3)/②ˋ 药/③yō 哟[1]/⑥yo 哟[2]

丝 *yōu (2)/⑩cí 兹[2](丝是古汉语用字,但这里的丝为絲 sī 省,下字同)/⑩zī 兹[1]

寿 shòu (7)/⑦chóu 畴筹踌/⑨dǎo 祷/⑨tāo 涛焘/⑨zhù 铸

辰 chén (8)/①宸晨/⑤chún 唇/⑦shēn 娠/⑦shèn 蜃/⑦zhèn 振赈震

戒 jiè (2)/①诫/④xiè 械

走 zǒu (1)/④dǒu 陡

赤 chì (3)/②ˉ哧/⑨hǎo 郝/⑨shè 赦

折 [1]zhé (4)/①哲蜇[1]/②ˋ浙/⑨xué 踅

折 [2]shé (2)/⑥shì 逝誓

折 [3]zhē (1)/①蜇[2]

孝 xiào (4)/①哮/④jiào 酵教[2](孝为𡥉 jiào 变,下字同)/⑦jiāo 教[1]

均 jūn (2)/①筠[2]/⑦yún 筠[1]

志 zhì (1)/①痣

把 bà (1)/⑦pá 筢

却 què (2)/⑦jué 脚[2]/⑨jiǎo 脚[1]

耴 *zhé (1)/⑩zhé 辄

𧘇 ** (1)/⑩zhǎn 展(𧘇为襄 zhàn 变)

苋 xiàn (1)/⑧kuān 宽(苋为萈 huán 变简)

严 yán (2)/②ˇ俨/②ˋ酽

劳 láo (6)/①唠崂痨/②ˉ捞/②ˋ涝耢

𦣞 *yí (2)/⑩jī 姬/⑩yí 颐

克 kè (2)/①氪/⑥kēi 剋

巫 wū (1)/①诬

求 qiú (3)/①球裘/⑦jiù 救

孛 [1]*bó (4)/⑩bó 勃/⑪(下字声旁示音度为勃推:2)bō 饽/⑪(下二字声旁示音度为勃推:3)bó 脖鹁

孛 [2]*bèi (2)/⑩bèi 悖/⑩bí 荸

甫 fǔ (13)/①脯[2]辅/④bǔ 哺捕/④pǔ 圃埔[1]浦/⑦bù 埔[2]/⑦pū 铺[1]/⑦pú 匍莆脯[1]/⑦pù 铺[2]

更 [1]gēng (6)/②ˇ哽埂绠梗鲠/⑤jīng 粳

更 [2]gèng (1)/⑤yìng 硬

束 shù (4)/④sù 速/⑨chì 敕/⑨sǒng 悚/⑨là 辣(束为剌 là 省)

吾 wú (11)/①唔梧/②ˇ捂牾/②ˋ悟晤焐/⑨yá 衙/⑨yǔ 语圄龉

豆 dòu (3)/①逗痘/⑥duǎn 短

两 liǎng (4)/①俩[2]魉/②ˋ辆/③liǎ 俩[1]

酉 yǒu (1)/④jiǔ 酒

丽 lì (5)/①俪郦/②ˊ骊鹂/②ˇ逦

否 [2]pǐ (1)/①痞

来 lái (6)/①崃徕涞莱/②ˋ赉睐

连 lián (5)/①涟莲裢鲢/②ˋ链

坒 *bì (1)/⑩bì 陛

𣦼*cán (2)/⑩cān 餐/⑪(下字声旁示音度为餐推:2) càn 粲

坚 jiān (2)/④qiān 悭/⑨kēng 铿

𥁕 ** (1)/⑩yán 盐(繁体作鹽,小篆从卤,監声,所以𥁕为監 jiàn 简)

肖 [1]xiào (6)/③xiè 屑/④qiào 俏诮峭鞘 [1]/⑤shào 哨

肖 [2]xiāo (16)/①削 [2] 宵消逍硝销霄/③xuē 削 [1]/④qiāo 悄 [1]/⑤shāo 捎梢稍筲艄鞘 [2]/⑦qiǎo 悄 [2]

𧴪 *suǒ (3)/⑩suǒ 锁/⑪(下二字声旁示音度为锁推:5) suǒ 唢琐

旱 hàn (3)/①悍捍焊

呈 chéng (4)/①程/②ˇ逞/⑦zèng 锃/⑧yǐng 郢

圼 ** (1)/⑪(下字声旁示音度为涅推:2) niē 捏(圼为涅 niè 省)

吴 wú (4)/①蜈/②ˋ误/⑨yú 娱虞

助 zhù (1)/⑦chú 锄

县 xiàn (1)/⑧xuán 悬

里 lǐ (12)/①俚娌理锂鲤/②ˉ哩 [1]/②ˊ厘狸/②˙哩 [2]/⑨mái 埋 [1]/⑨mán 埋 [2]/⑨tóng 童(里为重变)

甹 *pīng (3)/⑩chěng 骋/⑩pìn 聘/⑩pīng 娉

㫗 *hòu (1)/⑩hòu 厚

妟 *yàn (1)/⑩yàn 宴

足 zú (3)/⑦cù 促/⑨chuò 龊/⑨zhuō 捉

困 kùn (1)/②ˇ捆

肙 *yuàn (6)/⑩juān 捐/⑪(下三字声旁示音度为捐推:5) juān 娟涓鹃/⑪(下二字声旁示音度为捐推:4) juàn 狷绢

串 chuàn (2)/④cuàn 窜/④huàn 患(串为毌 guàn 变)

员 yuán (7)/①圆/③yún 郧涢/⑥yǔn 陨殒/⑨sǔn 损/⑨xūn 勋

呙 [1]*guō (5)/⑩guǎ 剐/⑩huò 祸/⑩guō 锅/⑪(下二字声旁示音度为锅推:3) guō 埚涡 [2]

呙 [2]*wō (5)/⑩wā 娲/⑩wō 窝/⑪(下三字声旁示音度为窝推:3) wō 涡 [1] 莴蜗

邑 yì (1)/①悒
别 bié (1)/⑥bā 捌
岑 cén (1)/①涔
冏 *jiǒng (1)/②(下字形旁衣示音度:4)yì 裔(冏为冏 nè 变)
每 měi (10)/②ˊ莓梅酶霉/③mǐn 敏/⑤huǐ 悔/⑧huì 诲晦/⑨hǎi 海/⑨wǔ 侮
角 ²jué (2)/⑦què 确/⑨hú 斛
岛 dǎo (1)/①捣
告 gào (11)/①诰郜/③gù 梏/④hào 浩皓/④kào 靠/④zào 造/⑤jiào 窖/⑥gǔ 鹄¹/⑨hú 鹄²/⑨kù 酷
我 wǒ (9)/⑧é 俄哦³娥峨鹅蛾/⑧è 饿/⑧ó 哦¹/⑧ò 哦²
利 lì (7)/①俐猁莉痢/②ˊ梨犁蜊
秃 tū (1)/⑥tuí 颓
秀 xiù (5)/①绣锈/④yòu 诱/⑤tòu 透/⑦yǒu 莠
兵 bīng (2)/③bāng 浜/③bīn 宾
何 hé (2)/①荷¹/②ˋ荷²
攸 yōu (2)/①悠/⑨xiǎo 筱
你 nǐ (1)/⑥nín 您
位 wèi (1)/⑨lì 莅
皃 *mào (1)/⑩mào 貌
间 ²jiàn (3)/①涧/②ˇ锏简
囱 cōng (1)/⑨chuāng 窗
闵 mǐn (1)/①悯
闷 mèn (1)/①焖
佘 shé (2)/②ˉ赊畲
余 yú (9)/①馀/④xú 徐/⑦xù 叙/⑨chú 除蜍/⑨tú 涂荼途/⑨xié 斜
希 xī (6)/①郗唏浠欷烯稀
佥 *qiān (12)/⑩jiǎn 俭捡检脸硷/⑩jiàn 剑/⑩liǎn 敛脸/⑩liàn 殓/⑩qiān 签/⑩xiǎn 险/⑩yàn 验
坐 zuò (6)/①唑座/④cuò 挫锉/⑦cuó 痤矬
谷 gǔ (5)/⑦sú 俗/⑨yù 峪浴欲裕
寽 *lù (2)/⑩luō 捋¹/⑩lǚ 捋²

孚 fú (6)/①俘浮蜉/②ˉ孵/⑨pāo 脬/⑨piǎo 殍
妥 tuǒ (3)/⑨něi 馁/⑨suī 荽/⑨suí 绥
含 hán (1)/②ˋ颔
龟 3qiū (1)/④jiū 阄
奂 huàn (5)/①唤换涣焕痪
免 miǎn (5)/①勉娩冕/⑤wǎn 挽晚
狂 kuáng (2)/①诳/⑦guàng 逛
矣** (1)/⑩yì 肄(矣为皉 yí 省)
狄 dí (1)/①荻
夆 *fēng (5)/⑩fēng 峰/⑪(下三字声旁示音度为峰推:5)fēng 烽锋蜂/⑪(下字声旁示音度为峰推:4)féng 逢
条 tiáo (2)/⑧tāo 绦/⑨dí 涤
系 xì (1)/⑨gǔn 鲧
言 yán (1)/②ˋ唁
亭** (2)/⑩háo 毫(亭为高省变,下字同)豪
亨 hēng (3)/①哼 1/④pēng 烹/⑧hng哼 2
庐** (2)/⑩dù 度 1(庐为庶 shù 省,下字同)/⑩duó 度 2
库 kù (1)/①裤
庚** (1)/⑩táng 唐(庚为庚省)
辛 xīn (3)/①锌/⑤shēn 莘/⑨zǐ 梓(辛为宰省)
㐬*tū (3)/⑩shū 梳(㐬为疏省)/⑪(下二字声旁示音度为流推:3)liú 琉(㐬为流省,下字同)硫
闰 rùn (1)/①润
闲 xián (2)/①娴痫
㡭** (1)/⑩jì 继(㡭为㡭 jì 简)
前** (1)/⑩qián 前(前为𠝣 qián 变)
兑 duì (8)/④ruì 锐/④shuì 说 2 税/④tuì 蜕/⑨shuō 说 1/⑨tuō 脱/⑨yuè 悦阅
敝*bì (1)/⑩bì 敝
弟 dì (8)/①娣递/④tì 剃悌涕绨/⑦tī 梯锑
沛 pèi (1)/①霈
沙 shā (7)/①莎痧裟鲨/④sā 挲 1/⑨suō 娑挲 2

汈 ** (1)/⑪(下字声旁示音度为梁推:3)liáng 梁(汈为梁省)

快 kuài (1)/①筷

完 wán (7)/①烷/②ˇ莞²皖/⑦guǎn 莞¹/⑦huàn 浣/⑧yuàn 院垸

良 liáng (9)/①粮/②ˋ踉/④niáng 娘/⑤láng 狼琅锒/⑦niàng 酿/⑧làng 浪阆

君 jūn (4)/②ˋ郡/⑥jiǒng 窘/⑦qún 裙群

灵 líng (1)/①棂

㑴 ** (2)/⑩jìn 浸(㑴为侵省,下字同)/⑪(下字声旁示音度为侵推:2)qǐn 寝

即 jí (2)/②ˉ唧/②ˋ鲫

壮 *zhuàng (1)/⑩zàng 奘

尾 wěi (1)/①娓

张 zhāng (2)/②ˇ涨¹/②ˋ涨²

阿 ¹ā (5)/①啊¹/②ˊ啊²/②ˇ啊³/②ˋ啊⁴/②˙啊⁵

阿 ²ē (2)/①婀屙

阝左 ** (1)/⑩suí 隋(阝左为隓[此字有 huī、duò 二音,此处音 huī]省)

刃 ** (1)/⑩sè 涩(刃为澀 sè 省)

甬 yǒng (12)/①俑勇涌恿蛹踊/⑤tǒng 捅桶/⑧sòng 诵/⑧tōng 通¹/⑧tòng 通²痛

矣 yǐ (10)/⑨āi 唉¹埃挨¹/⑨ái 挨²/⑨ài 唉²/⑨ēi 诶¹/⑨éi 诶²/⑨ěi 诶³/⑨èi 诶⁴/⑨sì 俟

夋 *qūn (13)/⑩cūn 皴/⑩jùn 俊峻浚¹骏竣/⑩qū 黢/⑩quān 悛/⑩suān 酸/⑩suō 唆梭羧/⑩xùn 浚²

纯 chún (1)/①莼

奉 fèng (4)/①俸/②ˇ唪/⑦pěng 捧/⑨bàng 棒

玨 *jué (1)/⑩bān 斑(玨为班省)

武 wǔ (2)/①鹉/⑦fù 赋

青 qīng (15)/①清蜻/②ˊ情晴氰/②ˇ请/②ˋ箐/④jīng 菁腈睛精/⑥qiàn 倩/⑦jìng 靖/⑨cāi 猜/⑨liàng 靓

责 zé (4)/①啧/⑥zì 渍/⑨jì 绩/⑨zhài 债

表 biǎo (2)/①婊裱

忝 tiǎn (2)/①舔/②ˉ添

规 guī (1)/④kuī 窥

匧*qiè (2)/⑩qiè 惬/⑪(下字声旁示音度为惬推:3)qiè 箧

卦 guà (1)/①褂

拍 pāi (1)/③pā 啪

者 zhě (19)/①锗赭/③zhǔ 渚煮/⑥zhū 诸猪/⑥zhù 著箸/⑦shē 奢/⑨chǔ 褚/⑨dōu 都[2]/⑨dū 都[1]/⑨dǔ 堵赌睹/⑨shǔ 暑署/⑨tú 屠/⑨xù 绪

坴*lù (1)/⑩mù 睦

夌*líng (6)/⑩léng 棱[1]/⑩líng 凌/⑪(下四字声旁示音度为凌推:3)líng 陵绫菱棱[2]

拉 lā (2)/①啦[2]/②·啦[1]

幸 xìng (1)/①悻

其 qí (14)/①淇萁骐棋琪祺旗綦麒/②- 期欺/⑦jī 基箕/⑨sī 斯

耶[1]yē (1)/①椰

耶[2]yé (1)/①揶

取 qǔ (3)/①娶/②\`趣/⑦jù 聚

昔 xī (10)/①惜/⑨cù 醋/⑨cuò 厝措错/⑨jiè 借/⑨là 腊(昔为巤 liè 简,下二字同)蜡/⑨liè 猎/⑨què 鹊

䒤** (2)/⑩sǎn 散[2](䒤为㪔 sàn 变)/⑩sàn 散[1]

若 ruò (5)/①偌/④nuò 诺喏/⑥rě 惹/⑨nì 匿

苹 píng (1)/①萍

苗 miáo (6)/①描瞄/②- 喵/⑤máo 猫[2] 锚/⑧māo 猫[1]

英 yīng (1)/①瑛

直 zhí (5)/①值植殖[1]/②\`置/⑦shi 殖[2]

卓** (1)/⑩hán 韩(卓为倝 gàn 省)

林 lín (11)/①啉淋[1] 琳霖/②\`淋[2]/③lán 婪/⑦bīn 彬/⑦jīn 禁[2]/⑦jìn 禁[1]/⑧chēn 郴/⑨mèng 梦(林为瞢[瞢 méng 省]简)

析 xī (4)/①淅晰皙蜥

松 sōng (2)/①凇淞

或 huò (4)/①惑/⑨yù 域阈蜮

卖 mài (10)/⑨dòu 读[2](卖为賣[𧶠 yù 变]简,下九字同)窦/⑨dú 读[1] 渎椟牍犊黩/⑨shú 赎/⑨xù 续

厓 *yá (3) /⑩yá 涯 / ⑪(下二字声旁示音度为涯推:5) yá 崖睚

奈 nài (2) /①萘 /③nà 捺

奔 bēn (1) /①锛

奇 [1]qí (7) /①崎骑琦 /②ˇ 绮 /⑦yǐ 倚椅旖

奇 [2]jī (3) /①犄畸 /②ˋ 寄

奄 yǎn (9) /①掩 /②ˉ 淹阉腌[1]/⑤ǎn 俺埯 /⑧ān 庵鹌 /⑨ā 腌[2]

欧 ōu (4) /①嚘[1]/②ˊ 嚘[2]/②ˇ嚘[3]/②ˋ 嚘[4]

戕 ** (1) /⑩zāng 臧(戕为戕 qiāng 变)

豖 *chù (6) /⑩zhǒng 冢 /⑩zhuō 涿 /⑩zhuó 诼啄琢[1]/⑩zuó 琢[2]

果 guǒ (11) /①馃裹 /④huǒ 夥 /④luǒ 裸 /⑧kē 棵稞窠颗 /⑧kè 课骒 /⑨huái 踝

疌 *jié (3) /⑩jié 捷 / ⑪(下二字声旁示音度为捷推:5) jié 婕睫

妻 qī (2) /①凄萋

顷 qǐng (3) /②ˉ 倾 /⑨yǐng 颍(声旁顷不易认出,下字同) 颖

枈 ** (1) /⑩qú 渠(枈为榘 jù 省)

转 [2]zhuàn (1) /①啭

斩 zhǎn (7) /①崭 /⑦cán 惭 /⑦zàn 暂錾 /⑧jiān 渐[2]/⑧jiàn 渐[1]/⑧qiàn 堑

到 dào (3) /①倒[2]/②ˊ 捯 /②ˇ 倒[1]

非 fēi (22) /①啡绯菲[1]扉蜚霏 /②ˊ 腓 /②ˇ 匪诽悱菲[2]斐翡 /②ˋ 痱 /④bēi 悲 /⑦bèi 辈 /⑦péi 裴 /⑧zuì 罪 /⑨pái 俳徘排[1]/⑨pǎi 排[2]

叔 shū (5) /①淑菽 /④dū 督 /⑨jì 寂 /⑨jiāo 椒

肯 kěn (1) /①啃

卓 zhuó (7) /⑥zhào 罩 /⑦chuò 绰[1]/⑨chāo 绰[2]焯 /⑨dào 悼 /⑨diào 掉 /⑨nào 淖

虎 hǔ (2) /①唬琥

虏 lǔ (1) /①掳

尚 shàng (8) /①绱 /④tàng 趟[1]/⑦cháng 徜 /⑦chǎng 敞 /⑦tāng 趟[2]/⑦tǎng 倘淌躺

尚 ** (8) /⑩shǎng 赏(尚为尚变,下七字同) /⑩shang 裳 /⑩cháng 常 /⑩chèng 撑 /⑩dǎng 党 /⑩táng 堂棠 /⑩zhǎng 掌

㝵[1]*ài (1) /⑩ài 碍

㝵[2]*dé (3) /⑩dé 得[1](㝵本作㝵,讹作㝵,又省作㝵,下三字同) /⑩de 得[2]/⑩děi 得[3]

具 jù (3)/①俱惧飓

昆 kūn (8)/①琨鲲/⑦gǔn 绲辊/⑦gùn 棍/⑦hún 混[2]馄/⑦hùn 混[1]

国 guó (3)/①帼/②ˉ 蝈/⑥guāi 掴

昌 chāng (4)/①娼猖/②ˋ 倡唱

明 míng (2)/⑤méng 萌盟

易 yì (6)/①蜴/④tì 惕/⑦tī 剔踢/⑦xī 锡/⑨cì 赐

畀 *bì (4)/⑩pì 淠/⑩bì 痹/⑪(下字声旁示音度为痹推:2) bí 鼻/⑪(下字声旁示音度为痹推:3) bì 箅

典 diǎn (2)/①碘/④tiǎn 腆

固 gù (4)/①崮痼锢/⑨hé 涸

黾 [1]*měng (2)/⑩shéng 绳/⑩yíng 蝇

黾 [2]*miǎn (1)/⑩miǎn 渑

矦 ** (1)/⑩hòu 候(矦为侯省)

罗 luó (7)/①猡萝逻锣箩/②ˉ 啰[1]/②˙ 啰[2]

囷 *qūn (2)/⑩jūn 菌[1]/⑩jùn 菌[2]

罔 wǎng (2)/①惘魍

沓 tà (2)/①踏[1]/②ˉ 踏[2]

賏 *yīng (2)/⑩yīng 婴/⑪(下字声旁示音度为婴推:3) yīng 罂

垂 chuí (6)/①陲捶棰锤/⑦shuì 睡/⑨tuò 唾

制 zhì (1)/⑨chè 掣

知 zhī (4)/①蜘/②ˋ 智/④chī 痴/⑦chí 踟

無 ** (1)/⑩wǔ 舞(無为無 wú 省)

秎 *lì (1)/⑩lí 黧

季 jì (1)/①悸

委 wěi (8)/①诿萎痿/②ˉ 逶巍/②ˋ 魏/⑥wō 倭/⑨ǎi 矮

隹 *zhuī (18)/⑩chuí 椎[2]/⑩cuī 崔/⑩duī 堆/⑩duì 碓/⑩huái 淮/⑩jiāo 焦(隹为雥 zá 省)/⑩shéi 谁/⑩shòu 售 (隹为雔 chóu 省)/⑩suī 睢/⑩tuī 推/⑩wéi 唯帷惟维/⑩zhì 稚/⑩zhuī 椎[1]锥/⑩zhǔn 准(隹为隼 sǔn 省)

臾 yú (3)/①谀腴/②ˇ 庾

兒 *ér (2)/⑩ní 倪霓

帛 bó (1)/⑨mián 棉(帛为绵 mián 省)

卑 bēi (12)/①碑/①(下字形旁频 pín 示音度:5)pín 颦/⑥bǎi 捭/⑥bài 稗/⑥bǐ 俾/⑥bì 婢裨髀/⑨pái 牌/⑨pí 郫啤脾

阜 fù (1)/④bù 埠

征 zhēng (1)/⑦chéng 惩

舍 shè (2)/②ˉ 猞/⑥shá 啥

金 jīn (1)/⑨gàn 淦

欣 xīn (2)/③xiān 掀锨

肴 yáo (1)/④xiáo 淆

采 cǎi (4)/①彩睬踩/②ˋ 菜

乑 *yín (1)/⑩yín 淫

受 shòu (2)/①授绶

念 niàn (3)/①埝/②ˇ 捻/⑨rěn 稔

朋 péng (7)/①棚硼鹏/⑦bēng 崩绷[1]/⑦běng 绷[2]/⑦bèng 绷[3]

肥 féi (1)/①淝

周 zhōu (8)/⑦chóu 惆绸稠/⑨diāo 凋碉雕/⑨diào 调[1]/⑨tiáo 调[2]

鱼 yú (2)/①渔/⑨sū 稣

昏 hūn (1)/①婚

匋 *táo (5)/⑩táo 陶/⑪(下字声旁示音度为陶推:4)tāo 掏/⑪(下三字声旁示音度为陶推:5)táo 啕淘萄

臽 *xiàn (6)/⑩chǎn 谄/⑩qiā 掐/⑩xiàn 陷馅/⑩yán 阎/⑩yàn 焰

忽 hū (1)/①惚

咎 jiù (2)/⑦liǔ 绺/⑨guǐ 晷

备 bèi (1)/①惫

匊 *jū (3)/⑩jū 鞠/⑪(下字声旁示音度为鞠推:4)jú 菊/⑪(下字声旁示音度为鞠推:5)jū 掬

肰 ** (1)/⑩rán 然(肰为肰 rán 变)

京 jīng (9)/①惊鲸/②ˇ 景/⑧qióng 琼/⑨liáng 凉[1]/⑨liàng 凉[2] 谅晾/⑨lüè 掠

享 xiǎng (7)/⑨chún 淳(享为䈞 chún 变,下四字同)鹑醇/⑨dūn 敦/⑨zhūn 谆/⑨guō 郭(享为𩫏 guō 变,下字同)/⑨guǒ 椁

店 diàn (3)/①惦/②ˉ 掂/②ˇ 踮

夜 yè (4)/①掖[2]液腋/②ˉ掖[1]

府 fǔ (3)/①俯腑腐

卒 zú (11)/⑥zuì 醉/⑦cù 猝/⑦sū 窣/⑨cuì 啐悴淬萃瘁粹翠/⑨suì 碎

庚 gēng (1)/①赓

於 *yū (2)/⑩yū 淤/⑪(下字声旁示音度为淤推:3)yū 瘀

咅 *pǒu (11)/⑩bèi 倍焙碚/⑩bù 部/⑩fú 涪/⑩péi 陪培赔/⑩pōu 剖/⑩pǒu 掊/⑩pú 菩

妾 qiè (2)/⑦jiē 接/⑨shà 霎

育 yù (1)/⑨yō 唷

郑 zhèng (2)/③zhì 掷/⑥zhí 踯

卷 juàn (7)/①倦圈[2]/②ˉ圈[3]/⑦quān 圈[1]/⑦quán 蜷鬈/⑦quǎn 绻

並 *bìng (1)/⑩pèng 碰

𣶒 ** (1)/⑩yuān 渊(𣶒为𣶒 yuān 简)

单[1]dān (7)/①郸殚箪/②ˇ掸/②ˋ弹[1]惮/⑦tán 弹[2]

单[2]shàn (1)/①禅[2]

单[3]chán (4)/①婵禅[1]蝉/②ˇ阐

炎 yán (8)/②ˇ琰/⑤tán 谈郯痰/⑧dàn 啖淡氮/⑧tǎn 毯

河 hé (1)/①菏

泊 bó (1)/①箔

波 bō (2)/①菠/⑦pó 婆

宗 zōng (8)/①综棕踪鬃/②ˋ粽/⑦chóng 崇/⑦cóng 淙琮

定 dìng (7)/①啶腚碇锭/③diàn 淀靛/⑨zhàn 绽

宜 yí (1)/②ˋ谊

审 shěn (1)/①婶

官 guān (6)/①倌棺/②ˇ馆管/⑤jiān 菅/⑦wǎn 绾

空[1]kōng (2)/①崆/②ˇ倥

空[2]kòng (1)/①控

宛 wǎn (9)/①婉惋琬畹碗/②ˉ剜蜿豌/②ˋ腕

宓 *mì (2)/⑩mì 密/⑪(下字声旁示音度为密推:3)mì 蜜

郎 láng (4)/①廊榔螂/②ˉ啷

戾 lì (2)/①唳/③liè 捩

肩 jiān (1)/⑦qián 掮

启 ** (1)/⑩qǐng 綮(启为啓 qǐ 省)

罙 *shēn (2)/⑩chēn 琛/⑩shēn 深

建 jiàn (6)/①健毽腱键/②ˉ 犍[1]/⑦qián 犍[2]

肃 sù (3)/⑨xiāo 萧箫/⑨xiào 啸

录 lù (9)/①绿[2]禄碌[1]箓/③liù 碌[2]/③lǜ 绿[1]氯/⑨bāo 剥[2]/⑨bō 剥[1]

隶 lì (3)/④dì 棣/⑨dǎi 逮[1]/⑨dài 逮[2]

居 jū (6)/①据[2]/②ˋ 倨剧据[1]锯踞

尾*wěi (1)/⑩xī 犀

刷 shuā (1)/⑥shuàn 涮

屈 qū (5)/⑨jué 倔[1]崛掘/⑨juè 倔[2]/⑨kū 窟

弥 mí (1)/①猕

孟 mèng (4)/②ˇ 勐猛锰蜢

陏 ** (3)/⑩duò 堕(陏为隋[此字有 duò、suí 二音,此处音 duò]简,下字同)/⑩tuǒ 椭/⑩suí 随(形旁为辶,声旁陏为隋[墮 huī 省]简)

孤 gū (1)/①菰

函 hán (1)/①涵

阝辛 ** (1)/⑩sà 萨(阝辛为辥 xuē 变)

姑 gū (1)/①菇

参 [1]cān (2)/②ˇ 惨/④chān 掺

参 [2]shēn (4)/①糁/②ˋ 渗瘆/⑦chěn 碜

叕 *zhuó (4)/⑩chuò 啜辍/⑩duō 掇/⑩zhuì 缀

贯 guàn (2)/①惯掼

甾 *zī (4)/⑩zī 淄/⑪(下三字声旁示音度为淄推:5)zī 缁辎锱

契 qì (3)/③qiè 锲/⑨xiē 揳楔

奏 zòu (2)/①揍/④còu 凑

春 chūn (2)/①椿/②ˇ 蠢

贰 èr (1)/⑨nì 腻

毒 dú (2)/⑥dào 纛/⑨zhóu 碡

贲 bēn (3)/④pēn 喷[1]/⑦fèn 愤/⑦pèn 喷[2]

某 mǒu (3)/②ˊ 谋/⑥méi 媒煤

甚 shèn (7)/①葚/⑦chén 谌/⑦zhēn 斟/⑨kān 勘堪戡/⑨zhàn 湛

甘欠** (1)/⑩qiàn 嵌(甘欠为歁 kǎn 省)

巷 xiàng (1)/⑧gǎng 港

枼 *yè (5)/⑩dié 蝶/⑪(下四字声旁示音度为蝶推:5) dié 谍喋牒碟

带 dài (1)/⑨zhì 滞

荃 quán (1)/①醛

茶 chá (1)/①搽

荅 *dá (5)/⑩tǎ 塔/⑩dá 瘩/⑪(下三字声旁示音度为瘩推:2) dā 搭嗒褡

荒 huāng (2)/①慌/②ˇ谎

荣 róng (1)/①嵘

胡 hú (10)/①湖猢葫煳瑚糊[1]蝴醐/②ˉ糊[3]/②ˋ糊[2]

南 nán (3)/①喃楠/②ˇ蝻

查[1]chá (4)/①碴/②ˉ喳[1]馇/②ˇ蹅

查[2]zhā (3)/①喳[2]渣楂

相 xiāng (5)/①厢湘箱/②ˇ想/⑤shuāng 霜

勃 bó (1)/①渤

匽 *yǎn (4)/⑩yà 揠/⑩yǎn 偃/⑪(下字声旁示音度为偃推:3) yǎn 郾/⑪(下字声旁示音度为偃推:2) yàn 堰

剌 là (2)/①瘌/②ˇ喇

朿** (1)/⑩lài 赖(朿为剌 là 变)

畐[1]*fú (7)/⑩fú 福/⑪(下四字声旁示音度为福推:3) fú 匐幅辐蝠/⑪(下二字声旁示音度为福推:2) fù 副富

畐[2]*bì (1)/⑩bī 逼

垔 *yīn (3)/⑩juàn 鄄/⑩yān 湮/⑩zhēn 甄

要[2]yāo (1)/①腰

柬 jiǎn (2)/②ˋ谏/⑧lán 阑

有** (1)/⑩duò 惰(有为隋 duò 省)

威 wēi (2)/①葳/⑥wǎi 崴

歪 wāi (1)/②ˇ足歪

厘 lí (1)/①喱

面 miàn (3)/②ˇ湎缅腼

奎 kuí (1)/①喹

皆 jiē (5)/⑦xié 偕谐/⑨kāi 揩/⑨kǎi 楷锴

背 bèi (1)/①褙

虐 nüè (1)/④xuè 谑

览 lǎn (3)/①揽缆榄

咸 xián (6)/⑦jiān 缄/⑦jiǎn 减碱/⑧gǎn 感/⑧hǎn 喊/⑨zhēn 箴

尝 cháng (1)/①偿

昱 yù (1)/①煜

是 shì (7)/②˙匙[1]/⑦chí 匙[2]/⑨dī 堤提[2]/⑨tí 提[1]题醍

眇 *miǎo (2)/⑩miǎo 渺/⑪(下字声旁示音度为渺推:3)miǎo 缈

咠 *qì (5)/⑩jī 缉/⑩jí 楫辑/⑩qì 葺/⑩yī 揖

显 xiǎn (1)/⑨shī 湿(显为㬎 xiǎn 简)

冒 mào (2)/①帽瑁

昷 *wēn (4)/⑩ǎo 媪/⑩yùn 韫/⑩wēn 温/⑪(下字声旁示音度为温推:3)wēn 瘟

曼 ** (1)/⑩màn 曼(曼为冒变)

禺 yú (5)/①隅愚/②`寓遇/⑨ǒu 偶

星 xīng (5)/①惺猩腥/②ˇ醒/⑧děng 戥

昫 *xù (1)/⑩xù 煦

曷 hé (15)/②ˉ喝[1]/②`喝[2]褐/④gé 葛[2]/⑦è 遏/⑦gě 葛[1]/⑦kě 渴/⑨jì 偈/⑨jiē 揭/⑨jié 碣竭羯/⑨xiē 歇蝎/⑨yè 谒

昭 zhāo (1)/②`照

畏 wèi (5)/①喂[1]/②ˉ偎煨/②´喂[2]/②ˇ猥

胃 wèi (4)/①谓渭猬/④kuì 喟

贵 guì (9)/④huì 溃[2]/④kuì 匮愦溃[1]馈篑聩/④wèi 遗[2]/⑨yí 遗[1]

思 sī (4)/①锶/③sāi 腮鳃/⑨zǎi 崽

咢 *è (7)/⑩è 鄂/⑪(下六字声旁示音度为鄂推:5)è 愕萼腭锷颚鳄

耑 *duān (8)/⑩chuāi 揣[1]/⑩chuǎi 揣[2]/⑩chuài 踹/⑩chuǎn 喘/⑩duān 端/⑩ruì 瑞/⑩tuān 湍/⑩zhuì 惴

炭 tàn (1)/①碳

罒 ** (1)/⑪(下字声旁示音度为楞推:2)lèng 愣(罒为楞 léng 省)

⺈ ** (3)/⑩chán 馋(⺈为毚 chán 简,下二字同)/⑪(下字声旁示音度为馋推:4)chān

搀/⑪（下字声旁示音度为馋推:5）chán 谗

贱 jiàn (1)/①溅

骨 gǔ (2)/⑨huá 滑猾

钦 qīn (1)/②ˋ揿

拜 bài (1)/④pài 湃

臿 *chā (2)/⑩chā 插/⑩shà 歃

秖 ** (1)/⑩jī 嵇（秖为稽 jī 省）

秋 qiū (8)/①楸鳅/③qiāo 锹/④jiū 啾揪鬏/⑧chóu 愁/⑧chǒu 瞅

科 kē (1)/①蝌

重 zhòng (2)/②ˇ踵/⑦dǒng 董

复 fù (3)/①腹馥/⑨bì 愎

段 duàn (3)/①缎煅锻

便 biàn (2)/①缏/②ˉ鞭

保 bǎo (7)/①堡[1]葆褓/②ˉ煲褒/③bǔ 堡[2]/⑨pù 堡[3]

皇 huáng (8)/①凰隍徨惶湟遑煌蝗

叟 sǒu (7)/②ˉ嗖搜馊飕艘/③sǎo 嫂/⑦shòu 瘦

泉 quán (1)/⑧xiàn 腺

鬼 guǐ (6)/②ˉ瑰/④kuǐ 傀/⑦kuí 魁/⑦kuì 愧/⑦wéi 嵬/⑨huái 槐

吧 *pā (1)/⑩pā 葩

禹 yǔ (4)/④jǔ 踽/④qǔ 龋/⑨shǔ 属[1]（禹为蜀简，下字同）/⑨zhǔ 属[2]

侯 hóu (3)/①喉猴瘊

退 tuì (4)/①煺褪[1]/②ˇ腿/③tùn 褪[2]

追 zhuī (1)/⑦chuí 槌

盾 dùn (2)/①遁/⑧xún 循

叙 xù (1)/①溆

俞 yú (13)/①愉揄渝逾榆瑜觎/②ˋ谕喻愈/⑨shū 输/⑨shù 腧/⑨tōu 偷

爰 yuán (5)/①媛[1]援/②ˋ媛[2]/⑧huǎn 缓/⑧nuǎn 暖

匍 pú (1)/①葡

怱 *cōng (2)/⑩cōng 葱/⑩zǒng 偬

昝 zǎn (1)/②ˉ糌

急 jí (2)/⑨wěn 稳（急为㥯 yǐn[隱省]简）/⑨yǐn 隐（急为㥯 yǐn 简）

弯 wān (1)/①湾
将 jiāng (2)/②ˇ蒋/④qiāng 锵
亭 tíng (2)/①停婷
度 [1]dù (2)/①渡镀
度 [2]duó (1)/①踱
斿 *yóu (2)/⑩yóu 游/⑪(下字声旁示音度为游推:3) yóu 蝣
音 yīn (6)/①喑/②ˋ窨/⑨ān 谙/⑨ǎn 揞/⑨àn 暗黯
彦 yàn (2)/①谚/②ˊ颜
帝 dì (7)/①谛缔蒂碲/⑦tí 啼蹄/⑨chì 啻
闾 lǘ (1)/①榈
阁 gé (2)/①搁[2]/②ˉ搁[1]
差 chā (5)/⑨cuō 搓磋蹉/⑨cuó 嵯/⑨jiē 嗟
美 měi (1)/①镁
迷 mí (2)/①谜醚
娄 lóu (18)/①偻喽[1]楼耧蝼髅/②ˉ搂[2]/②ˇ搂[1]篓/②ˋ瘘镂/②˙喽[2]/⑥lǚ 屡缕褛/⑨shǔ 数[2]/⑨shù 数[1]/⑨shuò 数[3]
前 qián (3)/⑦jiān 煎/⑦jiǎn 剪/⑦jiàn 箭
酋 qiú (2)/①遒/④yóu 猷
㒸 *suì (2)/⑩suí 遂[2]/⑩suì 遂[1]
兹 [1]zī (3)/①嗞孳滋
兹 [2]cí (3)/①慈磁糍
总 zǒng (1)/⑦cōng 聪
活 huó (1)/⑦kuò 阔
洛 luò (3)/①落[1]/③là 落[3]/③lào 落[2]
觉 jiào (1)/②ˇ搅
宣 xuān (6)/①喧萱暄煊/②ˋ渲楦
客 kè (3)/⑥kā 喀/⑦é 额/⑨qià 髂
扁 [1]biǎn (6)/①匾褊/②ˉ编煸蝙/②ˋ遍
扁 [2]piān (4)/①偏篇翩/②ˋ骗
冥 ** (1)/⑩mì 幂(冥为冥 míng 变)
既 jì (5)/①暨/③jiù 厩/⑨gài 溉概/⑨kǎi 慨

叚 *jiǎ (6)/⑩jiǎ 假 [1]/⑩jià 假 [2]/⑩xiá 遐暇瑕霞
屏 ** (1)/⑩diàn 殿(屏为屄 tún 变)
屋 wū (5)/③wō 喔/⑥wò 幄握渥龌
屏 píng (1)/⑦bìng 摒
眉 méi (4)/①嵋湄楣/②ˋ媚
胥 xū (1)/②ˋ婿
除 chú (1)/①滁
盈 yíng (1)/①楹
癸 guǐ (4)/⑦kuí 揆葵睽/⑨què 阕
蚤 zǎo (3)/⑦sāo 搔骚/⑦sào 瘙
柔 róu (4)/①揉糅蹂鞣
敄 *wù (3)/⑩ wù 骛婺鹜
彖 *tuàn (6)/⑩chuán 椽/⑩huì 喙/⑩lí 蠡 [1]/⑩lǐ 蠡 [2]/⑩yuán 缘/⑩zhuàn 篆
㐫 ** (1)/⑩nǎo 瑙(㐫为㛴 nǎo 省)
泰 tài (1)/⑦dǎi 傣
秦 qín (3)/①嗪/⑧zhēn 榛臻
辱 rǔ (4)/②ˋ溽缛褥/⑨nòu 耨
敖 áo (11)/①嗷廒遨熬 [1]聱螯鳌/②ˉ熬 [2]/②ˋ傲骜鏊
素 sù (2)/①嗉愫
冓 *gòu (3)/⑩jiǎng 耩/⑩gòu 媾/⑪(下字声旁示音度为媾推:2)gōu 篝
祘 *suàn (1)/⑩suàn 蒜
袁 yuán (2)/①猿辕
都 dū (1)/①嘟
耆 qí (2)/①鳍/⑨shì 嗜
㱿*què (1)/⑩gòu 彀
盍 *hé (5)/⑩hé 阖/⑩kē 瞌磕/⑩kè 嗑溘
聂 niè (6)/①嗫镊颞蹑/⑨shè 慑摄
㒼*mán (4)/⑩pán 蹒/⑩mán 瞒/⑪(下二字声旁示音度为瞒推:2)mǎn 满螨
菁 *bèi (1)/⑩bèi 鞴
莽 mǎng (1)/①蟒
莫 mò (16)/①寞漠蓦/②ˉ摸/②ˊ谟馍摹模 [1]膜/③mù 募墓幕慕暮/⑥má 蟆

/⑥mú 模^{2}

荷 hé (1)/②ˉ 嗬

晋 jìn (1)/①缙

莹 yíng (1)/①滢

真 zhēn (7)/②ˇ 缜/②ˋ 镇/④chēn 嗔/⑦shèn 慎/⑨diān 滇颠/⑨tián 填

𠦝 ** (1)/⑩qián 乾(𠦝为倝 gàn 变)

倝 *gàn (2)/⑩hàn 翰/⑩wò 斡

巸 *yí (1)/⑩xī 熙

雈 ** (1)/⑩jié 截(雈为雀变)

索 suǒ (1)/②ˉ 嗦

尃 fū (7)/⑩bó 博搏膊/⑩pǔ 溥/⑩fū 敷/⑪(下二字声旁示音度为敷推:2) fù 傅缚

哥 gē (1)/①歌

鬲 *gé (4)/⑩gé 隔/⑪(下三字声旁示音度为隔推:5) gé 嗝膈镉

豆寸 ** (1)/⑩chú 厨(豆寸为尌 shù 省)

栗 lì (2)/①傈溧

夏 xià (2)/①厦^{2}/⑤shà 厦^{1}

原 yuán (3)/①塬源/②ˋ 愿

虑 lǜ (1)/①滤

监^{1}jiān (1)/⑤gān 尴

监^{2}jiàn (6)/①槛^{2}/⑤làn 滥/⑧kǎn 槛^{1}/⑧lán 蓝褴篮

丵 *zhuó (1)/⑩záo 凿

𡭴 *xì (1)/⑩xì 隙

党 dǎng (1)/④tǎng 傥

䀠*jù (1)/⑩qú 瞿

晃^{2}huǎng (1)/①幌

𦐇 *tà (4)/⑩tà 榻/⑪(下二字声旁示音度为榻推:4) tā 塌遢/⑪(下字声旁示音度为榻推:5) tà 蹋

𠳋*qiǎn (1)/⑩qiǎn 遣

畟 *cè (2)/⑩jì 稷/⑩sù 谡

恩 ēn (4)/②ˋ 摁/⑨ńg 嗯^{1}/⑨ňg 嗯^{2}/⑨ǹg 嗯^{3}

散 *wéi （1）/⑩wēi 微

罘 *dà （1）/⑩guān 鳏

罢 bà （2）/⑥bǎi 摆 /⑨pí 罴

逢 féng （4）/①缝 2/②ˋ缝 1/④péng 蓬篷

造 zào （1）/⑦cāo 糙

乘 2shèng （2）/①剩嵊

笔 bǐ （1）/②ˋ滗

𦥑 ** （1）/⑩yú 舆（𦥑为舁 yú 变）

倍 bèi （1）/①蓓

隼 sǔn （1）/①榫

隽 juàn （2）/②ˉ镌 /⑨xié 携

射 shè （3）/①麝 /⑨xiè 谢榭

臬 niè （1）/①镍

臭 2xiù （2）/①嗅溴

皋 gāo （2）/⑦áo 翱 /⑦háo 嗥

殳 ** （1）/⑩huǐ 毁（殳为毇 huǐ 省）

息 xī （2）/①熄 /②ˊ媳

敝 ** （2）/⑩biē 瘪 2（敝为潎 biè 省，下字同）/⑩biě 瘪 1

毘 *pí （3）/⑩bì 蓖篦 /⑩pì 媲

虒 *sī （1）/⑩chǐ 褫

般 bān （4）/①搬瘢 /⑦pán 槃磐

釜 fǔ （1）/①滏

爹 diē （1）/⑥diǎ 嗲

䍃 ** （6）/⑩yáo 摇（䍃为䍃 yóu 变，下五字同）/ ⑪（下四字声旁示音度为摇推：5）yáo 谣徭遥瑶 / ⑪（下字声旁示音度为摇推：4）yào 鹞

舀 yǎo （4）/⑤dǎo 蹈 /⑧dào 稻 /⑧tāo 滔韬

爱 ài （4）/①嗳 2 媛暧 /②ˇ嗳 1

奚 xī （3）/①溪蹊 1/④qī 蹊 2

翁 wēng （1）/①嗡

朋 ** （1）/⑩kuǎi 蒯（朋为㕞 kuǎi 变）

胅 ** （3）/⑩chéng 塍（胅为朕 zhèn 变，下二字同）/⑩téng 腾滕

魝*jì (1)/⑩jì 蓟

留 liú (12)/①馏[1]骝榴瘤镏[1]/②ˉ溜[1]熘蹓/②ˋ溜[2]遛馏[2]镏[2]

栾 luán (1)/①滦

衰 shuāi (1)/⑨suō 蓑

高 gāo (9)/①篙/②ˇ搞缟槁稿镐/④hāo 蒿/⑤qiāo 敲/⑦kào 犒

亯** (2)/⑩gāo 膏[1](亯为高变,下字同)/⑩gào 膏[2]

郭 guō (1)/⑦kuò 廓

厘** (1)/⑩chán 缠(厘为廛 chán 简)

疾 jí (2)/①嫉蒺

脊 jǐ (1)/②ˊ瘠

离 lí (4)/①漓璃篱/⑨chī 魑

衮 gǔn (2)/①滚磙

唐 táng (3)/①塘搪糖

旅 lǚ (1)/①膂

恣 zì (1)/⑨yì 懿

旁 páng (12)/①膀[3]磅[2]螃/②ˉ滂膀[2]/②ˇ耪/⑦bǎng 榜膀[1]/⑦bàng 傍谤磅[1]

镑

畜[1]xù (1)/①蓄

畜[2]chù (1)/①搐

羞 xiū (1)/①馐

羔 gāo (1)/①糕

益 yì (5)/①溢缢/⑨ài 隘(益为嗌 ài 省)/⑨juān 蠲/⑨shì 谥

兼 jiān (6)/①搛/④qiān 谦/⑦qiàn 歉/⑦lián 廉/⑦xián 嫌/⑧zhuàn 赚

朔 shuò (3)/④suō 嗍/⑨sù 塑溯

欮*jué (3)/⑩jué 厥/⑩quē 阙[2]/⑩què 阙[1]

浦 pǔ (1)/②ˊ蒲

海 hǎi (1)/②ˉ嗨

流 liú (1)/①鎏

浪 làng (1)/①蒗

寒*sè (7)/⑩jiǎn 蹇(寒为寒省,下字同)/⑩qiān 骞/⑩sāi 塞[1]/⑩sài 塞[2]赛/⑩

sè 塞[3]/⑩zhài 寨

害 hài (5)/③huò 豁 2/⑥huō 豁 1/⑨gē 割 /⑨xiā 瞎 /⑨xiá 辖

寬 kuān (1)/①髋

家 jiā (2)/②`嫁稼

宾 bīn (11)/①傧滨缤槟 1/②`摈殡膑髌鬓 /③bīng 槟 2/⑦pín 嫔

窄 zhǎi (1)/⑥zhà 榨

容 róng (4)/①溶蓉榕熔

宰 zǎi (1)/③zǐ 滓

冡 *méng (3)/⑩mēng 蒙 3/⑩méng 蒙 2/⑩měng 蒙 1

诸 zhū (1)/⑦chǔ 储

肁 *zhào (1)/⑩zhào 肇

扇 1shàn (1)/①骟

扇 2shān (2)/①搧煽

冥 míng (2)/①瞑螟

隺 1*hè (1)/⑩hè 鹤

隺 2*què (1)/⑩què 榷

谧*mì (1)/⑩mì 谧

展 zhǎn (3)/①搌辗 /⑤niǎn 碾

弱 ruò (2)/④nuò 搦 /⑨nì 溺

蚩 chī (2)/①嗤媸

丞 *zhēng (1)/⑩zhēng 蒸

通 tōng (2)/①嗵 /⑤tēng 熥

难 nán (4)/③nuó 傩 /⑦tān 摊滩瘫

桑 sāng (2)/②ˇ嗓搡

戋 ** (1)/⑩jī 畿(戋为幾 jī 省)

彗 huì (1)/①慧

焉 yān (3)/①鄢嫣 /④niān 蔫

赦 shè (1)/③shì 螫

殸 *qìng (3)/⑩qìng 磬罄 /⑩xīn 馨

著 zhù (1)/⑦chú 躇

堇 *jǐn (6)/⑩qín 勤 /⑩yín 鄞 /⑩jǐn 谨 / ⑪(下二字声旁示音度为谨推:3) jǐn 馑

瑾 / ⑪(下字声旁示音度为谨推:2) jìn 觐

勒 lè (1)/⑥lei 嘞
黄 huáng (7)/①潢璜磺簧蟥/③héng 横^{1}/⑥hèng 横^{2}
萧 xiāo (1)/①潇
桼 *qī (2)/⑩qī 漆/⑩xī 膝
啬 sè (3)/①穑/⑨qiáng 蔷(啬为墙省,下字同)樯
敕 chì (1)/⑨nèn 嫩
曹 cáo (5)/①嘈漕槽/⑦zāo 遭糟
欶 *shuò (3)/⑩shù 漱/⑩sòu 嗽/⑩sù 簌
票 piào (15)/①嘌漂^{2}骠/②ˉ剽漂^{1}缥飘/②ˊ嫖瓢/②ˇ漂^{3}瞟/④biào 摽鳔/⑦biāo 膘镖
戚 qī (2)/①嘁/⑨cù 蹙
戛 jiá (1)/⑧gā 嘎
雪 xuě (1)/①鳕
虚 xū (5)/①嘘^{1}墟歔/⑦qù 觑/⑨shī 嘘^{2}
虖 *hū (1)/⑩hū 滹
堂 táng (5)/①膛镗螳/②ˉ嘡/⑨chēng 瞠
常 cháng (1)/①嫦
曼 màn (8)/①谩幔慢漫蔓^{1}/②ˊ馒鳗/⑤wàn 蔓^{2}
啚 *bǐ (1)/⑩bǐ 鄙
異 *yì (2)/⑩jì 冀/⑩yì 翼
畧 *lüè (1)/⑩liào 撂
累 ^{2}lèi (2)/③luò 摞漯
累 ^{3}léi (2)/③luó 骡螺
罡 ** (1)/⑩xiāng 襄(罡为嚴 níng 变)
戝 ** (1)/⑪(下字声旁示音度为蔑推:3)miè 篾(戝为蔑省)
崔 cuī (3)/①催摧/②ˇ璀
崩 bēng (3)/①嘣/②ˋ镚蹦
婴 yīng (4)/①嘤缨樱鹦
㣎 *mù (1)/⑩mù 穆
徙 xǐ (1)/①屣
微 ** (1)/⑩huī 徽(微为徽省)

悉 xī (2)/①窸蟋

象 xiàng (2)/①像橡

猪 zhū (1)/①潴

猗 *yī (1)/⑩yī 漪

祭 jì (2)/⑨cài 蔡/⑨chá 察

孰 shú (3)/①塾熟[1]/③shóu 熟[2]

庶 shù (3)/⑨zhē 遮/⑨zhè 蔗鹧

麻 má (11)/②ˉ 摩[2]/②˙ 嘛/③méi 糜[2]/③mí 糜[1] 靡[1]/③mó 摩[1] 磨[1] 魔/⑥mǐ 靡[2]/⑥mò 磨[2]/⑨huī 麾(麻为靡省)

康 kāng (2)/①慷糠

庸 yōng (2)/①慵鳙

族 zú (3)/①镞/⑦cù 簇/⑨sǒu 嗾

旋 xuán (2)/①漩璇

鹿 lù (5)/①漉辘簏麓/⑨áo 麈(鹿为麀 yōu 省)

章 zhāng (10)/①彰漳獐樟璋蟑/②ˋ 障嶂幛瘴

竟 jìng (2)/①境镜

豙 *yì (1)/⑩yì 毅

啇 *dì (6)/⑩zhāi 摘(啇为啻 chì 变,下五字同)/⑩zhé 谪/⑩dī 滴/⑪(下字声旁示音度为滴推:3) dī 嘀[1]/⑪(下二字声旁示音度为滴推:2) dí 嘀[2] 嫡

商 shāng (2)/①墒熵

率 shuài (2)/①蟀/②ˉ 摔

阑 *lìn (1)/⑩lìn 蔺

羕 *yàng (1)/⑩漾

剪 jiǎn (1)/①谫

敝 bì (8)/①弊蔽/⑥biē 憋鳖/⑥bié 蹩/⑨piē 撇[1] 瞥/⑨piě 撇[2]

寇 kòu (1)/①蔻

寅 yín (2)/①夤/⑥yǎn 演

宿 sù (2)/⑥suō 缩/⑨xu 蓿

密 mì (1)/①嘧

谒 yè (1)/⑨ǎi 霭(谒为蔼 ǎi 省)

敢 gǎn (4)/①橄/⑦hān 憨/⑦kàn 阚瞰

尉 [1]wèi (2)/①蔚[1]慰

尉 [2]yù (3)/①蔚[2]熨[2]/③yùn 熨[1]

屚 *lòu (1)/⑩lòu 漏

隆 lóng (1)/①窿

隐 yǐn (1)/①瘾

叚 *jiā (1)/⑩qué 瘸

習 *xí (2)/⑩yì 熠/⑩zhě 褶

翏 *liù (7)/⑩liáo 寥/⑩liào 廖/⑩lù 戮/⑩miào 缪[1]/⑩miù 谬缪[3]/⑩móu 缪[2]

维 wéi (1)/①潍

巢 cháo (3)/②ˉ 剿[2]/⑦sāo 缫/⑧jiǎo 剿[1]

斑 bān (1)/①瘢

辇 niǎn (1)/①撵

替 tì (1)/⑨qián 潜(替为朁 cǎn 变)

颉 [2]xié (1)/①撷

喜 xǐ (4)/①禧/②ˉ 嘻嬉熹

彭 péng (3)/①澎膨/②ˉ 嘭

壹 yī (1)/③yē 噎

斯 sī (3)/①厮嘶撕

散 sàn (1)/⑤xiàn 霰

葛 gé (2)/③gá 噶/⑨ǎi 蔼

董 dǒng (1)/①懂

敬 jìng (3)/②ˇ 儆警/⑦qíng 擎

朝 cháo (2)/①嘲潮

朁 ** (1)/⑩shān 潸(朁为散 sàn 省)

棥 *fán (1)/⑩fán 樊

惠 huì (2)/①蕙/④suì 穗

蠹 ** (1)/⑩dù 蠹(蠹为橐 tuó 省)

覃 [1]qín (1)/⑧xùn 蕈

覃 [2]tán (2)/①谭潭

粟 sù (1)/①傈

遀 ** (1)/⑩suǐ 髓(遀为随 suí 省)

厨 chú (2)/①橱蹰

悳 ** (1)/⑩dé 德(悳为悳 dé 变)

雁 yàn (1)/①赝

厥 jué (8)/①獗蕨橛镢蹶 1/②ˉ撅/②ˇ蹶 2/⑨guì 鳜

猋*biāo (1)/⑩biāo 飙

尞 *liào (11)/⑩liào 瞭/(下九字声旁示音度为瞭推:4)⑪ liāo 撩 1/⑪ liáo 僚嘹撩 2 潦獠缭燎 1/⑪ liǎo 燎 2/⑪(下字声旁示音度为瞭推:5)liào 镣

甤 *ruí (1)/⑩ruí 蕤

朁 *cǎn (3)/⑩jiàn 僭/⑩zān 簪/⑩zèn 谮

菐 *pú (4)/⑩bú 醭/⑩pú 璞/(下二字声旁示音度为璞推:2)⑪ pū 噗/⑪ pǔ 蹼

敞 chǎng (1)/①氅

最 zuì (3)/⑥zuō 嘬/⑥zuǒ 撮 2/⑨cuō 撮 1

景 jǐng (2)/①憬/④yǐng 影

嵒 *yán (1)/⑩ái 癌

黑 hēi (2)/①嘿/⑨mò 默

毳 cuì (2)/⑨qiāo 橇/⑨qiào 撬

稍 shāo (1)/②ˋ潲

焦 jiāo (6)/①蕉礁/②ˋ醮/⑦qiáo 憔樵瞧

奥 ào (3)/①澳懊/⑨ō 噢

復 *fù (1)/⑩fù 覆

翕 *xī (1)/⑩shè 歙

番 1fān (6)/①幡蕃 2 翻/②ˊ蕃 1/⑨bō 播蕃 3

番 2pān (3)/①潘/②ˊ蟠/⑥pó 鄱

禽 qín (2)/①噙擒

舜 shùn (1)/①瞬

鲁 lǔ (4)/①橹/②ˉ噜撸/②˙氇

然 rán (1)/①燃

就 jiù (3)/①僦鹫/⑨cù 蹴

敦 dūn (3)/①墩礅镦

童 tóng (6)/①潼瞳/⑦chōng 憧/⑨chuáng 幢 2/⑨zhuàng 幢 1 撞

攵 ** (3)/⑩zhé 辙(攵为徹 chè 省,下二字同)/⑩chè 撤/⑪(下字声旁示音度为撤

推:3) chè 澈

阑 lán (3)/①谰澜斓

羲 ** (1)/⑩xī 羲(羲为羲 yì 省)

善 shàn (4)/①鄯缮膳鳝

普 pǔ (2)/①谱氆

粦 *lín (7)/⑩lín 鳞/⑪(下六字声旁示音度为鳞推:5) lín 粼嶙遴辚磷麟

尊 zūn (4)/①遵樽/②ˇ撙/④dūn 蹲

遂 suì (3)/①隧燧邃

曾 ¹céng (2)/②ˉ噌/②ˋ蹭

曾 ²zēng (5)/①增憎/②ˋ甑赠/④sēng 僧

窜 cuàn (3)/②ˉ撺镩蹿

惢 *ruǐ (1)/⑩ruǐ 蕊

犀 xī (1)/⑨chí 墀

属 ²zhǔ (2)/①嘱瞩

孱 chán (1)/①潺

强 ²qiǎng (2)/①襁/②ˉ镪

强 ³jiàng (2)/①犟糨

巽 xùn (2)/⑨zhuàn 撰馔

疏 shū (1)/①蔬

登 dēng (9)/①噔蹬/②ˋ凳澄²瞪磴镫/⑦chéng 澄¹橙

矞 *yù (3)/⑩jú 橘/⑩jué 谲/⑩yù 鹬

缊 *yùn (1)/⑩yùn 蕴

鼓 gǔ (2)/①臌瞽

搊*chōu (1)/⑩zhòu 籀

蒦 *huò (3)/⑩huō 劐嚄¹/⑩ǒ 嚄²

蒙 ¹měng (1)/①蠓

蒙 ²méng (3)/①曚朦檬

榦 *gàn (1)/⑩gǎn 擀

禁 ¹jìn (1)/①噤

禁 ²jīn (1)/①襟

楚 chǔ (1)/②ˋ憷

楙 *mào (1)/⑩mào 懋

毄** (1)/⑩jī 擊(毄为毄 jī 变)

畺 *jiāng (2)/⑪(下二字声旁示音度为疆推:5) jiāng 僵缰

赖 lài (4)/①癞籁/⑥lǎn 懒/⑨tǎ 獭

感 gǎn (2)/⑦hàn 憾撼

雷 léi (4)/①擂[1]镭/②ˇ蕾/②ˋ擂[2]

觜 *zuǐ (1)/⑩zuǐ 嘴

粲 càn (1)/①璨

豦 *jù (2)/⑩jù 遽/⑩xué 噱

睢 suī (1)/①濉

路 lù (5)/①潞璐鹭露[1]/③lòu 露[2]

遣 qiǎn (2)/①谴缱

豊 *lǐ (2)/⑩lǐ 澧醴

喿 *zào (7)/⑩cāo 操/⑩sāo 臊[1]/⑩sào 臊[2]/⑩zào 燥/⑪(下字声旁示音度为燥推:2) zǎo 澡/⑪(下二字声旁示音度为燥推:3) zào 噪躁

署 shǔ (2)/①薯曙

瞏*qióng (4)/⑩huán 寰/⑪(下三字声旁示音度为寰推:5) huán 圜缳鬟

蜀 shǔ (3)/⑦dú 髑/⑦zhú 躅/⑨zhuó 镯

筮 *shì (1)/⑩shì 噬

緐 ** (1)/⑩fán 繁(緐为緐 fán 变)

敫 *jiǎo (4)/⑩jī 激/⑩jiǎo 缴/⑩xí 檄/⑩yāo 邀

辥 ** (1)/⑩xuē 薛(辥为辥 xuē 省)

微 wēi (1)/①薇

詹 zhān (6)/①谵瞻/④dān 儋/⑦chán 蟾/⑦shàn 赡/⑧yán 檐

解 [3]xiè (3)/①懈邂蟹

禀 bǐng (3)/⑨lǐn 凛廪檩

亶 *dǎn (6)/⑩chàn 颤[1]/⑩shān 膻/⑩shàn 嬗擅/⑩tán 檀/⑩zhàn 颤[2]

雁 ** (2)/⑩yīng 鹰(雁为雁 yīng 变,下字同)/⑪(下字声旁示音度为鹰推:3) yīng 膺

廉 lián (2)/①濂镰

新 xīn (1)/①薪

意 yì (3)/①臆癔/②ˉ噫

𣎆 ** (2)/⑩léi 羸(𣎆为 蠃 luó 变)/⑩yíng 嬴(𣎆为嬴省)

雍 yōng (2)/①壅臃

数 shù (2)/⑨sǒu 擞薮

满 mǎn (1)/⑥mèn 懑

溥 pǔ (4)/⑦bù 簿 /⑨báo 薄 1/⑨bó 薄 2/⑨bò 薄 3

塞 sāi (1)/①噻

殿 diàn (2)/①癜 /⑨tún 臀

辟 1pì (7)/①僻譬 /②ˉ 劈 1 噼霹 /②ˇ 劈 2 癖

辟 2bì (7)/①壁避臂 1 璧 /③bèi 鐾 /③bò 擘 /⑥bei 臂 2

耤 *jí (3)/⑩jí 藉 1 籍 /⑩jiè 藉 2

臺 *tái (1)/⑩tái 薹

聚 jù (1)/⑨zhòu 骤

蔺 lìn (1)/①躏

疐 *zhì (1)/⑩tì 嚏

臧 zāng (2)/②ˋ 藏 2/⑦cáng 藏 1

需 xū (7)/⑨nuò 懦糯 /⑨rú 儒嚅孺濡蠕

叡 *hè (1)/⑩hè 壑

㬎 *xiǎn (1)/⑩xí 隰

熏 xūn (1)/①醺

筫 ** (2)/⑩cuàn 篡(筫为算变,下字同)/⑩zuǎn 纂

僕 *pú (1)/⑩pú 濮

鼻 bí (1)/②ˋ 濞

貍 *lí (1)/⑩mái 霾

貌 mào (1)/⑧miǎo 藐

鲜 2xiǎn (2)/①藓 /⑤xuǎn 癣

疑 yí (1)/⑨níng 凝

槀 *gǎo (1)/⑩gǎo 藳

豪 háo (3)/①嚎壕濠

辡 *biǎn (4)/⑩bàn 瓣 /⑩biàn 辨 / ⑪(下二字声旁示音度为辨推:3)biàn 辩辫

察 chá (4)/②ˉ 嚓 2/②ˇ 镲 /⑦cā 嚓 1 擦

翟 zhái (4)/③zhuó 擢濯 /⑨chuō 戳 /⑨yào 耀

耦 *ǒu (1)/⑩ǒu 藕

蕉 jiāo (1)/⑨zhàn 蘸

滕 téng (1)/①藤

樊 fán (1)/⑦pān 攀

瞢 *méng (1)/⑩měng 懵

暴 bào (4)/①曝[1]爆/⑨pù 瀑曝[2]

畾 *léi (1)/⑩lěi 儡

襄 ** (2)/⑩nāng 囊[2](襄为囊省,下字同)/⑩náng 囊[1]

黎 lí (1)/①藜

麃 *biāo (1)/⑩biāo 镳

潘 pān (1)/④fān 藩

巤 *liè (3)/⑩lā 邋/⑩là 镴/⑩liè 鬣

薛 xuē (2)/⑧niè 孽蘖

薄 bó (1)/①礴

翰 hàn (1)/①瀚

颠 diān (2)/①巅癫

霍 huò (2)/①嚯藿

冀 jì (1)/①骥

韰 *xiè (1)/⑩xiè 瀣(韰为䪥 xiè 省)

赞 zàn (3)/②ˇ攒[1]/⑥zā 臜/⑧cuán 攒[2]

雠 *chóu (1)/⑩chóu 雠

磨 mó (1)/①蘑

嬴 yíng (1)/①瀛

羲 xī (1)/①曦

澡 zǎo (1)/①藻

彊 *jiāng (1)/⑩jiāng 疆

雚 *guàn (5)/⑩huān 獾/⑩quán 颧/⑩guàn 灌/⑪(下二字声旁示音度为灌推:3) guàn 鹳罐

䨣*gé (1)/⑩bà 霸

霜 shuāng (1)/①孀

霝 *líng (1)/⑩líng 酃

爵 jué (3)/①嚼[2]/③jiáo 嚼[1]/⑥jiào 嚼[3]

毚 *chán (1)/⑩chán 巉

鐵 *xiān (1)/⑩chèn 谶

襄 xiāng (6)/①镶/⑤rāng 嚷[2]/⑧ráng 瓤/⑧rǎng 嚷[1] 壤攘

贛 ** (1)/⑩gàn 赣(贛为竷 kǎn 省)

瞿 qú (2)/①癯衢

攀 pān (1)/②ˋ襻

矍 jué (1)/①攫

纂 zuǎn (1)/②ˋ攥

赣 gàn (1)/⑨zhuàng 戆

囊[2] nāng (3)/①囔/②ˇ攮/②ˋ齉

附:声旁按所辖字数排列

说　明

1. 本资料按声旁在形声字中使用的次数,由多到少排列。使用次数相同者,按笔画数、笔形、笔顺排列。

2. 方框内的数字是使用次数。

25 各 **23** 包 **22** 丁非 **21** 工 **20** 古 **19** 由乍白者 **18** 合隹娄 **17** 仓主交 **16** 龙且圣肖[2]莫 **15** 干[1]方巴令[3]尧亥艮青曷票 **14** 比可加皮其 **13** 又勺支立台[1]甫癸俞 **12** 斤分[1]𫇦它召吉军里佥甬卑留旁 **11** 不区[2]屯今亢占[1]旦共兆齐吾告林果卒音敖宾麻尞 **10** 于千乞亡𠃓韦牙反文户戋甘氏句寺争亦每矣昔卖胡章 **9** 乚及马云中[1]占[2]甲央生参同因舌羊并我余良奄京宛录贵高登 **8** 卜寸山门己也元少[1]介仑公平申只[1]主尼弗圣亚西列至此朱关安辰兑弟尚尝昆委周炎宗耑秋皇曼敝厥 **7** 几[2]九土专止内予末田失禾必出幼夹[2]光廷乔旬寿员利沙完奇[1]斩卓罗朋享卷单[1]定甚畐[1]是粤保叟帝真専寒黄翏粦枭辟[1]辟[2]需 **6** 厂力弋子王开尤从冘夬[2]丑巨付尔刍玄半司制戋夸耳岂全朵旨多㕯次米那[1]劳更[1]来肖[1]肙希坐孚夌苗豕易垂臽官建居咸鬼音宣扁[1]叚象聂监[2]䍃兼董商焦番[1]童詹亶襄 **5** 八乃厶[2]广刃夫冈毛壬天化[1]勿欠殳未正[1]去丕石代瓜册冬

宁[1]奴匡达虫先会[1]则丽连呙[1]呙[2]秀谷奂夆阿[1]若直叔匋屈枼荅相皆咠禺星畏爰差既屋盍益害曹虚堂鹿曾[2]路雚 ④ 十乂丩卩刀才大口川 彡久凡井区[1]厄収日贝见午长[2]乏心以示艾术用乐台卯夗民矛式亘而成有夷贞当[1]回延华[1]向吕危庄农寻折[1]孝孛[1]束两呈吴君奉责析或欧昌畀固知采夜单[3]郎孟参[2]叕甾查[1]匽昷胃思禹退扁[2]眉癸柔辱芮鬲昜恩逢般舀爱离容难婴敢喜業鲁善尊赖雷睘敫溥辡察翟暴 ③ 乙丂七几[1]干[2]亏下万义饣丬 巳卂叉[1]叉[3]主丰天无太历厷切[2]中[2]乌[1]艮氏风匀火亡月办本丙厉友东东卢冉矢乍斥令[2]兰疋发邦考朿厌百灰虍师从伏伐任后行[3]杀名亦衣宅良聿弔孙如约[2]赤求豆贞旱粤足间[2]妥亨辛㐬取厓奇[2]疌顷到导[2]具国臾念匊店府肃隶隋契责某南查[2]亜面览奂复段侯前兹[1]兹[2]洛客蚤敄秦菁原射毘奚朕唐朔欶冢展焉殸啬欶崔崩孰庶族尉[2]巢彭斯敬晳最奥番[2]就敦敝阑遂窜矞蒦蒙[2]蜀解[3]禀意耤豪巤赞爵囊[2] ② 丿刂勹冫了三士亻丈与乇⺍毛[1]毛[2]夕 及弓女五市戈少[2]长[1]父凶分[2]月朱鸟卬[1]勾[1]勾[2]斗礻夬[1]引允夫击正[2]世匝戊卡[2]北收目同四丹钅 刍丘乎令[1]叨半兴永圣台[2]母丝轫刑老夹[1]毕赤岁攸 辰 会[2]夆囟充羊关屰州兴屌降劦羽牟幺戒折[2]均却严臣克孛[2]叔坚串兵何攸佘哥狂角[2]条亭庐闲受即张阿[2]武表忝医拉敉松奈妻虎明典黾[1]困罔沓则兒舍欣受鱼咎於妾郑波空[1]宓戾罙参[1]贯奏春毒荒剌柬威眇冒骨舌重便盾忽急将亭度[1]斿彦阁迷酋豕素袁耆轨栗夏叟罢乘[2]隽臭[2]皋息邑亭疾衮家扇[2]冥弱蚩通桑泰戚異累[2]累[3]悉象祭康庸旋竟商率寅宿尉[1]習葛朝惠覃[2]厨景黑毳禽普曾[1]属[2]强[2]强[3]巽鼓畺感豦遣豊署廉雁羸雍数殿臧箕鲜[2]襄薛颠霍瞿 ① 二ナ刂丿人力 乜刁气厶[1]卫廾戈上分丸么氵 之彐尸叉[2]乡幺巛丰孝艺木丐丏犬歹厄切[1]瓦曰冃 月乌[2]气文夯仁化[2]斤爪[1]爪[2]户夯爻仝毕广丹卬[2]卞云为灬冗尹丬尺孔出队办毌式玉巧卉疋节亘左右布夲戊卡[1]归⺌用虫只[2]史兄另产皿囚仕卮匃处务市亥台氾宁[2]写弔弘正对关戎动巩卉芒劳过吏 西在存而占向当[2]早曲财迁休华[2]臼伊 自血行[2]舟匈色壮刘产㐬羊江汤守乞许尽邑阴丞那[2]厷走折[3]志把耴长苋巫更[2]酉否[2]坒盅呈助县旱旻困邑别岑冏岛秃你位兑囱闵闷含龟[3]矣狄系言库声闰迷肯尚沛𠦝快灵壮尾产丞纯珏轨卦拍垄幸耶[1]耶[2]苹英草奔戒枭转[2]肯房导[1]黾[2]矣制無朸季帛阜征金肴垩肥昏忽备然庚育並闲单[2]河泊宜审空[2]肩攸尿 刷弥孤函陉姑贰欧巷带荃茶荣勃旷鬲[2]要[2]宥歪厘奎背虐尝昱显品晌昭炭罗贱钦拜秋科泉吧追叙匐眢弯度[2]闾美总活觉冥展屏胥除盈甾泰祢都段菁莽荷晋莹乾熙雈索哥对虑监[1]半泉党 明晃[2]訾散罘造笔具倍隼臬毁虒釜爹翁删剑栾衰郭座脊旅恣畜[1]畜[2]差羔浦

海流浪宽窄宰诸庳扇[1]雀[1]雀[2]盗烝戋彗赦著勒萧敕戛雪虏常畐署罡戕参徙微猗猪豕阍羡剪寇密谒扇隆隐阚维斑辇替颉[2]壹散董替楙砉覃[1]粟遒悳雁猋毸敞啚稍復翕舜然羲悠犀孱疏缊摺蒙[1]斡禁[1]禁[2]楚楙毂棐粲睢箆鼄辟微新满塞臺聚蔺虔叙鬆熏僕鼻貍貌疑稟耦蕉樊滕曹晶黎麃潘薄翰冀盩雠磨羸羲澡彊覃霜霝麂戳辭攀矍纂赣

（三）形旁声旁现在无法划分的形声字的造字理据

（现代汉字提示度均为0）

千 qiān 从一，人声。

卫 wèi 繁体衛，从韋、行，韋亦声。

风 fēng 繁体風，从虫，凡声。

凤 fèng 繁体鳳，从鳥，凡声。

冈 gāng 繁体岡，从山，网声。

斥 chì 小篆字形是从广（yǎn），屰（nì）声。

必 bì 从八、弋，弋亦声。

书 shū 繁体書，从聿，者省声。

击 jī 繁体擊，从手，毄（jī）声。軎（wèi），从车，下面的口是车轴末端的象形符号。

卢 lú 繁体盧，从皿，虍（lú）声。

旧 jiù 繁体舊，从萑（huàn），臼声。

失 shī 小篆字形是从手，乙声。

市 shì 小篆字形是从冂、乛（及的古文），之省声。

兰 lán 繁体蘭，从艸，闌声。

头[1] tóu 繁体頭，从頁，豆声。

头[2] tou 同头[1]。

发[1] fā 繁体發，从弓，癹（bó）声。

发[2] fà 繁体髮，从髟（biāo），犮（bá）声。

当[1] dāng 繁体當，从田，尚声。

当[2] dàng 同当[1]。

岁 suì 繁体歲，从步，戌声。
产 chǎn 繁体産，从生，彦省声。
关 guān 繁体關，从門，𢆶(guān)声。
寿 shòu 繁体壽。小篆字形是从老，𠷎(chóu)声。
甫 fǔ 小篆字形是从用、父，父亦声。
更[1] gēng 小篆字形是从攴(pū)，丙声。
更[2] gèng 同更[1]。
奁 lián 小篆字形是从竹，斂声。另作匳，从匚，僉声。讹作奩，简化作奁。
应[1] yīng 繁体應，从心，雁(yīng)声。
应[2] yìng 同应[1]。
奉 fèng 小篆字形是从手、廾，丰声。
丧[1] sāng 小篆字形是从哭、亡，亡亦声。
丧[2] sàng 同丧[1]。
垂 chuí 小篆字形是从土，𠂹(chuí)声。
金 jīn 小篆字形是从土，今声；另加两点，是金属块的象形符号。
夜 yè 小篆字形是从夕，亦省声。
毒 dú 小篆字形是从屮(chè)，毐(ǎi)声。
养 yǎng 繁体養，从食，羊声。
袁 yuán 小篆字形是从衣，叀(zhuān)省声。
斋 zhāi 繁体齋，从示，齊省声。
盖[1] gài 繁体蓋，从艸，盍声。
盖[2] gě 同盖[1]。
着[1] zhuó 本作著，从艸，者声。
着[2] zháo 同着[1]。
着[3] zhāo 同着[1]。
着[4] zhe 同着[1]。
壹 yī 小篆字形是从壶，吉声。

四、现代汉字的字符

说　明

1.本资料包括从本书“下编”“现代汉字分级字表”中“通常用字”（5548个形字）中分析出来的1623种字符。字符按笔画多少和笔形（横竖撇点折）、笔顺排列。

2.字符置于方框内，后面的数字表示该字符在5548个“通常用字”中出现的次数。后面是包含该字符的例字。

3.字符后没有符号者，可以单独成为本书字表中的“通常用字”。有一个＊号的字符可以单独成为本书字表“通常用字”以外的字。有两个＊号的字符，是非字字符。

4.后面有一个附表，将字符按使用次数排列。

1画

一 20 旦从
亅** 1 争
丨* 2 引攸
丿* 8 少气
㇏* 1 尺
丶* 6 刃太
乁** 1 丟
㇗* 1 亡
乚** 9 孔乱
乙 5 亿艺

2画

二 7 式亘
丁 18 厅订
十 24 什朝
丆** 1 石
厂 23 厌厄
𠂇** 7 有戎
匚* 13 匡区
丂* 6 兮考
七 3 柒切
⺊** 3 占贞
〢** 2 临监
刂** 48 到利
丿丨** 3 师归
卜 12 补赴
冂** 1 见
冂* 2 内央
𠂉** 7 每朱
亻** 188 你们
丿丨** 3 介氘
𠂆** 1 反
𠂉** 1 成
入 3 汆籴
人 24 认从
八 10 趴只
乂* 6 凶义
儿 16 允党
儿** 1 四
几 18 肌机
𠘧* 1 朵
八** 1 凰
匕 13 匙疑
匕* 2 化叱
九 13 仇轨
乃 9 奶仍
勹* 10 匈包
𠂊** 2 欠尔
⺈** 6 争负
𠃌** 1 成
亠** 2 亩亡
冫* 25 冰弱
丿丨** 2 班辨
丷** 5 半尚
⺀** 3 枣冬

讠** 129 说话
冖* 14 写家
𠃌** 1 司
ユ** 1 侯
刁 2 刁叼
凵* 4 出凶
阝左** 46 队防
阝右** 51 郭郊
丩* 4 叫纠
了 3 疗辽
卩* 9 节却
刀 11 切叨
力 39 助动
⺄** 1 虱
𠂊** 1 祭
𠄌** 1 以
廴* 2 建延
マ** 1 疑
又 41 权鸡
厶* 11 私弁
乜 1 乜
㔾* 4 卷犯
巛* 1 粼

3 画

三 4 仨叁
亍 1 亍
丰** 2 奉半
干 17 汗赶
于 9 吁宇
于** 1 爰

亏 3 夸污
扌** 250 打把
工 24 红贡
土 122 地坠
士 7 仕吉
艹** 203 花草
才 6 材闭
下 4 吓虾
寸 25 村寺
亓* 1 亓
廾* 11 弄羿
𠂇** 2 在存
六** 5 兵具
大 37 达奖
丈 3 杖仗
尢* 4 尤尴
万 5 趸迈
兀 1 兀
与 3 屿写
⺕** 2 虐疟
凵** 1 画
㐄* 2 舛降
戈** 1 尧
弋 7 代式
丬** 1 北
上 3 让忐
少** 1 步
小 8 尘少
⺌** 1 肖
冂* 1 同
口 307 召和

囗* 20 国围
巾 34 布帛
山 68 岗汕
千 12 迁舌
𠂉** 1 监
乞 10 迄吃
乇* 4 托宅
川 8 钏训
⺆** 1 奥
儿** 2 侃毓
彳 26 往彷
彡* 14 衫形
亼* 1 俞
个 1 个
义* 3 仪议
E** 1 印
𠘨** 2 佩夙
𠂎** 1 卿
犭** 49 狗狼
勿** 1 黎
丸 4 执纨
久 5 玖疚
么 2 么仫
凡 6 帆矾
勺 11 的妁
夕 12 梦汐
及 10 级吸
夂* 10 各麦
饣** 37 饭饰
丬** 4 壮状
广 32 庆旷

亡 10 忘盲
门 37 间闷
䒑** 1 兹
丫 1 丫
氵** 304 河汇
忄** 111 怀怪
⺍** 2 学兴
⺍** 1 州
宀* 50 家客
辶** 90 进远
之 2 之芝
彐* 1 录
⺕** 3 争秉
彐** 8 彗扫
尸 26 尾居
已 1 已
己 10 记配
巳 6 祀异
弓 18 张穹
了** 1 亟
子 25 学孙
卫 1 卫
孑 1 孑
卂* 4 讯迅
屮* 1 出
孓 1 孓
也 8 他池
女 117 妇妹
⺁** 1 皮
𠃓** 9 杨场
飞 1 飞

刅 5 忍纫

习 1 习

厶** 1 参

叉 5 衩汉

彑* 1 彝

纟** 118 约给

马 53 驴骂

乡 2 乡飨

幺 5 吆幼

巛* 3 巢邕

4 画

丰 4 艳蚌

丰** 1 邦

王 76 理汪

龶** 4 青麦

开 6 形研

井 5 讲进

天 6 蚕昊

夫 8 规肤

元 10 完冠

无 4 芜抚

韦 15 韧伟

弋** 1 武

云 12 运昙

专 5 转传

耂** 3 者考

圡** 1 压

丐 2 丐钙

廿** 1 昔

卄 1 廿

艺 1 呓

木 236 林材

五 3 伍吾

帀* 1 师

巿* 2 沛肺

支 13 技枝

丏* 1 沔

不 13 否杯

丙** 1 页

太 3 汰态

犬 17 吠状

区 15 欧抠

历 3 雳沥

友 1 爱

尤 10 就优

歹 18 死歼

厷* 3 宏雄

匹 1 匹

厄 2 呃扼

厄** 1 顾

车 43 轮轰

巨 7 拒柜

牙 12 穿呀

屯 11 囤顿

匹** 1 甚

戈 21 划战

旡* 1 既

比 17 皆批

互 1 互

切 4 窃沏

瓦 9 瓷瓶

止 18 武址

龰** 2 足走

攴* 2 敲寇

収** 5 坚竖

少 12 劣沙

业** 1 光

小** 3 恭慕

日** 1 衰

日 89 阳星

曰 3 昌汨

冃* 2 冒冕

月** 25 眉胃

中 6 种冲

水 16 汞冰

冈 5 钢岗

内 7 纳呐

贝 61 财钡

见 15 视现

𠬝* 3 报赧

内* 1 禽

手 16 拿掰

牛 24 犁牲

午 5 许杵

手** 3 看拜

毛 16 笔毫

气 20 氛忾

生** 2 告先

壬 4 任妊

升 1 升

夭 7 乔沃

攵* 33 致败

方** 1 伤

长 7 怅账

仁 1 佞

片 5 版牌

亦** 1 赤

仉 1 仉

化 5 华讹

斤 24 析芹

斤** 2 盾质

爪 4 爬抓

戶** 1 所

反 12 皈板

乂** 2 希肴

兮 1 羲

介 6 阶芥

仌** 1 俎

㕣** 2 谷睿

从 5 从纵

父 6 爹斧

爻 2 爻驳

仑 7 论沦

今** 1 禽

爫** 11 采妥

今 12 琴含

凶 4 匈汹

凵** 1 齿

分 17 岔芬

公 9 松翁

乏 5 泛贬

仓 14 苍枪

月 109 明钥

𠂉十* 1 鸨
𠂊厂* 1 詹
氏 6 纸氏
𠂔* 2 姊秭
⺈冂** 1 奂
勿 6 忽吻
𠂤** 1 旅
欠 23 次坎
风 10 飘枫
丹 3 彤坍
匀 3 均韵
夕** 2 炙祭
鸟** 4 岛枭
𠂆** 1 兜
鸟 5 鸣钨
卬* 4 迎仰
殳* 15 设般
凤 1 凤
勾 4 沟构
卞 2 卞汴
六 3 冥兖
文 16 斑蚊
方 16 放楞
亢 11 杭抗
亠丷** 1 彦
𠫓* 3 育充
火 91 炎烧
为 2 为伪
斗 11 料抖
灬* 20 热熊
宀一* 3 贮伫
户 18 启护
礻** 23 祝视
罓** 1 罕
冘* 6 沈枕
冗 2 沉壳
心 64 意芯
尹 4 君伊
爿 3 爿戕
尺 4 咫迟
夬* 8 决袂
月** 1 局
引 2 吲蚓
丑 7 纽羞
尸** 1 眉
孔 1 吼
巴 17 色吧
屮* 1 蚩
队 1 坠
月** 1 那
办 3 苏协
刅* 1 梁
夃* 1 盈
以 3 似拟
充 2 吮究
予 8 预野
毌* 1 贯
毋 1 毋
书 1 书
幻 1 幻

5 画

手** 1 拜
𡗗** 4 春秦
弍 1 贰
玉 8 璧钰
𡗗** 1 寒
末 5 抹沫
未 5 妹味
示 12 票奈
击 2 击陆
戋* 10 浅贱
巧 1 窍
正 8 征政
卉** 1 贲
卉 1 奔
𤴓** 2 是定
去 10 法却
甘** 2 其甚
甘 14 甜酣
世 3 屉泄
艾 1 哎
亚** 1 严
𫇧** 11 营荣
古 20 胡故
节 1 栉
本 4 体笨
术 5 述怵
㐀** 1 啬
可 15 哥苛
叵 1 笸
匝 4 砸咂
丙 4 病柄
左 1 佐
厉 3 励砺
丕 5 胚坯
石 82 矿拓
右 1 佑
布 1 怖
夲* 1 皋
戊 3 戚茂
龙 18 龚笼
犮* 3 拔跋
平 9 评秤
𰀁** 1 妻
东 4 冻栋
戉* 2 越钺
东** 3 练拣
卡 3 咔拤
北 3 冀背
凸 1 凸
占 17 站店
𥃭** 1 睿
卢 4 泸轳
延* 1 延
𠁁** 2 鉴览
业 3 显虚
旧 1 旧
归 1 岿
氺** 6 黍录
⺌冖** 1 尝
目** 1 具
电 2 电奄
目 63 眠苜

且 19 租助
旦 11 暨但
甲 10 钾押
申 10 畅伸
[illegible]** 1 庸
曲** 1 典
田 32 界佃
由 18 油袖
冉 5 再苒
[illegible]** 1 贵
只 8 织积
史 2 史驶
央 9 秧映
兄 5 兢况
𠂤* 1 官
另 2 别拐
屵* 1 岸
屵** 1 炭
冊** 3 扁嗣
罒 12 罗罢
皿 19 蛊孟
凹 1 凹
冋* 2 炯迥
囚 1 泅
四 2 驷泗
[illegible]** 1 罔
冎** 1 骨
钅** 141 铁锦
生 11 隆胜
矢 14 短知
失 8 秩跌
乍 15 作炸
禾 53 秋程
㐌* 2 拖迤
[illegible]** 2 殇觞
[illegible]** 1 段
丘 4 岳邱
任 1 茌
付 6 附府
代 5 贷岱
[illegible]* 1 侃
白 26 皓伯
斥 4 拆诉
卮* 1 栀
瓜 9 瓢孤
[illegible]** 1 命
乎 3 呼烀
㐱* 7 珍殄
令 21 领零
甩 1 甩
用 5 拥佣
[illegible]** 1 周
氐 10 底低
乐 5 砾铄
尔 5 你迩
句 10 拘狗
㕣** 3 沿铅
匆 1 匆
匃* 1 曷
册 6 删栅
卯 5 铆柳
处 1 昝
冬 6 终疼
鸟 40 鸽鸡
务 1 雾
[illegible]** 2 贸留
夗* 4 怨宛
刍 7 急皱
包 18 抱炮
主 9 住往
市 3 柿闹
疒* 79 病疹
立 20 位站
[illegible]** 1 雍
玄 8 畜弦
[illegible]** 1 临
[illegible]** 1 幸
兰 4 拦烂
半 6 伴胖
[illegible]** 2 判叛
[illegible]** 1 益
[illegible]** 1 总
头 2 头实
氾* 1 范
[illegible]** 1 觉
宁 5 拧狞
穴 29 空突
它 12 鸵蛇
写 1 泻
衤** 39 初袖
必 6 秘泌
永 4 咏泳
[illegible]** 1 侵
[illegible]** 4 即卿
民 6 氓抿
司 5 词伺
[illegible]** 1 尉
尼 6 泥呢
[illegible]** 1 第
弗 8 佛费
弘 1 泓
[illegible]** 1 疏
[illegible]* 6 旋疑
出 9 础咄
奴 5 怒努
加 12 茄贺
召 12 招绍
皮 16 皱破
发 4 废泼
[illegible]** 7 泽译
圣 2 蛏怪
[illegible]** 15 经径
对 1 树
[illegible]** 2 叁舂
台 14 抬怡
癶* 1 登
矛 6 矜茅
母 4 每姆
幼 6 蚴拗
丝 3 咝鸶

6 画

耒 12 耕耗
匡 5 筐框

㓞* 2 契挈	厌 4 魇餍	吊 1 吊	攸** 2 修倏
邦 3 帮绑	戌 3 威咸	吅* 3 哭骂	任 4 赁荏
寿** 1 敖	在 1 茬	曲 2 曲蛐	乑* 1 聚
式 4 试拭	页 37 顶颇	虫 112 蚁独	华 6 哗桦
玉** 1 釜	有 4 郁贿	同 9 洞筒	甶* 1 鬼
刑 2 型荆	百 4 弼佰	因 8 姻烟	自 7 息鼻
戎 1 绒	存 1 荐	岁 3 秽哕	臼 6 舂舅
动 1 恸	而 4 耍耐	𡆧* 1 黑	伊 1 咿
圭 17 封桂	夸 7 瓠跨	回 6 徊蛔	𠂤* 1 追
寺 9 等峙	灰 3 恢诙	岂 6 皑凯	血 2 衅恤
吉 10 结洁	达 5 鞑挞	网 1 网	向 5 响晌
考 3 烤拷	戍 1 蔑	肉 2 肉腐	囟 1 囟
老 6 耄姥	死 2 葬毙	𧴪** 1 贼	后 3 逅垢
执 6 挚蛰	列 6 裂例	𢁉** 1 制	行 10 桁衡
巩 2 筑恐	夹 10 峡陕	年 1 年	𠂢* 2 派哌
𢦏** 5 载戴	夷 4 姨胰	缶 7 缺缸	𠂣* 1 般
卉** 2 莽葬	尧 14 绕挠	朱 8 珠蛛	舟 16 船般
共 13 供粪	毕 2 筚哔	先 5 洗宪	全 6 痊栓
卌** 1 带	至 13 到致	廷 7 庭艇	会 6 绘侩
芒 1 茫	尗* 2 叔戚	舌 15 甜适	余** 1 茶
亚 7 晋哑	此 9 些雌	竹 1 竹	杀 4 弑刹
芴* 1 荡	占** 1 桌	迁 1 跹	合 15 盒哈
过 1 挝	贞 4 侦帧	旨** 2 复履	兆 11 跳姚
臣 4 卧宦	虍* 6 虑虐	乔 7 桥娇	爫冖** 1 舜
亘 5 宣桓	耳 25 闻饵	⺮** 78 笋筑	伞 1 伞
吏 2 吏使	向** 1 尚	乒 1 乒	朵 5 跺躲
覀** 6 贾栗	师 3 蛳筛	乓 1 乓	吕 7 营侣
朿* 5 刺枣	光 8 辉胱	休 1 咻	危 4 桅跪
西 8 牺洒	当 5 挡铛	伏 3 袱茯	旬 7 询绚
丙** 1 陋	曳 2 曳拽	伐 3 筏阀	旨 5 指稽
成 3 城盛	早 3 覃草	延 4 诞蜒	则 5 侧测

夅* 2 绛逢
各 21 格洛
名 3 铭茗
多 8 侈哆
争 9 睁净
色 2 艳铯
壮 1 装
亦** 10 变恋
丬夕** 5 将奖
庄 3 桩赃
亦 4 迹弈
关** 1 脊
刘 1 浏
齐 10 脐挤
交 17 较胶
囟** 2 脑恼
㫃** 8 族旅
次 8 盗恣
衣 25 依衷
𠫓** 1 旁
产 2 产铲
巟* 1 荒
亥 14 核该
充 2 统铳
羊 15 群洋
𦍌** 7 差翔
⺷** 6 美羔
并 9 饼拼
关 5 送郑
龹** 6 卷眷
䒑** 1 善
米 45 糕迷
屰* 2 朔逆
州 2 洲酬
江 1 鸿
汤 1 烫
兴** 2 举誉
守 1 狩
宅 3 咤诧
穵* 1 挖
宀丬** 1 寝
安 8 按鞍
良** 2 郎朗
军 11 浑晕
许 1 浒
农 5 浓哝
聿 6 律津
寻 3 浔鲟
艮 17 退银
㕞** 1 刷
尸彳** 1 履
尽 2 尽烬
弓口** 1 强
弜* 2 粥弼
巳巳** 1 巽
孙 3 逊荪
阴 1 荫
降** 1 隆
丞 2 丞拯
那 3 哪挪
如 3 恕絮
好 1 孬
劦* 2 荔勰
羽 19 翠栩
牟 2 眸哞
买 2 买卖
叒* 2 桑叠
厽* 1 垒
约 2 药哟
糸* 13 紧素
𢆶* 2 幽兹

7 画

寿 8 筹涛
辰 10 晨蜃
麦 1 麸
戒 2 诫械
镸** 2 套肆
走 14 起陡
赤 7 赫赦
折 6 浙逝
孝 3 教哮
均 1 筠
土灬** 1 黑
志 1 痣
声 1 声
把 1 筢
却 1 脚
耴* 1 辄
𧘇** 1 展
苋 1 宽
严 2 俨酽
劳 6 涝捞
𦣞* 2 颐姬
克 3 氪剋
巫 2 巫诬
求 4 球救
孛* 6 勃脖
曲** 1 曹
𠀎** 1 囊
甫 11 捕辅
更 9 便梗
束 8 速整
吾 11 捂语
豆 8 短豌
两 4 辆俩
酉 37 酒酱
丽 6 俪鹂
否 1 痞
直** 1 寡
百* 2 戛夏
奁 1 奁
豕 6 家豪
来 7 赉徕
连 5 莲链
舌* 1 缮
坒* 1 陛
步 2 涉陟
卤 1 卤
𣦼* 2 餐粲
每 11 梅海
坚 2 悭铿

卢** 1 盐
肖 19 销捎
贞* 3 锁琐
呆 2 呆保
旱 3 焊捍
呈 4 程逞
𠱓** 1 捏
吴 4 误娱
助 1 锄
县 2 县悬
里 12 野理
甹* 3 骋聘
𡈼* 1 厚
妟* 1 宴
男 2 舅甥
𠯁** 72 跑跳
足 8 蹙捉
困 1 捆
肙* 6 捐娟
串 3 窜患
员 7 圆陨
呙* 9 锅涡
邑 3 悒邕
别 1 捌
罗* 1 蜀
岑 1 涔
冏* 1 裔
岛 1 捣
告 10 造浩
我 8 饿娥
利 7 梨莉
秃 1 颓
秀 5 诱绣
臼* 2 盥囊
兵 2 浜宾
何 1 荷
申** 1 叟
攸 2 悠筱
你 1 您
位 1 莅
皂 1 皂
身 6 射躯
皃* 2 貌兜
间 3 涧简
囱 2 囱窗
闵 1 悯
闷 1 焖
从** 2 徙徒
佘 2 赊畲
余 10 徐除
希 6 稀烯
佥* 12 检验
釆* 4 番释
坐 6 座挫
谷 7 欲豁
豸 6 豹貌
寽* 1 捋
孚 6 浮孵
妥 3 绥馁
含 1 颔
鱼** 1 衡
龟 2 龟阄
奂 5 换唤
免 6 娩挽
狂 2 逛诳
矣** 1 肄
卵 2 卵孵
狄 1 荻
角 7 触确
夆* 5 逢蜂
条 2 涤绦
系 1 鲧
言 11 誓唁
亭** 5 毫亭
亨 3 哼烹
庐** 3 席度
库 1 裤
应 1 应
庚** 2 唐庸
辛 9 宰梓
㐬* 6 流梳
闰 1 润
闲 2 痫娴
迷** 2 继断
前** 1 前
兑 7 说阅
㡀* 1 敝
弟 9 递剃
沛 1 霈
沙 6 莎娑
沕** 1 粱
快 1 筷
完 6 院皖
疒** 1 寐
良 10 浪娘
宜** 1 叠
君 4 群窘
灵 1 棂
𣅀** 2 浸寝
即 2 鲫唧
耳** 1 敢
壯* 1 奘
尾 1 娓
张 1 涨
阿 3 啊婀
陏** 1 隋
丞** 1 涩
甬 12 勇桶
矣 5 挨唉
夋* 12 俊悛
纯 1 莼

8 画

丰丰** 1 彗
奉 5 捧棒
玨* 5 班斑
武 3 斌赋
青 17 静清
责 4 债渍
表 3 裱婊
忝 2 添舔
扶** 1 替
规 1 窥
匧* 2 惬箧

卦 1 褂
拍 1 啪
者 18 都奢
坴* 2 逵睦
夌* 5 棱凌
拉 1 啦
幸 1 悻
炗** 1 庶
其 14 棋基
耶 2 揶椰
取 4 最娶
昔 10 借惜
㪔** 1 散
若 6 诺惹
苹 1 萍
苗 5 描猫
苜** 1 蔑
英 1 瑛
苟 1 敬
直 8 矗值
𠦝** 2 戟韩
林 14 楚淋
析 4 晰淅
松 2 淞凇
丧 1 丧
叀* 1 惠
事 1 事
或 4 惑域
雨 1 雨
卖 9 读赎
厓* 3 涯崖

奈 2 捺萘
奔 1 锛
奇 10 骑寄
奄 8 淹庵
欧 1 嗽
戕** 1 臧
豖* 5 家啄
⻗** 26 雷雾
果 11 课裹
疌* 3 捷婕
妻 2 凄萋
顷 3 倾颖
枈** 1 渠
转 1 啭
斩 6 渐暂
到 2 倒捯
非 23 靠菲
叔 5 淑寂
肯 1 啃
齿 10 龄龈
卓 6 掉绰
虎 4 彪唬
虏 1 掳
尚 7 趟敞
龸** 8 堂赏
𥄉** 1 算
㝵* 2 碍得
具 3 惧俱
昆 7 混棍
国 3 帼掴
昌 4 唱倡

明 2 盟萌
易 7 踢赐
畀* 4 痹鼻
典 2 碘腆
固 4 锢痼
黾* 3 蝇绳
矦** 1 候
罗 6 锣箩
囷* 1 菌
罔 2 惘魍
沓 1 踏
賏* 2 婴罂
秎* 1 黧
垂 7 唾睡
制 1 掣
知 4 智痴
無** 1 舞
季 1 悸
委 8 萎诿
隹* 37 雌唯
泉** 1 原
臾 3 谀庾
兒* 3 阋霓
帛 3 绵锦
卑 13 碑牌
阜 2 阜埠
征 1 惩
舍 4 舒啥
金 14 鉴銮
欣 2 掀锨
肴 1 淆

㸚* 1 爽
采 4 彩菜
㸒* 1 淫
受 2 授绶
念 3 捻稔
朋 6 棚崩
肥 1 淝
周 8 稠调
鱼 33 鲤渔
昏 1 婚
兔 3 逸冤
匋* 5 掏陶
臽* 6 陷焰
忽 1 惚
咎 2 绺晷
备 2 备惫
匊* 3 菊鞠
肰** 1 然
京 10 就凉
㐭* 1 禀
享 9 敦郭
店 3 掂惦
夜 4 液掖
府 3 俯腑
卒 12 翠猝
庚 2 庚赓
於* 2 淤瘀
咅* 12 倍陪
妾 2 接霎
育 1 唷
郑 2 掷踯

卷 5 圈倦
并* 2 碰普
𣶒** 1 渊
单 11 弹阐
炎 8 谈淡
河 1 菏
泊 1 箔
波 2 菠婆
宗 8 综淙
定 7 锭淀
宜 1 谊
审 1 婶
官 6 馆管
空 4 控腔
宛 9 碗腕
宓* 2 密蜜
朗 4 廊榔
戾 2 唳捩
肩 1 掮
户攵** 1 綮
罙* 3 深琛
建 5 健键
肃 4 萧箫
录 6 绿碌
隶 2 逮棣
帚 1 帚
居 5 剧据
尿* 1 犀
刷 1 涮
屈 4 掘窟
弥 1 猕
承 1 承
孟 4 猛锰
陏** 3 堕椭
孤 1 菰
函 2 函涵
阝产** 1 萨
姑 1 菇
参 6 惨渗
叕* 4 辍缀
贯 2 惯掼
甾* 4 淄辎

9 画

契 3 锲楔
奏 3 揍凑
春 2 蠢椿
贰 1 腻
毒 3 纛碡
壴* 4 喜鼓
贲 2 愤喷
革 18 鞋靶
某 3 谋煤
甚 7 斟湛
甘欠** 1 嵌
巷 1 港
枼* 5 蝶碟
带 1 滞
荃 1 醛
茶 1 搽
荅* 5 搭塔
荒 2 慌谎
荣 1 嵘
故 1 做
胡 8 湖糊
南 5 献楠
查 6 楂碴
相 5 箱厢
勃 1 渤
匽* 4 堰揠
剌 2 喇瘌
束⺈** 1 赖
畐* 8 福逼
垔* 3 湮甄
要 2 要腰
柬 2 阑谏
有** 1 惰
威 2 葳崴
歪 1 蹊
厘 1 喱
面 5 缅腼
奎 1 喹
皆 5 揩谐
韭 2 韭齑
背 1 褙
虐 1 谑
览 3 揽缆
咸 6 减感
尝 1 偿
是 6 匙提
昱 1 煜
眇* 2 渺缈
咠* 5 辑揖
显 1 湿
冒 2 帽瑁
昷* 4 温瘟
禺 6 遇偶
曰罒** 1 曼
星 5 醒戳
昫* 1 煦
曷 13 喝竭
昭 1 照
品 1 品
畏 5 喂偎
胃 4 谓渭
贵 7 溃遗
思 5 腮崽
咢* 7 鄂鳄
耑* 7 端湍
炭 1 碳
罒方** 1 愣
㲋** 3 搀谗
贱 1 溅
骨 14 骼滑
钦 1 揿
卸 1 御
拜 1 湃
臿* 2 插歃
香 2 馥馨
禾尤** 1 嵇
秋 8 揪愁
科 1 蝌
重 3 踵董
复 3 腹愎

段 3 缎锻
便 2 鞭缏
保 5 堡褒
皇 9 惶煌
叟 7 搜嫂
泉 1 腺
鬼 15 瑰魂
吧* 1 葩
禹 4 龋属
侯 3 喉猴
追 1 槌
退 3 褪腿
冞** 1 奥
盾 2 遁循
叙 1 溆
俞 13 愉输
爰 4 援缓
食 3 餐飧
匍 1 葡
怱* 2 葱偬
昝 1 糌
急 2 稳隐
弯 1 湾
将 2 蒋锵
亭 2 停婷
度 3 渡镀
斿* 2 游蝣
音 12 韵暗
彦 2 谚颜
帝 8 缔蹄
闾 1 榈

阁 1 搁
养 1 养
差 5 搓磋
美 2 羹镁
迷 2 谜醚
娄 14 楼屡
前 3 箭剪
酋 4 遒猷
首 3 道馗
㒸* 1 遂
兹 6 滋慈
总 1 聪
活 1 阔
洛 1 落
觉 1 搅
宣 6 喧楦
客 3 喀额
扁 10 遍骗
冥** 1 幂
既 5 厩概
叚* 5 假霞
𡱝** 1 殿
屋 5 握龌
屏 1 摒
眉 4 媚嵋
胥 1 婿
孨* 1 孱
除 1 滁
盈 1 楹
癸 5 葵睽
蚤 3 搔骚

柔 4 揉蹂
敄* 3 骛鹜
彖* 5 缘椽
𡿺** 1 瑙

10 画

泰 1 傣
秦 3 嗪臻
辱 4 褥缛
敖 11 傲熬
素 2 愫嗉
冓* 3 媾耩
祘* 1 蒜
髟* 10 鬓鬃
袁 3 猿辕
都 1 嘟
耆 2 鳍嗜
壶 1 壶
㱿* 1 毂
盍* 5 磕阖
聂 6 摄镊
㒼* 4 满蹒
𤰈* 1 鞴
莽 1 蟒
莫 15 摸墓
荷 1 嗬
晋 1 缙
莹 1 滢
真 8 镇颠
𠦝** 1 乾
倝* 2 翰斡

巸* 1 熙
隺** 1 截
索 2 索嗦
尃* 7 博缚
哥 1 歌
鬲* 5 隔膈
尌** 1 厨
栗 2 傈溧
夏 1 厦
原 3 愿源
虑 1 滤
监 6 蓝槛
丵* 1 凿
𡭴* 1 隙
党 1 傥
䀠* 2 瞿矍
晃 1 幌
𦐇* 4 塌榻
𠳋* 1 遣
畟* 2 稷谡
恩 2 摁嗯
𢼸* 1 微
眔* 1 鳏
罢 2 摆罴
造 1 糙
逢 3 缝蓬
乘 3 剩嵊
笔 1 滗
舁** 1 舆
倍 1 蓓
隼 1 榫

雋 2 镌携
射 3 谢麝
臬 1 镍
臭 2 嗅溴
皋 2 嗥翱
毁** 1 毁
息 2 熄媳
皀** 1 瘪
毘* 3 蓖篦
虒* 1 褫
般 4 搬磐
釜 1 滏
爹 1 嗲
䍃** 6 摇谣
舀 4 稻滔
爱 3 嫒暖
奚 2 溪蹊
翁 1 嗡
朋刂** 1 蒯
朕** 3 腾滕
鱼刂* 1 蓟
留 9 溜榴
栾 1 滦
衰 1 蓑
高 11 搞嵩
亯** 1 膏
郭 1 廓
廛** 1 缠
斋 1 斋
疾 2 嫉蒺
脊 1 瘠

离 5 璃篱
衮 2 滚磙
唐 3 糖塘
旅 1 膂
恣 1 懿
旁 9 榜膀
畜 2 搐蓄
羞 1 馐
羔 2 羹糕
益 5 溢隘
兼 7 廉嫌
朔 3 嗍塑
欮* 2 厥阙
浦 1 蒲
涉 1 濒
海 1 嗨
流 1 鎏
浪 1 蒗
𡨄* 5 赛寨
害 4 瞎割
宽 1 髋
家 2 嫁稼
宾 10 滨摈
窄 1 榨
容 4 溶蓉
宰 1 滓
冡* 1 蒙
诸 1 储
肁* 1 肇
扇 3 煽骟
冥 2 暝螟

隺* 2 鹤榷
益* 1 谥
展 3 辗碾
弱 2 溺搦
蚩 2 媸嗤
烝* 1 蒸
能 2 能熊
通 2 嗵熥
难 4 滩摊
桑 2 嗓搡
幾** 1 畿

11 画

彗 1 慧
焉 4 嫣蔫
敖 1 螯
殸* 3 罄馨
著 1 躇
堇* 6 勤谨
勒 1 嘞
黄 7 磺横
革* 1 靳
萧 1 潇
桼* 2 漆膝
啬 4 穑墙
敕 1 嫩
曹 5 槽糟
欶* 3 漱嗽
票 13 飘膘
戚 2 嘁蹙
戛 1 嘎

雪 1 鳕
虚 4 嘘觑
虖* 1 滹
堂 5 膛螳
常 1 嫦
曼 7 慢馒
野 1 墅
啚* 1 鄙
異* 3 翼冀
罒各* 1 [illegible]
累 4 骡螺
罒王** 1 襄
罒戈** 1 篾
崔 3 催摧
崩 3 蹦嘣
婴 4 樱缨
遲* 1 遲
㣎* 1 穆
𡕥* 1 傻
徙 1 屣
𢼸** 1 微
悉 2 蟋窸
象 4 像豫
猗* 1 漪
猪 1 潴
祭 2 蔡察
孰 2 熟塾
庶 3 遮鹧
麻 7 磨麾
康 3 糠慷
庸 2 慵鳙

族 3 蔟嗾
旋 2 漩璇
鹿 11 麟麓
章 10 彰樟
竟 2 镜境
豙* 1 毅
啇* 5 滴摘
商 3 墒熵
率 3 摔蟀
閵* 1 蔺
盖 1 盖
着 1 着
羕* 1 漾
剪 1 谫
敝 7 弊撇
兽 1 兽
寇 1 蔻
寅 3 演夤
宿 2 缩蓿
密 1 嘧
谒 1 蔼
敢 4 橄瞰
尉 3 慰熨
扇* 1 漏
隆 1 窿
隐 1 瘾
脔* 1 瘸
習* 2 熠褶
翏* 5 廖谬
维 1 潍
巢 2 剿缫

12 画

斑 1 癍
辇 1 撵
替 1 潜
颉 1 撷
喜 4 嘻嬉
彭 3 膨嘭
壹 3 懿噎
斯 3 撕嘶
散 2 撒霰
葛 2 嗬蔼
董 1 懂
敬 3 警擎
朝 2 潮嘲
朁** 1 潸
棥* 1 樊
惠 2 蕙穗
蚤** 1 蠹
覃 3 潭谭
粟 1 僳
遀** 1 髓
厨 2 橱蹰
悳** 1 德
雁 1 赝
厥 7 撅蹶
猋* 1 飙
尞* 9 燎撩
豩* 1 豩
朁* 3 簪谮
菐* 4 噗醭
敝 1 鳖
掌 1 撑
鼎 2 鼎鼐
最 2 撮嘬
景 2 憬影
嵒* 1 癌
㗊* 3 嚣噩
蚰* 4 蠢蠡
鬼 1 巍
黑 14 黯嘿
毳 2 撬橇
兟* 1 赞
稍 1 潲
黍 2 黏黎
焦 6 蕉瞧
奥 3 懊噢
復* 1 覆
翕* 1 歙
番 7 翻播
禽 2 擒噙
舜 1 瞬
鲁 4 橹撸
然 1 燃
就 3 鹫蹴
敦 3 墩礅
童 5 瞳撞
敇** 3 撤辙
阑 3 谰澜
羲** 1 羲
善 4 膳缮
普 2 谱氆
粦* 7 鳞磷
尊 4 遵蹲
遂 3 隧邃
曾 8 赠增
奞 3 蹿撺
惢* 1 蕊
犀 1 墀
属 2 嘱瞩
孱 1 潺
强 4 镪犟
巽* 2 撰馔
疏 1 蔬
登 8 澄蹬
矞* 3 橘谲
昷* 1 蕴

13 画

鼓 2 臌瞽
㨨* 1 籀
蓐 1 薅
蒦* 2 蒦嚄
蒙 4 檬朦
榦* 1 擀
禁 2 襟噤
楚 1 憷
楙* 1 懋
毄** 1 墼
畺* 2 疆缰
赖 4 籁懒
感 2 撼憾
雷 3 擂蕾
耑* 1 喘

频 2 频颦
粲 1 璨
豦* 2 遽噱
睢 1 濉
路 4 露鹭
遣 2 谴缱
豊* 2 澧醴
喿* 6 燥操
睪* 1 睾
署 2 薯曙
睘* 4 鬟缳
蜀 4 镯髑
筮* 1 噬
毎糸** 1 繁
敫* 4 激邀
鼠 1 鼠
辟** 1 薛
微 1 薇
詹 6 瞻檐
解 3 蟹懈
禀 3 凛檩
亶* 5 檀颤
廉 2 镰濂
新 1 薪
意 3 癔臆
羸** 3 羸羸
雍 2 臃壅

数 2 擞薮
满 1 懑
溥 2 薄簿
塞 1 噻
殿 2 癜臀
辟 12 劈避

14 画

耤* 2 籍藉
臺* 1 薹
聚 1 骤
藺 1 躏
疐* 1 嚏
臧 1 藏
需 7 懦儒
叡* 1 壑
㬎* 1 隰
熏 1 醺
箕 1 簸
算** 2 篡纂
僕* 1 濮
鼻 5 鼾濞
貍* 1 霾
藐 1 藐
鲜 2 癣藓
疑 1 凝
稾* 1 藁

豪 3 嚎壕
辡* 4 辩辫
察 3 擦镲
翟 4 耀戳

15 画以上

耦* 1 藕
蕉 1 蘸
樊 1 攀
滕 1 藤
瞢* 1 懵
暴 3 瀑爆
畾* 1 儡
襄** 1 囊
黎 1 藜
雁** 2 鹰膺
熏* 1 镳
潘 1 藩
巤* 3 邋鬣
燕 1 燕
薛 2 孽蘖
薄 1 礴
翰 1 瀚
颠 2 癫巅
霍 2 嚯藿
冀 1 骥
鋈* 1 鎏

縣* 1 纛
赞 2 攒臜
雔* 1 雠
磨 1 蘑
羸 1 瀛
羲 1 曦
澡 1 藻
彊* 1 疆
蒿** 1 蠲
雚* 5 灌颧
霸* 1 霸
霜 1 孀
靁* 1 酃
爵 1 嚼
毚* 1 巉
韱* 1 谶
襄 5 嚷镶
章** 1 赣
瞿 2 癯衢
彝* 1 羼
攀 1 襻
矍 1 攫
纂 1 攥
赣 1 戆
夔 1 夔
囊 3 囔攮

附：字符按使用次数排列

说　明

1.本资料按字符在本书字表5548个“通常用字”中使用的次数，由多到少排列。使用次数相同者，按笔画数、笔形、笔顺排列。

2.方框内的数字是使用次数。

[307] 口 [304] 氵 [250] 扌 [236] 木 [203] 艹 [188] 亻 [141] 钅 [129] 讠 [122] 土 [118] 纟
[117] 女 [112] 虫 [111] 忄 [109] 月 [91] 火 [90] 辶 [89] 日 [82] 石 [79] 疒 [78] 𥫗 [76] 王 [72]
⻊ [68] 山 [64] 心 [63] 目 [61] 贝 [53] 马禾 [51] 阝右 [50] 宀 [49] 犭 [48] 刂 [46] 阝左 [45] 米
[43] 车 [41] 又 [40] 鸟 [39] 力礻 [37] 大饣门页酉隹 [34] 巾 [33] 攵鱼 [32] 广田 [29] 穴
[26] 彳尸白⻗ [25] 冫 寸子 肙耳衣 [24] 十人工牛斤 [23] 厂欠衤 非 [21] 戈令各 [20]
一口气灬古立 [19] 且皿羽肖 [18] 丁几弓歹止户龙由包者革 [17] 干犬比分巴占圭
交艮青 [16] 儿水手毛文方皮舟 [15] 韦区见殳可乍丕舌合羊鬼莫 [14] 冖 彡仓甘
矢台尧亥走其林金骨娄黑 [13] 匚匕九支不共至系卑曷俞票 [12] 卜千夕云牙少
反今示 罒它加召耒里佥甬癸卒咅音辟 [11] 刀厶廾勺屯 丆亢斗𠂉旦生兆军甫吾
每言果单敖高鹿 [10] 八勹乞及 攵亡己元尤风戋去甲申氏句吉夹行亦齐辰告余
良昔奇齿京扁彭宾章 [9] 乚乃 卩于昜瓦公平央瓜主出寺此同争并更呙辛弟卖
享宛皇留旁尞 [8] 亅小川彐也夫夬予玉正只失玄弗西光因朱多𠂢次安寿東豆
足我直奄尚委周炎宗胡畐秋帝真曾登 [7] 二𠂇𠂉士弋巨内夭长仑丑参刍圣亚夸
缶廷乔自吕旬𦍌赤来员利谷角兑尚昆易垂定甚贵咢耑叟尃兼黄曼麻敝厥番粦
需 [6] 、丂乂𠂊才凡巳开天中介父氏勿尢氺付册冬半必民尼疋矛幼老执面列
虍回岂华臼全会𦍌类聿折劳孛丽家肙身希坐豸孚免㐬沙完若斩卓罗朋舀官录
参查咸是禺兹宣聂监䍃堇焦桑詹 [5] 乙丷六万久刃叉幺井专収冈午片化从乏乌
末未术丕冉兄代用乐尔卯宁司奴匡戋艮束达当先向朵旨则丬关农连秀奂夆亯
矣奉玨麦苗豖叔匋卷建居枼荅南相面皆茸星畏思保差既叚屋癸象盍鬲离益寒
曹堂商翏童亶鼻藋襄 [4] 丩凵巳三下尢乇丸丬 卂丰主无切壬爪凶鸟卬勾尹尺夫
本匝丙东卢丘斥夗兰永艮发母式臣厌有百而夷贞延任杀危亦求两呈吴采君责
取析或虎昌畀固知舍采夜空郎肃屈孟叕甾壴匽昷胃禹爰酋眉柔辱㒳昜般舀害

容难焉啬虚累婴象敢喜業蚀鲁善尊强蒙赖路睘蜀敫辩翟③ 七卜刂川入冫了亏
丈与上义彐巛耂五太历厷小曰 艮手丹匀六厶亠爿办以世历戊发东卡北业冊乎
㕣市丝邦考成戌灰师早叩岁伏伐后舛名庄宅寻孙那如孝克贞旱粤串邑间妥亨
产阿武表厓疌顷具国黾臾兒帛念兔匊店府罙隋契奏毒某亜览㑒重复段侯退食
度前首客蚤敄秦冓袁原逢乘射 昆爱朕唐朔扇展殸欶異崔崩庶康族商率寅尉彭
壹斯敬覃暜㗊奥就敦散阑遂窜裔雷解禀意赢豪察暴巤囊② 丨川冂乜𠂉亠刂
刁廴丰亻乇牛儿凡么⺍之乡丏市厄⺊支冃生产夲仌爻朩夕卞为冗引允击疋甘
戊丬电史另同四龟夯叨半头圣夰韧刑巩卉吏死毕赤曳曲肉旨攸血辰夆色卤产
充并州兴良尽弜丞劦牟买叒约丝戒镸严臣巫百步叔坚呆县男臼兵攸皃囱徙佘
龟狂卵条声闲 迷㑴即忝医垄耶草松奈妻到导明典罔则阜欣受咎备庚欲妾郑並
波宓戾隶函贯春责荒剌要柬威韭眇冒舌香便盾忽急将亭斿彦美迷素耆執索栗
眀叜恩罢隽臭皋息奚疾衮畜羔欮家冥隺弱蚩能通桑桼戚悉祭孰庸旋竟宿習巢
散葛朝惠厨鼎最景毳黍禽普属巽鼓蒦禁畺感频豦遣豊署廉雍数溥殿耤奠鲜雁
薛颠霍赞瞿① 亅㇏乚乁𠂇冂厂⺊儿几几力ユ彐⺄乙㇀マ乜巛亍于开兀冖戈才
少⺌冃𠂊冂厶个⺕歹分⺍丫 ⺌彐已卫工孑中孓𠂆飞厶习彑手弋去廿壮艺币丏
丌友匹㔾匹歹互业臼内升旁仁尒仉戶兮夬仝凶乍产角氏门凤立⺳月尸孔出队
冃办及田毋书幻手式㞢巧卉卉艾亚节业叵左右布夲㚔凸宀 延旧归⺌目用曲虫
吕产产凹囚冃 㓁⺘仕 仰卮令甩冄匆匂处务亥亩羊兴㕣氾⺌写彐尸邪弘疋对⺨
夀亚戎动⺮茫茐过 西在存戌占向吊 冈 网财年帇竹迁乒乓休⺗由伊 自囱肙余
伞⺳匈壮夹刘产㐬㕣江汤守乞穴许屏尸⺈巴阴降好厶麦均志杰声把却耴㛮苋
㐀曲否直㚔害坒卤⺊呈助旱晏困别⺫岑冋岛秃何甶 你位皂闵闷哥含角吴狄系
库应闰前⺌沛⺍快⺁宜灵 耳壮尾张产 丞纯韭夫规卦拍拉幸甚⺊华甾英苟丧事
叀雨奔欧⺨枭转肯虏昇 矣困沓制無矜季泉征看㸚㞋肥昏忽㸒亩育㐬河泊宜审
肩攸帚㞋刷弥承孤㢲姑贰欧巷带荃茶荣故勃⺧ 育歪厘奎背虐尝昱显昷昫昭品
炭⺫贱钦卸拜秋科泉㔾追 鬲叙匍咎弯闾阁养豕总活洛觉冥展屏胥㚔除盈⺊泰
⺬都壶㱿⺊莽荷晋莹⺊㔾奞哥⺊夏虑⺍泉党晃⺊散⺳造笔具倍隼臬⺊⺊虎釜
爹翁删剑⺧衰⺊郭座斋脊旅恣羞浦涉海流浪宽窄宰冢诸庳⺊⺊⺊彗赦著勒革
萧敕戛雪⺊常野畐⺊⺊⺊進⺊⺊徙微猗猪家阑着盖兼剪兽寇密谒扇隆隐⺊维
斑⺊替颉董⺊⺊⺊粟遀⺊雁⺊⺊敞掌⺊鬼⺊稍復翕舜然義⺊⺊⺊疏缊搯⺊幹
楚楙毂⺊粲睢罣筮⺊鼠辟微新满塞臺聚蔺⺊臧叡⺊熏箕僕貍貌疑稟耦蕉樊滕
曹晶⺊黎⺊潘燕薄翰冀⺊縣⺊磨羸羲澡彊⺊⺊霜霝爵⺊戳⺊彝攀矍纂赣夔

五、现代汉字的部件

说　明

1.本资料包括从本书“下编”“现代汉字分级字表”中“通常用字”（5548个形字）中拆分出来的526种部件。部件按笔画多少和笔形（横竖撇点折）、笔顺排列。

2.部件置于方框内，后面的数字表示该部件在5548个“通常用字”中出现的次数。后面是包含该部件的例字。

3.部件后没有符号者，可以单独成为本书字表中的“通常用字”。有一个*号的部件，可以单独成为本书字表“通常用字”以外的字。有两个*号的部件，是非字部件。

4.后面有一个附表，将部件按使用次数排列。

1画

一 612 一马鸟云蒙红辰
丨* 18 个引攸肃
丿* 56 彳氕胤肃
乛** 1 买
𠃌* 1 幻
乁** 2 乤虱
乙 17 乙乞
𠃊* 20 断陋曷
乚** 12 孔乱胤
㇙* 37 饮

2画

二 11 二竺兰
二** 21 冒言
十 257 十朝直卑斗
丅* 6 隔
丁 35 丁亍宁
亅** 35 可哥
厂 83 厂历辰
丆** 84 石
𠂆** 81 百页而
𠂇 54 宏右戎
匚* 53 汇匡巨
𠤎** 51 比
七 29 七皂切
丂* 30 巧亏考
与** 8 与焉
气** 20 气
⺊** 69 占睿虎餐
〢** 20 坚监
刂** 95 刊列
リ** 7 师归
卜 23 卜处卡
⺆** 190 贝见冒
冂* 65 同尚商
𠂉** 217 乞气针饰
亻** 384 仍彳堆
丿丨** 26 介齐乔
⺁** 20 派反盾
人 383 人合
人** 163 贝
八 279 八只穴父寒
入 3 入汆籴
乂* 116 交杀囟
𠂊** 95 尔欠饭
⺈** 127 焰免色
勹* 90 包句曷
⺆** 9 周
几 40 几亢颓
⺇** 14 风夙
几* 39 沿般
九 13 九旭鸠
𠂎** 5 仰兜
匕 129 匕北尼
𠤎* 12 化吪
儿 48 儿充

几**23 见
亠**368 亢立言蛮衣亦
冫*123 冰病弱
刂**2 辨班
丷**189 羊总产兼帝
⺀**41 冬头斗
冖*145 冗荣常
讠**133 话辩
亽**17 今
コ**14 假巨兜
ユ**5 侯
刁 2 刁叼
𠃌**6 司
凵*66 画出缶
丩*4 叫收
卩*27 即节报
阝**127 限邦
了 7 了辽亟
丁**9 予
刀 65 刀召
力 84 力加
乃 20 乃奶盈
厂**21 虎虑
ク**14 登癸
ス**15 经
マ**42 予矛甬
㇇**6 祭
又 252 又圣皮对
廴*19 建延

㇙**4 以
厶*150 私去允充髯
㔾*45 犯仓顾
马 53 马
乜 1 乜
纟**129 红丝
巛*1 粼

3 画

三 4 三叁
干 34 干舍南
于 9 于盂
丰**15 奉击
爫**5 爰
钅**143 针
土 282 土坐走赤
士 45 士吉
工 64 工经巫
扌**267 扣报
艹**307 艾劳
才 6 才闭
下 4 下虾
寸 88 寸对
士**10 卖
亓*10 亓鼻
廾*18 弃戒
𠂇**4 在存
尢**3 拔
大 134 大奇叁头
丈 3 丈仗

万 8 万厉
兀 43 兀元光
尢*3 尴尥
乇**3 虐疟
㐄*15 舛降
戈**15 尧
弋 15 弋代武
云**43 云至
上 15 上卡叔
丬**10 北乘燕
少 6 步
小 82 小尔雀穆
⺌**66 光尚尝肖
口 1252 口只占
囗*63 国围
巾 63 巾吊市
山 101 山仙
冂**12 丽
千 30 千舌乖
⺮**20 竹
𥫗**168 答
𠂉**13 临监
乇*7 宅托
川 7 川训
冂**9 向奥
川**13 荒梳
𠂋**5 后栀
彡*48 须珍
⺦**11 兆
乁**14 登癸
义 4 义议

E**1 印
勿**3 黎
犭**54 独犯
𠂎**6 卯卿
夂*99 冬俊处麸
及 10 及级
久 5 久灸
𠂎**12 留
凡 12 凡帆
丸 12 丸执
夕 78 夕汐餐
勺 13 勺的
乌**5 乌鸣
丬**12 壮将
广 170 广店病
亡 21 亡忙
门 52 门们闪
䒑**191 前立厥益善首
丫 1 丫
氵**331 沟渠
忄**112 忆惊
⺍**3 学
宀*209 它空
辶**121 辽迎
亽**21 令
之 2 之芝
彐**35 雪刍归盥
⺕*7 录
爿**2 鼎
尸 82 尸居卢

ナ**5 农
己16 己配改
已1 已
巳33 巳包祀导
弓39 弓引弯弱
子77 子孝孩
孑1 孑
卫1 卫
卂*4 迅讯
屮*14 出
屰*14 朔
丆**17 矛
孓1 孓
卩*2 卵
也10 也他
女176 女她姿
广**19 皮
昜**13 杨肠
乚**11 兆
刃7 刃韧
癶**4 发
飞1 飞
𧘇**10 丧农展
习81 习羽
叉9 叉蚤
彑*6 彝缘
乡5 乡雍
幺66 幺幼玄素
巛*13 巢瑙

4画

𦍌**23 羊
丰25 丰逢害
𢀖**15 差翔
丰**12 邦寿
王127 王玩疆美
龶**34 青表
寸**2 得
开19 开并刑
井5 井讲
天27 天吞关
夫16 夫替
无4 无抚
韦15 韦韩
专6 专转
耂**41 老考
玉**1 压
丐2 丐钙
龷**54 昔共展
廿56 廿燕革勤
卌**2 带
木368 木格茶
亓**53 示
五14 五吾
市*3 沛肺
帀*5 师
丏*1 沔
卅1 卅
不14 不还
太4 太汰
犬33 犬吠器
尤13 尤优稽
歹27 歹歼死
车69 车库轻
牙12 牙邪
屯12 屯囤
㚇**4 威佞
𠂢**20 畏辰
戈37 戈或哉
旡*12 既簪
匹1 匹
互1 互
瓦9 瓦瓶
彐**23 非
⺊**23 非
止123 止路此
⺊**2 鼎
龰**27 走足
亦**12 峦
少21 少沙省
⺗**5 忝恭
日394 日音曷
曰2 曰汩
⺼**127 骨有肖
𠁁**2 衰
中10 中冲
⺤**1 临
而**19 而
内20 内肉涡
水18 水汞
禸*8 离
手17 手拿
午23 午许缶
牛30 牛件牧
龵**4 看拜
毛24 毛毡
⺧**24 告先
壬17 壬任廷
壬*1 丢
升1 升
攵*86 攻弊
夭14 夭沃乔
长8 长张
E**1 盥
片5 片牌
正**5 延
亦**13 亦赤
白**9 囟粤
币1 币
斤45 斤听
爪4 爪抓
户**1 所
爫**50 采受摇
乏5 乏泛
月154 月明腔
氏6 氏纸
𠂔*2 姊秭
勿14 勿吻
𧘇**47 哀衣襄
𠂢**4 派旅
卯**2 卵
丹3 丹坍
⺼**9 祭炙
夂**4 夜

鸟 45 鸟岛
幺** 3 系
文 30 文坟齐
方 49 方访旗
亥** 14 亥
丷十** 1 伞
火 120 火烧炎
为 2 为伪
业** 16 兴检应
灬* 48 热燕焉
户 36 户启扁
礻** 23 礼祝
冘* 6 沈耽
隺** 2 鹤榷
心 100 心恩
肀** 4 唐
⺕** 10 争
尹 9 尹伊君
爿 4 爿奘
尺 7 尺尽昼
夬* 9 快诀
冂** 1 局
丑 8 丑羞
尸** 9 眉声
巴 25 巴把色
屮* 3 蚩
丗** 12 鹿
冄** 4 那
办 4 办苏
刅* 2 梁
毌* 3 贯

毋 1 毋
书 1 书

5 画

手** 2 拜
天** 6 养璞
夫** 18 春奉
无** 1 羌
玉 12 玉国
龷** 20 媾塞襄
朩** 12 余
未 6 未昧
末 6 末抹
戋* 11 戋钱
镸** 12 髦
正 15 正政焉
疋** 15 是定
甘 18 甘甜
世 8 世谍
本 5 本笨
术 5 术述
亚** 6 丧啬
市** 5 囊
丙 5 丙病
丕 6 丕坏
大** 9 燎
龙 18 龙宠
戊 17 戊咸威
平 10 平评
灭 1 灭
⺺** 3 妻

东 4 东陈
东** 3 拣练
戉* 2 越钺
凸 1 凸
业 15 业显壶
尒** 1 鳏
氺** 2 犀
氺** 21 录暴滕
目 102 目眠夏
且 25 且助县
甲 10 甲钾
申 11 申审
廿** 20 革
用** 14 甬
电 13 电奄绳
电** 2 龟
田 159 田鱼雷
由 28 由庙黄
虫** 11 贵遣
冉 7 冉媾
央 11 央英
央** 6 奂
史 2 史驶
免** 9 免
𠂤* 10 官遣
罒** 46 罪曼楞
皿 47 皿孟
冊** 12 扁嗣
凹 1 凹
四 3 四驷
冎** 15 骨

生 18 生甥
矢 34 矢知族
失 8 失铁
乍 16 乍作
禾 97 禾利黍
⺪** 4 段
丘 18 丘邱兵
白 63 白泉原
斥 4 斥诉
瓜 10 瓜孤
乎 4 乎呼
用 16 用佣角
甩 1 甩
氐 11 氐底
乐 5 乐砾
匆 3 匆葱
册 6 册珊
主 9 主住
半 7 半伴
𠂹** 2 判叛
衤** 39 衬衫
必 10 必密
永 5 永咏
庚** 2 庚赓
叚** 5 假
艮** 12 即爵
民 6 民泯
弟** 10 第弟
弗 8 弗费
𤴔 2 疏
疋* 11 蛋楚

丞** 3 丞
母 20 母每纛

6画

耒 15 耒耕
声** 12 敖
玉** 15 金
耳 46 耳取联
甘** 19 其
亚 12 亚普晋
由** 3 寅
臣 5 臣宦
吏 2 吏使
再 1 再
覀** 30 要栗
朿* 5 刺枣
西 8 西牺
戌 1 戌
戍 3 戍蔑
成 4 成城
夹 12 夹侠
夷 5 夷姨
且** 23 具直纛
里** 12 单
曳 2 曳拽
虫 132 虫蚂
曲** 3 典
曲 4 曲澧
兎** 4 免
四** 8 曾
年 1 年

朱 9 朱株
𠂒** 2 制
乓 1 乓
乑* 2 聚
自 22 自鼻首
臼 21 臼倪鼠
甬** 1 鞴
甶** 13 卑
𠂤* 7 追薛
血** 1 舋
血 3 血恤
月** 1 般
舟 20 舟航盘
彖** 5 缘
主** 85 谁
夾** 2 脊
龹** 15 卷眷
米 82 米断奥
州 3 州酬
良** 6 郎朗
肃** 5 肃
聿 12 聿建
艮 20 艮跟退
豕** 2 函

7画

严 3 严俨
甚** 8 甚
臣* 3 姬熙
求 4 求球救
車* 1 轚

甫 23 甫圃
更 11 更便
曲** 6 曹
束 18 束速赖
两 9 两满
酉 45 酉酒酋
豕 24 豕家遂
来 7 来莱
里 22 里童
里** 6 勤谨
串 6 串患
面* 5 面
缶** 2 卸
我 8 我俄
身 9 身射
臼** 8 叟
鬼** 17 鬼
虱** 1 虱
采* 14 番释
豸 8 豸豺
尚* 8 敝
良 14 良娘
耳** 5 敢
鼠** 4 鼠
率** 3 率

8画

叀** 3 惠
事 1 事
雨 2 雨漏
戕** 2 臧

豖* 5 琢冢
雨** 42 雷霸
疌* 3 捷睫
兼** 9 兼
果 15 果巢
黑** 14 黑
垂 7 垂睡
無** 1 舞
義** 2 羲
秉 1 秉
舁** 1 舆
臾 4 臾谀
庸** 3 庸
隶 6 隶康
承 1 承

9画

柬 6 柬阑
韭 4 韭谶
禺 7 禺遇
象** 4 象
重 4 重董
𦥑** 1 爨
禹 6 禹属

10画

熏** 2 熏

附:部件按使用次数排列

说　明

1.本资料按部件在本书字表5548个“通常用字”中使用的次数,由多到少排列。使用次数相同者,按笔画数、笔形、笔顺排列。

2.方框内的数字是使用次数。

[1252]口　[612]一　[394]日　[384]亻　[383]人　[368]木　[368]亠　[331]氵　[307]艹　[282]土　[279]八　[267]扌　[257]十　[252]又　[217]𠂉　[209]宀　[191]立　[190]冂　[189]丷　[176]女　[170]广　[168]𠂉　[163]人　[159]田　[154]月　[150]厶　[145]冖　[143]乇　[134]大　[133]讠　[132]虫　[129]匕纟　[127]⺈阝王月　[123]冫止　[121]辶　[120]火　[116]乂　[112]忄　[102]目　[101]山　[100]心　[99]攵　[97]禾　[95]𠂉刂　[90]勹　[88]寸　[86]攵　[85]丰　[84]𠂆力　[83]厂　[82]小尸米　[81]𠂊习　[78]夕　[77]子　[69]⺊车　[66]凵⺌幺　[65]门刀　[64]工　[63]囗巾白　[58]灬　[56]丿　[54]𠂇犭廾　[53]匚马尔　[52]门　[51]⺊　[50]𫩏　[49]方　[48]儿彡　[47]𧘇皿　[46]罒耳　[45]㔾士斤鸟酉　[43]几云　[42]⺈雨　[41]⺀夕　[40]几　[39]几弓礻　[38]廿　[37]𠃊戈　[36]户　[35]丁丁彐　[34]干圭矢　[33]巳犬　[30]丂千牛文覀　[29]七　[28]由　[27]卩夭歹止　[26]川　[25]丰巴且　[24]毛生豕　[23]⺊儿手彐⺊午礻且甫　[22]弋自里　[21]二厂亡⺈少氺臼　[20]乚气刂厂乃𠂉内茸丰母舟艮　[19]廴广开罒甘　[18]丨廾水夫甘龙生丘束　[17]乙㇉丆手壬戊皃　[16]己夫业乍用　[15]⺈丰牛戈上手韦正疋业𠁁耒亚类果　[14]八コ夕㇂中屮五不夭勿亠用采良里　[13]九⺈儿勺㐅巛尤⺌电𠂆　[12]乚七冂⺊凡丸丬丰牙屯无小曲玉示巨冊艮寿亚夹甲聿　[11]二丬飞戋申虫央氐疋更　[10]土丌丬及也⺊中尹平甲吕瓜必弔　[9]冂丁于门叉瓦白夕尹央尸夹兒主朱两身兼　[8]与万内长丑世失弗西冈甚我印豸尚　[7]刂了乇川彐刃尺冉半自来垂禺　[6]丅彐⺈才少歹㐄专氏宂夭未末业丕臾册民良曲里串隶柬禹　[5]⺊ユ于𠂆久乌⺈乡井市小片正乏术本市丙乐永⺊臣朿夷豕聿囬耳豕　[4]丩⺊三下亻义孔⺌无太女手爪氏攵⺊爿月办东丰斥乎成曲兕求凼臾韭冢重　[3]入⺌丈九乇分⺌市丹玄出毌韦东四匆永亩戌曲血州严臣凶惠疌肃[2]乀⺈刂刁之⺈卩寸丐卌⺊曰臼𠂆歹为⺈办手戊电史氺半夬正吏曳韦

氺关氶 𠂉雨戋 𢦏重 [1]乛𠃌乜巛ㄈ丫已孑卫孓飞𡈼丏卅互匹𠀉壬升𠂤帀戶半月毌书灭无凸尗凹甩再戌年乓佣皿 肙車 𤰞事無秉𦣞承𦣞

图书在版编目（CIP）数据

现代汉字问题研究/潘钧著．—昆明：云南大学出版社，2003（2007年重印）

ISBN 978－7－81068－686－0

Ⅰ．现…　Ⅱ．潘…　Ⅲ．汉字—现代—研究
Ⅳ．H12

中国版本图书馆CIP数据核字（2003）第122301号

责任编辑：李兴和
封面设计：刘　雨

现代汉字问题研究

潘　钧　著

出版发行：云南大学出版社
排版录入：云南大学出版社印刷厂
印　　装：云南大学出版社印刷厂
开　　本：850mm×1168mm　1/32
印　　张：13.625
字　　数：395千
版　　次：2004年3月第1版
印　　次：2007年10月第2次印刷
书　　号：ISBN 978－7－81068－686－0
定　　价：32.00元

社　　址：云南省昆明市翠湖北路2号云南大学英华园内（650091）
发行电话：0871－5033244
网　　址：http：//www.ynup.com　　E－mail：market@ynup.com